当代道教研究 第五辑

丁常云 主编

道教宫观管理与团体建设

上海三联书店

本书编委会

顾　问　陈耀庭　李光富　袁志鸿　张金涛　刘仲宇
　　　　　林其锬　詹石窗　姚树良
主　编　丁常云
副主编　郑土有　李似珍
编　委　（按姓氏笔画为序）
　　　　　丁常云　王　驰　王群韬　尹志华　尹信慧
　　　　　龙飞俊　白照杰　归潇峰　许　蔚　孙亦平
　　　　　杨玉辉　杨世华　李似珍　李　纪　李绍华
　　　　　李　福　何春生　沈　岚　张开华　张月荷
　　　　　张兴发　张　欣　张春鸿　张高澄　陈　霞
　　　　　邵志强　范诚凤　周高德　郑土有　赵翠翠
　　　　　钟国发　侯　程　祝逸雯　夏光荣　郭汉文
　　　　　黄永锋　黄景春　黄新华　盖建民　隋玉宝
　　　　　董中基　谢路军　褚国锋　蔡林波

总　序

《当代道教研究》是由上海市浦东道教文化研究所出版的系列研究丛书。它以当代道教作为主要研究对象。预定每年出版一册，每册约30万字。

上海市浦东道教文化研究所，是在上海市浦东新区民宗办的关怀下，经过上海市道教协会批准同意，由浦东新区道教协会和上海钦赐仰殿道观共同发起组织并且直接领导的道教研究机构。浦东道教文化研究所的研究人员主要由道教界从事学术研究的知识分子，学术界对于道教有兴趣、有研究的知识分子以及各界关心道教教理、斋醮科仪、慈善活动和文学艺术的有识之士组成。浦东道教文化研究所，由中国道教协会咨议委员会副主席、浦东新区道教协会名誉会长、上海钦赐仰殿道观住持丁常云道长领衔。下设有顾问委员会、学术委员会、图书资料室、办公室等机构。丁常云道长长期主持《上海道教》杂志的主编工作，发表过很多有关当代道教研究的著述，对于当代道教现状及其发展趋势等有许多真知灼见。参与研究所目前学术研究活动的还有：中国道教协会文化研究所的张兴发博士，上海社会科学院宗教研究所原所长陈耀庭研究员、复旦大学郑土有教授、华东师范大学李似珍教授、上海社会科学院哲学研究所白照杰博士、上海社会科学院宗教研究所龙飞俊博士、上海宗教文化研究中心祝逸雯博士，以及毕业于四川大学道教与宗教文化研究所的沈岚硕士等。

浦东道教文化研究所，作为一个由道教界主办成立的道教研究所。其建所宗旨就是在宗教信仰自由政策的指引下，坚持爱国爱教的道教"中国化"的研究方向，遵守国家法律法规，遵守道门清规戒律，以"实事求是"的态度研究道教的历史和现状，研究道教包含的社会、思想、文化、艺术、科技等各种要素，整理道教文化遗产，发扬道教优良传统，广泛团结社会上一切同情道教、热爱道教、关心道教的各界人士，联合海内外一切道教界和学术界的高道大德，为推动当代道教的发展和革新，为保护和弘扬中华传统文化，为实现中华民族伟大复兴的中国梦而奋斗。

当代道教指的是现代中国人信仰的一种民族宗教。它产生于中国本土，植根于中国传统文化，并且已经传播于某些少数民族之中，还被华人移居带到了海外。道教存在已经有几千年，而且至今仍保持着旺盛的生命力。在本丛书中的当代道教，其形态可以是精研思辨的道家哲学，也可以是精研修炼的道家仙学，也可以是在庙观殿堂中无数信众烧香念经、崇敬礼拜的道教。正是因为有这样丰富的形态及其历史变化，中国传统文化之一脉的道家和道教才得以传承和发展，并对历代中国社会和民众以及中国历史文化乃至当代社会保持着深入而持久的影响力。

《当代道教研究》就是一本以当代道教实体及其所包含的丰富内容为研究对象的丛书。它不限制研究对象的学科分类，不限制道教门派和地域的区别，不约束各种研究方法的采用和发挥，只要求能够秉承实事求是和严肃而负责的研究态度，只要求尊重而不伤害道教徒的宗教感情，无论是与当代道教有关的研究课题，还是当代道教徒信仰和关心的内容，只要是有利于当代道教健康发展有用的课题，都可以研究，其成果也理应获得选择在本丛书中发表的机会。

近代上海道教曾经有过《扬善》半月刊和《仙道月报》，它们对于近代中国道教的发展产生过深远的影响。改革开放以来，在贯彻和执行宗教信仰自由政策的感召之下，上海道教界创办了《上海道教》杂志，至今已经历时三十余年，在海内外、在宗教界和学术界都有良好的声誉。上海道教创办上海道教学院，坚持培养不同层次的道士和皈依信徒，涌现出一批批道教迫切需要的人才，并最终走上了道教组织的各级领导岗位。如今，由上海道教界自己创办研究机构，发表道教界自己的道教研究成果，无疑表现了上海道教界对道家和道教文化的自觉上升到了一个新的高度。浦东道教文化研究所的成立和本丛书的问世和发行，必将有利于提高上海道教徒的信仰水平，有助于上海道教在教义建设、组织建设和社会活动能力等方面的健康发展，并且终将对于中华传统文化的现代化、中华民族的现代化、中华大家庭的现代化发挥积极作用，并为中国参与人类命运共同体的建设事业贡献道教自身的力量。对于这些目标的实现，正是创办和出版本丛书的企望。

陈耀庭
上海社科院宗教研究所原所长

序　言

　　改革开放以来，伴随着道教宫观的恢复开放，全国各地道教团体组织也相继成立，道教宫观与团体组织建设渐趋完备，道教组织已经成为社会组织的有机组成部分。著名道教学者陈耀庭教授指出："现代的中国道教是一个有群众基础的，有着专职的神职人员，有着固有的思想信仰、宗教仪式和方术的以及有着一套完整的组织系统同具有一定经济力量和政治力量的实体。它同无组织的民间信仰习俗完全不同。"[①] 这就是说，道教组织已经成为一种社会实体组织，对道教组织的活动予以正确的引导，将会对社会的发展和进步产生积极影响，发挥出特殊的不可替代的积极作用。一般来说，道教组织主要包括两个方面：一是道教团体组织，即为各级道教协会，是道教徒联合的爱国宗教团体和教务组织。二是道教宫观组织，是道教徒修道和举行宗教活动的重要场所。当代道教，加强道教宫观管理与道教团体建设，是加强道教组织管理的重要内容，是新时期道教自身建设的必然要求，也是道教事业健康发展的根本保证。

[①] 陈耀庭：《陈耀庭道教研究文集》上卷，上海书店出版社，2015年版，第254页。

一

　　道教宫观是道教徒修道和举行宗教活动的重要场所，也是道教与信众关系最直接、联系最紧密的社会实体。加强道教宫观建设与管理，是满足道教信众过好宗教生活的需要，也是团结引导道教信众的重要途径。改革开放后，随着我国宗教信仰自由政策的全面贯彻落实，道教宫观得到重新修复开放，宫观的数量也越来越多，其影响也越来越大。据有关数据统计，到 2015 年 12 月为止，全国 31 个省（区、市）依法登记的道教活动场所共计 8269 处。① 道教宫观的修复开放，极大地满足了广大道教徒的信仰需求，但与此同时，道教宫观管理方面出现的问题也越来越多，对于道教宫观管理的要求也越来越高。

　　当代社会，道教宫观管理工作严重滞后，与道门自身建设的需要和社会发展的期盼还有很大距离，与其他宗教的场所管理相比也是明显落后，道门中人必须引起高度重视，大家需要共同努力，花大力气来加以解决。

　　第一，注重加强道教宫观人才培养。道教宫观的修复与开放，为道教的管理工作提出了更高的要求。正如陈莲笙大师所说："一座座道观正在修建、恢复和开放，一批批年轻的道士正在走上神职、执掌大权。现在，正是我们要重视管理的时候了。"② 然而，由于近现代以来，道门自身不注重戒律建设、信仰建设，也不注重自身修持，宫观管理开始出现不同程度的"世俗化"倾向，宫观管理人才

---

① 参见《国家宗教局召开佛教道教活动场所基本信息公布工作座谈会》，国家宗教事务局网站，2015 年 12 月 18 日报道。
② 陈莲笙：《道风集》，上海辞书出版社，2006 年版，第 81 页。

的缺乏严重制约了宫观组织的管理。这就需要大力加强自身建设，努力培养道教宫观管理人才，勇于肩负道观管理的时代责任。

　　当代道教宫观，要培养具有创新理念的管理人才。从理论上讲，理念创新是指革除旧有的既定看法和思维模式，以新的视角、新的方法和新的思维模式，形成新的结论或思想观点，进而用于指导新的实践的过程。理念创新具有两个鲜明特点：一是理念创新的前提是继承，继承是基础，创新是结果。对于道教宫观管理来说，就是要在继承传统戒律管理的基础上，在现代宫观管理过程中进行调适与发展。二是理念创新的本质在于超越，在于对原有观念的突破。人类的进步和发展就是一个不断超越既成现实，追求和实现理想的过程，是一个超越创新的过程。现代道观管理，同样需要这种超越创新的过程。从目前道观管理来看，有的是延续传统管理方式，有的是采用现代管理模式。而对于传统管理方式的使用，既没有继承好，也没有进行适时的调适，传承得"不伦不类"，管理得也很不到位。对于现代管理模式的使用，既没有很好吸收引进现代管理的新思路，也没有真正形成适应道观管理的新方法，管理工作混乱，管理制度滞后。创新的道观管理，就是要在继承传统管理的基础上，吸收现代社会管理先进理论和经验，以加强对道观的有效管理。

　　当代道教宫观，要培养具有奉献精神的管理人才。奉献精神是社会责任感的集中表现，是对自己事业的不求回报的爱和全身心的付出。对个人而言，就是要在这份爱的召唤之下，把本职工作当成一项事业来热爱和完成。奉献是一种态度，是一种行动，也是一种信念。历史上，基督教传教士背井离乡来到中国，到最艰苦的地区去传教，把一生都奉献给教会，这就是一种无私的奉献精神。当代道教，在推进道观管理中，就特别需要管理者的奉献精神，要以不辱使命的崇高追求、昂扬向上的精神状态、舍身忘我的拼搏精神，以及常在状态的自我加压，努力创先争优。但是，现实告诉我们，具有这种奉献精神的道观管理者并不多，工作中"马马虎虎，得过且过"的现象依然存在，管理工作热衷于做表面文章，有的甚至还假公济私，损害道观利用，管理者更缺乏责任与担当，严重影响和制约了道观的发展。因此，现代道观管理者的奉献精神尤为重要，这就需要通过院校教育和自身修持来不断提升，通过信仰建设和戒律建设来逐步培育。同时，管理者的奉献精神强调更多的是使命与责任，使命是指对自身所肩负的重大责任，责任就是担当，就是付出，更是奉献。只有这样，才能认真做好道观各项工作，促进道观管理规范有序。

第二，注重强化道教宫观管理责任。加强道教宫观管理，是做好道教工作的重要内容，也是促进道教发展的重要基础。现代道观管理者，要始终明白有职务就有责任，责任就是一种职责和任务。要求道观管理者必须要有强烈的管理意识和责任意识，这是管理者必须具备的一种态度，这种态度自然就决定着道教管理者的行动。就目前道教宫观管理而言，由于道观是相对独立的道教基层组织，加上道教团体缺乏对道观的监督指导，直接影响了道观组织成员管理的积极性，少数道观组织"安于现状，不思进取"，自养经济过得去就行，年初没计划，年终没结余，甚至还有道观年年超支，道观长期破旧不堪，无心也无钱去修理。这样的道观不要说发展事业了，就是维持下去都有困难。究其原因，主要是道观负责人不称职，缺乏事业心、责任心和竞争意识。

当代道教宫观，要提升管理者的管理能力和经营能力。管理者的管理能力从根本上说就是提高组织效率的能力，具体包括决断能力、应变能力、承受压力能力、激励能力、领导风格等。道观是一个实体组织，负责人必须要有一定的管理能力。俗话说"管理出效益",管理工作做得好,就能为道观创造更好的自养经济。当然,道观的管理主要还是一种服务型的管理,应该在服务信徒上下功夫,如果服务信徒工作做好了,那么道观的自养经济也就解决了。历史经验告诉我们,凡是道观负责人管理能力强的,那么自养经济一定是好的,反之亦然。同时,道观负责人还要有一定的经营能力,道观虽然不是企业,但是同样需要经营管理,经营管理可以让道观有明确的发展方向,可以充分发挥每一位教职员工的潜能,可以增强服务信徒的质量与成效,当然也可以产生意想不到的自养经济。

当代道教宫观,要强化管理者的使命意识与责任担当。使命意识是指对于自身所肩负着的重大责任的意识。责任就是担当,就是付出,责任是分内应做的事情,也就是承担应当承担的任务,完成应当完成的使命。作为一位道观管理者,必须要有明确的使命意识与责任担当。但是,现实告诉我们,这种称职的道观管理者并不是很多,"大事做不来,小事不肯做"的现象依然存在,道观工作"怕"字当先,优柔寡断,"胸中无大志,心中无忧愁",严重影响和制约了道观的发展。这是目前道观管理中比较突出的问题,主要原因就是道观管理者缺乏责任担当。作为一位称职的道观管理者,要始终明白有职务就要有责任,有责任就要有担当,责任就是一种职责和任务,这是道观负责人的本职工作。道观管理者不仅要善于做好本职工作,而且还要善于开拓创新,要以与时俱进的精神做好道观管理工作,为道教事业健康发展注入原动力。

第三,注重加强道教宫观道风建设。道教宫观是信教群众信仰皈依的场所,是展示、传播道教文化的窗口与平台,是道门神职教徒清修之地。作为"清修之地"的道观,应该就是它最初的主要功能,道教徒皈依道门的目的就是"修道",其追求的终极目标就是"得道"。只是现在有点变味了,有些地方的宫观成了企业,殿堂成了商场,失去了原有的神圣与庄严,道风建设也随之一蹶不振。宫观现状表明,现代学道的神职教徒很多,但真正修行的却很少。有人说,为什么现在有些道观不灵,主要原因是修行的神职教徒太少,自然就无法感召神仙降临。因此,道教徒的自我修行问题尤为重要,如果道观中没有真正修行的道教徒,那么道观只能是一座供人参观的古建筑而已。这就是说,当代道教必须要认真做好神职教徒的自我修持工作,道教宫观组织中的神职教徒要以身作则,为一般神职教徒与信众作出表率,模范遵守中国道教协会制定的《道教宫观规约》和《关于道教协会和宫观负责人带头加强道风建设的若干意见》,努力精进修行,不断提升道学造诣、品德修养,切实推进道教宫观的道风建设。

当代道教宫观,要提高神职教徒的道学造诣。道教文化博大精深,道教经典蕴含着深邃的智慧,是历代道教徒学道、修道的重要内容。对于神职教徒来说,除了道教院校的系统学习外,主要是依靠自我学习来完成的。一般来说,自我学习主要源于两个方面:一方面,是通过道教宫观的组织学习来提高道学造诣。宫观是道教神职教徒修道与举行宗教活动的主要场所,是联系信教群众的重要窗口,也是完成传统的师徒传承的重要处所。通过宫观的组织学习与宗教生活,神职教徒可以进一步提升自己的道教知识和道学素养。所谓"学识上有造诣",就是要在学识上刻苦学习道教学问,不论是道教知识、科仪修持或者宫观管理等,都要学精学通。要使道教神职教徒真正成为博学多才、道学高深者,才能正确引领信教群众,展现良好的道教风貌。另一方面,是通过自身的努力学习来提高道学造诣。当代道教神职教徒要养成良好的学习习惯,不断提高自己的道学造诣。一是要通过博览群书来学习。无论是文学、艺术、哲学、科技等方面的书籍,还是中外各大宗教的书籍都要浏览学习,对于道教历史、教义思想、戒律经典、神仙信仰、斋醮科仪等书籍要力求做到精读。二是要通过研读道教经典来学习。汲取历代祖师的修道经验与道学智慧，提升自己的道学造诣。三是要通过参与讲经讲道来学习。讲经讲道是提高神职教徒道学素养的重要平台，更是培养弘道阐教人才的有效途径。只有不断提升神职教徒的道学造诣，才能稳步推进道教宫观的道风建设。

当代道教宫观，要提升神职教徒的品德修养。对于道教神职教徒来说，自身的道教学识与品德修养是非常重要的，这既是社会对神职教徒的要求，也是信教群众心中的期盼，具体反映在神职教徒的言行举止和精神风貌上，体现在他们的外在形象之中。比如，社会对司法公正的期盼，主要是通过法官的素质和形象来展现。一名法官内在素养深厚，外在形象威严，办事严谨认真，那一定是值得信赖的。法官的形象从某种意义上讲代表着司法公正的形象，代表着法治的形象。同样，道教神职教徒的形象，在某种程度上也代表着道教的形象，代表着广大信教群众对道教所寄予的良好愿望。"在信教群众的心目中，道教神职教徒是道教文化的传播者，道教神圣信仰的捍卫者，信教群众的开示者。"[①] 这就要求，神职教徒必须通过自我修持来提升品德修养。一方面，要以高道大德为榜样，不断提升自己的内在素养。历代高道大德都是学识渊博、品德高尚者，他们的思想与智慧可以启迪后辈不断前行。现代神职教徒要以高道大德为榜样，学习他们高雅的内在气质和丰富的道教学识，努力使自己成为有虔诚信仰和具有高尚品德的玄门弟子。另一方面，要以持戒修行为目标，不断提升自己的外在形象。持戒修行是神职教徒的基本要求，只有通过学道、修道，最终才能得道。所谓"修道"，

---

① 丁常云：《道教与当代社会》，中西书局，2018年版，249页。

那一定是要"真修"的，否则是不会"得道"的。全真派提出"苦志修行"之法门，倡导"真功真行"之精神，是值得后世道教徒学习的。神职教徒必须通过自身的不断修行，才能展现出仪态端庄、仙风道骨、慈悲济世的良好形象。只有不断提升神职教徒的品德修养，才能稳步推进道教宫观的道风建设。

第四，注重提升道教宫观服务功能。道观作为道教的最基层组织，其主要功能就是做好"两个服务"，即服务社会，服务信徒。现实工作中，许多道观并没有认识到此项工作的重要性，没有准确把握好"两个服务"的功能定位，自然就缺少主动服务的意识。在服务社会方面，多数道观是无所作为，或者是被动应付，缺乏统筹考虑，更缺乏责任与担当。在服务信徒方面，多数道观缺少主动服务意识，道观教职人员高高在上，但又无所事事，对于信徒的提问，要么是不愿回答，要么就是回答不了，更谈不上为信徒解疑释惑了。还有部分教职人员，面对有钱的信徒笑脸相迎，面对普通信众爱理不理。这些问题的存在，严重影响了道教和道观的社会形象。

当代道教宫观，要积极传承服务社会的传统。道教主张"齐同慈爱，济世利人"，体现了道教服务社会的鲜明特色。服务社会也是道教传承的内在要求，道教源于社会、扎根于社会，自然也必须始终服务社会，既要服务和谐社会，又要服务经济社会，只有在服务社会中，才能体现出道教的时代价值，实现道教自身的发展。服务社会更是道教适应时代发展的客观要求。在宗教与精神领袖世界和平千年大会上，通过的《和平宣言》提出"积极服务社会，担当时代责任"，已成为世界宗教界的普遍共识和自觉行动，这是时代对中国道教提出的新要求，道教界必须要积极面对，有所作为。当今时代，道教界要担当好服务社会的历史责任，着力推动破解困扰和威胁人类生存的重大问题，面对环境污染、生态失衡、人口爆炸、贫富分化、恐怖主义、局部战争以及自然灾害等问题，道教界要主动发挥自身优势，为服务人类社会作出积极贡献。

当代道教宫观，要主动做好服务信徒的工作。做好信徒的服务工作，是道观管理中一项十分重要的工作。但是如何做好服务信徒的工作，则是一个值得研究的时代课题。服务信徒必须要教化引导信徒爱国爱教，引导信徒热爱社会主义祖国，拥护中国共产党的领导，自觉走与社会主义社会相适应道路，激励广大道教徒在各自的工作岗位上努力工作，奋发有为，为社会主义现代化建设贡献力量。服务信徒必须要引领道教信徒树立正确的人生观，鼓励道教徒在日常工作和生活中，恪守道教伦理规范，建立和谐的家庭关系、人际关系和社会关系，坚持诚信友爱、诚实劳动、无私奉献，积极投身经济社会建设。服务信徒必须要为信徒解疑释惑、排忧解难。现代社会的高速发展，许多信徒会遇到一些社会、家庭和精神生活方面的问题，需要道观道长帮助指点。还有信徒的信仰需求，比如参拜神灵、举办斋醮科仪等，都需要道观道长的帮助，这些都是道观服务信徒的重要内容。当然，道教宫观必须通过强化道观管理、提高自身的服务能力，才能更好地做好服务社会、服务信徒的工作，发挥出道教应有的时代价值。

二

道教团体是道教徒联合的爱国宗教组织和教务组织，发挥着团结、联系广大道教信徒的桥梁和纽带作用。到目前为止，全国已有20多个省（市、区）成立了省级道教协会，各地区还成立了数量众多的市、县级道教协会。道教团体组织的建立，对于加强道教自身建设、规范道教组织管理、培养道教人才和促进道教对外交流等方面发挥了积极作用。但是，就目前道教团体建设情况来看，与社会发展要求和道教自身发展需要还有很大差距，道教团体管理人才的匮乏，组织建设、制度建设和管理能力的滞后，已经严重影响到道教团体组织的健康发展，必须引起道门自身的高度重视。这就要求，当代道教必须要不断加强自身建设，培养管理型人才，规范组织管理。道教团体要有所作为，更要有时代担当，要充分发挥团体组织的桥梁纽带作用，促进道教团体组织的健康发展。

第一，注重加强道教团体人才培养。国家宗教事务局公布的《宗教团体管理办法》明确规定："宗教团体是中国共产党和人民政府团结、联系宗教界人士和广大信教公民的桥梁和纽带"。对于宗教组织来说，团体建设尤为重要。就目前道教团体建设来看，由于管理人才的严重不足，道教团体缺乏规范管理和自身建设，在场所和信众中的凝聚力逐渐下降。甚至有些地方道教团体名存实亡，积极作用难以发挥，严重影响道教自身建设与发展。中国道协第十届代表会议《工作报告》明确指出，要"加强道教团体领导班子建设，努力建设政治上可信、作风上民主、工作上高效的高素质领导班子"。① 应该说是很有远见的，也是抓住了道教团体组织建设的关键。这就是说，只有大力培养"德才兼备"的道教团体管理人才，才能促进道教团体的健康发展。

当代道教团体，要培养具有较高品德修养的管理人才。所谓"品德修养"，就是指个人为实现一定的理想人格而在意识和行为方面进行的道德上的自我锻炼，以及由此达到的道德境界。管理学告诉我们，品德修养对于一位管理者来说是非常重要的，特别是对于宗教团体管理者来说就更为重要。党和政府提出培养宗教界人才的

---

① 《中国道教》2020年第6期，第38页。

标准是：政治上靠得住、宗教上有造诣、品德上能服众、关键时起作用。这其中"品德上能服众"就是强调个人的品德修养，指出宗教人才应该是：以德为先、以学为本、以能为要。有才无德、有德无才都不完备。从道教的修行角度讲，真正的"高道"必定是"大德"，而真正的"大德"必然造诣高深、品德高尚。现实道教团体管理中，严重缺乏管理型人才，更缺乏"品德高尚"的管理人才。国家宗教事务局原局长王作安指出：中国道协"新一届理事会成员要率先垂范，以戒为师、以戒修行，靠学修、持戒成就功德，靠德行、人格赢得尊重，自觉接受教内外监督"。① 这就是说，道教团体作用的发挥，关键是靠具有品德修养的管理人才，只有品德上能服众的道教人才，才能管理好道教团体，才能凝聚好人心、团结好大众。因此，道教团体组织人才培养，必须注重个人的品德修养教育，要以"德才兼备"的要求来选拔和培养道教团体的管理者。

当代道教团体，要培养具有较强工作能力的管理人才。尽管多年来道教团体在后备人才培养方面十分重视，但是真正合格的道教团体负责人仍然严重缺乏。习近平总书记在全国宗教工作会议上指出："宗教团体是党和政府团结、联系宗教界人士和广大信教群众的桥梁和纽带，要为他们开展工作提供必要的支持和帮助，尊重和发挥他们在宗教内部事务中的作用，努力建设政治上可信、作风上民主、工作上高效的高素质领导班子。要坚持政治上靠得住、宗教上有造诣、品德上能服众、关键时起作用的标准，支持宗教界搞好人才队伍建设。"② 这是党和政府对宗教团体工作的高度重视，也是对新时期宗教团体工作提出的新要求。当前，团体管理人才是道教领

---

① 《中国道教》2020 年第 6 期，第 7 页。
② 2016 年 4 月 23 日，来源：新华社（人民网）。

域十分突出的问题，团体管理者的管理能力还不能适应时代发展的需要。这就需要我们大力培养道教团体管理人才。根据时代发展要求，道教团体负责人必须要有较强的行政管理能力和现代管理意识，要善于吸收引进现代社会管理新理念和新方法，用于道教团体的规范管理。

第二，注重把握道教团体职能定位。职能定位是决定一个组织的职权与工作任务的重要依据。所谓职能，是指需要完成的任务、工作和责任，以及为完成这些任务所拥有的权力。国家《宗教事务条例》明确规定了宗教团体的职能：一是协助人民政府贯彻落实法律、法规、规章和政策，维护信教公民的合法权益。二是指导宗教教务，制定规章制度并督促落实。三是从事宗教文化研究，阐释宗教教义教规，开展宗教思想建设。四是开展宗教教育培训，培养宗教教职人员，认定、管理宗教教职人员。五是法律、法规、规章和宗教团体章程规定的其他职能。① 以上宗教团体的职能自然也是道教团体的职能定位，自然也是道教团体需要完成的工作任务和责任，以及为完成这些任务所拥有的权力。因此，在具体工作中必须要明确道教团体的职能定位，准确把握道教团体的工作目标，认真落实道教团体的各项工作任务。

当代道教团体，要准确把握自身的工作目标。道教团体的工作必须要有明确的目标，有目标才有努力的方向，才能激励先进奋力前行，鞭策后进迎头赶超。中国道教协会《章程》和道教性质告诉我们，新时代道教团体组织的目标应该是：建设团结友爱、清净庄严、开放包容、充满活力、具有国际影响力的中国道教，使道教更加健康地传承发展，更加充分地发挥积极作用，更好地与社会主义

---

① 新修订《宗教事务条例》释义，宗教文化出版社，2018年第4版，第30—31页。

社会相适应，更好地为中华民族伟大复兴的中国梦贡献力量。根据这一要求，道教团体的工作目标主要包含三个层面：一是要建设具有国际影响力的中国道教，这是世界层面的工作目标。道教是中国本土宗教，在漫长的历史发展过程中，不仅神州大地到处都留有道教的胜迹，而且随着中外文化交流和华人移居海外，道教也传播到了海外。① 改革开放后，中国道教得到快速发展，特别是近年来中国道教协会倡导的"道行天下"活动取得了一定成绩，这些都提升了道教的社会影响力。但是，道教要走上国际舞台，真正成为有国际影响力的宗教，还有很多事情要做，还有很多问题需要解决。作为未来道教工作努力的目标，道教团体组织必须要团结带领广大道教徒，为建设具有国际影响力的中国道教而努力奋斗。二是充分发挥道教应有的时代价值，这是社会层面的工作目标。在长期的发展过程中，道教对我国古代的思想文化和社会生活的各个领域都产生过巨大而复杂的影响，当今道教依然在中国人的生活方式和文化构成中显示出独有的生命力。② 从社会层面来看，道教有一项重要工作就是"服务社会"，道教能否健康发展，关键是看其服务社会的能力。发挥道教的时代价值，就是要挖掘道教服务社会的积极功能。道教团体要做好道教传承与发展的工作，尤其要做好道教文化的传承与发展，只有传承好优秀的道教文化，才能更好地发挥道教的积极作用，才能更好地做好服务社会的工作。三是为中华民族伟大复兴的中国梦贡献力量，这是国家层面的工作目标。在全国宗教工作会议上，习近平总书记指出：宗教界要积极"投身改革开放和社会主义

---

① 卿希泰、詹石窗主编：《中国道教通史》第五卷，北京人民出版社，2019年版，第395页。
② 卿希泰主编：《中国道教思想史》第一卷，北京人民出版社，2009年版，第1页。

现代化建设，为实现中华民族伟大复兴的中国梦贡献力量"。① 这就要求我们道教团体组织必须要服从服务于国家最高利益和中华民族整体利益，团结带领广大道教徒为国家的富强、民族的振兴而努力奋斗。明确道教团体的职能定位，就必须要把握好道教团体的工作目标，稳步推进，不断前行。

当代道教团体，要认真落实自身的各项工作任务。工作任务是指团体组织或个人的工作范围，或者职责范围。清晰的工作任务，是团体组织做好工作的基本条件，也是该团体领导能力强的表现；如果工作任务模糊不清，自然会影响团体工作的顺利开展，当然也是团体领导能力弱的标志。由此观之，团体组织主要领导的水平，直接关系到团体工作任务制定的好坏，一个没有思路、没有思想、没有能力的领导，不可能提出优秀的工作思路，制定出规范清晰的工作任务，也不可能引领团体组织有所作为。根据中国道教协会《章程》规定，本会的工作任务主要有：一是团结、带领全国道教徒遵守宪法、法律、法规和国家政策。二是协助政府贯彻落实宗教信仰自由政策，依法维护道教界的合法权益，深入调查研究，反映道教组织、道教界人士和信教群众的意见和要求，充分发挥桥梁纽带作用。三是大力弘扬道教优秀文化，为传承中华文明和建设中华民族共有精神家园做贡献。四是建立健全道教有关规章制度，加强信仰建设、道风建设和教制建设，严肃戒律，纯正道风。五是加强对地方道教团体、宫观和道教院校的教务指导，协调关系，促进团结，支持地方道教团体依法依规办好教务。督导道教团体、宫观搞好管理和自身建设，提高道教徒整体素质，树立道教良好形象，促进道教事业健康发展。六是兴办道教教育事业，办好道教院校，培养道

---

① 习近平：《全面提高新形势下宗教工作水平》，新华网，2016年4月23日。

教人才。七是主办传戒、授箓等重大教务活动,做好直属宫观的管理工作。八是开展道教文化艺术交流活动,加强学术研究,整理编印道教书刊,协助做好道教文物古迹与非物质文化遗产保护工作。九是开展社会公益慈善活动,弘扬道教生态环保理念,服务社会,利益人群。十是开展同香港特别行政区、澳门特别行政区和台湾地区道教组织及海外道教界侨胞的交往与联谊工作,增进了解,团结合作。十一是加强与国外道教组织、道教界人士及国际宗教和平组织的友好往来,促进中外道教文化交流,开展道教的国际联谊工作。[1] 通过对以上工作任务的分析,我们认为内容是全面的、定位也是准确的,是道教团体比较完备的工作任务清单。但是,作为全国性道教团体组织,除上述工作任务外,还要注重做好两项工作:一是道教教务工作要进一步加强。道教团体对于重大的教务活动要开展研究,要在尊重传统的基础上,拿出权威的、肯定性的文本,用以指导各地道教教务工作的开展。二是道教文化研究工作要进一步加强。道教团体要特别注重加强对于当代道教问题的研究,旨在加强道门自身建设,探索道教与当代社会关系,探寻道教未来发展,助推道教中国化进程。开展当代道教研究应该成为当前道教团体一项重要的工作任务来抓,这是关系到当代道教能否健康发展的大事,必须要引起高度重视,坚持常抓不懈。

第三,理顺道教团体权责关系。理顺关系是各级道教团体的权责定位,也是发挥各级道教团体组织作用的有效途径。所谓"权责",意思为权力与职责。理顺权责关系,就是指将权力与责任的界限明确,不能混淆不清。依照《社会团体登记管理条例》规定:社会团体分别由各级人民政府民政部门和相应的业务主管单位进行监

---

[1] 《中国道教协会章程》,《中国道教》2015年,第3期,第43页。

督管理。宗教团体作为一个类别的社会团体，各级团体的地位都是平等的，相互之间无隶属关系，无领导与被领导的关系。① 当然，宗教团体也有其特殊性，在同一宗教中，全国性宗教团体与地方性宗教团体之间具有一定的教务指导关系。对于道教团体来说，虽然只有上下级的教务指导关系，但是其各自的权责也必须要清晰，否则就会影响正常工作的开展。因此，必须要尽快理顺道教团体的权责关系，强化上级道教团体的教务指导，发挥基层道教团体的积极作用。

当代道教团体，要注重加强上级团体组织的教务指导。这里所说的上级道教团体主要是指中国道教协会和各省级道教协会。中国道教协会《章程》规定，全国道教团体与地方道教团体的关系是教务指导关系。② 当然，这种指导也包含了一定程度的管理成分，只是宏观管理而已。所谓"宏观"是指大范围的或涉及整体的，或者可理解为一种站在范围较大的角度去思考一些问题。简单说，宏观管理是指抓大放小，关注大问题，把握大方向。同样，上级道教团体组织的自身工作定位，就是对基层团体进行教务指导、宏观管理，具体工作职能主要是负责监督指导。监督指导的本义是指对现场或某一特定环节、过程进行监视、督促和指导，使其结果能达到预定的目标。而上级团体对下级团体的监督指导，主要是从宏观上把握上级道教团体的意图，督促指导有关制度性工作的贯彻落实。当然，在上级团体准确把握自身的工作定位后，能否发挥出积极的宏观指导作用，这是对上级团体组织成员的基本素质考验。作为一名合格的团体负责人，必须要有较高的政治素质、较高的文化素养、较高

---

① 国家宗教局政策法规司编：《宗教工作法律知识问答》，宗教文化出版社，2008年版，第57页。
② 《中国道教》2005年第3期，第43页。

的宗教造诣和较高的管理水平，才能做到整体把握、宏观指导。如果上级团体负责人素质不高、专业水平不强，所发出的指导意见和工作要求就缺乏权威性和可操作性，有的甚至在基层难以推行，这样自然就会削弱上级团体的指导作用。这就要求上级道教团体在宏观指导过程中，必须要强化其专业性和权威性，必须要深入开展调查研究，必须要广泛听取基层团体的意见建议，力争做到求真务实，准确定位，精准指导，坚持做到"到位不越位""帮忙不添乱"，更不要随意拍脑袋、瞎指挥，要始终保持正确的方向和工作定位，稳步推进道教团体各项工作的有序开展。

当代道教团体，要注重发挥基层团体组织的积极作用。这里所说的基层道教团体，主要是指省级以下的道教组织，这类道教团体组织最多，也是最接近宫观和信教群众的，基层道教团体的作用是非常重要的，可以说道教团体工作落实的关键还是在基层。道教现状表明，基层道教团体并没有真正发挥作用，普遍存在领导体系、组织体系和保障体系不健全等问题，构成了基层团体建设的瓶颈短板，严重影响了基层道教组织作用的发挥。因此，基层道教团体也要理顺权责关系，明确工作责任，发挥积极作用。一方面，要充分尊重基层道教团体组织。根据有关规定，基层道教团体的上级组织对下级组织进行教务指导，只有该地区最基层的道教团体，可以直接指导、协调宫观的事务工作，也就是说对于宫观的指导、协调责任应该赋予最基层的道教组织。上级道教组织不能越权道观事务，包括越权收取"会费"等。另一方面，要全力支持基层道教团体工作。相对上级道教团体而言，基层道教团体组织工作要更加务实，班子成员必须有实干精神，要坚持理论联系实际，踏踏实实地做好每一项工作。地方政府宗教部门在协商基层道教组织负责人时，必须要考察其实干精神，也就是说要"想干事、能干事、干成事"，要建立一套务实能干的工作班子,坚决守好道教团体的一线阵地,这是做好基层道教团体工作的根本保证。当然,地方政府宗教部门和上级道教团体也要给予积极的关心与支持,帮助解决在实际工作中遇到的重点、难点问题。作为基层道教团体要严格按照《章程》开展工作,制定有关工作计划,稳步推进各项工作的有序开展,真正发挥出基层道教团体组织的积极作用。

第四,推动道教团体转型发展。所谓转型,是指事务的结构形态、运转模式和人们观念的根本性转变过程。简单说,就是一个创新的过程。比如,企业转型就是指企业长期经营方向、运营模式及其相应的组织方式、资源配置方式的整体性转变,是企业重塑竞争优势、提升社会价值,达到新的企业形态的过程。当前,随着现代化社会的高速发展,道教团体组织也要紧跟时代步伐,适应社会进步要求,促进传统道教团体向现代社团组织的转型发展。道教团体主动预见未来,实现战略转型,这是明智之举,但从另一角度看,也是无奈之策。时代的快速发展和社会进步要求,已经开始倒逼道教团体的转型发展。因此,推动道教团体转型发展是时代发展的必然要求,更是道教团体自身发展的正确选择。

当代道教团体,要注重建立团体组织管理评估机制。所谓"评估",是指评价估量。对于工作的评估,则是根据工作分析的结果,按照一定的标准,对工作性质、强度、责任、复杂性以及所需的任职资格等因素的差异程度,进行综合评估的活动。评估机制本身就是一种监督机制,其目的就是不断提高自身的工作水平和工作成效。道教团体同样需要评估机制,同样需要有主管部门的考核和评定。就目前道教团体来看,由于缺乏自身的监督机制,团体内部"组织松散、制度不严、作风不正、效率不高"的现象长期存在,工作中还出现"拉帮结派、勾心斗角、以权谋私、任人唯亲"等不良现象。

因此，建立道教团体管理的评估机制，必须要借鉴社会团体管理先进经验，建立符合团体自身的评估办法。一方面，要借鉴社会团体管理先进经验。就目前道教团体来看，还不是一个现代社团组织，或者说还不符合现代社团组织的要求，在内部管理体系、会员权利义务、法人治理结构、社会服务规范等方面尚未实现现代转型，难以担负起在道教治理体系的核心地位和重要功能。因此，借鉴社会团体管理先进经验很有必要，具体可以从以下两个方面开展：一是要严格遵守《社会团体登记管理条例》，按照条例有关规定开展道教工作，依法维护道教团体的合法权益。二是要学习借鉴社会团体管理经验，规范道教团体的内部管理。现代社会团体有着丰富的管理经验，道教团体组织必须认真学习、积极吸取，将其充分运用到道教组织实际管理工作中来，只有充分吸收现代社会团体组织先进的管理理念和经验，实行对道教团体组织的规范管理，才能很好建立起道教团体管理的评估机制，促进现代道教团体管理的新发展。另一方面，要形成道教团体自身的评估机制。当前，我们道门中人要有忧患意识、大局意识，以等不起的紧迫感、慢不得的危机感、坐不住的责任感，自觉想事、干事，齐心协力，不断提高工作质量和工作水平，着力形成思想统一、目标明确、务实高效的工作新格局。为此，要建立符合道教团体自身的评估办法，重点做好以下三个方面工作：一是由政府民宗部门牵头，建立定期评估机制。二是建立团体评估内容要求，形成书面评估等级。三是要将评估结果向社会公开，接受社会和信徒的监督。通过建立团体组织管理评估机制，有效推进道教团体组织的现代化管理，从而实现道教团体组织的现代转型。

当代道教团体，要注重建立团体组织建设长效机制。所谓"长效机制"，是指能长期保证制度正常运行并发挥预期功能的制度体系。长效机制不是一劳永逸、一成不变的,它必须随着时间、条件的变化而不断丰富、发展和完善。同样,只有建立道教团体组织的长效机制,才能保证道教团体长期的、健康的有序发展。由于历史等诸多原因,道教团体建设与社会发展严重脱节,自身建设和管理工作严重滞后,其管理理念和管理水平,已经不能适应时代与道教自身发展的需要,与社会团体和其他宗教团体相比,更是差距甚大。道教团体组织结构不合理、管理机制混乱等问题还没有得到根本解决。因此,建立道教团体建设长效机制已成当务之急。一方面,要大力加强道教团体新型人才队伍建设。加强团体新型人才队伍建设及其梯队建设,是形成道教团体建设长效机制的重要基础。根据道教团体转型发展的组织定位,比对当前道教团体的人才断档困境,必须以制度化、规范化、专业化为目标,着力加强道教团体新型人才队伍及其梯队建设,才能更好地发挥道教团体的功能作用。根据道教团体组织特点,具体建议如下:一是建立科学的培育体系,全面优化新型人才队伍结构。二是建立合理的用人体系,创造有利于人才成长的良好环境。三是建立绩效考评体系,强化对人才的激励措施。另一方面,要建立道教团体发展的共同愿景。共同愿景就是指组织中所有成员的共同愿望、理想或目标,并且这种愿望、理想或目标表现为具体生动的景象。建立道教团体组织的共同愿景,需要团体班子成员真心、自愿、积极地朝着一个共同的目标前进,具体可以从以下几方面推进:一是要确立道教现代发展的共同愿景,努力使中国道教成为具有国际影响力的道教。二是确立道教国际影响力的价值观,明确团体成员努力奋斗的方向。三是确立道教国际化是当代道教徒的使命,明确团体成员的责任与担当。四是推动实现道教国际化的最终目标,明确制定相关实施方案。只有建立起道教团体组织的共同愿景,使之与道教事业的发展融为一体,才能有效地解决道教团体建设的长效机制,从而实现道教团体组织的转型发展。

三

当代道教,无论是在宫观管理、团体建设,还是在人才培养等方面,都落后于时代发展的步伐,与道门自身建设与发展要求还有一定差距,道教管理工作滞后的现状还没有得到真正改变。因此,加强道教宫观管理与团体建设,是道教适应时代发展的需要,也是道教自身发展的必然。所谓"逆水行舟,不进则退"。在当代社会"信仰市场"竞争的环境下,注重加强道教宫观管理与团体建设,推进道教组织管理理念的创新发展,无论对于道教宫观和团体本身,还是对于道教事业的健康发展都具有重要的现实意义。

为此,浦东道教文化研究所率先提出并开展"道教宫观管理与团体建设"的理论研究,组织邀请教内外专家学者,开展对道教宫观管理与团体建设的专题研究,撰写"当代道教研究"丛书第五辑,选题为"道教宫观管理与团体建设",这是一个具有时代性的重要课题,涉及道教人才培养、自我管理、组织建设与创新发展等内容,关系到道教在新时代的建设与发展问题。

当然,这也是道教宫观管理与团体建设研究工作的良好开端,对于加强道教制度建设、规范组织管理皆具有重要的积极作用。本辑内容共分四章,全面阐述了道教宫观管理与团体建设的历史、现状和未来发展等诸多问题,为现代道教宫观管理与团体建设提供借鉴与启迪。

其一,历史经验与启示。道教是中华传统文化的重要组成部分,有着悠久的历史传承,而随着中国道教的诞生,也必然伴随着道教管理的出现。自从道教组织形成以来，就有了社会对道教的管理和道教的自我管理，道教组织的形成与发展促进了道教管理的需要。在长期的历史发展与实践中，道教组织管理形成了各自不同的风格和特点，其中有许多成功的管理经验值得现代道教管理借鉴，也有许多深刻教训值得吸取。这些经验与教训，对于当今道教管理工作的开展，并把握其发展规律和未来趋势都具有重要的参考价值。本章所收录文章从道教组织的历史与发展出发，探析了早期道教管理组织的主要特征，分析了唐宋时期的宗教政策与道教管理，以及金元时期道教教派的变化与组织管理。通过对清代以后道教在社会动荡中的生存之道研究，从而加深了对近现代道教组织的形成发展与历史教训的认识。道教组织发展的历史告诉我们，道教组织建设与道教的振兴发展紧密相连，探索道教组织的历史经验，为当代道教组织建设与发展提供有益的经验借鉴与启示。

其二，道教宫观管理。宫观是道教的基本组织形式，在人民政府宗教事务部门的行政领导下，由道众实行自主管理，并接受地方道教协会的教务指导。国务院颁布的《宗教活动场所管理条例》明确规定："宗教活动场所由该场所的管理组织自主管理。"这就要求道教宫观必须设立管理组织，实行民主管理。当然，道教宫观的管理，关键是管理型人才的培养，要尽快制定培养道观管理型人才的目标要求，确定培养人才的途径与方法，营造有利于人才成长的环境机制，努力培养一批既有道教学识，又有管理水平的道观管理型人才，促进道教宫观规范管理和道教事业健康发展。本章所收录文章从道教宫观组织管理与自身建设出发，客观分析了道教宫观管理型人才培养与实践的重要性，阐述了道教宫观管理与自养经济建设的关系，强调指出了道教宫观管理中需要加强的戒律建设、教风建设、文化建设，以及神职教徒信仰建设等诸多问题，这是道教宫观管理中必须要认真加以解决的。通过对道教宫观组织管理的探索，丰富了思想内涵、拓宽了工作思路，为现代道教宫观管理提供了理论依据和行为规范。

其三，道教团体建设。团体是道教的又一基本组织形式，它与道教宫观相互作用、相互影响，共同构成二个不可或缺的道教组织，维系着道教的有序传承与健康发展。道教历史表明，道教历来就是以宫观、名山为单位，或在宗派内部组织活动，真正的道教团体组织只是近现代社会历史发展的产物。1912年，中华民国道教会在北京成立，开启了近现代道教团体组织的先河。但是，由于当时社会动荡与经济萧条，道教团体组织维持时间并不长，发挥作用也不大。直至1957年4月，道教界在北京举行第一次全国代表会议，正式宣布成立中国道教协会。从此，中国道教界开始有了正式的全国性团体组织。改革开放以后，各地道教宫观修复开放，各级道教团体组织也相继成立并开展工作，发挥着团结、联系广大道教信徒的桥梁纽带作用，成为道教徒联合的爱国宗教团体和教务组织。到目前为止，全国已有20多个省（市、区）成立了省级道教协会，各地区还成立了数量众多的市、县级道教协会。道教团体组织的建立，对于规范道教自身管理、培养道教人才和促进道教对外交流等方面发挥了积极作用。但是，面对道教团体组织现状，还有许多问题需要研究，还有许多工作需要探索。本章所收录文章主要从道教团体的建设与发展出发，探讨了道教团体组织的职能定位与权责关系，探析了道教团体组织的爱国爱教传统和民主管理制度，阐述了道教团体组织与道教宫观之间的关系，强调指出了道教团体在道教人才培养、道教文化研究和公益慈善活动中的重要作用。所以这些，都是当代道教组织需要认真研究并加以解决的问题，也是加强道教团体建设和促进道教团体组织健康发展的必然要求。

其四，现代转型及展望。所谓"现代转型"，就是要积极处理好道教宫观和团体组织建设的与时俱进问题，促进道教组织与现代社会相适应，加强道教宫观与团体组织建设，发挥道教组织应有的时代价值。道教宫观是道教最基层的也是最重要的管理组织。宫观现状表明，道教宫观的管理水平、管理制度和管理体制等都跟不上时代，不能适应现代社会发展的需要，必须要大力加强道教宫观的现代管理，实现道教宫观管理的现代转型。同样，道教团体是道教徒联合的爱国组织，也是道教重要的管理组织。团体现状表明，自身建设与内部管理严重滞后，部分道教团体在道教场所和信教群众中的凝聚力逐渐下降，有些地方道教团体组织甚至名存实亡，道教团体积极作用的发挥难以为继，严重影响了道教的自身建设与发展。因此，如何进一步加强道教组织建设、规范道教组织管理、实现道教组织的现代转型，已经成为一个新的时代课题。本章所收录的文章主要从加强道教组织建设和实现现代转型发展出发，分析了道教的现代转型与中国社会发展的关系，探析了道教宫观管理与信徒队伍建设、现代制度建设和现代文明场所建设等问题，提出了道教团体制度体系建设与创新发展，强调指出道教团体要积极践行道教中国化，以及重视发挥道教团体在道教走出去中的作用。这就是说，道教组织建设必须要与时俱进，要主动适应时代进步与社会发展要求，实现道教宫观管理与团体建设的现代转型，促进当代道教的组织建设与创新发展。

通过对道教宫观管理与团体建设的探索与研究，我们清楚地认识到，加强道教组织的规范管理是时代发展的客观要求，也是道教自身建设与发展的必然选择。加强道教宫观与团体的规范管理，是当前我国道教组织建设的重要内容，也是促进当代道教事业健康发展的根本保证。本专辑从传统道教组织建设与发展出发，认真总结了道教组织管理与发展的历史经验与启示，客观分析了道教宫观管理与团体建设存在的诸多问题，多视角、多方位阐述了道教组织建设的理论思考与应对之策，并在此基础上提出了道教组织的现代转型与创新发展问题，为现代道教宫观管理与团体建设提供诸多启迪与借鉴。本专辑收录文章，既有知名专家学者的力作，又有教内学者与道门新秀的佳文，都是道教宫观管理与组织建设理论研究的重要成果。这里要特别指出的是，本专辑收录文章有一半以上出自教内道长，尤其是年轻道长的积极参与，他们都是道门的青年才俊，对于道教宫观管理与团体建设进行了积极的探索与思考，提出诸多意见和建议，其中不乏真知灼见。当然，本专辑所收录的文章以及所阐述的观点，也仅仅是一家之言，诸多思考和建议还不成熟，也只是抛砖引玉而已，还请广大读者批评指正！对于道教宫观管理与团体建设的研究还需要继续深入，我们诚恳希望有更多的道门新秀和专家学者参与研究，拿出更多、更丰硕的研究成果，共同为道教宫观管理与团体组织建设贡献智慧，促进当代道教事业的健康有序发展。

丁常云
中国道教协会咨议委员会副主席

目　录

第一章　历史经验与启示

早期道教管理组织的主要特征 …………………… 李似珍 / 3

唐宋时期的宗教政策与道教管理 ………………… 钟国发 / 25

金元时期道教教派的变化与组织管理 …………… 张　欣 / 54

清代以后道教在社会动荡中的生存之道 ………… 张　化 / 66

近现代道教团体组织形成发展的历史教训 ……… 陈耀庭 / 85

道教宫观管理存在的问题与对策探讨 …………… 杨玉辉 / 102

第二章　道教宫观管理

道教宫观管理型人才的培养与实践 ……………… 丁常云 / 117

道教宫观管理与自养经济建设 …………………… 金玉博 / 149

道教宫观管理中的戒律制度建设 ………………… 袁　征 / 162

道教宫观管理与神职教徒信仰建设 ……………… 侯　程 / 176

道教宫观管理与道教道风建设 …………………… 俞俊骅 / 192

道教宫观管理与道教文化建设 …………………… 沈　岚 / 204

道教宫观管理与建筑更新的现实路径 …………… 李　涛 / 214

第三章　道教团体建设

道教团体的职能定位与权责关系 ………………… 丁常云 / 233

道教团体建设与爱国爱教传统 …………………… 张兴发 / 251

道教团体管理与民主制度建设 …………………… 归潇峰 / 266

道教团体与宫观关系的实践和展望 ……………… 袁志鸿 / 285

道教团体在道教人才培养中的作用 …………… 隋玉宝 / 299
道教团体建设与道教文化研究 ……………… 王鼎良 / 311
道教团体开展公益慈善活动路径探讨 ………… 何春生 / 322

第四章 现代转型及展望

道教的现代转型与中国社会发展 ……………… 赵翠翠 / 341
道教宫观管理与信徒队伍建设 ………………… 丁常云 / 357
道教宫观管理和现代制度的结合与创新 ………… 沈 岚 / 380
道教宫观管理与现代文明场所建设 ……………… 成润磊 / 391
道教团体制度体系建设与创新发展 ……………… 丁常云 / 397
道教团体要积极践行道教中国化 ………………… 张 欣 / 414
道教团体在道教"走出去"中的作用 …………… 张 阳 / 427

第一章
历史经验与启示

早期道教管理组织的主要特征

李似珍*

摘　要： 早期道教组织管理涉及到教团组织的基本建制及功能、主要管理方法、管理人才培养、管理的指导思想等方面，当时的教派中人通过不断的实践、创新，建立"二十四治""道馆"等相对完整的管理机构，创造"法职""师徒制"等管理方式，为后世的道教组织管理奠定了良好的基础。

关键词： 天师道　二十四治　道观　法职　惩罚制　师徒制

早期道教，一般是指道教初创至南北朝逐渐完备的阶段。道教初起之时的派别主要有张道陵的正一盟威道、张角的"太平道"等。这些教团的兴起多与汉末时势动乱、下层民众无以生存有关，为此他们展开互助自救，力求在乱世中存活下来。于是形成以道民分布为管辖范围的组织机构，在沟通信息、定时集聚、经济支撑等方面创造条件，这里就涉及了组织管理这样的问题。

在古汉语中，管理中的"管"原意为中空之物，其四周被堵塞，中央可通达；理本意为顺玉之纹而剖析，代表事物的道理、发展的

---

* 李似珍，华东师范大学教授，浦东道教文化研究所副所长。

规律。故管理犹如治水，疏堵结合、顺应规律，是合理地疏与堵的思维与行为。早期道教中人对教团组织的管理，大致涉及了计划、实施、协调等方面。所以本文想从道教组织的基本建制、主要管理方法、管理人才培养、管理的指导思想等方面加以考察。

一、早期道教组织管理的沿革背景

早期道教自东汉末年（184年起）至南北朝（589年止），前后历经400年。其间门派众多，尊崇宗旨与持教风格也各有不同，要厘清其中的组织系统、管理方式有一定的困难。为此只能择简从约，以其中最有影响力的正一盟威道、太平道、南天师道、北天师道等为代表，来考察其中的组织管理状况。

正一盟威道，是早期道教重要的一个派别。据史书记载，在东汉顺帝时期，由张道陵在蜀郡鹤鸣山（今四川成都市大邑县北）创立。据《后汉书》《三国志》记载，凡入道者须出五斗米，故有"五斗米道"之称。因教徒尊张道陵为天师，又称"天师道"。张道陵建立道教教团之时，以五千文《道德真经》为圣典，并作《老子想尔注》，阐说道要教旨和修行准则，初步建立起道教教义思想体系，以"正一"之名来表明所倡行的教化学说是太上真一不二的正教。

南天师道由简寂先生陆修静改革发展江南天师道而形成。他对江南天师道组织进行的整顿和改造，并积极收集整理道经，制订道教斋醮科仪，推动了南朝旧道教的改革和士族新道教的形成。特别是陆修静在孝武帝大明五年（461年）至宋明帝泰始三年（467年），隐居庐山修建太虚观（后人称简寂观）期间，以太虚观为大本营收徒布道，并不断扩展规模，先后建有数十座规模宏大，雄伟壮观之道观，被誉为道教的"咏真第八洞天"。随之庐山道教地位和声誉显赫,逐渐成为名震南北的重要道场。陆修静制订并完善斋醮科仪,吸收儒家传统的忠孝礼义等伦理道德,并将其作为道徒必须遵守的教规,强调忠孝为先。他著有《灵宝经目录序》《太上洞玄灵宝众简文》《洞玄灵宝斋说光烛戒罚灯祝愿仪》《太上洞玄灵宝授度仪》《道门科略》《洞玄灵宝五感文》等,将这些斋戒仪范著作和收集的道经采用"三洞四辅十二类"的方法分类,使"灵宝之教,大行于世",成为江南道教的统领,与北魏寇谦之改革的"北天师道"南北并存。

北天师道是由封建史上首位被官方承认的道教天师——寇谦之(365—448在世)改革五斗米道而形成的。寇谦之称太上老君亲临嵩岳授以"天师之位",赐以《云中音诵新科之戒》20卷,传其服气导引口诀之法;令其"清整道教,除去三张(指张陵、张衡、张鲁)伪法,租米钱税及男女合气之术"①。"专以礼度为首,而加之以服食闭炼。"② 其主要道场建立在今山西大同(原称平城)。他利用太上老君降授的《云中音诵新科之戒》(又名《老君音诵诫经》)、老子玄孙李谱文降授的《录图真经》,对天师道的教义和制度进行了多方面的改革;吸取儒家五常观念、融汇儒释的礼仪规戒,建立了比较完整的道教教理教义、斋戒仪式,并改革道官职位的世袭制度,主张唯贤是授,信守持戒修行。经寇谦之改革后的天师道,在得到下层信徒的支持的同时,也适合了当时统治阶级的需要。

从这一时期的道教宗派兴起与更替来看,道教各派的创新与改革涉及了经典确立、教义、修行等多方面,而这些方面的实行则是在建立与完善教团组织、确保其顺利运行基础上展开的。这也是我

---

① 《魏书·释老志》。
② 《魏书·释老志》。

们考察早期道教组织管理的重要背景与立论依据。

二、早期道教组织管理的建制与功能

早期道教在宫观制度确立之前,道教的组织制度前后出现过两大类型:一是以"方"或"治"为单位的"政教合一"或"军政合一"的组织,二是以家族为中心的师徒制。它们之间有分有合,相互掺杂,都是道教适应当时社会发展的需要。

北周道教类书《无上秘要》卷23《正一炁治品》载:"太上汉安二年正月七日日中时,下二十四治,上八、中八、下八,应天二十四炁,合二十八宿,付天师张道陵,奉行布化。"汉安二年是公元143年。文中的意思为:二十四治是天师张道陵在公元143年建立的,它分为上八治、中八治、下八治,对应的是二十四节令,合的是天上二十八宿。

道经中记载此种组织的文献还有《三洞珠囊》卷7《二十四品》引《张天师二十四治图》、晚唐道士杜光庭所著《洞天福地岳渎名山记》、北宋张君房《云笈七签》卷28《二十四治》等。虽然其中提及二十四治,所记载的细节(如建立时间、地理位置、所属星宿等)有所出入,但对其成因及主要事实却有共同的认定。书中所记载的二十四治为:1. 上治八品:阳平治、鹿堂山治、鹤鸣神山太上治、离沅山治、葛贵山治、庚除治、秦中治、真多治。2. 中治八品:昌利山治、棣上治、涌泉山神治、稠粳治、北平治、本竹治、蒙秦治、平盖治。3. 下治八品:云台山治、浕口治、后城治、公幕治、平冈治、主薄山治、玉局治、北邙山治。在此之外,还设有八品游治。分别为:峨嵋治、青城治、太华治、黄金治、兹母治、河逢治、平都治、青阳治。

张道陵时设置的"二十四治",主要分布在川西、川北一带,即当时的益州管辖区,中心地通常为周围有农田的大山或山冈。这道教二十四治逐渐形成规模,成为较为完整的教区组织系统。在天下大乱、民众失去依仗无法生存的年代,道教以求得神灵保佑为寄托,为道民建立了一个类似朝廷户籍制的命籍制度,这样的二十四治便具有了政教合一的组织性质。

张道陵的子孙世袭"天师"道号,发展正一盟威道,传承教规教义,在当时深得民心,因此历代帝君皆对其加有封号。张道陵死后,其子张衡继之。张衡死后,其子张鲁又继之。据说张道陵为了配28星宿增立四品别治,分别为冈氐治、白石治、具山治、钟茂治;张衡设立了八个配治:漓源治、利里治、平公治、公慕治、天台治、赖乡治、尊领治、代元治。以后张鲁又添置了八品游治,即为峨嵋治、青城治、太华治、黄金治、慈母治、河逢治、平都治、吉阳治。这样道教的治所曾达到有四十四处之多。① 张鲁主要在汉中活动,汉中郡的沔阳、南郑就有"沔口治""后城治""公慕治"三个"治"。特别是"沔口治"即后来的"阳平治",自公元156年至215年间,属于正一盟威道管理各"治"的"中央教区",在中国道教的发展历史上有一定的社会地位和影响。

与此同时,汉末张角所领导的太平道建立了"三十六方"的教区,以方为单位,设置了"大贤良师—将军—八使—渠帅"的教团组织体系,以宗教活动与政治活动严密结合的形式,建立起军政合一的组织制度。

教区治所的功能至少有这样几个方面:

---

① 据陈国符《道藏源流考》(中华书局1963年版),则以为别治、配治、游治皆出自张鲁时。参见赵益《三张"二十四治"与东晋男方道教"静室"之关系》,《东南文化》2001年第11期,第53页。

（一）集合道众，宣流道化。

据陆修静《道门科略》记："（天师立治置职）奉道者皆编户着籍，各有所属。令以正月七日、七月七日、十月五日，一年三会，民各投集本治师，当改治录籍，落死上生，隐实口数，正定名簿，三宣五令，令民知法。其日天官地神咸会师治，对校文书，师民皆当清静肃然，不得饮酒食肉，喧哗言笑。会竟，民还家，当以闻科禁威仪教敕大小，务共奉行。如此道化宣流，家国太平。"意思为天师建立治所要使道民编制户籍，并于每年的正月七日、七月七日、十月五日集会，其间除对校文书之外，还要对这些道门进行教理教义教育，获得治国安民的观念。这当然是经过陆修静理想化了的治所措施，但也可以看出其组织功能的所在。

（二）征收信米，解决教团生活来源并周济民众。

唐朱法满《要修科仪戒律钞》卷10《太真科》云："科曰：学久德积，受命为天师，署男女祭酒二千四百人，各领户化民，阴官称为箓治，阳官号为宰守。又云：家家立靖崇仰，信米五斗，以立造化，和五性之气。家口命籍，系之于米，年年依会。十月一日，同集天师治，付天仓及五十里亭中，以防凶年饥民往来之乏。行来之人，不装粮也。"意思是，张天师任命祭酒各领户化民，要求他们收每户道民五斗米，用于道路设立义舍，置义米肉于内，免费供行路人量腹取食，以起到周济凶年饥民的作用。此举被称为"付天仓"。

（三）"理民"即对治所内的行政事务加以处理。

陆修静《道门科略》中说："天师立治置职，犹阳官郡县城府，治理民物。"这里提到了治所的治理民物作用。《太平广记·神仙传》中记张道陵因获神授之《正一盟威》经，能治病，"于是百姓翕然，奉事之以为师，弟子户至数万。即立祭酒，分领其户，有如官长。并立条制，使诸弟子，随事轮出米绢器物纸笔樵薪什物等，领人修复道路，不修复者，皆使疾病。县有应治桥道，于是百姓斩草除涵，无所不为，皆出其意。"意思是说，张道陵建治立规矩，设立祭酒官长主政，老百姓的疾病得到了治理，道路得到了修建，并建立守望相助的联系，他们的生活因此得到很大的改善。

此外，据古代道书中记，天师建立的二十四治，还曾倡导平抑物价，讲究诚信，兴办实业，开拓盐井，兴修水利，发展水陆交通，发展农业等等，这些举措都对战乱中的民众也起到了救助的作用。

但是，随着时间的推移，"治"的弊病也日渐凸显。其主要表现为：

1. "治"的官吏过于分散，各个教区缺乏权威的管束机制，故不利于教团内部力量的整合，容易造成各传教处所的自行其是。

2. 教派首领"天师"、教区主持"祭酒"均为世袭，容易造成"子之不肖，用行颠倒，逆节纵横，错乱道法"[①]的现象。一些祭酒道官招收不良弟子，授以职治符箓。受佩之后，不能精进，违科犯约，奸怨非法，游行民间。

3. 一些道官祭酒借收取会费及租米钱税任取财帛，教人岿愿匹帛、牛犊、奴婢、衣裳。还有一些道官道民滥设厨会，滥上章表，妄佩符契等。

汉建安二十年（215年），曹操率十万大军西征汉中，张鲁归降。此后他虽被任为镇南将军，封阆中侯（一作"襄平侯"），食邑一万户。终于次年去世。为此其时大量徒众北迁，《三国志·张既传》载，张鲁降后，"太祖拔汉中民数万户以实长安及三辅"。张鲁及大批汉中教民北迁到三辅（长安、洛阳、邺城）之后，使五斗米道的势力发展至北方和中原地区，于是"治"这样的道教管理机构也随

---

① 《老君音诵诫经》，《道藏》洞神部戒律类。下同。

之衰落。

北魏神瑞二年（415年），寇谦之提出"除去三张伪法"的改革任务，主张废除"治"的管理模式，设置各级道官，要求道众在特定的宫馆、道场按时礼拜，斋戒祈祷，将分散各处的道徒加以了整合。另外，他还废除天师祭酒世袭制，在保留张鲁时期"教内等级制"的前提下提出了"唯贤是受"的原则，同时减轻道民经济负担，这些做法对天师道的发展具有积极的意义。

同时期在南方发展的天师道以陆修静为首领，他们也曾得知"二十四治"的组织形式，并学习过此种建制。陈国符据《真诰》卷二十"有云李东者，许家常所使祭酒，先生亦师之，家在曲阿东，受天师吉阳治左领神祭酒"及陆修静《道门科略》"自受天师平盖玉局之徒，乃署人阳平玉堂"材料，认为"似别治、游治、下治、配治、下八品、中八品、上八品治，皆已迁来南朝"。① 不过，南方道教中人逐渐弃用此种形式，更多地建立类似陆修静太虚观的"静室"。当时所谓的"静室"，是道教徒向神灵祈祷、忏悔以及实修某种道术的宗教性建筑物。魏晋时演化为特定的专门进行斋戒活动的场所，并逐渐发展为南朝时的道馆。于是二十四治的建制自此已近沦亡，不过"治"的功能还是在道馆中得到了某种程度的延续。②

在北魏时期，出现一种由官府管理道教的机构，被称为"仙坊"，而其中的官吏人员则称为仙人博士。据《魏书·释老志》载，此"置仙人博士，立仙坊"，在东晋安帝隆安四年（400年）。当时记仙人博士张曜，主要职责为"煮百药"，实为管修炼"丹药"的长官。后寇谦之见太武帝，太武帝令其"止于张曜之所"，好像仙人博

---

① 陈国符《道藏源流考》，中华书局1963年版。
② 参见陈国符《道藏源流考》下册《道馆考原》。中华书局1963年版。

士的居所也具有了官府的性质。以后魏孝文帝太和年（491年），下诏于南都桑乾之阴沿旧名置崇玄寺。迁都洛阳后，又于洛京建寺，置"坛主、道士、哥人一百六人，以行拜祠之礼"。① 这是对道教处所内人员结构做出了规定。《隋书·百官志》中记载，北齐太常寺内设有崇虚司，管理"在京及诸州道士簿帐等事"。这大概涉及了道门人员户籍等管理之事。《唐六典》卷16记："有司寂上士、中士掌法门之政，又有司玄中士、上士掌道门之政。"是说政府对佛道两教均有管理的机制。

北周还设置了道教研究性质的官方机构，称"通道观"，要求通过研究"金科玉篆，秘迹玄文"来弘阐"圣哲微言""扶成教义"。这个通道观学士，选用有学养的道士担任，同时亦杂用士人。② 它在政、教之间扮演一种中介的角色，具有部分的管理性质。南朝政府中也有类似的机构出现，它被称作为"道馆"。如宋明帝曾于泰始三年（467年）诏陆修静来京，在建康（今江苏省南京市，南朝宋首都）北郊方山，设崇虚馆以礼待陆修静。南方道教得此广延道侣，进入全盛时期。③

从这些史料中可见，朝廷对道教团体的管理日渐完善，对道教团体的运作也有所涉及，这也是道教管理组织机构得到系统化的一种表现吧。

三、早期道教组织的管理方式

早期道教在形成管理组织的同时，也对如何实现其功能加以设

---

① 《魏书·释老志》。
② 事见《周书·武帝纪上》。
③ 参见陈国符《道藏源流考》上册，中华书局1963年版，第40—41页。

计，这里至少涉及了"法职"设定、职官职业培训、惩罚制度配合等方面。由于这方面的运作对于后世的道教组织开展发生影响，故有必要加以回顾。

"法职"是天师道在"治"中设立的职位，往往通过板署的方式加以认定。寇谦之《老君音诵诫经》中收录有"蜀士盟法板署治职"，即为其中一例。不过各本道经中有关"法职"的记载比较零散，我们只能从相关的史籍中去获取其中的信息。《三国志·张鲁传》是记载"治职"最早的正史，其中曰："鲁遂据汉中，以鬼道教民，自号'师君'。其来学道者，初皆名'鬼卒'。受本道已信，号'祭酒'。各领部众，多者为治头大祭酒。"这里至少出现了四个职名：师君、祭酒、治头大祭酒、鬼卒。其中的师君即指天师，是黄帝时官名，相传为帝王之师。早期道教作为教派首领的代称。

早年的正一盟威道有利用符水治病的方法，要求在用符水的同时"加施静室"，即要求病人在静室思过，由教派中的"鬼吏"为病者请祷。此时，正一盟威道以《道德经》为奸令（原则），祭酒的任务是诵读给大家听，求得人们的理解。因此祭酒就成了管理道众（鬼卒）的负责人"鬼吏"。后来随着道众的增多，师君为了控御全局，又把道众分归二十四治，治中则由治头大祭酒负责全面工作。这样一来，从师君（天师）、治头大祭酒、祭酒（师）、鬼卒，就构成了一个从上到下相对完整的宗教政权组织系统。

不过，治的系统中还有许多的层级存在，他们在教派组织中发挥着各自的重要功能。《正一法文天师教戒科经》[①] 中云："教谢二十四治五气中气，领神，四部行气，左右监神，治头祭酒，别治主者，

---

① 撰人不详，约出自南北朝。系早期天师道经典《正一法文》残本之一。一卷。底本出处：《正统道藏》洞神部戒律类。

男女老壮散治民。"陈国符据《要修科仪戒律钞》卷9引《旨教经》认为："正治内治称治头祭酒，别治称主者，其上尚有二十四治五气，中气，领神，四部行气，左右监神诸职。"这里实际上涉及阴阳职官，分管阴界的道教符箓、科仪活动及主持各式行政事务的道官。而其中起到衔接阴阳作用的则是"祭酒"一职。

赵益《道教"祭酒"小识》一文①考证，祭酒在古代有飨宴时酹酒祭神长者之意。这个名称虽从"师"而来，但此"师"往往有异学的色彩，具有方术家的内涵。故早期道教的祭酒，在召集道民聚会时，会有领头祭祀通神及行法的仪式，他们能与神灵沟通，从而获得教民、引众的权威性。在这个意义上，祭酒也就是仙境中的"仙官"，并具有为信徒消灾祛病的能力。这便是《三国志·张鲁传》中"不置长官，皆以祭酒为治，民夷便乐之"的原因所在。但是祭酒还有甚为现实的职能，寇谦之《老君音诵诫经》记："老君曰：吾本授二十四治，……授精进祭酒，化领民户。"这个"化领民户"指的是要为治中信徒编立"命籍"，以代替政府的户籍，并要求道民交纳"信米"代替政府的税收，等等。这样的功能在寇谦之《老君音诵诫经》中得到了印证，其文曰："今补某乙鹤鸣、云台治，权时箓署治气职，领化民户，质对治官文书，须世太平，遣还本治。"在这个天师道弟子补入治中任职的公文中，要求弟子在治中担任官职以后，既有世俗职能的"领化民户"，又有宗教职能的"质对治官文书"。"质对治官文书"就是指上章。

上章是指道士在冥想中想象召出身中的神灵为随从，一同上升天庭向太上老君递上章本，为信徒陈述忏悔认罪、祈请求福的愿望，请求大道降下"道气"护卫信众的仪式。清醒后道士会焚烧章本，

---

① 《中国典籍与文化》1999年第2期，第99—102页。

让信徒吞服其灰烬。章本行文有一定的格式和范本,相传太上老君曾授予张道陵章本300种,许多在后世失传。信徒请托道士上章,须交付米、油、笔、纸等物资为"章信"。东汉六朝时的上章之法后来演变成斋醮中的其中一道程序,流传至今。

与世俗政权不同的是,天师道在上下等级的划分上以宗教修行之深浅为标准。早期道教把道团教众分为三个等级:道民、箓生、男官和女官。道民指的是普通信徒,他们要求遵守三大最基本的道德戒律,进行早晚课仪式和用三官手书向天神忏悔。箓生则需进行大量的学习和自我修养的培养,这些学习能使他们获得祭酒的身份,同时被尊称为道士。这些箓生大致在七岁时受到培养,男生为主,也招女生。这里的培养包括识字书写、阅读大量的道教科仪知识,还含有道德方面的内容。所以箓生的晋升需要考察其累积的德行及严格遵循行为准则的积极态度。《正一法文太上外箓仪·进箓刺章》中记载了这些箓生进阶的要求与年限:"凡受更令,五年得进一将军,四年十将军,三年七十五将军,二年百五十将军。一年若志行庸愚无长进者,悉又倍年,三倍无功,不知建德直置而已,都不合迁。其中聪明才智秀异,功德超群,不计年限。"① 这是说一个不思进取的箓生将止步在学徒阶段,而其他通过了考核的箓生则会成为教团中的正式一员,并承担在治所中的责任,即男官、女官。这就保证了道教组织中道官的管理能力达标及素质的合格。

道教组织还以各种戒律文本来管束道官的行为,促使他们去引导道民实现治所的预设功能。《正一法文太上外箓仪》中记:"凡为道民,便受护身符及三戒,进五戒、八戒,然后受箓。受箓之前未受者,受箓之后,依次受之。诵习通利,恒存思行,诸识不谬,忘

---

① 早期天师道经典《正一法文》残本之一。收入《道藏》正统部。

则犯科。未受箓时，无所呼召；受箓之后，动静呼神；不行戒者，呼之不至；破戒之人，吏兵远身，还上天曹考官便逮，致诸厄疾，公私灾横，撼轲衰否，所作不成。成功立德，舍间入明，施善禳恶，以吉除凶。要在行戒，神即佑之；戒有别文，精详修习。或有不解，或有遗忘，或有谬误，或冒禁故为，或尊上逼迫，或畏死犯之，皆是愆招，悉名破戒。即应忏悔，首谢自新。"① 这里用受箓、行戒作为约束道人行为的手段，通过教理教义等教育，使他们的行为与治所的官吏要求一致起来。

上述做法自正一盟威道发端，一直延续到魏晋南北朝时期的南北天师道。陆修静曾解释"二十四治"的考核体系为："民有三勤为一功，三功为一德。民有三德泽与凡异，听得署箓，授箓之后，须有功更迁，从十将军箓，阶至百五十。若箓吏中有忠良质朴，小心畏慎，好道翘勤，温故知新，堪任宣化，可署散气道士。若散气中能有清修者，可迁别治职任。若别治中复有精笃者，可迁署游治职任。若游治中复有严能者，可迁署下治职任。若下治中复有功称者，可迁署配治职任。若配治中复有合法者，本治道士皆当保举，表天师子孙，迁除三八之品。先署下八之职，若有伏勤于道，劝化有功，进中八之职。若救治天下万姓，扶危济弱，能度三命，进上八之职。能明炼道气，救济一切，消灭鬼气，使万姓归伏，便拜阳平、鹿堂、鹤鸣三气治职。当精察施行功德，采求职署，勿以人负官，勿以官欺人。"② 这里提到"授箓之后，须有功更迁"，便是将道教的授箓活动与治理事功有机结合的做法，体现了他作为南天师道教主，对"二十四治"考核制度的理解，也是其于自己教派组织管理中的依托

---

① 《正一法文太上外箓仪·事箓行戒》。
② 《陆先生道门科略》，《道藏》太平部。

与根据。

对于在管理过程中执行不力或肆意违反者，早期道教也有处置的方式方法。《正一法文太上外箓仪》曾记："凡违戒者背负鞠言，协道信邪，杂事信俗，此为不专。……乖逆师尊，法应夺箓，违真奉俗，及无所事，师慈愍之，不追咎责，怨对事他，弃本逐末，虽名奉道，实犯正科，师移诸官，不得容受。"这里要求对违反治所规定、不遵守戒律者一律要加以督查，合于事实者当做出相应的惩罚。但是对于具体如何执行，他们又有自己的做法。同文中曰："中心怀二，愚迷犹豫，惑障缠深，师三诲之，必能改革。守一不惑，召神有效，三诲不悛，是为叛道。"这里提出了"师三诲之"的做法，提出对于因不明事理而犯错者，应当本着治病救人的精神，给予再三的劝导，使之拥有幡然改过的机会。后文中说："积久知悔，更立殊功，乞还听许，依德升迁。若瞋志委遁，不输箓符，师勿苦求，但移而已。"是说如果教徒不听劝告，严厉的处置也只到去除授箓、移出道门为止，而不用其他的经济惩处或体罚。"夺之后首悔立功，随宜进署依科遵行，去失箓者，输罚更受。"如果叛道者受处罚后有所省悟，还是要允许他通过忏悔、积累功德后回归教团。这样的做法与俗世惩罚体系有很大的不同。

《正一法文太上外箓仪》中还载有："又外犯阳官，死罪从刑，即是负道，皆应夺录鞭，笞赎罚，章奏解之。刑而杜者，启告勿夺。又内犯阴官，师友谏喻，苟作不从，皆宜格夺。轻重详量，师朋评议，令法取允，幽显贵知。破戒谬滥，师资格同罪。"这是说对于犯律者，"二十四治"中的祭酒与箓生们要开会核查事情的轻重程度，讨论适当的处罚办法，若出现惩罚过度或妄断刑罚者当及时纠正。这些都体现了道教中人在组织管理上的认真负责与对道民的关心爱护，这样的管理方式选择与道教"平安""护民"的宗旨息息相关。

四、"师徒制"与早期道教管理人才链

早期道教的组织还运用了"师徒制"的管理方式，往往会被我们忽视，本文将此情况加以揭示，希望引起教界、学界的关注。早在张道陵主持天师道时期，道教中的师徒关系已经存在。如前述之"二十四治"的道官设置，在箓生完成其最初阶段的学习之后，就可选择向本治的祭酒学徒，于是在这些弟子与师父之间就形成了道统传承的关系。若学习达到一定的高度，这个箓生就可以通过这位师父的授箓来完成向祭酒的晋级。当然出于对学习方向的选择，箓生也可以转投他师，或从一个治区迁移到另一个治区。这就间接地促进了天师、祭酒、法师等阶别的人在学识、教化方式等方面的改进。《传授经戒仪注诀》曰："凡受妙法，皆诣师门。不得屈尊取从鄙舍，若游行法师。延请随时。来学则志笃，往教则业轻。"① 这里要求箓生向学时亲往师门，以此显示对师尊的敬意。如果只是请游行法师上门，便显得对学习缺乏诚意。《正一法文太上外箓仪》中说的"自往教之轻道，明来学之重真"，大致也是这样的意思。

在太平道遭遇朝廷镇压以后，道教主流不再以辅政、执政为目标，而专以神仙长生、符箓解禳等教理、术数行走世间，用道经研习和必要的科戒仪规约束道士修行和徒众的活动。这样的教派活动更多地以家人和师徒关系零散地展开，于是管理方式也从治所向着道馆方向转变。自此，以祭酒为中心的管理方式随之减弱，而师徒制方式则得到了加强。

---

① 全名《太玄部第八老君传授经戒仪注诀》。撰人不详，约出自南北朝时期。一卷。底本出处：《正统道藏》正一部。

大约出于南北朝的《三洞奉道科戒营始》中收录有"次第仪"，这些"次第"又称"法位"，是道士因受经箓等级或修行高低的不同而具有的不同位阶。其中云正一法位中有："正一箓生弟子；某治气男官；三一弟子、赤阳真人；某治气正一盟威弟子、赤阳真人；某治气正一盟威弟子；阳平治太上中气，领二十四生气，行正一盟威弟子、元命真人；太玄都正一平气系天师，阳平治太上中气，二十四生气督察，二十四治三五大都功，行正一盟威元命真人。"从这里可以看到，同一"正一法位"中，既有如"阳平治太上中气""太玄都正一平气系天师"等具有"法职"的人员，也有如"三一弟子""某治气正一盟威弟子"这样以学阶晋升的成员，体现了教义学养与行道政绩并重的人才结构标准。

道教的主要活动场所改在了道馆，教派中的人员也因此在道馆各个岗位上发挥作用。《魏书》卷114《释老志》载十六国时，"扶风鲁祈，遭赫连屈孑暴虐，避地寒山，教授弟子数百人，好方术，少嗜欲。"这里说到有师徒聚集数百人之多，想必有相应的居住的馆舍设施。又，《晋书》卷94《隐逸张忠传》载张忠于永嘉之乱时隐居泰山，自称东岳道士，苻坚谥为"安道先生"。"其居依崇岩幽谷，凿地为窟室。弟子亦为窟居，去忠六十余步，五日一朝。"这样的教学方式在当时形成了窟居群落。这样群落之间当有充当信息传递、日常事务处理的人员存在，而维持其长期生存的人员多半为张忠的学生。这便是一些学养有成的学生被其师派任道馆管理人员的由来。

从道书中寻找，可得到师徒承继管理道馆事实的佐证。如《云笈七签》卷5《经教相承部·齐兴世馆主孙先生传》记："简寂先生至自庐岳，云游帝宅。先生乃抠衣而趋，嗣承奥旨，授《三洞》并所秘杨真人、许掾手迹。因茹术却粒，服谷仙丸……齐永明二年，诏以代师，并任主兴世馆……门徒弟子数百人，唯陶弘景入室焉。"

此孙先生名游岳,字玄达,为孙吴后裔。初师事陆修静(简寂先生)于缙云山受《三洞经》,又随入建康(今南京)崇虚馆。南齐永明二年(484年)受其师推荐,诏入京任兴世馆主。有陶弘景等门徒弟子数百,为上清派重要人物,后被尊为道教三洞群仙之一。很明显,他是受其师之命而接受的道馆管理职责。

同样,孙游岳的徒弟陶弘景曾在兴世馆"恭事六载"之后,便隐居茅山积金岭立华阳馆授徒,传承陆氏道统。后又于积金岭西置华阳上、下馆,分其上馆"以研虚守真"即修习教义,下馆则"炼丹治药"即炼制丹药。"(天监)四年春,先生出居岭东,使王法明守上馆,陆逸冲居下馆,潘渊文、许灵冲、杨超远从焉。是岁,有事于炉燧。"[①] 这里说到陶弘景在茅山修建上馆、下馆,皆派其弟子担任馆主的史实。

据相关史料所载,陶氏自南齐永明十年(492年)始居茅山,到梁天监十七年(518年),短短二十余年的时间,在茅山地区至少建设了五所道馆,多交由其弟子任馆主职打理。其在积金岭东开炉炼丹,也任命了许灵冲(许谧后裔)为嗣真馆主。天监十三年(514年),梁武帝为陶弘景营建朱阳馆。陶氏在次年移居此馆同时,又在北面的郁岗山别创斋室,而让弟子周子良专住朱阳馆,掌理外任。在他那里,由弟子兼任馆主几成定势。道馆在南北朝时期于城市、山林均有设立,而在茅山等交通便利、环境幽静的名山中,更是不断兴起。应教派建设所需及陆修静、陶弘景等教主的带头示范,师徒制的道馆管理模式迅速蔓延。

查史书可知,受师尊之命"劬劳"馆务的弟子,至少要做这样几项事情:

---

① 贾嵩《华阳陶隐居内传》,《道藏》洞真部纪传类。

1. 做斋事、行章符

修斋法、祈章符，是南北朝时期道教团体参与社会的重要活动，也是民众信仰道教时的重要表现。如陶弘景弟子王法明，曾在天监十四年（515年）八月九日"为皇家涂炭斋"，周子良也参加。[①] 同年五月十八日，周子良与其舅徐普明在中堂"为谢家大斋，三日竟散斋"。[②] 这些斋事主要为皇室、大族所做，很费精力。这一年的夏天，陶弘景携其弟子周子良等，一起为天旱上章祈雨。同样这过程中的诸多准备、安排也要由担任馆主的道门弟子来完成。

另外，在每年的三月十八日、十二月二日，茅山要为附近道、俗所举办节日，被称为"鹤会"。陶弘景曾记载了永元元年的盛况："今腊月二日多寒雪，远近略无来者。唯三月十八日辄公私云集，车有数百乘，人将四五千，道俗男女，状如都市之众，看人唯共登山，作灵宝唱赞，事讫便散。"[③] 又称"每吉日，远近道士咸登上（大茅山），烧香礼拜"[④]，所记盖为一事。这一风俗一直延续到后世，而操办大小节日也是馆主日常事务之一。

2. 经济自养

茅山的道馆，多为皇帝所敕立。虽然敕立的道馆或有"俸力"支持，平时亦有供养及法事收入，但道馆道士仍普遍需要占田耕种。如陶弘景则立田于中茅山西部，有十余顷之多。而这些农事往往需要道徒们的"脉润通水、徙石开基"般的艰辛，以致弄到"肌色憔悴""心魂空慊"的地步。[⑤]

---

① 参见《周氏冥通记》卷3，《道藏》洞真部纪传类。
② 参见《周氏冥通记》卷1，《道藏》洞真部纪传类。
③ 陶弘景《真诰》卷11，《道藏》太玄部。
④ 陶弘景《真诰》卷11，《道藏》太玄部。
⑤ 陶弘景《授陆敬游十赉文》，见《茅山志》第21坦，《道藏》洞真部纪传类。

另外，还有修建道观建筑等，也是当时馆主需要张罗的事情。《魏书·释老志》记北天师道"大道坛庙"（在今山西大同东御河东），是按照寇谦之制图建造，其间中为道坛殿屋，四周布列"斋肃祈请、六时礼拜、月设厨会"所需的数排房舍，住有道士近二百人。这样的庙观规模显然将耗费教主寇谦之的大量精力。而作为他的弟子也不免为此奔波出力。

根据日本学者都筑晶子的统计，南朝时茅山也是道馆林立。其中可考者计有14所，是当时道馆最为集中的地区。① 这些道馆多分布在小茅山北端与雷平山之间以及大茅山的南部。刘宋初年，长沙景王檀太妃曾在附近建馆廨供养陈姓道士。此廨后归句容道士王文清。王氏于大明七年始从附近村落老者口中得知许长史旧宅的位置，"于时草莱芜没，王即芟除寻觅，果得砖井，上已欲满，仍掘治，更加甃累"。南齐时，宗阳馆主义兴人蒋负刍在许长史旧宅附近立陪真馆，并交给其子蒋弘素打理。这些道门弟子都为道观的建设殚精竭力。

3. 其他杂务

这里包括应对宾客，接待各种来访者，处理各级政府部门下发的指令，交办的任务，等等。如江苏句容曾发现天监十五年（516年）石井栏铭文，云："皇帝愍商旅之渴乏，乃诏茅山道士□永若作井及亭十五口。"② 句容茅山邻近建康（南朝齐梁时首都，今南京）交通要道破冈渎，行旅众多，茅山道士奉皇帝诏令建作井亭，这样的非宗教性活动也要道士来完成，其中原因已不得而知。然一位道

---

① 都筑晶子：《六朝后期道馆的形成：山中修道》，付晨晨译，载《魏晋南北朝隋唐史资料》第25辑，上海古籍出版社2016年版。
② 《光绪续纂句容县志》卷17《金石中》"梁石井栏题字"条，《中国地方志集成·江苏府县志辑》，江苏古籍出版社1991年版，第398页。

士能得皇帝的诏令,并承担起十五口井亭建造的使命,应当是颇具实力的人物,或许也是一位道馆的馆主吧。

上述三项馆主职能,与张道陵时期"二十四治"的功能有接近之处,如也需要完成教派的宣流道化、经办经济自养及各种内外事务,只不过在处理事务的内容与对象方面有所不同。如果说治所模式解决的是道教组织管理的系统结构的话,那师徒制度的加入则使得这种管理系统有了历史性的延续。这样一来,道教在传承教理教义的同时,也使得教派组织的管理后继有人,这样的人才链设置对于道教教派的继承、发展都是有利的。

五、结语:早期道教组织的管理特征

回顾早期道教组织的管理,我们至少可以归纳出这样几方面的特点:

1. 顺势而为,勇于创新

前面已经说到,管理是一种如同治水的活动,需要通过疏堵结合、顺应规律来发挥作用。早期道教组织的管理遵循了这样的规律。如其早年从"茅室""幽室""靖舍"走出来而"置以土坛,戴以草屋,称二十四治"①,就是根据教团地域的拓展、道众的增加而设计的。二十四治作为道教教区,结合了相关的地理形势考虑,上应天文星象,中合历法节气,又有着政治权力行使的考虑。这其中既有对中国传统管理理念的吸收,又有根据自身条件因地制宜的发明创造。这使得道教的组织管理不仅具有管理组织的现行结构合理性,还具有代代相传的延续性,体现出管理思路上的深刻与独到之见。

这些做法有受自道教始祖老子"自然而然""顺势而为"的理

---

① 《广弘明集》卷12。

念,又符合于组织管理的基本要求,给后世道教组织管理奠定了良好的基础。

2. 重事式的管理方式

现代管理方式中有以人为中心与以事为中心之分,以这个标准来划分的话,可以认为早期道教组织的管理,还是属于"以事为中心"的类型。这是因为道教在汉末至魏晋南北朝时期尚处草创阶段,又值战乱时期,聚集的人员已经打破了农村血缘关系模式,很多都是陌生人。所以教派团体中人员之间会出现尚待磨合的情况,教派中人与道众间更是不了解、不熟悉。作为这样的组织管理者只能是以面临的事务为中心,围绕所需要解决的问题去设计组织的管理模式、方法,而对组织内的人际关系则不能给予足够的关注。故从"二十四治"到"仙坊"、道馆,所涉及的多是集聚宣化民众、修斋祈符、征收信米、治病理民等具体事务,采用的也是以晋升、惩罚等刺激制度,来驱使道徒、道众配合道团行动,达到预期的效果。回想起来,似乎其中确实缺少了对系统中人际关系的关注与梳理,这些缺陷只能在后来的道教组织互动中得到弥补与解决。

3. 秉承道教"平安"宗旨,以柔和、宽容方式处世应世

早期道教虽然建立了如"二十四治"这样带有行政性质的权威机构,但是并没有完全按照正统社会的规矩去行事,而是有着在教派主旨方面的坚持。如关于如何执行组织纪律的问题,没有采取严苛的惩罚制度,而是遵循"平安""和谐"的教义去处理。张道陵撰《老子想尔注》谓:"王者行道,道来归往。王者亦皆乐道,知神明不可欺负。不畏法律也,乃畏天神,不敢为非恶。臣忠子孝,出自然至心。王法无所复害,形罚格藏,故易治,王者乐也。"① 这里指

---

① 见《老子想尔注》中《道德经》第 35 章注。

出执政者的行为当遵循道的原则而行,法律对王者及最高统治者不足以构成威胁,但是高悬于我们头上的天神,是无法欺骗的。只有天神会行使其赏罚的权力,所以只有依照神明的旨意去行事,才能获得预期的效果。据此,天师道在上下等级的划分上以宗教修行之深浅为标准,只把道团教众分为道民、箓生、男官和女官三个等级。这种人际平等的思想,与世俗观念有很大的不同。

按照《道德经》所说,"圣人处无为之事,行不言之教,万物作而不辞"①。那就是要以"自然无为"为原则,以促成万物(包括人在内)生成为己任。因此早期道教虽然制定了保证管理有效的戒律及惩罚制度,但还是秉持宽容态度,讲究"师三诲之"即反复劝导,不到万不得已不用体罚;一旦犯错者有所改悔便要及时给予机会,将功抵过。这也是一种与民意相契合的做法,同样也是对"道"的精神的贯穿。

---

① 《道德经》第 2 章。

唐宋时期的宗教政策与道教管理

钟国发*

摘　要：唐朝属于贵族社会时代，国家着重利用南北朝以来自发形成的儒释道三元一体格局，整饬三教的组织体制和教义体系，使之标准化和系统化，鼓励它们向精英化、高雅化发展。宋代已进入平民社会时代，正统三教都呈现出平民化、实践化的发展趋势，朝廷也不再追求佛、道组织体制和教义体系的标准化和系统化，但对民间宗教活动空前重视。唐朝政府对道教管理的五个方面是：把道教纳入皇家的宗法体系；把道教组织纳入官僚行政系统；把道教因素引入科举与教育；以度牒制度管理道士身份；以置观制度安排道教活动场所。唐朝道教自我管理的五个方面是：以法位制度维系道教活动的宏观秩序；以宫观执事制度维系道教活动的微观秩序；宫观开展体现道教价值的宗教活动；宫观开展经济活动为道教提供物质保障；以教义整理为道教发展提供精神引导。宋朝政府对道教管理的五个方面是：大力拉近道教与皇室的关系；更紧密地把道教组织纳入官僚行政系统；努力提升道教文化的社会影响；仍以度牒制度管理道士身份；仍以置观制度安排道教活动场所。宋朝道教自我

---

* 钟国发，上海社会科学院宗教研究所研究员。

管理的四个方面是：革新法位制度；整合神灵祭祀体系；发展出繁复的科仪体系；以内丹与雷法为中心整理教义。

关键词：唐宋道教　宗教政策　道教管理

一、唐宋时期的宗教政策

唐宋两朝都是古代中华帝国政治最强盛、经济最繁荣的朝代，它们所在的五百余年，史家或称为"中华第二帝国"。唐、宋两朝在宗教政策的具体表现上，基本是随着国情的变化而有所调整，反映出各自的时代特征。

（一）唐朝的时代特征与相应的宗教政策

唐朝仍然属于贵族社会时代。虽然门阀制度已于南北朝后期趋于消失，科举制已于隋代诞生，但原有的门阀贵族在隋唐时代仍能凭他们在社会上的传统地位和文化上的家学优势维持门户；唐中叶以后，进士科甚至成为士族的主要进身之阶。此后受到唐末五代大动乱的冲击，传统士族才终于彻底消亡。① 唐朝政府对土地的控制程度比较高，呈现出土地国有制的特征。起源于北魏的均田制，历经北齐、北周、隋代、唐代前半期，直到德宗建中元年（780年）颁布两税法以后，才完全废弛。均田制原则上禁止土地买卖，限制了土地兼并和农户耕地不均，从而可以人丁为依据的赋税制度（唐代名为租庸调制）配套，巩固民众对国家的人身依附关系。均田制破坏以后，自东晋以来在南方盛行的地主田庄在全国扩展起来。两税

---

① 门阀士族作为变相的贵族阶层在魏晋南北朝的地主阶级中占有支配地位，学术界对此大体意见一致。但门阀士族阶层何时消亡，学者看法颇有分歧。本文采取唐长孺师的说法，见唐师著《魏晋南北朝隋唐史三论》，武汉大学出版社1993年版，第370—378、397—404页。

法以资产为依据，不再以人丁为本，这就为人身依附关系的削弱提供了机会，但均田农民大量转为田庄地主的佃农，人身依附关系依然严重。① 控制基层民众的方式，唐朝大体沿袭了周秦汉以来的乡里制，虽然编户性的"里"逐渐被地域性的"村"所取代，但这些基层行政单位的领导者还是政府任命的正式管理人员，即使只是不入九品的流外吏职，但也算官身，即"乡官"，有一定的地位。不过国家行政权力对乡村的渗透有限，这些乡村组织仍然具有一定的自治性，深受地方豪强和宗法家族势力的影响。基层社会普遍通行的是名为"义"② 的民间规范，与在贵族阶层和官僚统治阶层通行的正统儒家礼仪有别，即所谓"礼不下庶人"。城市则沿袭传统的坊市制度，商业区的"市"与住宅区的"坊"相互隔离。

唐代的宗教政策，在世俗政权凌驾于宗教神权、允许相对的宗教信仰自由的底色之上，着重利用南北朝以来自发形成的儒佛道三元一体格局，承认儒、佛、道三教为正统宗教，并将它们不同程度地纳入国家的行政控制之下，倡导三教既良性竞争又互补共存，整饬三教的组织体制和教义体系，使之标准化和系统化，鼓励它们向精英化、高雅化的方向发展。儒教源自上层，原本就是一种精英化的宗教，主要基于义理推演；而佛、道两教起自民间，主要基于个体实践的神秘体验。但在南北朝隋唐时期，汉传佛教极力向儒教靠拢，精研义理的宗派特别兴盛。而道教以上清派为核心的三洞四辅体制受到朝廷的大力扶持，上清派正是一个以出世清修为特点的适合门阀士族口味的道派。

---

① 参阅唐师：《魏晋南北朝隋唐史三论》，武汉大学出版社1993年版，第256—278页（第三篇第一章第二节："均田制的最后放弃和土地占有形态"）。
② "义"即"谊""宜"。《释名·释言语》："义，宜也。裁制事物使合宜也。"《说文·言部》："谊，人所宜也。"段文裁注："谊、义，古今字，周时作谊，汉时作义，皆仁义字也。"韩愈《原道》："行而宜之之谓义。"

（二）宋朝的时代特征与相应的宗教政策

宋代已进入平民社会时代。宋朝政府对土地的控制程度比较低，呈现出土地私有制的特征。平民时代的地主们已不能像之前的士族门阀那样聚集起稳固的大地产，宋代土地流转之频繁远超前代，所谓"千年田换八百主"。土地的频繁流转有利于优化资源配置，使得宋代农业生产力水平大幅提高，这直接、间接地导致了宋代商品货币关系的发达以及城市经济的空前繁荣，从而为空前的繁盛创造了条件。中唐以后，由于商品货币经济越来越繁荣，城市的坊市制度逐渐废弛，工商店肆在城市的住宅区普遍出现，乡村也大量出现自然形成而非官方设置的各种集市，工商业者的行会组织日渐兴盛。[①]由于均田制败坏，征收赋役的难度增大，乡官渐从受人尊敬的吏职变为人人畏避的苦差，政府不得不制定名簿，轮流差派，"中唐以后，随着均田制的废弛、两税法的实行，地主阶级结构发生了变动，原来实行乡官制的乡里制度，已经开始向职役制转化"。[②] 宋初承袭唐代的里社制，到了北宋神宗熙宁三年（1070年），受命变法的王安石为了加强在基层乡村的行政管理，开始推行"保甲制"，编民十户为一保，强制军训，互相连坐；后又行免役法，使民出钱募人充役，"乡官制"向"职役制"的转变于是完成。唐代虽已出现雕版印刷术，但总体上没有脱离手写书时代。五代至北宋雕版印刷发展很快；仁宗庆历年间（1041—1048），又有杭州书肆刻工毕昇发明了活字印刷术。印刷出版的繁荣造成的媒介革命，极大地推进了社会文化的发展，引起了社会面貌的深刻变化。[③] 民间生活的多样化和复杂化，

[①] 参阅唐师：《魏晋南北朝隋唐史三论》，武汉大学出版社1993年版，第314—332页。
[②] 白钢：《中国农民问题研究》，人民出版社，1993年版，第134页。
[③] 参阅刘方：《唐宋变革与宋代审美文化转型》，上海，学林出版社2009年版，第222—308页（第四章："宋代媒介革命、新型的文学生产与审美文化的诞生与影响"）。

又导致了民间宗教信仰的空前活跃。

宋代的宗教政策，同样具有世俗政权凌驾于宗教神权、允许相对的宗教信仰自由的底色。但经中唐至五代的社会大动荡以后，标准化和系统化的佛、道两教的组织体制和教义体系逐渐瓦解，自立宗派、各自为政的现象愈益普遍。隋唐宗教组织体制和教义体系的标准化和系统化，必然与基层群众个体实践中五花八门的神秘体验发生矛盾，加以标准化的寺院、宫观生活因经济、文化、行政因素的复杂纠缠而不可避免地世俗化，宗教实践遭遇"去神秘化"的危机，不得不回到基层群众的实践中去重拾宗教的活力。宗教要发挥其独特的促使社会认同、群体整合、行为规范、心理平衡、情操陶冶的作用，就必须追求雅俗共赏。所以我们看到，宋代正统三教都呈现出平民化、实践化的发展趋势，朝廷也不再追求佛、道组织体制和教义体系的标准化和系统化，但对民间宗教活动空前重视；一方面朝廷对民间祠庙加强控制，另一方面士绅精英阶层追求礼治下乡，努力以官方上层的文明礼治同化民间社会的乡规民约。汉传佛教的义理各派没落，而简易化的禅宗逐渐成为最大宗派。在三洞四辅体制中被贬至最底层的天师道，于唐末五代逐渐复兴，至南宋已发展为道教的主流正宗。

二、唐朝的道教管理

（一）唐朝政府对道教的管理

关于唐宋时期的道教管理，可以分为政府对道教的管理和道教的自我管理两个方面。其中唐朝政府对道教的管理，又可以概括为以下五个方面。

1. 教主兼宗祖的老君崇拜：把道教纳入皇家的宗法体系

道教产生之初，就依托黄帝和老子为祖师，所以有"黄老道"

的之名。但后来黄帝在道教神谱中的地位逐渐不及老子。老子其人被尊奉为"太上老君",《老子》其书也被尊为《道德真经》。汉晋以来,不少道派奉太上老君为最高神。唐朝皇室姓李,当他们想到利用姓李的道教教主老子(李耳)来强化本朝的神圣性时,太上老君的神格就随之走高了。

汉末魏晋南北朝是个动乱悲苦的时代,民众对宗教救世主的希望特别强烈;太上老君就是民众信仰的救世主之一。按天师道教义,老君已经把救世的责任与权力交给了张道陵。但是许多黄老道信徒更希望看到老君直接救世。因此,关于老君化身的各种传说,在民间颇为流行。魏晋南北朝期间,民间新兴宗教运动所推许的救世明君,通常不是姓李就是姓刘。① 李渊起兵时,便积极迎合道士"当有老君子孙治世"之说,宣称太上老君帮助唐兵破敌;登位后,即认老君为"朕之远祖",专门立庙尊崇。唐高祖下《先老后释诏》,规定在礼仪排位时"令老先,次孔,末后释"。太宗颁《令道士在僧前诏》,规定"斋供行立至于称谓,其道士女冠可在僧尼之前"。高宗追号老君为"太上玄元皇帝",又敕令道士"隶宗正寺",于是道士都被认作皇帝的本家。武后曾为老君之母上尊号为"先天太后",但她专权以后,又把优惠道教的政策几乎全部取消,到她失势以后,这些政策才又逐渐恢复。玄宗令两京及诸州普建玄元皇帝庙,后又将玄元庙升格为宫;又为老君加尊号,直至"大圣祖高上大道金阙玄元天皇大帝",并追尊老君之父为"先天太上皇",重申道士隶宗正寺。武宗把所谓老君诞生的二月十五日定为钦赐休假的节日"降圣节"。②

---

① 参阅钟国发:《魏晋南北朝隋唐的道教末世太平理想》,《传统中国研究集刊》第九、十合辑,上海人民出版社,2012 年版,250—271 页。
② 参阅任继愈主编:《中国道教史》,上海人民出版社 1990 年版,第 265—287 页。

李唐皇室与道教的宗法认同，给唐朝增加了一道神圣光环，有利于唐朝统治的巩固。但这对于道教，却未必利大于弊。如果说，佛教给宗教市场提供的产品主要是思想，那么道教给宗教市场提供的产品就多半涉及技术。思想的创制成本较低，接受者多多益善，宜于廉价倾销；技术的创制成本较高，知识产权不宜轻泄，而宜高价惜售。这就导致道教的群众基础远不及佛教。而唐代道教坐享宗法优惠，益发眼睛向上，耽于安乐，容易疏远民众，不思进取，缺乏活力，滋生腐败，这就更放大了不易合群的短处。难怪道教组织的发展总是赶不上佛教。

2. 管理道教事务的官署与道官：把道教组织纳入官僚行政系统

中国古代国家政权机构中设置管理道教事务的官署，始见于南北朝。北魏始光二年（425年）太武帝为寇谦之建天师道场，名崇玄寺，给其道士衣食，推广其教，可能是道教事务官署的萌芽。隋朝重建了大一统的社会秩序，开始落实全国性的道教管理制度。隋文帝在鸿胪寺下置崇玄署总管道、佛，辅以道士充任的道官；炀帝又改道观为玄坛，各设监、丞。唐朝沿用鸿胪寺下设崇玄署的建制，设令一人，正八品下，丞一人，正九品下。每观又各置监一人，也属鸿胪寺，贞观中废。开元二十五年（737年）重申崇玄署归属宗正寺。开元二十九年于玄元皇帝庙开办崇玄学，置生徒；天宝元年（742年）崇玄学置博士、助教各一员。天宝二年（743年）正月改崇玄学为崇玄馆，改博士为学士，助教为直学士，又置大学士一人①，以宰相为之，领两京玄元宫及道院，改天下崇玄学为通道学，博士曰道德博士。于是作为学校的崇玄学改组升格为管理道教教学

---

① 此处"一人"据《新唐书》卷四八《百官志三》，若据《文献通考》卷五五《职官九》则为"二人"。

事务兼宗教活动场所的行政机构。同年三月又将道士女冠的管辖权从宗正寺改归吏部司封。据《通典》卷二三载：司封"掌封爵、皇之枝族及诸亲、内外命妇告身及道士、女冠等"，可见改归司封并未改变道教的皇室宗亲地位。贞元四年（788年），罢崇玄馆大学士。元和二年（807年）又诏道士与僧尼同隶左右街功德使（功德使隶尚书省礼部之祠部司，下设僧录、道录，分理佛道两教。）会昌二年（842年）"以僧尼隶主客，太清宫置玄元馆，亦有学士，至六年废，而僧尼复隶两街功德使"。①

唐朝道教事务官署之下，是一个由朝廷任命道士担任的道官体系。道官代表朝廷管理道教事务，与道教内部行使管理职权的道职人员性质不同。道官常由道士充任，而有些道内道职也可能由朝廷委任，因而道官与教内道职有时难以严格区分。唐朝道官大体上以分布在全国的各级威仪使为主。中央道官称道门威仪，另有地方威仪或宫观威仪，基层道官就是各宫观的主要教职"三纲"（观主、上座、监斋）。唐晚期在俗官功德使之下所设由道士充任的道录，成为道官之首。②

佛、道教组织被纳入官僚行政系统，主要是为了保障世俗君权对宗教的有效控制，同时也有助于保障宗教组织的合法权力。

3. 道举制度：把道教因素引入科举与教育

道举是唐朝在科举制度中创设的一个科目，以考试道教经典来选拔官吏后备人才。高宗上元元年（674年）十二月，天后武氏上意见十二条，请令王公百僚皆习《老子》，有司明经考试将《老子》比照《孝经》《论语》的规格作为必考科目。此议获高宗采纳，遂于次年正月下诏在科举策试中加试《老子》，明经试策二条，进士试帖三

---

① 《新五代史·新五代史记序》，《二十五史》（6），上海古籍出版社等，1986年版，第5071页。
② 参阅林西朗：《唐代道教管理制度研究》，巴蜀书社2006年版，第67—768页。

条,是为道举的雏形。武周长寿二年(693年),武则天令贡举人停《老子》。中宗神龙元年(705年)又令依前习《老子》。玄宗开元二十一年(733年),又令贡举人量减《尚书》《论语》一两条策,加试《老子》。科举需要配以相应的教育,遂于开元二十九年诏令两京及诸州皆置玄元皇帝庙一所,庙中兼设崇玄学,其生徒员额,京、都各百人,诸州则不一定;学习《老子》《庄子》《文子》《列子》;官秩、荫第同于国子学,举送、课试如明经科,称为道举。于是道举作为科举中的一个科目正式成立。玄宗热心道举,关心崇玄学的建设,对道举内容一再有所调整。天宝元年(742年),除崇玄学生外,其余应举停试《老子》,另加《尔雅》。天宝十三载(754年)诏,下一年道举停《老子》,加《周易》。

不但在唐朝科举制度中有道举作为常设科目,而且在皇帝临时破格举行的"制举"中,也有道举的成分。开元二十九年正月正式设立道举科目,一时还来不及循常规开考,玄宗似乎迫不及待,当年五月就下《推恩诏》,征求"明《道德经》及《庄》《列》《文子》者",九月即开制科取士,应试者达五百余人。

但崇玄馆的盛况持续未久,遭安史之乱后,学生存者无几,肃宗宝应三年(764年)曾下敕停开道举,但旋即复旧。大历三年(768年),增置崇玄生员至百人。延至唐末,仍不时有道举的记载,大约要到五代后唐时期才被废除。

唐代实行道举制度的结果,推动了道教思想和学术的发展,有助于提高道教的社会影响,同时也有助于政府加强对道教的控制。①

4. 度牒制度:政府有权决定道士身份

度牒是官府给依法出家的僧道颁发的身份证明文凭。度牒可能

---

① 参阅林西朗:《唐代道教管理制度研究》,巴蜀书社2006年版,第131—148页。

源于北魏施行于行脚僧的维那文牒,隋唐帝国发扬了这一经验,至唐代全面推行,以证明僧道得度出家的合法性,称为度牒。早期道教也需要认证身份,也要编造记载道士身份的名籍,但这原先是道教的内部事务,在唐朝则已变成了国家的权力和责任。唐朝由崇玄署掌道士账籍,各州县每三年一次为道士、女冠编造名籍,一式数份,一以留县,一以留州,一以上宗正,一以上司封,朝廷道教事务官署就据此名籍核发度牒。受牒者若有身死或还俗,京师由所在宫观的纲维、地方由所在州府负责,将其告牒封送发牒部门注毁。朝廷对僧道的人数有所控制,俗人想要入道,须经考试合格,获得官方批准。朝廷不时有诏书规定宫观的数额及相应的道士配额。例如高宗、玄宗、肃宗、德宗都曾下诏规定每观度道士七人。朝廷有时还把额外度人入道作为向民间施恩的善举。例如代宗广德二年(764年)曾"以玄宗讳日,度僧道凡数百人",并"以肃宗讳日,度僧道凡数百人";大历四年(769年)又曾以章敬皇太后忌辰,度僧尼道士凡四百人;大历九年也曾于"肃宗忌日度尼僧、道士凡二百余人"。

持度牒者可享受田产,免徭役等实际利益,所以滋生出买卖市场。"缁衣半道,不行本业,专以重宝附权门,皆有定直。昔之卖官,钱入公府,今之卖度,钱入私家。以兹入道,徒为游食。"(《新唐书·魏元忠传》)不但民间有人违法转卖,而且官方也借此牟利。所以《唐律疏议》中有专门打击私度的条文。安史之乱期间,朝廷用度不充,曾三次大规模地公卖度牒。①

度牒制度强化了官方对道教徒的人身控制,从而与置庙(设置道教活动场所)制度配合,成为朝廷控制道教的基本手段。

---

① 参阅林西朗:《唐代道教管理制度研究》,巴蜀书社2006年版,第76—88页。

5. 置观制度：政府有权安排道教活动场所

如上所说，置观制度与度牒制度密切配合，共同组成朝廷控制道教的基本手段。

作为道教基本活动场所的道观，其建置始于南北朝，是道教对佛教寺院的模仿。这本来是道教徒的自发行为，但因成本不小，往往需要接受高门或政府的赞助。

唐朝建立以后，便有意控制天下道观的数量。高祖武德九年（626年）下《沙汰僧道诏》，规定："京城留寺三所，观二所。其余天下诸州，各留一所，余悉罢之。"高宗永淳二年（683年）诏："仍令天下诸州置道士观，上州三所，中州二所，下州一所，每观度道士七人。"中宗复位以后，改变武周抑道政策，神龙元年（705年）二月于诸州置寺、观一所，以"中兴"为名（两年后又决定改名"龙兴"）。玄宗开元十年（722年）诏"两京及诸州各置玄元皇帝庙一所"；十九年又诏"五岳各置老君庙；二十九年又将"两京玄元庙改为太上玄元庙，天下准此"，天宝元年（742年）诏"两京玄元庙改为太上玄元皇帝宫"；次年又诏"改西京玄元庙为太清宫，东京为太微宫，天下诸郡为紫极宫"。开元十七年定玄宗生日（八月初五）为千秋节，次年诏天下寺、观为玄宗建祝寿道场，此后各地便普遍设立千秋观、寺；天宝七载八月改千秋节为天长节，遂"敕两京及诸郡千秋观、寺宜改天长名"。同年五月还曾下诏："其天下有洞宫山各置坛祠宇，每处度道士五人。"

置观和赐额往往密切结合。赐额意味着官方对该宫观的合法性和超常社会地位的认定，例如开元二十六年"敕每州各以郭下定形胜观寺，改以'开元'为额"。据杜光庭《历代崇道记》载："臣今检会从国初以来，所造宫观约一千九百余所。"但又说："其亲王贵族及公卿士庶或舍宅舍庄为观，并不在其数。"朝廷屡有禁止私建的敕令，但尚未能制定惩处私建宫观的律法。①

（二）唐朝道教的自我管理

关于唐朝道教的自我管理，可以概括为以下五个方面。

1. 法位制度：维系道教活动的宏观秩序

唐代道教是一个具有标准化的等级模式的统一组织。这个标准化的等级模式，就是南北朝以来在民间自下而上逐步形成的三洞四辅体制。而维系这个等级体制的主要因素，就是沿袭自天师道的箓位制度。据刘仲宇考证，"授箓仪实确立于张鲁"②，据说"师师相传二十四阶"（《正一修真略仪》）。南朝陆修静总括三洞，缔造新道教。天师道主要以所受符箓作为道士品级的标志，南朝新道教则主要以所受经典、戒条作为标志，并称所标志的品级为"法次"或"法位"。法位的高低次序，大抵依照三洞四辅的排列次序。③ 陆修静将原来漫无统绪因而互有冲突的各道派、道经纳入其判教体系以后，便构成了一个等级秩序，各派自有其位，互相配合。共同形成通向"道"的最高境界的阶梯，因而就从理论上消除了各派的独立意义。再配上天师道首创的箓位升迁制，把这种品级制扩大到所有层次，按照教相判释的排列秩序形成贯穿各派的统一的升迁阶梯，那就不仅能保障各派素质共同提高，而且也就从体制上消除了各派的壁垒。④

---

① 参阅林西朗：《唐代道教管理制度研究》，巴蜀书社 2006 年版，第 88—96 页。
② 刘仲宇：《道教授箓制度研究》，中国社会科学出版社 2014 年版，第 47 页。
③ 参阅吕鹏志：《唐前道教仪式史纲》，中华书局 2008 年版，第 241—263；并参白照杰：《仙阶与经教——先唐道教法位制度源流爬梳》，《弘道》2016 年第 3 期，第 100—119 页。
④ 钟国发：《陶弘景评传——附寇谦之、陆修静评传》，南京大学出版社 2005 年版，第 585 页；其中两段引文见钟国发：《试论南朝道教缔造者陆修静》，陈国灿主编：《魏晋南北朝隋唐史资料——唐长孺教授八十大寿纪念专辑》（第十一期），武汉大学出版社 1991 年版，第 86、87 页。

早期道教各自分立的众多派系，至南北朝末期已逐渐在教义思想和教团组织模式上融合为一个以三洞四辅为基干的统一体了。隋唐帝国的大一统局面，正好需要这个道教统一体来加持，自然要对这统一体及其法位制度尽力扶持，以维系道教活动的宏观秩序。高踞三洞四辅顶层的上清经法，极受隋唐帝王的尊崇，形成"天下道学宗茅山"的局面，直到安史之乱以后，才逐渐发生改变。①

2. 宫观执事制度：维系道教活动的微观秩序

唐朝政府规定："每观观主一人，上座一人，监斋一人，共纲领众事。"（《唐六典》卷四）观主、上座、监斋合称"三纲"。他们虽然是最基层的道官，但只要不违犯朝廷的有关法规，他们对所处宫观的管理，还是有自主权的。

观主全面负责该道观的管理，包括宗教事务和道士们的日常生活。观主与上座是观主的副手，协助观主行使宫观管理职务。史料上还发现有"掌籍道士"的记载，"掌籍"应是宫观执事之一，许是负责道观内道士名籍簿书的管理工作的。

宫观的主要宗教活动是举办斋醮法事，因此需要设置专门管理斋仪事务的职务，即"仪坛执事"。唐代传授经戒仪式，流行礼敬三师（经师、籍师、度师）的仪节。据北周《无上秘要》卷三十四引《洞玄金箓简文经》："《中元玉箓简文》'神仙品'曰：'奉师威仪，经师则经之始，故宜设礼，三曾之宗；籍师则师之师，故宜设礼，生死录籍所由；度师则受经之师，度我五道之难，故应设礼。'"唐人朱法满《要修科仪戒律钞》卷八载："登斋当举高德法师一人，都讲一人，监斋一人，侍经一人，侍香一人，侍灯一人。"唐末五代人杜光庭的《太上黄箓斋仪》则将法师、都讲和监斋三职改称为高功

---

① 参阅钟国发：《茅山道教上清宗》，东大图书公司2003年版，第107—139页。

法师、都讲法师和监斋法师,并出现了"知磬"一职。高功、都讲、监斋合称三法师,是主要的仪坛执事;高功主持斋醮,总领所有的仪坛执事;都讲负责唱赞,必须明练度;监斋负责监察,纠正坛职。①

3. 道教活动:道教宫观宗教价值的体现

唐代宫观的道教活动,主要是以满足民众需要为主的斋醮法事;另外还有各种提高自身能力的修持功法,以及积功求福的活动,例如写经、造像、宣讲经义。唐代流行的祈福、度亡仪式,主要有金箓、黄箓、自然斋仪;金箓用于皇家和官府,黄箓、自然斋仪都用于百姓,正式的黄箓斋仪应在宫观设坛举行,自然斋仪则多在斋主家宅举办。道士逐级提升法位时,须授受相应的经籍法箓,遂要抄写这些经籍法箓的文本。抄经的另一主要目的,是用于积功求福。东晋南朝的道士已视抄经、诵经为修持成仙的工夫之一;南北朝道教又吸取佛教修造福田之说,鼓励信徒写经、造像作为治病消灾、超度亡灵的功德。道士可以受敕为皇家写经造像,也可以为师友或信徒父母亡故而写经造像。道士可以发愿召集施主宣讲经文,也可以把典奥的经文改编成通俗故事进行宣讲,其文即"变文",其事即"俗讲"。斋醮法事和写经、造像、诵经、讲道都具有修持的效用,但唐代道教专门的修持类型主要是炼养、服食、符箓、禁咒等法术。②

4. 经济运作:为道教活动提供物质保障

唐代道教得到皇室的大力支持,其宫观档次逐渐提高,规模逐渐扩大,功能逐渐完备,其运作的经济成本也就逐渐提高。因此,处理宫观的经济来源,就成为唐代道教自我管理的重要问题。

唐代宫观常住的经济来源大致有三:其一,是封建帝王代表政

---

① 参阅林西朗:《唐代道教管理制度研究》,巴蜀书社2006年版,第164—172页。
② 参阅王卡:《敦煌道教文献研究——综述·目录·索引》,社会科学出版社,2004年版,第33—56页。

府捐助道教的人、财、物；其二，来自公卿士庶的布施；其三，为宫观的经营性收入。帝王的捐助是唐代宫观最主要的经济来源，包括由朝廷拨款修建、修葺宫观的经费，赐予宫观的土地、庄园、奴婢、民户，以及封赏著名道士的官爵、钱财等。

公卿士庶对宫观的布施，主要方式有两种，一是由公卿士庶布施庄宅置立道观。有不少贵族妇女本人入道，便将庄宅舍为道观，原有封户也随之转化为观户。二是由公卿士庶出资兴建或修葺道观。

唐代道观的经济营收活动，主要有农业、农产品加工、商业、放贷、有偿斋醮法事等。据《洞玄灵宝三洞奉道科戒营始》卷一《置观品》载，宫观除了从事宗教活动的殿堂之外，还拥有"净人坊、骡马坊、车牛坊、俗客坊、十方客坊、碾硙坊"等经营活动场所。庄田经营的好坏往往能决定道观的兴衰。均田制废弛以后，土地兼并成为道观扩大经营规模的重要途径。史载代宗时，"凡京畿之丰田美利，多归于寺观，吏不能制"。（《旧唐书·王缙传》）①

5. 教义整理：为道教发展提供精神引导

在隋唐统一帝国之前的魏晋南北朝时期，是中国历史上的社会动乱时期，也是宗教思想特别活跃的时期。当时道教经典创制的主要形态，是各种类型的神秘启示。"自《无上秘要》至盛唐可以被看作是道教迅速发育之后的一个休闲期。"② 从南北朝末期到唐代中期，随着大一统局面的临近，道教再没有产生新的有较大影响力的神学启示，取而代之的是对原有经典进行消化、整理的各种类书大量涌现，例如北周武帝的《无上秘要》、金明七真的《洞玄灵宝三洞奉道科戒营始》、王悬河的《三洞珠囊》与《上清道类事项》、朱法满的

---

① 参阅林西朗：《唐代道教管理制度研究》，巴蜀书社 2006 年版，第 246—276 页。
② 王宗昱：《道教义枢研究》，上海文化出版社 2001 年版，第 6 页。

《要修科仪戒律钞》、作者不明的《洞玄灵宝玄门大义》、孟安排的《道教义枢》、史崇的《一切道经音义妙门由起》，张万福的《传送三洞经戒法箓略说》等。作为标准化的等级模式的三洞四辅体制的形成，将道教信仰修炼的重点从个体的体验与人神感通转向了体系内的阶次提升。以重玄学为代表的义理化、以法位制度和科仪体系清整为标志的标准化、以道教与社会相适应为中心的官方化，构成了唐代道教的基本趋势。但是，这种官方化、义理化、体系化终于失败了。正如程乐松博士所论：

> 道教的发展一直强调个体与感通，并且承认随时可能发生的神圣启示的正确性和正当性。与启示对应的是，在师弟之间秘密传承的口诀与经教，因此道教的信仰实践体系一直保持了独特的神秘性和封闭性，而基于官观体系和教团实践的科教阶次体系严格地规定了教阶、经箓、法位的秩序，这样严格的秩序必然就会引发按部就班的修行实践与直接感通神真得到启示的神秘超越之间的矛盾。与此同时，在教团和宫观体系中，道教信仰的修行和日常生活通过规制标准化和秩序化，造成了信仰实践的"去神秘化"的趋势。道教信仰的活力和创造力就建基于神秘的感通、启示以及个体生命体验，公开和制度化的教团生活与道教信仰的本质特征之间存在着难以弥合的鸿沟。①

三、宋朝的道教管理

关于宋朝政府对道教的管理，可以概括为以下五个方面。

---

① 程乐松：《中古道教类书与道教思想》，宗教文化出版社2017年版，第244页。

1. 编造神迹与自命道君皇帝：拉近道教与皇室的关系

赵宋皇室频频编造神灵显现的奇迹。宋太宗就曾编造玉帝辅臣黑杀将军的神话。太宗得其"晋王有仁心"的神谕，得以继位，故封之为"翊圣将军"，后又加号为"翊圣保德真君"。翊圣真君成为宋朝钦定的国家保护神。

在赵宋皇室刻意为道教编造的新神灵中，最重要的是"玉皇大帝"。宋代道教趋向平民化，道教需要推出一位新的高位神，在三清之下具体掌管三界最高权力。于是赵宋皇室积极插手道教神谱的建构。真宗于大中祥符八年（1015年）上玉皇圣号为"太上开天执符御历含真体道玉皇大帝"。政和六年（1116年），徽宗又在这串尊号的"玉皇大帝"四字前加"昊天"二字，就干脆把玉皇大帝与儒教的最高神格"昊天上帝"合并起来；次年又为儒教大地母神上"承天效法厚德光大后土皇地祇"徽号，也作为道教高位神。其后在民间信仰中，就逐渐把玉帝看成儒、佛、道三教统一体的专制君主了。

真宗是宋朝皇帝中编演道教神迹最积极的一个。大中祥符元年（1008年）正月，真宗对辅臣宣告，去年十一月梦神人降告：数日后将有天书降临，至期果已有书降于左承天门屋顶角，遂率人往现场升屋奉下。四月又宣布有天书降于功德阁，六月又有大臣报告有天书降于泰山，真宗遂称上月已梦神人预告此事。天禧三年（1019年）朱能称有天书降于乾佑山，真宗为此设万人大会颁奖。

真宗不满足于通过编造神灵、神迹来借取道教的神圣光环，他更想模仿宗祖老子的李唐皇室，干脆把道教纳入皇家的宗法体系。大中祥符五年，真宗宣告梦神人传玉皇命，预告授天书的赵氏先祖降临接见，于是即于殿中设道场，布置得光影朦胧，黎明时见一群神人拥天尊升陛就座；天尊自称赵之始祖，初为人皇九人之一，转世再降为黄帝，后唐时再奉玉帝命下降，总治下方。于是赵宋皇室有了一个势位不亚于老子的神仙祖宗,既是人皇,又是黄帝,又是司命真君。真宗为其上尊号曰"圣祖上灵高道九天司命保生天尊大帝",公布其名曰"玄朗"。①

崇道更甚的徽宗,甚至不满足于皇室与天尊大帝认本家,他要自己做道教教主。他称自己常常梦中获老君召见。政和三年(1113年)徽宗宣称天神下降,亲自作《天尊降临示现记》颁示全国。政和六年(1116年)师事道士林灵素,林灵素宣称宋徽宗是上帝长子神霄玉清王降世,蔡京等臣皆仙官下降相佐。次年二月徽宗称代他摄理神霄府的弟弟青华帝君夜降宣和殿,授他帝诰、天书等。四月在徽宗讽示下,众臣及道录院上表册他为"教主道君皇帝"。自此宋徽宗以道教皇帝自居,令天下诸州大建神霄玉清万寿宫,祀奉神霄大帝,神霄派随即风靡全国。宣和七年(1125年)因金兵南侵,禅位给钦宗,被尊为"教主道君太上皇帝"。赵宋皇室对道教的过度操控和利用,短期内可能给宋朝增加了一些神圣光环,但长期来看,却是败坏了道教的信誉,加快了道教组织的衰落,进一步加大了道教与佛教组织发展的差距。

2. 管理道教事务的官署与道官:把道教组织纳入官僚行政系统

宋代僧道皆由祠部给牒,并隶于功德使,又设左右街道录院掌道教事务。道录院先属鸿胪寺,政和六年(1116年)改隶秘书省。诸州、军、监设道正,管理本地区道门公事;宫观的住持仍是基层道官。宋徽宗全面创设成套的道官制度,政和四年(1114年),"置道阶,六字先生至额外鉴议,品秩比视中大夫至将仕郎,凡二十六等"(《续资治通鉴》卷九一)。重和元年(1118年),"置道官二十六

---

① 参阅卿希泰主编:《中国道教史》第二卷,四川人民出版社1992年版,第554—584页。

等，道职八等，有诸殿侍宸、校籍、授经，以拟侍制、修撰、直阁之名"（《续资治通鉴》卷九三）。宣和三年（1121年），"令三京置女道录、副道录各一员，节镇置道正、副各一员，余州置道正一员"（《续资治通鉴》卷九四）。在宋代，"其官人受授之别，则有官、有职、有差遣。官以寓禄秩，叙位著，职以待文学之选，而别为差遣以治内外之事"（《宋史》卷一六一《职官一》）。普通道官只是享受待遇的一种阶官，实际职掌则以差遣的形式来授予，凡道官有实际职掌者，官称前后须带"知""签书""管勾""领""管辖""提举""提点"等字眼，兼职则带"兼"，临时差遣则带"权"。① 徽宗所定道阶表示品秩，是虚衔。道职则是实际职务，最高的道职可兼主管道门公事，即成为道官之首。②

宫观官即祠禄之官，宋代特有的一种官位。始于大中祥符五年（1012年）真宗以宰相王旦兼玉清昭应宫使。初为借此提高道教的地位，后渐发展成为佚老优贤的祠禄制度。多于大臣罢职后授予，以道教宫观为名，无职事，仅寄名食俸。这客观上是以俗官参与道教事务，分割道官权力。据《文献通考》卷六十"总宫观"条注："官制旧典云：祖宗待臣以礼，虽年及挂冠，未尝直令致仕，皆以宫观处之，假以禄耳。"有使、副使、判官、都监、提举、提点、管勾、勾当、主管等名目。宋神宗时，始定宫观差遣不限员数，以三十个月为任。南宋仕途拥挤，官员动辄请求领祠，宫观官泛滥一时。高宗晚年稍加整顿，遂成定格。

3. 道举制度和整理道教文献：提升道教文化的社会影响

宋徽宗兴道学，重和元年（1118年）诏："自今学道之士，许入

---

① 参阅唐代剑：《宋代道教管理制度研究》，线装书局2003年版，第158—167页。
② 参阅卿希泰主编：《中国道教史》第二卷，四川人民出版社1992年版，第600—631页。

州县学教养；所习经以《黄帝内经》《道德经》为大经，《庄子》《列子》为小经外，兼通儒书，俾合为一道，大经《周易》、小经《孟子》。其在学中选人，增置士名，分入官品。"（《续资治通鉴》卷九三）；又诏："太学、辟雍各置《内径》《道德经》《庄子》《列子》博士二员"（《宋史》卷二一）。这是允许道学生和儒生一样参加科举考试，通过考试道经选拔人才。但作为单独科目的道举，只是昙花一现，宣和二年（1120年）就"罢道学"了。

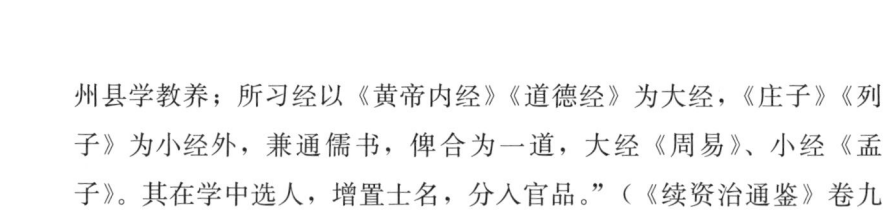

赵宋朝廷整理道教文献用力甚多，产生了长远的社会效果。太宗就曾访求道书，得七千余卷，命徐铉等校正，删去重复，得3737卷。真宗也曾尽出官藏道书，选道士校定，命宰臣王钦若总领其事，校成4359卷进上，赐名《宝文统录》。但王钦若自己对此经目也不满意，便推荐张君房任著作佐郎，率诸道士专任道藏纂修之事。至天禧三年（1019年）编成《大宋天宫宝藏》4565卷，写录进呈；张君房并撮其精要，编成《云笈七签》120卷。徽宗即位不久，即搜访道教遗书，令道士校定，使道藏增至5387卷。政和年间（1111—1118），徽宗又两次下诏搜访道书，并设经局征道士校定，使道藏增至5481卷，交福州知州黄裳监工完成雕版，号《政和万寿道藏》。①

4. 度牒制度：政府有权决定道士身份

度牒结合宫观，仍然是朝廷控制道教的基本手段，北宋入道须经官方允许，对于私自入道及私度道士者，法律有惩处的条文。太祖曾力图整顿道教宫观道士，开宝五年（972年）诏曰："末俗窃服冠冕，号为寄褐，杂居宫观者，一切禁断；道士不得畜养妻孥，已有家者遣出外居止。今后不许私度，须本师与本观知事同诣长吏，

---

① 参阅卿希泰主编：《中国道教史》第二卷，四川人民出版社1992年版，第554—584页。

陈牒给公凭。"(《燕翼诒谋录》卷二)但度牒对道教的重要性已大不如其在唐朝。度牒容易控制宫观道士。但自晚唐以来边缘修道群体勃兴,宫观道教因越来越严重的世俗化而失去神圣性,而一些脱离宫观而不受正规道士身份拘束的教外修道者,因重建神圣性的努力而获得社会以至教内人士的认同,乃至发生从边缘到中心的转化。典雅玄奥的"道"论研讨趋于停滞,而贴近实际的"术"则大行其道,专业术士及其群体的踪迹随处可见。李平博士指出:

> 检视元代赵道一的《历世真仙体道通鉴》,可以看到大量这类没有获得正式度牒,甚至根本没有谋求受度而被看作"道士"或者"道流"的唐、五代人物。一方面,他们的"道名"获得了民间的认可,另一方面,由于赵道一的道士身份,可以想见,道教内部对此同样也给予了认可。①

宋代度牒能够代表道士身份。但已不能代表神圣性。不过它附有若干世俗利益,所以有市场需求,甚至国家还给度牒定出价格。据统计,北宋神宗元丰(1078—1085)至南宋光宗绍熙(1190—1194),"百年间度牒价格增至六倍以上"。政府直接把度牒用作行政和经商的资本,甚至发度牒以充军费、赈饥荒、旌表功、孝。这真是严重的异化了。"总之,宋朝一代,度牒可以作为货币来应用。"②

5. 置观制度:政府有权安排道教活动场所

官修宫观、官管宫观,仍然是宋朝长期稳定的政策。宋朝总共

---

① 李平:《宫观之外的长生与成仙——晚唐五代道教修道变迁研究》,中央编译出版社2914年版,第287—288页。
② 中国佛教协会编:《中国佛教(第二辑)》,知识出版社1982年版,第344、346页。

修了多少宫观，没有确切记载，但每位皇帝都有兴建，而以真宗、徽宗两朝最盛。太祖刚即位，就命重修开封太清观，赐名"建隆观"，从此斋修活动都到此观举行。太平兴国元年（976年），太宗在终南山下为黑杀神建宏大的"上清太平宫"。太平兴国八年，太宗在开封建东太一宫，定为道宫，将原象征南方割据政权的太一神崇拜纳入中央权威之下。① 真宗大中祥符元年（1008年）开始营造庞大的"玉清昭应宫"，以供奉所谓天书，七年乃成；并诏天下宫观，并加崇饰；次年又诏"诸路、州、府、军、监、关、县，择官地建道观，并以天庆为额。民有愿舍地备材创盖者，亦听"（《续资治通鉴长编》卷七二），是则以"天庆观"名义开建的宫观或许不下一千五六百所。大中祥符五年，因所谓圣祖降，诏天下天庆观并增置"圣祖殿"，又建景灵宫、太极观于寿丘（今山东曲阜东，相传为黄帝诞生地），命汴京择地造"景灵宫"以奉圣祖。徽宗大兴神霄派，政和七年"改天下天宁观为神霄玉清万寿宫。无观者，以寺充"（王称：《东都事略》卷十一）。天宁观原为徽宗祝寿所建，未必每州皆有，而此时"天下皆建神霄万寿宫"（《宋史》卷二二一《林灵素传》），尚无天宁观的地方就只好拿佛寺顶替了；如果限定所有州级单位都建，则这一轮兴建、改建的道观又有三百来所。五代十国以来地方神祠勃兴，宋代朝廷往往选择有灵应的神祠予以封赠、题额，而这些神祠往往又升格为道观，数目不知凡几。②

鉴于徽宗崇道亡国的教训，南宋朝廷对道教的支持程度大减，

---

① 参阅吴羽：《唐宋道教与世俗礼仪互动研究》，北京，中国社会科学出版社2013年版，第1—44页。
② 参阅唐代剑：《宋代道教管理制度研究》，北京，线装书局2003年版，第146—147页。

高宗即位之初就下诏"罢天下神霄宫",又诏"籍天下神霄宫钱谷充军费"(《宋史》卷二四《高宗本纪》)。儒家理学强势复兴,佛教禅宗与理学呼应,道教虽力倡三教合一、三教同源,仍被边缘化,不得不相对脱离对宫观的依赖,回归民间,融入民俗。

以三洞四辅为基干的道教统一体崩解以后,北宋朝廷选择有社会影响的道观加以扶持,形成新的道教权力中心。哲宗绍圣四年(1097年)"别敕江宁府句容县三茅山经箓宗坛与信州龙虎山、临江军阁皂山,三山鼎峙,辅化皇图"(《茅山志》卷十一)。徽宗时黄澄任左右街都道录兼管教门公事,"初,三山经箓:龙虎正一、阁皂灵宝、茅山大洞,各嗣其本宗,先生请混一之。今龙虎阁皂之传上清毕法,盖始于此"(《茅山志》卷十六)。理宗宝祐二年(1254年),三十五代天师张可大"奉圣旨召赴行在住持龙翔宫,以亲老故辞,准敕提举三山符箓,兼御前诸宫观教门公事,主领龙翔宫事"(《历世真仙体道通鉴》卷十九《张可大》)。

(二)宋朝道教的自我管理

关于宋朝道教的自我管理,可以概括为以下四个方面。

1. 法位制度的革新

中唐以后,以三洞四辅为基干的道教统一体逐渐崩解,相应的法位制度也逐渐废弛。以法术仪式为主要实践而漫无头绪的新道派风起云涌,成为两宋道教最活跃的成分。这些新道派起自民间,需要争取社会承认。他们实行正统化的主要策略之一,就是沿用旧有的三洞四辅道派的授箓和法位传统。支持"法箓相须,不可相违"的原则,创建本派的授箓和教阶制度。天心正法派法师路时中就是一个创新法位制度的典范。

传说宋太宗淳化五年(994年),临川人饶洞天于华盖山(今属江西乐安)掘地得书,后经谭紫霄指点,乃据以传天心正法,成为

"天心初祖"。其五传弟子邓有功将其书增补重定为《上清天心正法》；自饶洞天以来，天心正法派逐渐形成所谓"批断鬼神罪犯"的律法系统，邓有功收集当时已在各道观中流传的五部《上清鬼律》，约于徽宗政和六年（1116年）前整理编定为《上清骨髓灵文鬼律》三卷；同时南阳道士元妙宗奉诏入京校刊道经，遂于政和六年重编天心大法，纂成《太上助国救民总真秘要》十卷；稍晚的开封人路时中亦习天心正法，自称宣和二年（1120年）得张陵弟子赵升降现，称有秘书藏于茅山顶，后数年果于茅山顶掘地得书，"因厘为二十四品以传世"。至高宗绍兴二十八年（1158年）又得"天君降靖中"传语，遂"与弟子翟汝文亲闻笔记"，因再编大法，成《无上玄元三天玉堂大法》三十卷，将道派渊源上溯至汉天师张陵，确立了玉堂大法的法箓传授制度和道职品阶体系。

除路时中的玉堂大法二十四品阶位以外，还有许多新道法派别，也致力于创建各自的授箓和法位制度，其中以邓有功所创"北极驱邪院行法官"的法职阶位影响最大。邓有功的灵文鬼律重律，重在事后的惩治，路时中的玉堂大法则"书戒不书律"，重在事先的防范。他自称"靖康丙午中，余寓止毗陵，遂承玉旨传记，许与龙虎嗣真均礼"。（《无上玄元三天玉堂大法》卷一《发明大道品第一》）据此，至北宋濒亡之际，玉堂大法已赢得社会的高度重视，似乎可与龙虎山正一派媲美。李志鸿博士认为：

> 邓有功与路时中的经箓传授观念不尽相同。邓有功所谓的"亲受太上四阶经箓"仅仅是对道教三洞经教体系的延续，而较之邓有功，路时中的天心正法已经有了更为明晰的教阶体系，并且还将教阶体系与诸品经箓的传授相统一，使得自身的道法

传授更趋向于系统化、完善化。①

2. 神灵祭祀体系的整合

宋真宗营建玉清昭应宫，明令"依道教建宫"②。开始只为奉安"天书"，后来又加上了纪念封禅、供奉"圣祖"等意义，而其规模空前宏大，"开辟以来未始有也"（田况《儒林公议》），其殿堂陈设当然应该全方位地展现道教的天宫境界和神仙阵营。但是直到宋初，道教还没有形成一个统一的神灵体系，各系经典各有说法，宫观陈设殊不一致。真宗迎天书、封泰山都参用了道教威仪，想来会产生若干问题。东封以后，便敕两街道士修斋醮科仪，命司徒王钦若详定，成《罗天醮仪》十卷，其中就有排定"圣真位号"的内容，这种圣真位号还被"颁下在京宫观并天下名山福地收掌"（吕元素《道门定制》）。王钦若曾在景德二年（1005年）以卤簿使身份主持整合郊祀大典的神位，遂用新定儒教郊祀神位整合了道教的星君系统。玉清昭应宫对以往的道教神灵位号、图像样式、宫观建制都作了全盘整合，既是将道教纳入国家礼仪，又是以儒教礼仪为本位对道教礼仪进行改造。玉清昭应宫的主殿是供奉玉皇的太初殿。后因诏令天下普建天庆观，大中祥符六年（1013年）有人上言问圣祖殿与三清殿的位置关系，"学士院遵《道藏》所奏，定三清为上，玉皇次之，圣祖又次之，北极又次之，凡醮告青词并依此次序"（徐松《宋会要辑稿》礼五之十八）。从此设置三清殿堂为主殿成为全国道观的主流；道教神谱和殿堂格局此从基本定型。明清至今，道教神灵祭

---

① 李志鸿：《道教天心正法研究》，社会科学文献出版社2011年版，第51—52页。
② 徐松辑，陈智超整理：《宋会要辑稿》，全国图书馆文献微缩复制中心1988年版，第24页。

祀体系基本沿袭了宋真宗时的模式。①

宋代的道教神灵祭祀体系模式虽然是由官方主导建构的,但官方并未强制性地要求道教宫观一律遵照。各宫观只是有了一个可供选择、参照的样本,具体操作还是自主的。事实上各宫观的神像、殿堂设置仍然五花八门,有大同,更有小异,所以本文仍归之于道教的自我管理。

3. 道教科仪活动的繁衍

道教的祭祀礼仪本来以斋仪为主。醮法出自南方,晋宋之际兴起,起初的对象只是在设醮者与主神之间供役使的杂神。与具有戒洁身心、宣通经教意义的斋仪相比,醮法可谓粗浅。但因崇尚人情往来,反而更容易被民众理解和接受。唐代醮仪已与朝廷祭祀结合,但祭神仍用祭不用醮。宋真宗用王钦若定醮仪,使之最终规范化,普遍用于尊神,规格超过斋仪。由于斋法按事项分类,类别不会太多,而醮法按神位区分,造神愈多,醮仪愈繁。比较而言,科仪增衍在北宋主要表现在以醮代斋,在南宋则主要表现在以符咒法术渗入斋醮科仪,晋唐斋仪的文明内涵几乎全被空洞的形式所湮没了。南宋晚期,因三山符箓归一统的格局形成,符咒法箓趋于规范化,局面得到控制。此后元明清道教科仪不再有大幅度的增衍,总体倾向是恢复晋唐灵宝斋法的传统,虽仍统称为醮,但形式与内容都与斋法无甚差别。②

宋代科仪中,以世俗官僚机构为原型,制定了阶层化的分治三界神灵的超自然官僚系统。伴随这些道法职司的,还有大量的"奏、

---

① 参阅吴羽:《唐宋道教与世俗礼仪互动研究》,中国社会科学出版社 2013 年版,第 44—93 页。
② 参阅卢国龙:《道教哲学》,华夏出版社 1997 年版,第 102—132 页。

申、关、牒"等官府文书,用以感通神真,传达意愿。超自然官僚系统可以为民众提供驱邪、治祟、消灾、度亡等宗教服务。服务需要大量的力役,于是又逐渐造出可供役使的神灵群体。人间官府必用官印,因此宋代新道法科仪象征灵界权威的法印也急剧增衍。天心大法据"存想变神"之道发展出的"发奏"仪式,迅速被灵宝斋法广泛运用。天心大法又在道教原有的"分灯"科仪中加进咒术,并以"破狱"科仪续之。唐末新出的"炼度"科仪,要求法师以内炼功夫度化亡魂,逐渐成为黄箓斋醮的主要仪式,还发展出用于生人的"预修水火炼度"。①

4. 教义整理:内丹与雷法

因为标准化的宫观体系和教团实践与道教信仰特有的个体体验与人神感通不能适应,唐代道教的教义整理以失败告终。晚唐脱离宫观追求个人神秘体验的修道方式日益流行,散处民间的法术新道派不断涌现。道教传统的法术主要是炼丹和符咒。晚唐以来,"身份地位较低的修仙者的大量出现,使得外丹法'事大费重'的缺点格外地暴露出来,从而与社会潮流形成背离,而内丹法因其简易方便的特点,乘时而兴。"② 北宋吏员张伯端撰《悟真篇》,集内丹学之大成,传衍形成金丹派南宗。内丹道在宋代流行广泛,形式多样,"渗透到道教的每一个角落,被作为一以贯之之道对道教的各个方面进行重新诠释,诸如经教、信仰、科仪、法术等。"③ 北宋末年勃兴的雷法,也与内丹道有关。神霄派说宋徽宗是元始天尊的弟弟"神霄

---

① 参阅李志鸿:《道教天心正法研究》,社会科学文献出版社2011年版,第64—81页;并参钟国发、龙飞俊:《恍兮惚兮——中国道教文化象征》,四川人民出版社2007年版,第161—192页。
② 杨立华:《匿名的拼接——内丹观念下道教长生技术的展开》,北京大学出版社2002年版,第90页。
③ 卢国龙:《道教哲学》,北京,华夏出版社1997年版,第531页。

玉清真王"下凡,玉清真王在天界主管"雷霆之政","九天应元雷声普化天尊"是他的化身。法师代天行罚,以施放雷霆的方式最方便,也最具威慑效果,于是雷法在法术新道派中迅速传开。传习天心正法的金丹派南宗,自第四祖陈楠开始兼习雷法,第五祖白玉蟾对雷法理论颇有贡献。据我所知:

> 雷法又称五雷正法,由北宋末年的王文卿、林灵素等创始,是内丹术与道教传统的运动鬼神之术相融合的产物,在内丹术的基础上系统地整理和吸收了符箓、咒术、手印、禹步、行气、存神等方术的内容,并采撷了儒学"正心诚意"之学,禅宗"止观双运"之道以及密教的"修本尊法"、真言密咒,构建成道教最大而最有影响的法术体系。①

天心正法认为,行法所役使的神将吏兵,乃是修道者自身精气所化,不是一般的幽冥鬼神。欲召遣此辈,普通法师须依据自身的内炼功夫,存想以求报应;仙人道士则可"随运随应"。雷法功能越扩张,需要差遣的力役越多,于是编造出隶属于雷部职司的大批神灵,生成"帅班"和"将班",相当于代天行罚的快速反应部队。②雷法促进了各法术道派的交流和融合,为日后正一道一统道教符箓奠定了基础。

内丹修炼不局限于修命方术,还是一种追求精神升华的心性学。

---

① 钟国发、龙飞俊:《恍兮惚兮——中国道教文化象征》,四川人民出版社 2007 年版,第 143 页。
② 参阅李志鸿:《道教天心正法研究》,社会科学文献出版社 2011 年版,第 88—109 页;并参(日)二阶堂善弘:《元帅神研究》,刘雄峰译,齐鲁书社 2014 年版,第 81—178 页。

"其旨趣,从根本上说是将对于造化生成之理的认识活动内化为身心两方面的体验活动,以此超越于现实生命的各种局限,认同并且契合于自然天道,在性灵上达到天人合一的境界。"① 这是道教继重玄学之后,对于中国传统哲学思想本位的进一步体认和发扬。

---

① 卢国龙:《道教哲学》,华夏出版社1997年版,第572页。

金元时期道教教派的变化与组织管理

张 欣[*]

摘 要：金元时期，道教内丹思想和内丹修炼广泛流行，道教内丹派不断形成，符箓派也在对内丹术进行吸收的基础上，形成了新的符箓道派。这一时期，道教教派的革新和变化除了表现为太一教、真大道教、全真道、净明道以及神霄派等新的道教宗派不断涌现及后来的融汇合流，还表现为道教教团组织管理颇具时代特征的管理原则和实践特色。

关键词：金元时期 道教教派 道教组织管理

传统道教经过南北朝寇谦之、陆修静的改革和完善，后历经隋唐五代漫长岁月的发展，至金元时期，内丹思想和内丹修炼颇为流行，以内丹为主旨的道派不断形成。道教符箓派在对内丹术进行吸收的基础上，形成了新的符箓道派。这一时期，道教教派的革新和变化除了表现为太一教、真大道教、全真道、净明道以及神霄派等新的道教支派不断涌现及后来的融汇合流，还表现为道教教团组织

---

[*] 张欣，厦门大学哲学博士，上海市道教协会文化研究室副主任，《上海道教》执行编辑。

管理颇具时代特征的管理原则和实践特色。

金元时期道教的教派变革,奠定了明清及近现代全真道和正一道各据一方又相互交流的道教发展格局,也使金元时期成为南北朝时期之外道教发展的又一个重要转折时期。

一、金元时期道教新教派的创立

金元时期新创立的道教教派主要包括太一教、真大道教、全真教、神霄派、净明道、清微派等。这些新的道教派别是适应当时残酷的社会现实和人们对生存的企盼而产生的,其教理教义承续了传统道教的主张并结合社会现实而有所创新,因此,与旧的道教相比,这些新教派的教义和教规教制都呈现出新的特色和面貌。

1. 太一教的创立

太一教为金初北方兴起的道教派别,创始于金熙宗天眷年间,创始人为卫州(今河南卫辉市)高道萧抱珍(？—1166 年)。《元史·释老传》云:"太一教始金天眷中道士萧抱珍。"[①] 萧抱珍利用在当时中原地区影响广泛的太一神信仰,以神道设教,创立了太一教。《元史·释老传》云:萧抱珍"传太一三元法箓之术,故名其教为太一"。[②] 金元时期,儒释道三教合一成为当时的潮流。太一教融合儒、释、道思想,一方面要求道徒必须出家修行,以"笃人伦、翊世教"为修身法则,另一方面努力弘扬"太一三元法箓"之术,为百姓治病驱邪、祈禳求福。

创教之始,萧抱珍在卫州家宅中行法,以符法为百姓治病驱邪。由于十分灵验,太一教的影响不断的扩大,徒众日渐增多。扩大影

---

① 卿希泰:《中国道教史》第三卷,四川人民出版社 1996 年版,第 3 页。
② 卿希泰:《中国道教史》第三卷,四川人民出版社 1996 年版,第 4 页。

响后的太一教先后在卫州、赵州、真定府等地建造了多所宫观，以供宗教活动之用。女真贵族素有拜天敬神的习俗，《金史》卷三十五《礼志》载曰："金之郊祀，本于其俗，有拜天之礼。"新出现的太一教很快便引起了金廷的关注。出于维护自身统治的目的，金廷不仅承认太一教的合法性，而且积极支持其宗教宣传和传教活动，这更加促进了太一教的顺利发展。

金大定六年（1166年），萧抱珍羽化。太一教要求掌教者一律改从始祖之萧姓，以示师徒间的父子之礼。太一教四祖萧辅道（1191—1252年）审时度势，积极拉近与元室关系。在忽必烈还是蒙古王子时，萧辅道便与其有密切交往。元朝建立后，太一教获得元朝皇室的承认，这为太一教在元代的发展奠定了基础，推动太一教在元初走向鼎盛。

太一教主要在河南、河北、山东一带传播，以符箓祈禳为职事，常有符药济人、扶贫济苦等善举。同时太一教也重视内丹修炼，希冀通过内修以达"湛寂"之境，以湛寂至诚的心念感动上天，并以此为符法灵验之诀要。元代后期，太一教逐渐衰微，最终并入全真教。

2. 真大道教的创立

真大道教，亦名大道教，创立于金熙宗皇统二年（1142年），创始人为刘德仁。刘德仁（1122—1180年），号无忧子，沧州乐陵（今山东省乐陵）人，"幼而颖悟"，少年即出家入道。在传教的同时，刘德仁以气功为人治病，颇有效验，由是上门求医和受教者众多，刘德仁也被尊奉为神。金大定七年（1167年），刘德仁被金廷赐号"东岳真人"，并入居中都天长观。得到金朝统治者承认和支持的真大道教得以顺利传播。在金代，大道教的传播主要集中在黄河以北地区。大道教主要有出家和在家两种修行方式，出家道士聚庐而居，集体生活,共同劳动,始祖刘德仁即为出家道士。大定二十年(1180年),刘德仁羽化。

刘德仁羽化后,其弟子陈师正嗣任掌教。陈师正掌教时正当金朝鼎盛阶段,大道教在这一时期获得较大发展。大道教第四祖毛希琮之后,大道教分裂为燕京天宝宫和玉虚观两派。金末元初,由于受到蒙古政权的承认和扶植,大道教得以继续蓬勃发展,并臻于鼎盛。

刘德仁教导弟子"去恶复善",要求弟子"守本分,不务化缘,日用衣食,自力耕桑赡足之"。① 刘德仁主张以"见素抱朴,少思寡欲,虚心实腹,守气养神"为炼养之法。《大道延祥观碑》载曰:刘德仁"平日恬淡,无他技,彼言飞升化炼之术,长生久视之事,则曰:吾不得而知。"因此,大道教主要的宗教仪式便是祭天地。

关于大道教的教义,《元史·释老传》概括说:"其教以苦节危行为要,而不妄取于人,不苟侈于己。"② 宋濂《书刘真人事》则将其教义归纳为九项:"一曰视物犹己,勿萌戕害凶嗔之心;二曰忠于君,孝于亲,诚于人,辞无绮语,口无恶声;三曰除邪淫,守清净;四曰远势力,安贫贱,力耕而食,量入为用;五曰毋事博弈,毋习盗窃;六曰毋饮酒茹荤,衣食取足,毋为骄盈;七曰虚心而弱志,和光而同尘;八曰毋恃强梁,谦尊而光;九曰知足不辱,知止不殆。"③ 大道教的教义内容平实,摒弃了浮夸虚谈和繁文缛节,以通俗的形式宣扬忍辱知足、谦卑自守、戒杀戒盗、忠君孝亲、自力耕桑、节俭不侈等伦理,对于稳定社会、安抚人心、发展生产有着积极的意义和社会教化价值。

---

① 《南宋初河北新道教考》第三卷,第87页。
② 卿希泰:《中国道教史》第三卷,四川人民出版社1996年版,第23页。
③ 卿希泰:《中国道教史》第三卷,四川人民出版社1996年版,第23页。

和太一教一样，大道教也于元末绝传。元以后，大道教逐渐衰落并融入全真道。

3. 全真道的创立

全真道由王嚞（1112—1169）创立。王嚞，原名中孚，入道后改名嚞，字知明，号重阳子，陕西咸阳大魏村人。王嚞年轻时热衷于仕途，仕途失意后，王嚞最终向宗教寻求精神出路，出家入终南山修炼。正隆四年（1159年），王嚞自称在甘河镇酒肆中遇异人授以真诀而得道。大定七年（1167年）夏天，王嚞焚其所居茅庵，东出潼关，赴山东半岛传教。

王嚞在山东半岛创教、传教的时间只有短短的三年，但他善于随机劝化，尤擅长以诗词歌曲宣扬教义，劝化世人，因此，追随信从者众多。马钰、谭处端、丘处机、王处一、刘处玄、郝大通、孙不二等七大弟子先后拜归于王嚞门下，后世称为"七真"。王嚞的七大弟子，皆有文化素养。大定九年（1169年）秋，王嚞羽化。马钰继任全真道掌教。弟子们搜集王嚞遗留诗词千余首，编为《全真集》刊行。马钰先后在关中和山东半岛传教，整顿教风，阐扬宗旨，掌教期间，"以无为为主"，倡导离尘去欲、清节苦行，吸引了大批徒众。谭处端、丘处机、王处一、刘处玄、郝大通、孙不二等其余六人各往山东、河北、陕西、河南一带修炼、传教。大定二十三年（1183年）冬，马钰闻知其妻孙不二在洛阳羽化后不久也成仙而去。

经过马钰、谭处端、丘处机、王处一、刘处玄、郝大通、孙不二等"七真"及其弟子近二十年的努力，全真道的影响不断扩大，信徒日益增多。金章宗即位之初，对全真道的广泛影响，深感不安，曾一度下令禁罢，后出于维护统治的需要，又收回禁令，加以利用。此后，全真道得以稳步发展。元初，道教受到打击，全真道发展遭受较大挫折，至元成宗之后才逐步得到恢复。

全真道提倡三教合一，其教义思想以道为主，同时兼融儒释。其教规比较严格，入教者必须出家住观、蓄发和吃素。其修行以内丹为基础，以"澄心定意，抱元守一，存神固气"为"真功"，以"济贫拔苦，先人后己，与物无私"为"真行"，主张清修和功行双全。

4. 净明道的形成

净明道，又称净明忠孝道，创始于南宋初期。净明道尊奉东晋时飞升的许逊为教祖。许逊信仰在隋唐时已有存在，但并未形成独立的道派。宋徽宗政和二年（1112年），许逊被加封为"神功妙济真君"。南宋初，高道周真公以许逊降神并传授净明道法之名，创立了具有严密教团建制的净明道派。根据元初新净明道所编《净明忠孝全书》卷一《玉真刘先生传》所述，许逊降授《飞仙度人经》《净明忠孝大法》，"真公得之，建翼真坛，传度弟子五百余人"。

周真公所创净明道，承袭于灵宝派，同时吸收了上清、正一等教派的教义主旨。其神权机构称为"灵宝净明院"，尊奉"灵宝净明天尊"和"灵宝净明黄素天尊"为"祖师"，尊奉张陵为"经师"，许逊为"度师"。元初，南昌西山隐士刘玉（1257—1308年）开创新净明道派，以西山为活动中心。刘玉所创新净明道奉许逊为教祖，自称得许逊真法，自列为第二代祖师。

作为金元时期创立的道派，净明道和其他同一时期的道派一样，具有儒释道三教融合的特点，它将"忠孝廉慎"奉为道派伦理实践之要，强调"以忠孝为本"，积极进行伦理教化。《太上灵宝首入净明四规明鉴经·章本章》曰："学道以致仙，仙道非难也。忠孝者先之，不忠不孝而求乎道，而冀乎仙，未之有也。"[①]《真诠·大道敦本

[①]《太上灵宝首入净明四规明鉴经》，《道藏》第24册，第614页。

章》则说:"净明之玄妙,不外人心忠孝,出忠入孝,即是修身之径,存诚居敬,乃为入道之门"。除了三教融合,作为重要的符箓道派,净明道与传统符箓教派及其他道教派别相比,最突出的时代特点在于,融合内丹与符箓,以封建道德伦理及内丹修炼为施行道法的基础,以心性"净明"为全部教义的枢要。《太上灵宝净明法序》总结净明道法宗旨说:"净明者,无幽不浊,纤尘不污","以孝悌为之准式,修炼为之方术行持之秘要"。

5. 神霄派的兴起

道教神霄派以王文卿(1093—1153)为主要创始人。"神霄"之名,来源于《灵宝无量度人上品妙经》。王文卿,字予道,号冲和子,江西建昌南丰人。北宋末,神霄雷法大行于世。北宋灭亡后,王文卿随宋室南渡,后主要在其家乡江西一带传教。南宋初道士萨守坚遇王文卿于青城而得秘传。神霄派后来的"萨祖派""西河派""天山派",皆尊萨守坚为祖师,称"萨真人"。神霄派以传行神霄雷法为职事,主要修习五雷符,其理论基础是天人合一、天人感应与内外合一思想。在理论上,"萨祖派""西河派""天山派"等各派都承袭王文卿之说,以内炼为本,以符箓咒诀为日常功法。萨守坚《雷说》云:"行先天大道之法,遣自己元神之将,谓之法也。"萨守坚承王文卿之说,认为雷法具足于自身,学道者只应求于自身,而无求于他。

南宋时期,神霄派在江南地区十分流行。以修炼内丹为主旨的金丹派南宗,自第四祖陈楠起,亦传神霄雷法。陈楠(?—1213)字南木,号翠虚子,惠州博罗县白水岩人,能捻土为丸,为人治病,人称"陈泥丸",常以符水为人治病驱邪。宋徽宗政和(1111—1118)中,曾被擢为道箓院提举,后归罗浮山,门下弟子有白玉蟾等。

白玉蟾在继承陈楠雷法的基础上,建立了雷法南宗。据白玉蟾弟子彭耜所撰《海琼玉蟾先生事实》,白玉蟾(1194—?),原名葛长庚,字白叟,福建闽清人,因生于琼州,故称琼州人、海南人。后父亡母嫁,葛长庚继雷州白氏之后,遂改姓白,名玉蟾,字众甫,有海南翁、琼山道人、武夷散人、紫清等号。白玉蟾自幼天资聪慧,遇陈楠而入罗浮山学道。《道法会元》卷一所收白玉蟾撰《道法九要》,述道士学道行法之要则,分立身、求师、守分、持戒、明道、行法、守一、济度、继袭九要,其在宗教礼仪方面的要求较全真道更为严格。南宗雷法虽承神霄派之传,但其内丹学远较神霄派发达,也较神霄派更加强调内丹修炼。针对符箓道士重仪式而不究"道源"的普遍倾向,白玉蟾强调行法者须先知"道"明理。白玉蟾融摄禅宗之学,认为道即是心,心即是道,以心的主宰作用为作法灵验的枢机;还以儒学的"诚"为心合于道之要,心合于道,才能感通神灵。《海琼白真人语录》卷一述曰:"法是心之臣,心是法之主。无疑则心正,心正则法灵。守一则心专,心专则法验。"白玉蟾南宗虽强调向内求神,金丹外用,但仍将符箓看作是与神明联络的符信。南宗雷法主要流传于福建一带。

二、金元时期道教教派的合流

1. 符箓派合流而形成正一道

东汉末,张道陵创立"五斗米道",又称天师道。元世祖忽必烈灭南宋之前,遣密使入龙虎山,向三十五代天师张可大密求符命,天师道由此与元室结上关系。南宋灭亡后,忽必烈于至元十三年(1276年)召见第三十六代天师张宗演,命其主领江南道教。在元代,历代正一道天师皆袭掌三山符箓、江南诸路道教事,并正式以官方名义承认张道陵子孙为天师。江南道教各符箓派和在江南的全真道，其宫观的赐额、道官、道职的任命，以及道官封号的赐予等，皆须经天师的首肯和转达。天师道成为道教诸派中发展最盛的派别，其势力远远超过了茅山上清派和阁皂山灵宝派。天师道的首领地位日渐巩固。元代中后期，天师道已成为南方道教的核心。在天师道的统领下，江南道教诸派交流频繁，彼此学习，上清派、神霄派、清微派、灵宝派、净明道、太一道等其他符箓派逐渐与其融合而形成正一道。

以元成宗大德八年（1304年）张道陵第三十八代孙张与材被敕封为"正一教主"为标志，正一道正式形成。"正一道"奉《正一经》为纲领，所谓"正一"，意为"正以治邪，一以统万"。"正一道"的主要法术是画符、念咒、斋醮，以驱鬼降妖，祈福禳灾为要。

2. 金丹南宗及真大道教与全真道的合流

早在成吉思汗时代，北方的全真道已经受到蒙古贵族的重视。蒙古太祖十四年（1219年），成吉思汗"自乃蛮命近臣札巴儿、刘仲禄持诏求之"，召见丘处机。丘处机审时度势，不远万里历经四年艰苦跋涉，终与成吉思汗会面于大雪山，赢得成吉思汗的赏识，并被拜为国师，执掌天下道教事。当全真道在北方发展时，南宋地区亦有张伯端创始的金丹派南宗流布。金丹派南宗也以内丹修炼为主要证道途径。金丹派南宗以性、命概念为核心，构建了独具特色的内丹炼养方法和理论体系。元朝统治者的支持为全真道乃至整个道教的兴盛发展奠定了基础。元朝统一全国后，在丘处机及其弟子们的努力下，全真道宫观遍地，香火兴旺，鼎盛一时。与全真道相比，金丹派南宗和真大道教教团组织松散，宫观及教徒人数也较少，社会影响相去甚远。许多真大道教和南宗道士投入全真门下，或直接自称为全真道士。由此，以共同的内丹修炼为基础，全真道在南下传教过程中与金丹南宗和真大道教互相交流融汇。最终，金丹南宗和真大道教融入全真道。

三、金元时期道教教派的组织管理

金元时期是道教发展史上的一个重要时期，在道教宗派分化又融汇的过程中，道教在教团组织管理上也呈现出与具有明显时代特征的管理原则和管理实践。

1. 组织管理原则

金元时期，战乱不已，民不聊生，人们不得不委身于道教等宗教，以从中寻求避祸之法、安身之道。在宗法伦理占据主导，而且灾祸不断的社会背景下，人们遁入道教，修炼自我，在度己避祸的同时也努力度他人于水火。道教各宗派积极利济他人，广行善举，奉献社会。调和出世与入世的矛盾，缓解宗教伦理同现实伦理的冲突，成为道教各宗派教团组织管理的原则。

全真道在创立之始就制定了离尘出家的制度，表现出明显的出世特征。元代以后，全真道制定了一套完整的清规戒律，从而建立起严格的丛林制度。在强调出世修行的同时，为了扩大影响，全真道吸收了儒家匡时济世，佛教普度众生等思想主张，努力调和同现实社会的关系，从而又展现出十分强烈的世俗化倾向。

对于道教符箓宗派而言，符咒祈福、斋醮科仪等是其修行和宗教活动的重要内容。金元乱世之中，面对人们的生存需要和对安身立命的渴望，天师道、净明道等符箓道派通过简化宗教仪式、汲取当时社会伦理精神等途径，缩小道教同现实的距离，努力满足信众的信仰需要。在符箓、斋醮之外，净明道特别重视忠孝在修行中的作用，认为恪守净明忠孝即可修仙得道，并以"日知录""功过格"

作为道徒日常行为活动的准则和规范。

2. 组织管理实践

金元时期，道教组织管理实践最重要的目标是通过参与政治，拉近与统治者的关系，努力获得统治者的支持，推动教团的顺利发展和不断壮大。

掌教作为道教教团组织的核心，在道教组织管理实践，尤其是协调与统治集团的关系中发挥着十分重要的作用。南宋末期，金朝、南宋和元朝统治者先后派遣使者召请全真道掌门丘处机。丘处机凭借敏锐的洞察力，经过深入权衡，不应金朝和南宋之诏，而不远万里朝见元太祖成吉思汗，向成吉思汗宣传道教济世安民思想。成吉思汗对其礼遇有加，尊为神仙，命他掌管天下道教。在元统治者的支持下，全真道获得很大发展，宫观遍地，道徒云集。

元世祖忽必烈效法成吉思汗，遣密使入龙虎山，向三十五代天师张可大密求符命，天师道与元室结上关系。南宋灭亡后，忽必烈命第三十六代天师张宗演掌管江南道教。元朝，正一道获得了前所未有的大发展。

积极发挥道教的教化功能，安定社会，抚慰民众，是道教组织管理实践的重要内容。金元时期，道教虽然分化和创立了多个宗派，但各宗派都承袭了基本的道教教理教义。各道教宗派深入挖掘道教劝善教义思想，并结合当时的社会现实，积极引导信众抑恶扬善。南宋时广为传播的道教经典《太上感应篇》，强调以行善作为积累功德的手段和修行法门，劝诫世人积德行善。净明道则将"忠君孝亲爱民"的道德原则贯彻于教团日常管理和修行实践中。成书于宋元时期的《太上老君外日用妙经》详细垂示了积功累德的具体方法，其文曰："敬天地，重日月。惧国法，依王道，孝父母。上谦让，下和睦。好事行，恶事止。成人学，破人断。高知危，满知溢。静常安,俭常足。慎无忧,忍无辱。去奢华,务真实。掩人非,扬人德。行方便,和邻里。亲贤善,远声色。贫守分,富施惠。行平等,休倚势。长克己,莫嫉妒。少悭贪,除狡猾。逢冤解,积人行。许不违,话有信。念孤寡,济贫困。救危难,积阴德。行慈惠,休杀生。听忠言,莫欺心。"①

教团管理体制和制度是道教组织管理实践的重要保障。道教自东汉末创立以来,在长期的发展传承中,形成了一套比较完整的管理体制。天师道创立初期就建立了正规的教团组织,在各地分设二十四治,分别为上八治、中八治、下八治,作为教团的管理机构。到金元时期,适应道教的大变革,道教组织管理进一步优化。各道教宗派根据政府管理区划,建立了从最高级别的中央宫观和掌教到基层宫观和各级教职人员的管理体系。真大道教以中央都天宝宫历代掌教所居之地为最高级的教团管理机关所在地,行省、路、州、县分别设有提点、道判、道正、威仪等教团管理组织。最基层的宫观则设立知观。全真道开创道教丛林制度,严格宫观的各项管理制度。由于道徒人数大增,全真道又制定了完善的清规戒律。由各符箓道派融汇而形成的正一道,则兴修天师府第,龙虎山天师府成为江南道教的中心、正一道的祖庭,通过向弟子授箓确认道徒身份,管理道徒。

---

① 《老君外日用妙经》,《道藏》第11册,第447页。

清代以后道教在社会动荡中的生存之道

张 化*

摘 要：本文主要以上海道教为例，重点关注清代以后，即1912至1949年间上海道教的生存之道。阐述上海道教当时的概况，面临的政策和社会环境，在这种环境下如何勉力求生存、谋发展的历史进程。包括尝试像佛教那样成立团体自保而难成，争取社会力量支持而力度有限，勉力改革而成效不大，以及上海道教的实际状况，特别是庙产被占、道院和正一道士的生存和发展状况。

关键词：道教政策 道教团体 道教改革 道教正一派

一、清末民初上海道教概况

清朝抑制道教，中国道教渐失精神导师功能和社会认同。太平天国运动所经之地，道教受到毁灭性打击。1898年起，庙产兴学从思潮发展为运动、政策，连绵起伏。民国初，"各省因驻兵、兴学及地方公益事宜，挹注于寺庙财产者所在多有。豪绅莠民，往往

---

* 张化，上海社会科学院宗教研究所特约研究员。

藉端侵占。"① 庙产、道教危机重重。民国取消道官制度后，道教的组织体系仅剩教派内的衣钵继承，一盘散沙，无法自保。

本文以上海道教为例，重点关注清代以后，即1912至1949年间上海道教在社会动荡中的生存之道，以窥见整个道教的状况。

道教主要分全真和正一两派，全真道士出家，正一道士分出家和火居（住家）两种。上海地区绝大多数是火居的正一道士。清末，上海县有丹凤楼、大境关帝庙、天后宫、龙王庙、火神庙、城隍庙六座较具规模的正一道观由出家正一道士任住持，县城内火居的正一道士均为六座道观的客师。分布于城乡的其他道观均由不住庙的正一道士管理。另有白云观等少数出家道士的全真道观。19世纪70年代以后，江浙等地正一道士逐步到沪谋生。他们租屋设道院或道房，供神像，供人求签问卦，或为斋主上门做道场，以维生计，以原籍地名称作各帮道士。上海本地道士也纷纷自设道院，称本帮道士。1912年，有本帮道士1000余人。

二、清代以后道教生存的政策和社会背景

1912年，中华民国临时政府颁布《中华民国临时约法》，代行国家大法。规定人民有信教、结社自由，各种族和宗教平等。② 这是中国历史上第一次由国家主动宣布信教自由，在理论上具有划时代意义。此后数十年，虽然国家最高法随着执政者的更换不断更换，先后公布过若干个"宪法草案"或"宪法"，均有信教自由的内容。

---

① 《内务部请明令保护佛教庙产致大总统呈》，中国第二历史档案馆编：《中华民国史档案资料汇编·第三辑·文化》，江苏古籍出版社1991年，第696页。
② 《中华民国临时约法》，见王英培编：《中国宪法文献通编（修订版）》，中国民主法制出版社2007年，第300页。

政府为管理佛、道教，出台了不少主要针对佛教，道教参照执行的政策和法规。北洋政府期间重要者有：《寺院管理暂行规则》（1913年）、《管理寺庙条例》（1915年）、《修正管理寺庙条例》（1921年）。国民政府期间重要者有：《寺庙登记条例》（1928年9月）、《神祠存废标准》（1928年9月）、《寺庙管理条例》（1929年1月）和《监督寺庙条例》（1929年12月）。最后一个"条例"成为1949年前管理佛、道教的主要法规。实际上，清代以后，因政局不稳，战乱不断，政府诸制未备，政策大多缺少权威性和严肃性，往往尚未贯彻已被修改；或迫于舆论，或迁就军政势力，法力往往被消解，各地军政当局自行其是，不贯彻中央政策或自定"政策"的情况屡见不鲜。中央政府和地方官绅均以不同政策对待各教，政策显得随意、反复，进退失据。相对而言，国民政府的政策渐具系统性和导向性，贯彻程度较高。

对道教正一派的政策，以打压为基调，对张天师的态度集中映射了这种政策取向。1912年，南京临时政府派员到江西收缴了清政府颁给张天师的印信。袁世凯为称帝笼络宗教领袖，第62代天师张元旭在新华宫献醮三坛。袁世凯赐号"洪天应道真君"，发还田产、印信。① 之后，吴佩孚、孙传芳都曾会见张元旭。正一道获得较宽松的生存环境。但在起于1922年的非基督教、非宗教运动中，道教甚于佛教，受到猛烈批判，舆论和生存环境极为恶劣。1926年底，国民党江西省党部先后3次派员到龙虎山天师府，开大会揭发天师道的迷信活动，烧毁神像；江西省政府取消张天师封号，没收财产，② 收缴印信。第63代天师张恩溥幸得"只身逃沪。"③ 张恩溥屡次向内政部申请备案、赐还张天师暨正一真人封号、归还印信。一直到

---

① 译音：《张天师带印回山》，《申报》1915年2月4日，第10版。
② 本报讯：《为取消张天师封号之呼吁》，《申报》1927年1月13日，第15版。
③ 作者不详：《张天师昨自浔逃沪》，《申报》1926年12月30日，第13版。

1936年，国民政府屡次批驳，未允。① 土地革命中，蒋介石一度利用张恩溥，任命他为国民党第21军代理军长；曾派人修缮天师府、上清宫。但1931年后，张恩溥又被迫再次来沪，只能经常在上海、苏州、无锡一带活动。

政府的具体政策之一：持续破除迷信。国民政府认为"迷信为进化之障碍，神权乃愚民之政策"②。《神祠存废标准》认为，道教只应尊崇老子、道德经，而对服饵修炼、符箓禁咒一律禁止；天师崇拜，其讹甚矣。东岳大帝、龙王、城隍、文昌、财神、送子娘娘、雷祖、土地神、灶神、痘神等道教神灵被明令废祭，不少庙观属于应被取缔的淫祠。一时，全国毁像占庙之风甚炽。1928年12月，宝山县所有寺庙佛像被捣毁。③ 12月25日，圆瑛等人联合江、浙佛教界，致电国民政府请求保护，推派王一亭④进京请愿。政府乃将"标准"改作参考。⑤ 其他寺庙暂得保护。事实上，这一标准仍被视作指导性文件，收入政府各种政策、法规汇编，多次印发，对各地政府和社会的实际影响巨大。1928—1930年，政府颁布一系列禁令，包括：《废除卜筮星相巫觋堪舆办法》《严禁药签神乩方案》《取缔经营迷信物品业办法》等，基本上只承认出家道士，认为画符念咒的道教是不善的宗教，应该废除。上海政府也经常发令禁止堪舆、卜筮、

---

① 《内政部批具呈人张恩溥》，载中国第二历史档案馆编：《中华民国史档案资料汇编·第五辑·第一编·文化（二）》，江苏古籍出版社1994年版，第1070页。
② 《内政年鉴》编纂委员会编：《内政年鉴（第四册）》，商务印书馆1936年版，第126页。
③ 作者不详：《内政部维护各地寺庙佛像》，《申报》1929年1月4日，第14版。
④ 名震，字一亭，以字行（1867—1938），1905年入同盟会，筹措、资助巨额军费。参加光复上海之役，救出陈其美；二次革命中，助陈其美讨袁，蒋介石秘密潜回上海时，即寓居王家。
⑤ 《内政年鉴》编纂委员会编：《内政年鉴（第四册）》，商务印书馆1936年版，第127页。

打醮、迎神赛会等正一道经常举行的活动。① 1928 年，采取拘捕、罚款等手段严禁。②

政府的具体政策之二：强推新版庙产兴学。国民政府要求寺庙登记，以供甄别，再定存废。惧于政府的用意，直到 1935 年 9 月，全国大部分道观未填报，处理亦遭拖延。《监督寺庙条例》明言其立法目的"系为监督寺庙的财产及法物"，规定：庙产不得自行处分或变更；"寺庙应按其财产情形兴办公益或慈善事业"，主要用于办学，不履行者，予以严厉制裁。因该条例过于简略，难以施行。1932 年 9 月，内政部颁布《寺庙兴办公益慈善事业实施办法》。因过于严苛，经中国佛教会赴京请愿，暂缓施行。③ 1935 年，中国佛教会所拟《佛教寺庙兴办慈善公益事业规则》，经政府修订后施行；道观沿用。规定了按寺庙情形及财产多寡，兴办慈善公益事业的比例和额度。在此过程中，得到政府相关部门支持，教育界在 1928 年、1930 年、1935 年掀起 3 次庙产兴学风波。经佛、道教界反复请愿、呼吁、呈文、诉讼、活动要人斡旋，前两次被平息，最后只得接受。面对这种褫夺性政策，佛、道教一方面自办佛学院和社会学校，另一方面抵制登记，让政府没有按比例抽取庙产的基数。上海政府于 1927 年、1928 年、1936 年 3 次强令寺、观登记，效果均不佳。上海的庙产由上海县地方公款公产经理处（款产处）经管。1922 年，款产处解释《修正管理寺庙条例》，坚持原有态度："凡地方公有各神庙，有列入祀典，向为地方公有者；有地方集资建筑，载在碑志者，均属地方公有性质。其住守之僧道，等于祠墓之雇庸，不得为管理庙

---

① 作者不详：《寺庙签筒末日记》，《申报》1928 年 8 月 12 日，第 15 版。
② 作者不详：《道士厄》，《申报》1928 年 12 月 21 日，第 19 版。
③ 内政部年鉴纂委员会编：《内政年鉴·四·1936 礼俗篇》，商务印书馆 1936 年版，第 304 页。

产之主体。"① 这一解释被省长公署否定。但1923年，款产处向县知事提出名为"保护财产章程"的政策建议，给予地方政府和市乡经董极大管理权，包括一年一报寺庙人事、经济情况，住持的选任、撤退，审批拨用庙产；寺庙盈余的60％充教育费，等等。② 史实表明，条例解释和政策建议均得到了实施。

政府具体政策之三：对宗教团体的态度由不容到利用。北洋政府不准佛、道教团体拥有公权力，掌控庙产。出现国法保障结社自由，地方官不批准僧、道所组团体的怪现象。国民政府用了10年时间，逐渐修正了对待佛、道教团体的策略，由不容、压制，到准生、赋权，再到改造、利用；最终，将其设计成受政府严格监控、协助政府管理教会的工具。1934年5月，江西省南城县筹备成立道教会，县长拟不准。上报至国民党中央民众运动指导委员会，答复是：道教会应属宗教团体，依法得许可组织，惟此项悬牌为业、类似巫觋之道士，不得利用团体提倡迷信。③ 1936年8月，内政部明确，各级佛教会属宗教团体，在执行教规、宣传教义、监督保管寺产、办理慈善公益事业等方面，负有相当之责任及职权。④ 道教团体亦同质同责。

1928年，蒋介石曾明确表达过对佛教的臧否标准："一是真正依佛教行持的僧徒，可以保存；二是借教育造就有知识的僧徒，可以保存；三是寺院须清净庄严，不可使非僧非俗的人住持，且对社会要办有益的事业，可以保存。"⑤ 国民政府的党政主管部门及主管官员基本按此精神引导佛、道教，要求佛、道教进行改革和整理，学习基督

---

① 本报讯：《解释寺庙条例之省令》，《申报》1922年8月12日，第8版。
② 作者不详：《保护寺庙财产之呈文》，《申报》1923年6月18日，第15版。
③ 《转知道教会不得提倡迷信》，广东省民政厅训令第110号，1935年1月12日。
④ 本报讯：《中国佛教会认真执行职权》，《申报》1936年8月17日，第13版。
⑤ 见《海潮音》第九卷第十期（1928年10月），第3页。

教、办服务社会的民众教育、医院、慈善等社会事业。[①] 并督促佛、道教将这些改革意向纳入团体章程，成为应尽职责。这些政策框架和改革方向成为佛、道教的基本守则，也成为官方赋予的生存之道。

三、清代以后上海道教以改革求生存之道

上海道教努力顺应政府和社会，尝试改革，艰难求生存，但始终处于半合法的尴尬地位。

1. 尝试像佛教那样成立团体自保而难成

1912—1949年，上海道教界10次筹建全国或上海的道教团体，希望像佛教那样联合起来维护自身权益，因缺合适领袖，很难获政府批准。二个曾得地方政府核准的团体，活动时间很短，并未成为能代表中国道教、或上海道教的团体。四个成立于汪伪期间的团体获得过合法身份，抗战胜利后失去政治合法性，停止活动。上海道教界筹建团体的骨干力量初以正一派道士为主。20世纪20年代起，因全真派有合法地位，由正一、全真道士联合组织，全真派渐占主导地位。

本来，张天师是天然领袖。两代张天师确也数次在沪筹建正一派全国性团体，均未能有效开展活动。1912年9月19日，张元旭得到基督教传教士李佳白、李提摩太和上海绅士陈润夫等人帮助，在沪成立中华民国道教总会。拟在江西龙虎山设本部，北京设总部，在上海大境关帝庙设总机关部。会后，催促上海道士筹设总机关部。事实上，不仅全真道士不承认他的领袖地位，正一道士也只敷衍应付。9月30日，邱金生等上海道士筹备成立地方性组织上海道教公

---

① 陈念中：《整顿中国佛教会意见》，载《海潮音》第十七卷第九期（1936年），第112页。

会，①设事务所于火神庙，兼作总机关部筹备处。②张元旭宣称将筹款捐助军饷，③1913年1月，总机关部得到上海地方官核准。张元旭即以该会总机关部名义报内务部立案，被驳。1914年，后任上海地方官以此为由，否定了该会总机关部在上海的立案。④1923年，张元旭到沪整顿，⑤亦未见成效。1926年，张恩溥重组总机关部，得到北洋政府内务部批准立案，淞沪警察厅、上海县公署出示保护，租界会审公廨备案，饬就王省三、王一亭等绅商，再次开会成立。上海分会会长李瑞珊。拟呈请各省长通令各县限期成立分、支会，道士举行宗教活动需执总机关部所颁证书。⑥事实上，张恩溥在沪没有自己的宫观，没有根基，号召力有限。总会未成立，总机关部对上海及全国道士亦未见约束。

上海道士也自组过一些团体。1927年4月，沈颂笙等成立中国道教总会，实际上是道教正一派的地方组织，得上海县政府核准。但同年7月，上海特别市成立，上海县境被大量析入特别市，县政府核准的组织不能在特别市开展活动，无法代表上海道教界。1928年7月10日，道士严洪清请地方士绅、佛教居士为"赞助员"，召集沪上各大道观住持，筹建中华道教联合会⑦（亦称中华道教会），

---

① 本报讯：《道教公会事务所成立》，《申报》1912年10月1日，第7版。
② 《上海正一道教公会兼为中华民国道教总会江西本部驻沪总机关部广告》，《申报》1912年10月20日，第1版。
③ 本报讯：《道教中人之爱国》，《申报》1912年11月24日，第7版。
④ 本报讯：《统一道教机关部骤难立案》，《申报》1914年1月21日，第10版。
⑤ 本报讯：《道教所称张天师来沪》，《申报》1923年10月30日，第14版。
⑥ 甲：《全国道教会填给证书之会议》，《申报》1926年10月18日，第11版；本报讯：《道教总会昨开职员会议》，《申报》1926年10月27日，第15版。
⑦ 作者不详：《道教联合会今日开筹备会》，《申报》1928年7月10日，第17版；本报讯：《道教联合会之进行》，《申报》1928年7月21日，第14版；本报讯：《道教联合会第三次筹备会》，《申报》1928年8月2日，第15版。

11月4日成立，① 号称是全国性正一和全真的联合组织。② 曾向国民政府内政部备案，但未见批复。教内应者寥寥。1935年，严洪清等人重组机构，再次宣布成立中华道教会。1936年1月，中央民众训练部附条件地表态："道教应属宗教团体，依法得许可组织。惟此项悬牌为业，类似巫觋之道士，不得利用团体，提倡迷信。应于章程中明白规定，如遇有提倡迷信之活动时，则应依法严予取缔。"③ 简言之，在确保反"迷信"的前提下，可组建团体。7月27日，中华道教会召开成立大会，号称"呈准上级党政机关许可备案"，④ 到会者有苏浙赣鄂晋五省一百多人，上海的党、政代表到会致词。规定所有道士必须入会、缴纳会费。当选的9名执委中，有曾任上海策进地方自治会会长谢强公、款产处总董秦锡田、名中医陈存仁等，使该会具有了一定的公益性质。会后"即呈报当局核准备案"，⑤ 也曾协助上海市政府管理道观、道士，⑥ 对外省道教未见约束。事实上，直至1936年12月，中央民众训练部《中国文化团体简明登记表》中，不仅有中国佛教会，甚至有筹备中、后来并未成立的中华女子佛教会，却未见中华道教会。⑦ 该会设址于南市乔家栅32号，抗战中毁于战火，基本停止工作。孤岛时期，偶尔以该会名义参与

---

① 作者不详：《中华道教会昨日成立记》，《申报》1928年11月5日，第16版。
② 本报讯：《道教会执监常会记》，《申报》1929年2月28日，第15版。
③ 《中央民众运动指导委员会致行政院函（1月24日）》，中国第二历史档案馆编：《中华民国史档案资料汇编·第五辑·第一编·文化（二）》，江苏古籍出版社1994年版，第1069页。
④ 作者不详：《中华道教会成立》，《申报》1936年7月28日，第13版。
⑤ 本报讯：《中华道教会今日开始办公》，《申报》1936年9月3日，第14版。
⑥ 本报讯：《中国道教会通告各庙登记》，《申报》1936年9月25日，第13版。
⑦ 《中国文化团体简明登记表（1936年12月）》，中国第二历史档案馆编：《中华民国史档案资料汇编·第五辑·第一编·文化（二）》，江苏古籍出版社1994年版，第841—856页。

追悼捐款。①

抗战期间,日伪将宗教结社和根植民间信仰团体视为类似宗教,采用扶持政策,批准了4个道教团体。1942年,鲍杏全等成立上海特别市浦东道教同人联谊会,为浦东正一派团体。1943年,陈爱棠等成立上海特别市道教会,为全市正一派团体。1944年9月,张维新等成立中华道教总会上海特别市分会,为上海正一派团体,接收上海特别市道教会。3个团体均得到伪上海特别市社会福利局支持。1944年1月,成立中华道教总会,得到汪伪政府内政部、社会福利部批准备案,为全真、正一联合的全国性团体,理事长艾朗轩,副理事长严洪清、张维新,常务理事刘永祥、周养正、王信德、陈铁梅、王朗泉、吴福田等。② 这些团体几乎囊括了上海道教所有实力派。实际上,该会未及在全国拓展组织网络。抗战胜利后,4团体均停止活动。

抗战胜利后,国民政府对道教成立团体的限制稍松。1946年6月,张恩溥到沪,准备从组织地方性团体入手,筹组中国道教会。次年2月3日,社会部批准该申请。③ 1946年,上海全真道士李理山等全真道士筹组上海市道教会,未获批准。④ 张恩溥化解上海全真、正一道士的宗派矛盾,共同筹组上海市道教会。1947年3月15日,得上海社会局批准成立,⑤ 李理山任理事长。下半年,张恩溥与李理

---

① 本报讯:《王一亭先生追悼会筹备处定期开会·发起团体》,《申报》1939年1月18日,第2版;本报讯:《上海慈善团体联合救灾会鸣谢广告》,《申报》1939年11月6日,第2版。

② 马学新、曹均伟主编:《上海文化源流辞典》,上海社会科学院出版社1992年版,第145页。

③ 《社会部致内政部公函(1947年2月3日)》,中国第二历史档案馆编:《中华民国史档案资料汇编·第五辑第三编 文化》,江苏古籍出版社1999年版,第524页。

④ 《关于道教界的调查材料》(1955年5月),上海档案馆藏档案A33—2—676,文内第2页。

⑤ 本报讯:《上海市道教会筹备会通告》,《申报》1947年3月13日,第6版。

山商量筹建中国道教会。因意见分歧，未果。上海市道教会是极少数获得国民政府批准成立的道教团体；实际操纵者为几个经济实力较强道观的住持；开展活动内容不多，组织作用有限。1950年停止活动。

可见，上海道教界始终没有一个像中国佛教会那样、能以会统教的团体，基本上是一盘散沙，任凭政府和地方势力摆布。

2. 顺应政府和社会，尝试改革和对话

按照国民政府改革和整顿佛、道教的要求，上海道教界也希望像佛教那样，跟上时代潮流，获得政府和社会的认同，从而获得完全的合法性。中华道教会和上海市道教会都曾制定宏大的复兴计划，克服重重困难，取得一定成绩。在整顿教会方面，劝阻假冒道士惑众敛财，有伤风俗的迷信者，不服者报请官厅取缔。1936年，呼应政府的寺庙总登记，通知各道观登记。在社会公益方面，1929年，拟办中华道教会第一小学校，函请驻在白云观前院的淞沪警备司令部侦缉大队搬迁，腾作校舍。为增强影响力，请了社会各界名人担任校董，包括教育界代表姚明辉、谢强公、佛教居士王一亭等人。侦缉大队不让。该会只能在大境关帝庙和本会机关设校，1931年以宏道义务小学名义立案，程度为初小。① 有学生200人；② 这是上海道教所办第一个正规学校。1937年停办。1932年，在校内附设施诊所。③ 上海市道教会成立时，时局艰难，集资困难，仅举办过一次讲座、一次"庆祝邱祖八百圣诞"活动，设立了施材馆和施诊所，其余未及展开。

事实上，上海道教界更多的是按传统，由各道观做慈善事业，

---

① 本报讯：《宏道义务小学准立案》，《申报》1931年6月22日，第11版。
② 本报讯：《宏道小学一二校秋季始业》，《申报》1931年8月24日，第16版。
③ 本报讯：《中华道教会开办施诊》，《申报》1932年5月13日，第10版；本报讯：《道教会义校与施诊近况》，《申报》1932年9月23日，第16版。

来回馈社会。比如：19世纪80年代至1949年，虹庙常年送中成药痧疾散，夏季施诊给药，送观音六厘散、痧药水、行军丹等；冬季施衣施棺；按期捐款给国医平民医院和育婴堂。1930年，邑庙董事会在邑庙办学校和施医所，延续到1956年。

以张天师为代表的正一道在上海参与宗教对话，产生一定的社会影响。1900年，由美国人、原基督教传教士李佳白主导的尚贤堂①由北京迁沪。进入民国，先后成立过世界宗教会、中外教务联合会等组织，提倡宗教对话。每周请人演讲孔教、儒教、佛教、道教、伊斯兰教、天主教、基督教，等等。得到中国政府支持。1912年，张元旭受邀来沪，加入世界宗教会。② 1923年，上海地方绅商筹备成立灵学会，似华人所办尚贤堂，"阐发诸教之真理，研究灵理之真素，旁及艺术、学理诸类"。③ 筹备主任为王一亭、沈田莘，数度合五教为一堂，祈祷和平，亦请张天师赴会。④

3. 信众举办的文化事业却取得相当程度的社会影响

上海道士文化程度不高，道教界的文化事业多由信道者举办。张雪堂自1857年起办翼化堂善书局，搜集、经销佛、道教书籍，至30年代，出版千余种。1912年，道教学者、居士陈撄宁到沪，用三年时间通读了白云观所藏《道藏》，为他后来成为中国道教泰斗奠定了基础。1922—1932年，他根据古地元丹经，与数人烧炼外丹，证明古外丹口诀，确有可凭。1933年7月—1937年8月，张竹铭、陈撄宁等创办《扬善》半月刊，发行量达2000份，发行17省。因战

---

① 即 The International of China，直译是中国国际学会，但在基督教传教史著作中，称为"中国高阶层中的传教会"。实质是传播基督教文化思想的机构。
② 本报讯：《张天师愿入宗教会》，《申报》1912年6月25日，第7版。
③ 作者不详：《宗教清音·灵学会发行精华刊》，《申报》1924年4月20日，第增2版。
④ 本报讯：《电请敦促张真人来沪祈祷和平》，《申报》1926年9月26日，第15版。

事停刊。1939 年 1 月 1 日，张竹铭更名《仙道月报》，重新出版，①汪伯英、陈撄宁参与编辑、撰稿。1941 年 8 月停刊，共出 32 期。这是近代以来中国最有影响的道教刊物。1938 年，陈撄宁租了一间教室，开办上海仙学院。学院没有固定学制和教学计划，没有注册学员；陈撄宁每周举办一次道教经籍讲座，民众可自由听讲。后因时局险恶停办。1937 年，赵协森等获政府批准，成立道教研究会，②随即抗战爆发，未见研究成果。

四、清代以后上海道教的实际生存状况

1. 大量庙产被占用，渐失经济基础和管理权

上海城隍庙（又称邑庙）和钦赐仰殿是上海历史悠久的重要正一道观，这 2 座道观被处置的过程，典型地映照了当时的政府无障碍褫夺庙产的状况。1915 年，上海县知事令款产处调查城隍庙的属性。结论是地方公产，随即收管，聘道士驻庙看守。③ 1922 年、1924 年 7 月和 11 月，该庙三遭火灾。1926 年，因款产处离庙较远，管理不便，④ 更因款产处无力重建，县知事批准另组邑庙董事会，授权筹款重建并管理。董事会由款产处、上海市公所、上海慈善团、捐资者、整理邑庙豫园委员会、上海医院、上海乞丐教养院派员组成，秦锡田、叶惠钧、黄涵之、黄金荣等先后任重要负责人。1936 年，董事会以社会组织名义向社会局注册。董事会雇用道士举行宗教活动，各殿招人投标，以盈余补助上海医院和乞丐教养院，⑤ 并根

---

① 本报讯：《刊物介绍》，《申报》1939 年 1 月 7 日，第 12 版。
② 《道教研究会成立会》，《申报》1937 年 4 月 5 日，第 10 版。
③ 《城隍庙归入公产》，《申报》1915 年 8 月 13 日，第 10 版。
④ 《邑庙推定董事之呈报》，《申报》1927 年 1 月 22 日，第 10 版。
⑤ 《上海邑庙大加整顿详情》，《申报》1927 年 2 月 8 日，第 14 版。

据经营状况不断调整投标人的经营权和租金。1937年前，该庙年收入6.79万元。其中，57%用于慈善事业，包括沪南医院、游民习勤所、新普育堂、平民医药所、戒烟所、救济妇孺会、残疾院、庇寒所；13%用于邑庙所办施医所和景荣小学；① 合计4.73万元，占总收入的70%，占当年上海市教育、文化、卫生、社会福利支出的1.57%。② 该庙对外还是道观，实际上已成为政府委托邑庙董事会经营的营利机构。浦东是上海道教重要传播地。钦赐仰殿是浦东最兴盛道观。清代以后，该殿由沈姓12房道士轮值管理。辛亥革命中，驻有军队，殿宇受损。1927年10月，上海市政府在全国率先发布《上海特别市寺庙注册暂行条例》，要求各寺庙庵观登记，否则将作为无主寺庙，由市政府清查管理。③ 沈姓道士中的沈月松经2轮努力，终获备案。④ 1929年，因年久失修，该殿门垛倾倒压伤几名香客和小贩；⑤ 管殿诸沈姓道士又因内部矛盾酿成命案。市政府乘机将该殿收归市有，⑥ 公安局查封后派警驻守2年。1930年，由市政委员及各乡乡董选举9人组成"钦赐仰殿保管委员会"修复，定于5月18日重新开放。国民党第五区党部得知后，发表宣言，猛烈反对，并于开放首日组织了几十名破除迷信会成员，捣毁了100多尊神像，拍照取证，高呼口号，扬言将改为中山纪念堂。⑦ 管殿沈姓道士以备案资料向市政府伸张管理权。这时，市政府认为按碑文所记，

---

① 上海档案馆藏档案：Q6—10—347，第6页；转引自郁喆隽：《神明与市民——民国时期上海地区迎神赛会研究》，上海三联书店2014年版，第164页。
② 据上海财政税务志编纂委员会编：《上海财政税务志》，上海社会科学出版社1995年。
③ 本报讯：《上海特别市市政府布告第十五号》，《申报》1927年10月28日，第2版。
④ 《钦赐仰殿发封原因》，《申报》1929年7月17日，第16版。
⑤ 《钦赐仰殿屋檐坍侄压伤香客》，《申报》1929年5月21日，第15版。
⑥ 《钦赐仰殿发封原因》，《申报》1929年7月17日，第16版。
⑦ 《钦赐仰殿捣毁记》，《申报》1930年5月20日，第15版；《浦东钦赐仰殿开放后》，《圣报》第20卷第8号（1930年8月），第8页。

系由地方人民捐资重建，属于公产，强令沈姓道士将象征庙产的田单交给保管委员会。① 1932年，钦赐仰殿步城隍庙后尘，招标承办。这一年，收入香火金2711元。1933年，市商会理直气壮地向市政府提出申请，要用迷信收入兴办商人教育。② 同年，经市政府批准，订立第一个5年协议，将60%的香火金用于补助浦东医院和建筑洋泾初中校舍等社会事业，20%为岁修费，20%为经常费，③ 这才相安无事。

对其他道观的处置更为随意。处置道观的主体除了党、政机构及其代理人，士绅、议事机构可认定，军警、商团可强占。1912年，市议会审定县城内的大境关帝庙为私法人之公产，公家应负监督保管之责，庙周10多亩地基由市政厅收管后出租、造屋。④ 1926年，关帝庙由淞沪戒严司令集资改建。⑤ 1912年6月，驻沪陆军辎重第五营第二连连长带兵强占申心街（今福佑路）春申侯庙，住持道士朱寿山曾是上海县道会司，不允，连长即唤来岗巡，欲将朱拘送警局。朱只能逃走。⑥ 1912底至1914年2月，在上海佛教公会支持下，佛教通过诉讼，争回了庙产。⑦ 道教因无人主张，任人宰割。款产处将0.8亩地基售予浦东中学。1918年，中学将多余地基拆零出售给居民建造住宅；但在过户前，上海救火联合会以建造第七区龙所（即消防队）为由，争得这些地基。⑧ 上海并非按政策比例动用庙

---

① 《市府批斥反对钦赐仰殿者》，《申报》1930年6月25日，第16版。
② 《市商会呈市府扩充浦东商人教育，准拨用钦赐仰殿香金》，《申报》1933年4月2日，第20版。
③ 《市政府批准钦赐仰殿香火用途》，《申报》1933年8月9日，第13版。
④ 《保守大境庙产》，《申报》1912年12月9日，第6版。
⑤ 《改建西门关帝庙将兴工》，《申报》1926年4月27日，第15版。
⑥ 《军队借用庙宇》，《申报》1912年6月26日，第7版。
⑦ 《僧人控告商团之辩论》，《申报》1914年2月7日，第11版。
⑧ 《海神庙基准拨救火会建筑》，《申报》1918年4月24日，第10版。

产,而是根据可能,多多益善。庙产除了用作学校,还用作乡公所、医院、商团、救火会、公安局、巡警所、保甲局、保卫团、仓库,甚至工厂、体育场。据不完全统计,1912—1949 年,上海有史以来有记录的 855 处道观中,219 处被占;其中,改作、或部分改作学校的道观有 178 处,改作他用、或部分改作他用的有 60 处,既设学校又作他用的有 19 处。① 1949 年,正一道观有 221 处。道教渐失经济基础和庙观管理权,挣扎在存亡线上。

2. 道教活动融入民俗,禁而不绝,道院、道士持续增加

上海政府以破除迷信名义多次禁止和正一道士活动相关的堪舆、卜筮、迎神赛会等活动。1928 年,杨行毁除神祠,冲突中竟发生血案。② 1931 年,建于宋代的江湾景德观因设立乩坛,住持被逐,庙屋改作学校。但是,上海的道教在民众中有强大的生命力,活动融入民俗,虽屡屡被禁,实际上是禁而不止。民众中流行接财神、接喜神、接送灶神等活动,过元宵节、清明节、端午节、中元节(七月半、鬼节)等节日,逢相关道观的玉皇会、关帝会、过关会、都天会、东岳会等神仙圣诞,参与者非常踊跃,往往伴有盛大庙会。30 年代甚至形成迎神赛会高潮。上海县城隍神每年出巡 3 次,1936 年中元节、1937 年清明出巡,观众均达 10 多万人;③ 抗战爆发才戛然而止。

上海大部分道士散居在郊区,没有道观或道院,亦农亦道。1949 年,奉贤、南汇、上海、青浦各有数百散居道士,却没有一座道观。他们农忙务农,农闲务道;平时务农,有班首招呼做道场则

---

① 据作者历年搜集各种资料所做数据库。
② 《杨行昨日毁除神祠,张亚南家被乡民捣毁》,《申报》1928 年 12 月 28 日,第 15 版。
③ 《昨日清明郊外游人如织》,《申报》1937 年 4 月 6 日,第 11 版;郁喆隽:《神明与市民——民国时期上海地区迎神赛会研究》,上海三联书店 2014 年版,第 177 页。

赴应而去，以做赴应道士（即客师）的收入贴补家用。班首又称法师、高功，需熟悉各种经忏仪式，会吹打乐器，能率赴应道士举行法事；准备神像、乐器、法器、道袍等做法事的行当，多世袭。道场收入由班首和赴应道士分成，民国期间分成比例约为 6∶4。他们有的以道观为中心，围观而居；有的以宗族为纽带，世代相传，集居一地，形成大族道士。川沙江镇薛家道士传 22 代，嘉定娄塘栖隐道院的梅家道士传 9 代。道士大族还有嘉定朱家桥石家、七宝王家、川沙丁家、市区有沈家、张家、朱家等。散居道士也有严格的拜度师、受箓、传承制度。

市区道士专以做道场为职业，月薪在 20—30 元。[1] 清末民初，市区道院开始兴旺。道士在住家门口挂道院表牌或道士名牌，客堂供奉张天师或元始天尊等神像画，不供香客烧香，只承接道场，按约到斋主家中做道场。有道院者为班首，赴应道士每天早上聚集在约定的茶馆，接受班首聘请。各埠正一道士奉持同一经典，画符念咒、祈福禳灾宗旨相同，法事的做法、唱腔、服饰等结合当地民俗，各具特色，逐渐形成以籍贯划分的 11 个帮：本帮（上海帮）、苏帮、宁帮、锡帮、常熟帮、南通帮、绍兴帮、金锡帮、广帮、江阴帮、湖州帮，以本帮为主。本帮道士原以祈禳醮事为主，荐亡法事为辅；外帮道士涌入后，与本帮道士展开竞争，以法事内容、形式的新颖、丰富来抢做道场。出现名目繁多的荐亡法事，如：为缢死之人做"金刀索命"；溺死之人做"起伏尸"；死于异乡之人做"追魂"；分娩而死之人做"游血湖"；五七返魂的搭台做"望乡台"；临终时做"开路"；浮厝前做"招魂"；还有规模较大的"迎鸾接驾、祭天、皇坛三宝"等。道场越来越多，道士、道院也越来越多。1921 年，有

---

[1]《租界上的道士》，《申报》1929 年 11 月 19 日，第 17 版。

道士 1000 余人，① 1937 年，有道院 74 家；1943 年，有道院 117 家，道士 3000 多人；1949 年有道院 146 家，道士 3419 人，其中郊区 3093 人，市区 476 人。②

3. 全真派稍获发展

全真派因有合法地位，稍获发展。新建道观规模均不大，有的是租屋设庙；多由外埠全真道士或旅沪全真信众创建，有的是外地道观的下院。主要有闸北都天庙、浙江温岭紫阳宫上海分院、慈航仙观、三茅宫。1935 年，纱厂女工王小金、管凤娣等到紫阳宫出家，上海首次出现坤道。因有社会名流支撑，1942—1949 年，经忏之繁忙，居上海各道观之首。上海最大的全真道观白云观却因乏人主持，有 7 个机关团体常驻观中，日趋衰败。至 1949 年，部分全真道观停止活动，剩 15 座，道士 104 人、道姑 43 人，均在市区。③ 从总体上看，全真派的规模和影响远远不及正一派。

五、结语

综上所述，清代以后，上海以正一派为主的道教，在半合法状态下，庙产被大量侵占，逐渐失去生存和发展的经济基础。道教界努力按官方要求的生存之道求生存、谋发展，希望获得完全合法性，进入主流社会。但是，上海正一道士常见的火居模式，常做的祈禳、荐亡等宗教活动模式，始终没有获得坚持高举破除迷信大旗的国民政府的认可。因此，他们组织团体自保而难获批准，举办社会公益

---

① 本报讯：《道士议决加价》，《申报》1921 年 7 月 9 日，第 15 版。
② 《上海市宗教基本情况参考资料》1965 年，上海档案馆藏档案 B22—2—666，第 10 页。无崇明记录。
③ 《上海市宗教基本情况参考资料》1965 年，上海档案馆藏档案 B22—2—666，第 10 页。无崇明记录。

活动却力量有限,进行改革却无法达到政府的要求。其实,如果完全按政府要求"改革",那将不再是正一派道教。

但是,正一派道教在上海地区,不管是郊区农村还是中心城区,都有深厚的信众基础,道士们扎根基层,以信众习惯和接受的方式延续自己的道统,丰富内容,不仅禁而未绝,还获得相当程度的发展。正一派终于延续到1949年后,获得与其他宗教平等的地位,发展至今。

近现代道教团体组织形成发展的历史教训

陈耀庭*

摘　要：道教实体的组织要素有个历史发展过程，特别是在近代社会发生突变时道教组织要素的发展有着值得牢记的教训。中国社会经过漫长的封建农业社会，在近现代受到帝国主义侵略变成了半封建半殖民地社会。辛亥革命后，中国道教也发生了变化，但是由于在组织内部团结、信仰内容变化、经营能力薄弱、缺乏修道创新以及人才培养枯竭等五个方面缺乏自觉，因此，近代中国道教组织在深化大道信仰、维系社会稳定、服务信众、培养后继和自身建设等方面，落后于时代要求和信众需要。当代道教应该认真吸取百年前的历史教训，坚持信仰自觉，加强组织建设，以期为中华民族的文化复兴大业作出更大贡献。

关键词：中国近现代　道教组织

中国是一个有漫长的历史的国家，号称中华有史五千年。本文标题所说的中国近现代，在中国通史分期中，指的就是近代史和现代史等二个历史阶段。中国近代史阶段一般指从 1840 年鸦片战争的

---

* 陈耀庭，1939 年生，上海社会科学院宗教研究所原所长，研究员。

清代末年开始,到1949年中华人民共和国成立以前,其间大约一百一十年。在近代史时期里,中国从一个封建制的国家沦落为受到外国列强压迫和侵略的半封建半殖民地国家。中国现代史阶段,则是指从1949年中华人民共和国成立至今。在现代史时期里,中国从一个新民主主义国家已经或者正在变成四个现代化的社会主义强国。

笔者这个年龄段的人,大约在50年代进入中学学习,当时的学校就设有中国近现代史的课程。老师讲授从鸦片战争到抗日战争的一个个历史事件,充满着帝国主义列强在中国掠夺和奴役的腥风血雨,每次上课都让我们压抑得透不过气来。老师讲授从辛亥革命到解放战争的一个一个历史事件,从革命志士艰苦卓绝和浴血奋战的英雄故事中我们都获得教育和鼓舞。

中国历史的近现代,只有短短的约两百年。然而,这两百年真是翻天覆地的两百年。说它翻天,就是翻了皇帝到地主阶级的天,推翻了封建制度压在中国农民头上有两千多年时间。

说到翻天的天,就是推翻了帝国主义列强和买办阶级压在中国劳动人民头上有一百年时间的天。说它覆地的地,就是在中国共产党的领导下,经过轰轰烈烈的社会主义建设和改造,中国社会出现了几千年来从未有过的民主、自由、富裕和繁荣的遍地新面貌。

道教作为一种有两千多年的社会现象,也随着这两百年的历史会发生史无前例的复杂变化。道教作为一种在民众中传承三千年的信仰,也随着这两百年的历史出现了蔓延和收敛、丰富和减缩的复杂经历。道教作为一种有近两千年的社会组织,也随着中国社会的发展、社会系统的进步以及民众对信仰组织需要的变化而发生着适应性的演化的过程。

但是,在前一百余年开始时,道教组织面貌发生变化的时候,由于缺乏对于道教信仰的自觉,没有正确认识什么是跟上时代的道教信仰，没有明确道教有哪些需要跟随时代变化的地方，更没有吸收和培养道教组织的新鲜血液以推动道教组织的创新变革。这些历史教训在道教史册里应该有所总结，并以此来教育后世道教徒和启发后续的众多道门领袖。

一、道教从一盘散沙到组织两会，缺乏实体团结自觉

1989年，我在赴法国和德国讲学的时候，曾经做过有关道教组织历史的演讲，演讲稿后来以《论道教的实体化》为题，用中文和日文在中国和日本同时发表。① 将我这篇文稿翻译成日文的正是以研究中国现代史享誉日本学界的峰屋晶子，她是时任东京大学东洋文化研究所教授的峰屋邦夫的夫人。

《论道教实体化》这篇文章立论的依据是我的宗教理论研究文章《论宗教系统》。在《论道教的实体化》一文中，我曾经用描写的方法，指出："现代的中国道教是一个有群众基础的，有着专职的神职人员，有着固有的思想信仰、宗教仪式和方术的以及有着一套完整的组织系统同具有一定经济力量和政治力量的实体。它同无组织的民间信仰习俗完全不同。"② 这段话表明，我认为当代中国道教就其包含的各种宗教要素以及各种要素构成的方式方法，都同世界宗教一样已经十分完备，完全可以无愧于以中华文化的组成部分跻身世界宗教文化之林。

但是，近代以前的道教的组织并非如此。当时的道教是宗派对

---

① 《论道教的实体化》（中文），《中国与日本文化研究第一集》，中国大百科全书出版社1991年版，第118—143页。（日文），《日中文化研究·创刊号》，日本勉诚社1991年版。
② 《论道教的实体化》，《陈耀庭道教研究文集》上卷，上海书店出版社2015年版，254页。

立，各有山头，同名为道，互不往来。元代以后，明清时期，道教形成两大派，即全真派和正一派。二派都是道教，但是并无交往，各派有各派的庙观和山头，互不往来。形成这个局面有三个原因：

一是历代统治阶级故意破碎道教实体，分而治之。东汉末年，道教创立时具有比较强的组织系统，成为一个类军事和类政体的组织。河北平原上的"太平道"，就是一个以"方"为单位组成军事实体。巴蜀地区的"正一盟威之道"，以"治"为单位组成地方政体组织。这两个实体曾经对于当时的朝廷和地方治理形成威胁。于是，这些早期道教的实体被取缔了。太平道被东汉朝廷镇压，正一盟威之道被曹操的收降政策化解了。以后，历史上各朝都不允许道教有全国性的组织。明代正一天师张宇初写了《道门十规》，其中将全真和正一两派并举，并且尊称两派宗师为道教祖师，以显示"道门二派"为统一体，《道门十规》也适用于"道教"统一体。当张宇初将《道门十规》贡献朝廷，希望皇朝颁赐给统一体执行，但是朝廷并不理睬张宇初。道教在一千多年里，始终没有一个统一的组织。道门内部各庙观都独立存在，唯一的联系是庙宇神灵的分灵关系和上下院关系。有关道教事务都由郡县管理制度下的各地道教管理"司"处理。道门内部的人际关系和庙宇联系只有师徒关系以及分灵联系。

二是从秦代开始历朝沿用郡县管理制度，管理地域辽阔的国家及其众多的百姓。用现在流行的俗语说就是"块块管理"。中央朝廷集权统治，下面分为郡和县二级"块块"。中央朝廷管郡块，郡管理县块。赋税、治安、保安、人才选拔等业务，都是由县面对郡，再由郡面对中央朝廷。除了这样的郡县管理制度以外，不允许有一种可以从上到下的跨过"块块"贯通的"条条"。郡县制度不允许有上下条条贯通组织的存在，这就堵死了全国性的对抗皇朝组织存在的可能性。

三是中国郡县管理制度的产生和成效是有深刻的社会原因的。中国有二千年以上的农耕社会的历史。以一家一户为单位的分散的农业经济模式，以村社的血缘家族为基础的人际关系群居模式，使得整个农业社会通常保持着稳定而自然的分散关系，也就是我们习惯称呼的"一盘散沙"。只有在面对自然灾荒和外族侵略时，分散的农业社会生存模式受到威胁，这种散沙状态才会改变，这就是我们常见的中华民族能够"共患难"的品格。但是，一旦患难消失，风调雨顺时，分散的模式又会诱使人际为了山水地理，争权夺利，群械殴斗，难以共享。

正是以上三个中国社会的历史原因，使得道教两大宗派，一直不能融为一体。

1912年是辛亥革命后的第一年，也是中华民国元年。王朝体制的推翻，国民政府的建立，给道教成立统一的实体组织提供了机遇。但是，道教先贤们并未意识和抓住这一机遇。

就在这一年，道教中人也想要成立道教组织。于是，一百十年以前的7月16日，从北京、上海、沈阳、西安、淮安、武汉和千山、闾山、武当山各大全真道观来的住持，在北京白云观联合发起，成立了中华民国道教会。

接着，事隔两个月，在一百十年以前的9月10日，由江西龙虎山来的第62代天师张元旭会同上海和江苏等地的正一派道教徒，在上海的关帝庙，宣布成立中华民国道教总会以及中华民国道教总会江西本部驻沪总机关部。同年在相隔不到三个月的时间里，在北方和南方相继成立二个道教会。道教组织从一开始就是"两盘散沙"。

人们从北京成立的中华民国道教会的《宣言书》可以看到，道门中人对于辛亥革命的目标和意义，对于道教面对的新时代以及道教如何适应时代并无认识，对于道教的信仰和组织等缺乏自觉。《宣言书》批判"以符箓为道者,是道贼也;以服食为道者,是道魔也;以炼养为道者,是道障也。更有深林寂壑,瘤癣烟霞,蓬莱方丈,谬托神仙,理乱不知,黜陟不闻,于物与民胞毫无系念,自为计则得矣,如苍生何如,世界何尤。其甚者硁硁自守,顽石难移"。这些批判,只是根据陈旧的规戒,针对道教中人,盲目指责,无的放矢,毫无时代的新鲜内容。其客观上只能损害道教内部的团结氛围,不利于道教适应社会变革的任何努力。

应该指出的是,与中国佛教界的先贤比较,中国佛教也在辛亥革命以后成立了国家级的统一组织。1913年成立了中央佛教公会,1924年成立了中国佛教联合会,1929年召开中国佛教会第一次大会。所有这些佛教的统一组织都有各宗派代表人物出席,因此有人说,佛教内部宗派林立,对外一致;而道教则是内部宗派不多,对外却各自独立。在国家和社会环境已经发生剧烈改变的时候,道教没有自觉地认识到实体组织化的重要和必要,只在形式上稍作改变,继续走非实体化的老路。这一状况直到1957年中国道教协会的成立才得以改变。

近代道教组织发展的历史教训之一,就是道教缺乏在信仰一致之下的组织团结的自觉。

二、道教从只顾个人修仙到关心社会变化,缺乏适应认知爆炸、丰富大道信仰的自觉。

中国近代史上出现的鸦片战争等列强侵略以及中国社会制度的变革,都是有深刻的时代背景和社会原因的。从国际背景来看,从15世纪的牛顿开始,西方出现了现代意义上的各个领域的科技进步和认知爆炸,带动了西方世界走上了帝国主义的侵略和掠夺。从国内原因看,清代的封闭锁国政策导致了国家经济和军事的全面落后,最后使得中国人民在三座大山压榨下奋起浴血奋战,进行民族民主革命。面对这样复杂而深刻的国际和国内的变化,道教中人没有抛弃历史上下修道修仙模式,对于世界和中国的变化缺乏认知、缺乏感受,不能丰富大道信仰的新内容,必然不可能提出为民请命、为国奋斗的新的信仰内容和修道目标。

1912年,北、南两个派别的道教会都有自己的《宣言书》和《发起词》。

北京的中华民国道教会的《宣言书》称:"道教为中华固有之国教,国体革新,道教亦应变制,此中央道教会之所由发生而亟欲振兴者也。"这里说到近代中国从王朝制度变成了民国制度,那么道教的制度也应该随之变化。至于国体何以产生变化,道教应该怎样变化,在一个被侵略的半封建半殖民地的国体中,道教能不能"振兴",又如何"振兴"?这些问题不能研究探讨,道教的大道信仰又怎么能够跟上时代?

上海的中华民国道教总会有《发起词》称,"当此时代过渡,难御世界风涛,若无群策群力,何能斯振斯兴"。第62代天师张元旭则在成立会上的讲话中称:"兹当民国初立,万事维新,国体现已更新,教务亦当整理。"这就是说,大清王朝被推翻,中华民国建立,道教事务也应该整理更新。至于道教信仰如何维新?为何要整理教务?又如何更新道教信仰?张元旭都没有回答。他只说了一句话,叫"群策群力"。可是群在哪里,策在哪里,力又往何处使?天师都没有交代。

道教是个有神论信仰的实体。道门中人能够聚集在一起的纽带就是对于道的共同信仰。道教在近现代历史变革中,任何变革都需要对道的信仰内容的丰富。如果没有新的信仰内容和目标,大道的信仰内容没有适应时代的特点,这样的组织变革必然无方向无凝聚力量,最后只能作鸟兽散。两个道教会的《宣言书》和《发起词》对于道教的大道信仰没有增添新的视角和新的内容,更加没有将传统内容同时代的变化和国体的发展以及民众的新生活相互联系,既没有对反列强的侵略表态,也没有呼应孙中山先生《建国方略》的新目标,更没有道门中人如何将个人修道和参与中国近代历史变革相结合起来的方法。正是因为这些新的信仰内容缺乏,使得近代道教的变革不过成了少数领袖嘴上说说的口号。

应该指出的是,与中国佛教比较,中国近代佛教中出现了重要人物,使得佛教在信仰自觉方面走在了道教前面。这位重要人物就是太虚。太虚出生在1889年,自幼父母双亡,十六岁出家为僧,十七岁受具足戒,十八岁参加江苏僧教育会。1911年(二十二岁)辛亥革命前夕,太虚到广州弘扬佛法,同革命党人交往密切。1912年民国元年,太虚在南京参与创建中国佛教协进会。1913年出任中国佛教总会机关报《佛教日报》总编辑,发表《宇宙真理》等论文,又与章炳麟、王一亭等在上海成立觉社,主编《觉社丛书》(后改名佛教著名期刊《海潮音》)。就在民国初年,太虚提出佛教的三大革命的思想,提出"教理革命、教制革命、教产革命"的口号。后来,又在2022年,提出了"人间佛教"的教义革新的目标。太虚在近代佛教史的所作所为,在中国佛教史上一直颇有争议。但是,他在历史发生重大变故的当时,抓住佛教教义思想的革新命脉,走适应时代发展脉搏的人间道路,对于中国佛教近代发展作出了贡献,这是公认的,也值得中国道教界深思的。

近代道教信仰发展的历史教训之二,就是道教缺乏在大道修持方面,不能适应知识爆炸、世事纷乱、民族民主革命形势下丰富和展现道德信仰新内容的自觉。

三、道教从无为而治到惨淡经营，缺乏在商品社会兴办各种事业的经营自觉

道教中人一直以修道成仙为目标，并且一直倡导修道是个人活动，"道难以言传"，"道不可同修"。这样就在客观上淡化了道教中人在庙宇管理和宗教事业中的管理能力要求。一个巍巍大庙设个"都管"之职就可以管理"自如"了。随着中国社会剧变，道教事业管理逐渐复杂化，对内不能只靠"清苦贫困、廉洁无私"的戒律，对信众也不能采取"姜太公钓鱼，愿者上钩"的消极方法。因此，道教宫观和修道生活中出现了很多需要经营管理的内容。但是，道门中从来缺乏经营观念，也不研究如何引进世俗机构的管理办法，这样就限制了道教在近代社会发生变化时开展各种事业活动的能力，也限制了道教组织内部接受和吸收经营性人才。

在北、南两个道教组织的规划中，都有创办新的事业的打算。

北京的中华民国道教会提出要从事两大类事业：一类为出世间业，分为演教门（包括研究、文义传布、真谛传布、讲演等），宣律门（包括说戒、传戒等）。另一类为世间业，分为救济门（包括赈饥、援溺、治病、保赤、救灾、济贫、扶困和利便等），劝善门（包括文字劝导、言说劝导、开通劝导等），化恶门（包括弭杀、弭盗、弭淫、正俗等）。据道教中人回忆，这些事业项目除了传戒、救灾和创办蚕桑学校以利山居道士自养以外，大多没有真正实现过。

上海的中华民国道教总会明确宣布要创办学校、创办杂志、举办慈善事业和建立实业团体四个方面的规划。上海的道教总会创办的学校是明道学校，普通科五年制，专修科三年制。每年为四个学期。普通科学习国文、数学、体育、艺术等项目。专修科学习经典、

符箓、法事等科目。专修科学生从普通科的毕业生中选拔。学生的来源是道教徒的子弟。据道教中人回忆，明道学校曾经建立过，但是终因经费和师资等问题而解散了。我曾经想到过，如果明道学校在 1944 年还在的话，那么，我就可能在明道学校念书，而不会在主修儒家课程的三育小学就读了。至于创办杂志、举办慈善事业和建立实业团体等，都未能实现过。

说句公平话，道教南北前贤当时设想的项目都是重要而有价值的。但是，说句实在话，这些事情中只要能做成一件就很不容易了。为什么？因为一需要经济实力。陈莲笙道长从 20 世纪 30 年代就混迹于上海道教界，他生前一直讲，现在的社会是商品社会，宫观维持，道士修道没有经济来源是不行的。过去，扛一袋米提一桶油，到庙烧香供养，这在都市道教中已经行不通了。另外，信徒无偿地供养我们，让我们修道成仙，而我们不为信众做些什么，这在今天商品社会也是不公平的。我亲眼目睹当年庙观道士的生活状态，他们按照规定上殿、诵经礼忏，清修生活。大多只做分内事，不管他人瓦上霜，而且冷漠地对待信众的要求。绝大多数修道人不愿意或者也不善于接触群众，管理庙宇，处理社会事务。用现在一句俗语，就是不会经营。在近现代道教史上，精于管理先贤，大概要数杭州福星观的李理山道长和四川青城山的傅圆天道长了。

李理山（1873，1883？—？），江苏南通人。自幼出家于浙江杭州玉皇山全真道观福星观。在 1911 年北京成立中华民国道教会发起人名录中，并无浙江杭州福星观。可知当时杭州福星观还"不见经传"。1913 年，李理山接任福星观住持，苦心经营，遂有起色。李理山以普度众生，内炼丹法，外练武功，广结善缘。同时，在玉皇山植树造林，在山下兴建八卦田等，使玉皇山成为杭州市区的游览名胜。同时，李理山也主动与江苏穹窿山正一道观紧密联系，有机会接触一些上海名流仕女，扩大玉皇山信众队伍。1937年以后，李理山又以杭州玉皇山"香火游客绝迹，道众生计，无法维持"为名，租屋于上海西康路开设玉皇山福星观上海分院。1940年后又在上海武定路设立玉皇山福星观上海第一分院，"继续经忏香火，所有收入，除开支外，悉数维持杭州各庙道众"。① 并且接管难以维持的上海白云观。"1947年夏，六十三代天师张恩溥企图组织全国性的道教会，与李理山、艾朗轩、张维新等，于（上海）玉皇山福星观会商。由于与李理山之间发生争夺发起人之首的名义（即关系到全国道教会的会长名次）未果。"② 而终止。从1939年到1949年的十年间，李理山从杭州到上海，广泛联系信众，白手起家，建立起二所玉皇山福星观分院，接管上海白云观，其经济实力和社会影响力超过了1911年北京白云观筹建中华民国道教会的全国其他全真道观及其当家。李理山就是依靠他的灵活手段和高超经营，使得他在1947年，作为全真派代表在上海和正一派第六十三代天师会商全国道教组织事宜，并且提出以全额承担会务费用为条件，要求取得发起人之首的地位和全权处理道教会组织事务。

40年代，上海虹庙张维新爷爷羽化，在武定路福星观上海分院举行开丧大奠，我当时大约九或十岁，读小学三四年级并开始在正一道场中学习当小道士。记得我的祖父陈荣庆先生带我去福星观给张维新爷爷灵位叩头，就在灵堂大厅见到了李理山。我至今记得，李理山身材巍峨，端庄方脸，浓眉大眼，善于交际，有礼貌地接待曾担任上海县道会的我爷爷陈荣庆。可以这样认为，在辛亥革命以后的全真道领袖中，李理山大约是最能经营的方丈，因为，几乎所

---

① 《杭州玉皇山上海分院启事》，《申报》，1939年9月12、13日。
② 《上海近代道教的变迁》，《陈莲笙文集》下册，上海辞书出版社2009年版，第285页。

有道教全真道观都有经济困难而处于衰微之中。

近代道教发展的历史教训之三,就是道教缺乏在道观管理和联系信众等方面的经营自觉。

四、道教的信仰的发展需要新的宗教活动,但是近现代道教组织缺乏活动创新自觉

中国道教是宗教实体组织。作为宗教实体,它与一般社会实体的区别就在于它有道教信仰以及与信仰匹配的道教活动、仪式、修持、炼养、教育、文化等。随着道教教义思想适应时代的变化,随着道教组织的重大变动,要加强组织力量,形成生动活泼局面,必须围绕道教的变化开展各种创新的道教活动。

近代史上北、南二个道教会在他们的《宣言书》和《发起词》中,只是批判道教徒从事的科仪度亡和符箓驱邪等仪式行为,批判道士依靠这类行为谋生的做法,甚至辱骂这些道教徒。但是,北、南二个道教会都没有创新的道教活动来代替和更新他们批判的道教活动和行为。例如,称"符箓为道者,是道贼",但是符箓和科仪是道教普世救赎、度化冤魂的手段,新道教组织不能创新道教符箓科仪,满足信众的救赎信仰的需要,这样的批判就是苍白无力的。再如,称"服食为道者,是道魔",但是服食道医和内外修炼是历代道教信众追求长生成仙目标的方法和途径,新道教组织不能创新道教信众获得健康和长生的活动方法,满足信众的信仰需要,这样的批判不仅不被道士和道教信众接受,而且还使新道教组织丧失了领导威信。道教先贤们在《宣言书》中批判的内容都同筹集维持道教宫观开支和道教神职道士获得生活来源有关。说白了,如果按照北南道教先贤的发起宣言的批判要求终止这些道教活动,那么等于断绝

了近现代道教的生存之路。因为，道观供养来源被扬弃，道士谋生手段被取缔，近现代道教的改革等于是道教的自杀。所以，《宣言书》的这些批判，事实上直至百年后的今天都未被道教信众接受过。

北方的中华民国道教会的《宣言书》中说，要做的"研究，文义传布，真谛传布，讲演"，似乎并未见到何行动和成果发表。南方的中华民国道教总会的《发起词》有创办学校、创办杂志、举办慈善事业和建立实业团体四个方面的规划，其中创办学校事，确实起动过。创办明道学校，计划有普通科五年制，专修科三年制。每年分四个学期。学生来源是道教徒的子弟。明道学校建立后，终因经费和师资等问题无法解决而解散了。创办杂志也只是依靠道教居士张竹铭和陈撄宁短时期创办了《扬善》半月刊和《仙道月报》，这些都不是严格意义上的道教出版物。至于举办慈善事业和建立实业团体等，都并未实施。由此可知，辛亥革命后的道教新组织提出的这些宗教活动的计划，有的属于道教文化范围，需要有学术界人士的支持；有的属于教育范围，需要教育界人士的支持；有的属于慈善事业范围，需要社会服务专业人士的支持。这三个方面的计划实施都不是只要动脑子和动嘴皮就能办成的，它们的实施还需要扎实地跑腿动手，特别是需要足够的经济力量。近现代道教组织实体没有这样的实施人才和力量，于是只能停留在"宣言"的层面上。

近代道教组织发展的历史教训之四，就是道教缺乏在信仰内容发展之下的宗教活动创新的自觉。

五、牢记陈莲笙道长生前谆谆教导，坚持道教人才"道心要坚，道术要精，道戒要严"的高标准，牢记道教组织要连续不断培养人才的自觉

近代道教组织发展的第五项历史教训，就是道教缺乏培养人才

的高标准和紧迫感。高标准就是要培养人才,个个能够人尽其才,发挥作用,心情舒畅。紧迫感就是道教要以十年、二十年为计划培养道教组织需要的足够人才,使得道教组织后继有人,在中华民族复兴大业中贡献自己的力量。

在近代道教组织变革的时期,在北、南两个全国道教会筹备和成立过程中,领导筹建的人,基本上都是道门前辈,他们无疑是"爱教"的,但是他们都已年长,并且都未曾投身于中国社会变革之中。因此,他们对于国家和社会变化的认识是肤浅的,以为国体的变化只是改国号,换帝制。他们以为道教建个适应变化的组织,只是现成的庙观方丈住持开个会,发个宣言,登个报纸广告,就可以大事已了。因此,一百多年前的道门贤达并不在乎人才培养和选拔,他们从来没有想过有人要坐上他们的位置,也从来没有想过要选拔青年英才来改革道教,充实道教信仰、改变道教的面貌。可以这么说,道教人才培养的重要性和紧迫性的认识,直到北、南二个全国道教会成立以后的七八十年以后,在改革开放以后,面对老道长已经所剩无几的时候,才凸显出来的,才获得整个道教界的重视。

陈莲笙先生,在他羽化登仙前谆谆教导道教的最重要的事情,就是在新世纪中,要抓住人才、人才培养、人才使用、人才储备,归根结底两个字:人才。道教需要人才,需要各种各样的有用人才,需要有足够的人才可以供培养,供使用,供储备。特别是,在20世纪80年代开始培养的青年道长,都已经在道门各个岗位上奋斗三四十年了,有的已经快到退休年龄了,道教组织需要新的人才补充和替换。人才的培养和选拔等问题又变得突出了。

回顾百年来的历史,佛教从百年以前就开始兴办培养僧人和居士的佛教学堂。例如,光绪三十三年(1907年)在金陵刻经处设立祇洹精舍,就读的青年有杨仁山、太虚、欧阳竟无、智光、观同等。

因经费困难停办。

宣统元年（1909年）开办南京僧师范学堂。培养的佛教青年僧众后来多成为近代佛教史上中兴骨干。此外，还团结了一批佛教居士，例如：谭嗣同、章太炎等。并且聘请一大批大学教授开始在大学讲授佛学，梁启超、熊十力、周叔迦在北京大学，蒋维乔在东南大学，唐大圆、张化声在武汉大学，刘沫源、王恩洋在成都大学。

各地有影响的寺庙也办起了佛学院培养僧侣。例如，1925年厦门南普陀寺兴办了闽南佛学院，由会泉和常惺任正副院长。闽南佛学院是中国最早的佛教学府。1927年以后，太虚任南普陀寺方丈兼闽南佛学院院长，其后，闽南佛学院一直由太虚亲自主持领导。

上海静安寺1946年办了静安佛学院，首任院长是太虚大师，有佛教高僧和大学教师授课。

上海玉佛寺1942年办了上海佛学院，震华法师任院长兼教务长。1983年又在庙内办上海佛学院，并在慈修庵开设上海佛学院尼众班。

正是由于在复杂的时局变化和经费困难条件下，坚持培养佛教的人才，才使得中国佛教事业的发展始终保持较大的规模。即使佛教的人才远较道教的要多，但是，中国佛教还是抓紧培养人才，并在使用人才中吐故纳新。

比较佛道二教在近百年来培养人才方面的差距，更加让我们深切感到，千万不能忘记陈莲笙道长的嘱托，不论有多少困难，我们要始终抓住人才培养，不能放松。

结束语：接受道教实体发展的历史教训，就要在实践中提高道教自身的信仰自觉

以上，我们从道教实体组织的五个方面，观察了道教在内部团

结、信仰发展、经营管理、行为创新和人才培养等方面应该吸取的历史教训。

历史是公正的，它把磨难加给每个人，同时，它也把机遇留给每个人。

时间也是无私的，受得磨难的时间会不期而来，获得机遇的时间也会从天而降。

面对同样的时间、地点和环境，有的实体获得了进步和发展，有的实体则连绵不断是困境和灾难。这是怎么造成的？这里有"命"。陈莲笙道长在《道教徒修养讲座》的第五讲《我命在我》中就说，道教有"命"有天机，也依靠我们道教中人共同的努力。我们道士也有"命"也有天机，也依靠我们学道人自己的努力奋斗。我们努力了，就能够在尽天命的时候，"上对得起祖师，下对得起后辈"。① 这些话的意思，和当今强调"打铁还需自身硬"是完全一致的。

一百多年前，道教之所以会发生那么多值得总结的教训，原因在哪里呢？原因在于当时的道门先贤缺乏"自觉"。

所谓"自觉"，就是自身的觉悟的意思。至少要心口如一地自觉回答以下问题：自己是什么？自己从哪里来？自己还要往何处去？自己在中国和世界中有多少分量？自己有哪些社会责任？自己怎样才能完成社会责任和完成目标？等等。

一百年前，道门先贤未能以信仰自觉的态度接受先进思想，丰富社会认识；不能认清中国社会变化的大局，更无法认清世界历史剧变的全局；不知道道教中人怎样去适应社会，怎样来维系中华道文化的根系，怎样在新的环境里培育道教实体新的能量，怎样继续

---

① 《陈莲笙文集》上册，上海辞书出版社2009年版，第49页。

根深叶茂，庇荫中华儿女，外拒侵略，内谋繁荣。

　　道教的信仰自觉，团结自觉，创新自觉，经营自觉和人才培养自觉，都是道教实体内部每个成员都应该付之行动的事，只有行动了，才能形成道教实体的发展合力。一百年后，今天的道门贤达，在党和政府的教育帮助下，大多已经"自觉"明白了这些道理。不过，这些年来，也有少数道门领袖身居高位却不知自己位重，辜负了道门前辈的期望和全体信众的委托，他们沉浸于个人私利，不能自觉为大道尽心尽力。那么，天道眷顾道门大业，必然会抛弃这些不自觉的人，让他们付出代价，受到报应。

道教宫观管理存在的问题与对策探讨

杨玉辉*

摘　要： 当前道教宫观在管理上存在的主要问题：第一，管理者管理意识淡漠，管理知识不足；第二，管理对象和任务不明确；第三，对宫观文化事业管理的特殊性和规律的研究和认识不足；第四，宫观管理的组织机构和制度规范不完善；第五，宫观管理人才严重缺乏；第六，宫观管理方法和管理技术的科学性水平不高。解决这些问题应采取的对策是：第一，增强和提升宫观管理者的管理意识和管理知识水平；第二，根据当今道教发展的需要，更加具体地确定宫观管理的对象和任务；第三，加强对宫观道教文化事业管理的研究，按照道教文化事业的特性和规律进行宫观管理；第四，完善宫观管理的组织机构和制度规范，推进宫观管理体制和管理制度的科学化；第五，大力加强宫观管理人才培养，创建宫观管理人才尤其是社会事业人才培养的新机制；第六，从软件和硬件两方面提升宫观在管理方法和管理技术上的科学水平。

关键词： 宫观管理

---

* 杨玉辉，西南大学宗教研究所原所长、西南大学养生养老养病文化研究所所长、教授、博导。

一、引言

宫观是道教的基本社会组织,也是道教各种信仰活动与社会文化活动的组织者和基本场所。历史上,宫观的形成和发展为道教的传播和道教事业的发展起到了重要的作用,在今天,宫观仍然是道教事业的基本载体,在道教的当代发展中具有不可取代的重要地位。然而我们不能不看到,21世纪的当代中国与传统古代中国已经有了很大的不同,各项事业得到发展,必须十分重视管理,只有在良好管理的条件下,事业才能得到健康而快速的发展。很显然,如果宫观仍然按照传统社会的模式来管理,要使其道教事业得到健康快速发展是不可能的。而且我们也不能不看到,传统宫观在管理上存在的一些问题和不足,如何来认识其在当代社会所存在的管理上的问题和不足,并找到解决问题、弥补不足的措施和办法,才能使宫观的道教事业得到良好的发展。本文将尝试对当前宫观在管理上存在的问题和不足进行简要的阐述和分析,并提出相应的解决对策和措施,希望能有助于当前宫观的事业发展。

二、当前道教宫观管理存在的问题

根据笔者的考察,当前宫观管理存在的问题主要涉及管理意识和管理知识、管理的对象和任务、宫观文化事业管理的特殊性把握、管理的组织制度建设、管理人才、管理活动的程序以及管理的方法技术等各个方面。

第一,管理者管理意识淡漠,管理知识不足。

在当前宫观管理存在的问题中,首先是宫观管理者管理意识淡漠,管理知识不足。许多宫观组织的管理者文化素养都比较低,又多是接受的传统信仰教育,所以管理意识比较淡漠,更不用说科学管理的意识了。他们通常认为,宫观的管理就是按照过去的传统把各种道教信仰事务和政府交代的工作做好就可以了,没有意识到宫观与其他社会组织一样,要把宫观的各项事业做好也需要科学的管理,不能用信仰事务工作代替管理工作,而必须根据现代管理的科学理念,按照科学的管理制度和管理方法进行管理,才能将宫观事业搞好,使宫观的活动有序地开展,达到理想的宫观目标,推动宫观事业的健康发展。由于管理意识淡漠,所以许多宫观的管理者和领导者往往忽视管理知识的学习和掌握,结果导致许多管理问题无法从管理学的角度来加以认识和把握,更无法用科学的管理理论来指导实际的管理工作;他们习惯把眼光放在具体的道教信仰事务上,习惯以传统的信仰生活思维来解决宫观所面临的各种管理问题,比如决策问题、组织问题、领导问题、人事问题等,结果导致宫观管理的不理想甚至失败,最终是宫观道教信仰事业和社会文化事业也无法做好。当前宫观管理者和领导者管理意识的缺乏和管理知识的不足的现实,也使得整个宫观的管理难以与社会其他领域一样与时俱进,从而导致整个社会道教文化发展落后于社会其他领域,严重地影响了道教在整个社会中正常作用的发挥。

第二,管理对象和任务不明确。

宫观管理的对象和任务究竟是什么?这一问题对大多数道教中人来说可能并不认为是一个问题,不就是道教教务和事务管理所涉及的各种对象和任务吗!但对当今中国道教界来说,这却是一个十分模糊不清的问题。实际上,道教界往往将宫观的各种教务和事务工作及教务管理和事务管理的各种工作混淆在了一起,许多宫观管理者没有看到宫观管理针对的是开展道教信仰和文化活动中各种有限资源的有效运用问题,而不是信仰活动和文化活动本身的具体内容及如何开展问题,其对象主要是信仰活动和文化活动开展中所涉及的人、财、物、时间、信息、文化等资源如何配置如何运用的问题,而其根本任务则是在现有有限资源的条件下如何保证宫观的正常运作及道教活动的顺利开展和成功。今天的不少宫观管理者基本上还把管理的对象和任务放在信仰活动的管理上,殊不知宫观在今天的发展已经超出了信仰活动,拓展到了社会文化领域,甚至在某种程度上社会文化事业的管理具有更重要的地位,更值得关注。所以宫观管理者亟须将眼光投向整个社会的文化事业发展,站在社会文化事业发展的高度来开展宫观管理工作,使宫观更好地为今天中国社会的文化事业建设做出应有的贡献,使宫观文化事业成为中国文化事业中举足轻重的组成部分,促进以道教信仰修行为宗旨的传统宫观向道教信仰修行与文化服务并行的现代宫观转型发展提升。

第三,对宫观文化事业管理的特殊性和规律的研究和认识不足。

宫观道教事业作为一种特殊的宗教文化事业和社会文化事业,其在管理上必然显示出其特殊性,因而在管理上也必须按照道教文化事业的特性来进行管理,而不能盲目搬用其他宗教和其他社会组织的管理模式。但正是在这一点上,宫观的许多管理者在认识上是不足的,对其研究也显得相当薄弱。根据笔者的研究,道教文化事业的特殊性可以从信仰事业和社会事业两个方面来看。从道教信仰事业的特殊性来看,道教宫观力量和资源相对佛教、基督教、伊斯兰教、天主教组织显得薄弱、分散;信教群众尤其是明确而坚定的信仰者相对较少,但社会大众在思想文化和现实生活上对道教的认同度则普遍较高;信仰文化的哲学思辨性和智慧实用性较强,而理论逻辑性和完整系统性则不够。由此也就要求道教信仰事业在管理上必须根据以上的特殊表现来开展信仰事业的管理工作。从道教文化事业的特殊性来看,像道学思想文化的教育传播事业、道教养生文化事业、道教宫观文化旅游观光事业、道教丧葬祭祀事业等都是具有道教特色的社会文化事业，这些文化事业既具有系统的思想理论和文化特性，也具有规范的技术操作性；既具有文化观赏性，也具有现实的生活价值性，值得大力发展。但如何发展尤其是如何管理，则值得好好研究和规划，必须按照道教文化的本性和社会事业的文化本性来发展，否则出现问题就是必然的，对道教事业的损害也是必然的。近些年一些对道教文化事业的商业性运作所产生的巨大负面影响，提醒我们必须对道教文化事业管理的特殊性有明确的认识，不能盲目地搬用其他社会事业管理模式。

第四，宫观管理的组织机构和制度规范不完善。

从现代管理学的角度和现实的宫观管理实际来看，当前宫观管理首先是存在组织机构和制度规范不完善的问题。就宫观管理的一般情况来看，不管是在管理机构的设置上，还是在活动规则的制定上，不管是决策、计划、组织，还是领导、控制、监督，都存在不少的缺陷和不足。特别是在组织体制上，决策、执行和监督机构一般都没有独立建立，即使建立也不健全，流于形式，尤其是各机构人员在职责上没有明确的划分。比如宫观的民主管理委员会主任常常由住持或监院一人充当，他既是决策者，也是执行者，还是监督者。还有在人事管理上一般都没有完善的选拔、任用和奖励、惩罚制度，随意性较大。

值得特别指出的是，在今天的宫观中基本上都没有关于道教社会事业的管理机构，导致面向公众的各种社会事业处于无人负责无机构负责的状况，各个宫观有关道学教育传播、慈善公益、养生保健、学术文化、养老扶孤、丧葬祭祀等各项社会事业基本上无法开展，最多也就是相关人员兼着做一下而已。可以说，这种情况在各个宫观组织中都有存在。但如果宫观要将文化事业发展起来，尤其是社会文化事业发展起来，就必须针对相应的事业建立完善的管理运作机构，尤其是社会事业的管理运作机构。

第五，宫观管理人才严重缺乏。

当前，宫观管理人才数量仍然严重不足，质量上也有待进一步提高。从数量上说，现在宫观管理人才主要依赖道教学院培养，而目前全国道教学院仅有几所，即中国道教学院、上海道教学院、武当山道教学院、青城山道教学院和南岳衡山道教学院，还有几所道教学院正在筹建中。而且只有中国道教学院具有培养硕士研究生的资质，其他都是本专科层次学校。在各层次人才培养上，中等教育层次的道教学校全国还没有，也没有培养博士层次的高级道教学院。整个道教教育机构，不仅数量少，而且普遍规模很小，各道教学院基本上都是隔届招生，每校每届招收学生仅30—50名，全国加起来的总数也不过数百名。而且道教学院重在培养道教信仰人才，虽然中国道教学院和武当山道教学院都曾以宫观组织管理专业招生，但其教学重点还是在道教信仰上，其毕业出来的人也不一定都适合并胜任宫观的管理工作。从质量上说，道教学院不能面向全社会招收学生，必然使所收学生的素质受到影响，加之道教学院的教育在今天还是一种封闭的体系，教师主要是教内人士，且整体素质不高；道教学院一般独立运作，与其他国民院校没有联系，无法让学生受到包括现代哲学、社会科学、科学技术、管理科学等在内的全面教育，这也必然影响到学生素质的全面提高。更突出的问题是，全国至今没有专门的道教社会事业人才和社会事业管理人才的教育培养机构，道教养生文化及其事业管理人才、道学教育传播事业管理人才、道教丧葬祭祀及其事业管理人才、道教旅游观光及其事业管理人才等道教社会事业急需的各类人才严重缺乏。总之，在今天道教事业迅速发展的条件下，宫观组织管理人才已呈现严重不足的局面，尤其是道教社会文化事业的专业人才更是奇缺。

第六，宫观管理方法和管理技术的科学性水平不高。

在很大程度上，当前的宫观管理在管理方法和管理技术上还普遍停留在传统的水平上，现代科学的管理方法和管理技术还没有得到普遍的运用。比如，宫观管理者普遍不知道决策和计划中如何运用一些行之有效的信息材料搜集方法和科学分析方法，对科学的决策体制和决策程序的运用也不够重视；在组织设计和机构设计中很少运用管理学中的科学的组织原则和组织设计方法，对于组织领导中的分权方法和目标管理方法也比较陌生；在控制活动中像预算和结算控制等有效的方法也用得不够。同时，许多现代技术设备和手段也运用得不够，比如电脑、网络、微博、微信等现代设备和技术方法，不少宫观都没有加以有效的运用。实际上，宫观不仅仅是一个道教信仰场所，更是道教文化的社会载体，要使道教文化得到社会大众的认识和了解，就需要运用各种可能的手段和方法以各种形式来加以传播，而现代科学技术就是一个重要手段，所以重视科学技术的运用不仅涉及到宫观管理水平的提高，更涉及到道教文化的社会传播和道教事业的社会发展。

三、解决宫观管理问题的基本对策

要解决当前宫观管理存在的问题，就必须有针对性地采取相应的对策和措施，这些对策和措施也应从上述七个方面来加以考虑：

第一，增强和提升宫观管理者的管理意识和管理知识水平。

要使宫观道教事业得到健康的发展，搞好宫观管理是其中的关键。事实上，任何社会事业要想得到良好的发展，一个最重要的因素就是管理，只有把管理搞好了，事业的发展才有保障，宫观道教事业也是如此。而要搞好宫观管理，首先就需要提高对宫观管理的认识，改变过去传统的只关注道教信仰事务而忽视宫观管理的习惯。要时刻意识到管理是宫观生存和发展的根本，是宫观事业健康发展的保证，不能掉以轻心；而且在今天，只有以科学的管理理念和管理方法来管理宫观及其道教事业，才能维持宫观的正常运转，才能使其事业健康发展。而要用科学的理念和方法来进行管理，就必须提升宫观管理者的管理意识及其管理理论水平和技能水平。这自然就需要加强宫观管理者管理学知识的学习和管理技能的培训，要努力使每个宫观管理者都具备较高的现代管理知识水平，同时掌握现代管理的各种技能，能与时俱进地分析和处理宫观管理中出现的各种问题。至于增强和提升宫观管理者的管理意识和管理知识水平则可以采取走出去和请进来的方法系统学习管理学知识，走出去的方法是将宫观管理者送到国民院校去学习管理学，请进来的方法则是将管理学专家学者请到道教学院、道教协会、宫观组织讲授管理学知识或举办管理学讲座、研讨等。

第二，根据当今道教发展的需要，更加具体地确定宫观管理的对象和任务。

明确宫观管理的对象和任务是搞好宫观管理的一个重要前提。在当前，应从以下两个方面来明确宫观管理的对象和任务：（1）明确宫观管理的对象是宫观道教事业的各种资源配置和运用，而不是各个道教信仰活动和道教文化活动的具体内容，其任务是实现以较少的资源投入达到较大的宫观道教事业发展产出。对今天的宫观管理者来说，不能老是把注意力集中在信仰活动和文化活动的内容上，而应该是开展这些活动的资源运用及其成效上。在这中间，人、财、物、时间、信息、文化等的宫观管理所涉及的六个基本资源，其中最需要关注的是人力资源和文化资源，人力资源中最重要的，即具备道教信仰和道教文化知识的特殊人才；文化资源则是道教所具有的特殊信仰和文化体系的各种有形和无形的资源。将这六大资源运用好了，宫观道教事业的发展就有了希望。（2）明确宫观管理不仅是传统的信仰事业管理，还包括社会事业管理，而且宫观社会事业像道教养生文化事业等在今天的道教发展中具有重要的现实意义，需要特别的关注和重视。就宫观道教社会事业的管理来说，虽然其管理工作的核心也是资源的配置和运用，但它所涉及的资源却比信仰事业要广，如果说信仰事业主要是运用宫观自身的资源的话，社会事业则需要吸引、接受和整合各种社会资源，这对宫观管理者来说必然提出了更高的要求，同时也要求管理工作在思路、方法和体制上适应当今时代的要求有所创新。

第三，加强对宫观道教文化事业管理的研究，按照道教文化事业的特性和规律进行宫观管理。

宫观道教文化事业虽然与其他宗教文化事业和社会文化事业一样都属于社会文化事业的范畴，但宫观道教文化事业又有自身的特性，要使宫观道教文化事业有一个健康的发展，就必须按照道教文化事业的特性和规律来进行管理。比如管理宫观道教信仰事业就不能完全按照其他宗教信仰事业的模式来进行，因为道教信仰有自身特有的道的信仰和神仙追求，以及特殊的信仰生活仪轨和程式。又如宫观道教养生文化事业也不能按照现代医学科学和中医学的模式来进行管理，因为道教养生体系并不是一种完全的科学养生体系，它既有科学的成分和内容，又有信仰和文化的内容和内涵，如果完全按照科学的方法和标准要求开展宫观道教养生活动，那将割裂道教与养生文化的内在必然联系，无异于消灭道教养生文化。再如宫观道教丧葬祭祀事业也不能完全按照今天我国殡葬管理机构制定的政策法规来进行，因为现有的殡葬政策法规基本没有考虑宗教信仰的文化因素，而宫观组织开展丧葬祭祀事业则需要根据道教信仰文化对人的生死的认识来进行。总之，在今天的社会现实条件下，要搞好宫观道教文化事业管理就必须研究道教文化事业的特性和规律，寻找合适的宫观文化事业管理的方法和体制，按照宫观道教文化事业自身的本性来进行管理，保证其事业的文化特性和健康发展。

第四，完善宫观管理的组织机构和制度规范，推进宫观管理体制和管理制度的科学化。

在今天，提高宫观管理水平的关键是加强管理组织机构和制度规范的建设。完善宫观管理组织机构主要是在机构设置上应根据现代管理的组织原则来进行，一是决策、执行和监督三大机构应分离；二是要注意集权与分权结合及权力与责任的对等；三是教务机构与事务机构要分立；四是建立独立的社会事业管理机构。至于制度规范建设则涉及到管理的各个方面，从管理活动的过程来看，应包括从决策、计划、组织、领导到协调、控制、激励的各个方面；从具体领域来看，则应包括从行政、教务、事务、人事、教产、财务、社会事业等各个管理领域；从管理活动性质上看，既应包括针对管理活动内容的制度，也应包括管理活动程序的制度。而且在制度建设上还应注意整个制度的完整性以及各制度之间的统一性、配套性和一致性。在这中间，尤其要注意建立和完善决策组织和决策程序制度，组织机构设置制度，权力和责任划分制度，监督机构设置运作制度，人事管理制度，教产和财务管理制度等重要的管理制度。

第五，大力加强宫观管理人才培养，创建宫观管理人才尤其是社会事业人才培养的新机制。

要搞好宫观管理，人才是根本，当前宫观管理人才的奇缺决定了加强管理人才培养是提高宫观管理水平的关键。在今天，要获得高素质的宫观管理人才，首先是要加强宫观管理人才的培养，尤其是要用更为开放更具创造性的方式来培养宫观管理人才。就目前来说，宫观管理人才的培养首先是进一步扩大道教学院的规模，增加宫观管理人才培养的数量。在扩大人才培养数量上，一是扩大信仰教育学生的招收数量，应逐步做到每年招生，多专业招生，每届多班招生，并普遍开设宫观组织管理的理论和实践课程；二是开设各种道教文化事业管理专业，招收信众和一般社会人士就读，以扩大宫观组织事业管理人才的来源。同时，提高道学院道教管理人才培养的质量，特别要加强管理学知识和技能的系统教育和综合素质教育，提升宫观管理人才培养的层次，建立从专科本科到硕士博士的道教人才教育培养体系，促进宫观组织管理人才素质的全面提升。与此同时，宫观管理人才培养还应采取开放式战略，把道教学院教育与社会院校教育结合起来，采取走出去，请进来的方式，将有培养前途的道士送到社会院校学习，邀请社会院校宗教学、管理学等学科专家到道教学院和宫观讲授管理学课程和相关课程，以培养全面发展的宫观管理人才。同时，还可以采取更加灵活的措施，吸引社会各界人才来参与宫观社会事业管理，以充实宫观社会事业管理人才队伍。

第六，从软件和硬件两方面提升宫观在管理方法和管理技术上的科学水平。

当前宫观管理急需从硬件和软件两个方面提升管理的科学水平。从软件上说，就是要加强管理方法的引进和对管理人员的方法培训，让宫观管理者掌握管理的各种思想方法和技术方法。这中间关键的是要与时俱进，用现代管理的思想方法做指导，从整个社会、整个人来思考和分析问题，克服习惯的狭隘的思想观念束缚。从硬件上说，就是要完善各种现代管理的技术设备，加强各级管理人员现代设备运用的培训，配备完整的设备操作人员，从制度上保障各种现代设备的充分有效运用。

四、结语

宫观管理问题既是一个古老的问题，也是一个新生的问题。说宫观管理问题是一个古老的问题，是指宫观管理问题在宫观兴起的古代就已经产生存在，而且在一千多年的漫长的宫观历史发展演变中，许多问题也被道教内外的人所意识，并提出了一系列的改进措施，并伴随着道教的发展演变而发展演变。说宫观管理问题是一个新生的问题，是指宫观管理问题是在当代管理科学发展的背景下，人们重新意识到的一个重要问题。古代社会人们对宫观信仰活动与宫观管理活动及其他活动并没有做出明确的划分，也没有像现在这样从管理学的理论和方法来分析和看待宫观管理问题，只是到了今天，人们才站在管理学的高度来看待宫观管理问题，并从管理学的角度来寻求问题的解决之道。事实上即使在当今时代，在道教界和社会相关各界，从管理学的角度去分析和探讨宫观管理问题也还不是那么普遍，还需要社会相关各界特别是道教界对此给予更大的关注和更多的重视。很显然，要把今天的宫观管理好，使其事业得到更好的发展，那么，将宫观的信仰活动和社会文化活动与管理活动分开，更加注重从管理上来提升宫观活动的效率和效果则是必须的，这也是推进整个道教事业当代发展的重要途径和关键。本文只是对当前宫观管理问题的一些大的方面进行了简要的分析讨论，许多问题还需要做更深入仔细的研究和探讨，才能更深入地把握当代社会宫观管理存在的各种问题，并找到解决相关问题的有效途径和方法，真正实现宫观从传统到现代的转型和提升，从而推动道教事业在当代的更好发展。

第二章
道教宫观管理

道教宫观管理型人才的培养与实践

丁常云[*]

摘　要：当代道教，宫观管理严重滞后，管理组织不健全，管理制度不完善。究其原因，主要是宫观管理型人才的严重缺乏，无论是管理意识、管理能力和管理水平都跟不上时代发展的步伐，不能适应现代道观管理的需要。因此，道观管理型人才的培养已成当务之急，这是道教自身建设的需要，也是时代发展的要求，必须要引起道门自身的高度重视，要尽快制定培养道观管理型人才的目标要求，确定培养人才的途径与方法，营造有利于人才成长的环境机制，努力培养一批既有道教学识，又有管理水平的道观管理型人才，促进道观规范管理和道教事业健康发展。

关键词：道教宫观　管理人才

　　道教宫观是道士修道、祭神和举行宗教活动的重要场所，也是展示道教自身形象和联系信教群众的重要窗口。改革开放后，全国各地道教宫观相继恢复开放，基本满足了广大道教信徒过好宗教生

---

[*] 丁常云，中国道教协会咨议委员会副主席，中国宗教学会理事，上海市道教协会副会长，《上海道教》杂志主编，浦东新区道教协会会长，浦东道教文化研究所所长，上海太清宫住持。

活的需要。但是，随着我国经济社会的高速发展，以及民众信仰需求的不断提高，道教宫观管理就成了道门自身必须解决的重要问题。陈莲笙大师早就指出："一座座道观正在修建、恢复和开放，一批批年轻的道士正在走上神职、执掌大权。现在，正是我们要重视管理的时候了。"① 这就是说，在道观恢复开放过程中，陈莲笙大师就敏锐地发现，道教宫观管理的重要性。近年来，国家宗教事务局也通过开展"和谐寺观教堂"② 的创建工作，积极推进道教宫观的规范管理，并取得了一定成绩。但是，从深层次看，当代道教宫观的管理问题，并没有引起道门自身的真正重视，道观管理工作仍然是严重滞后，这是当前道教自身建设中的难点问题，也是道教管理工作中存在的最为突出问题。究其原因，主要是道观管理人才的严重缺乏，无论是管理意识、管理能力和管理水平都跟不上时代发展的步伐，不能适应现代道观管理的需要。这就是说，当代道教宫观管理型人才的缺乏，已经成为道观管理的主要问题，必须要引起道门自身的高度重视，要切实加强道教自身建设，聚焦解决道教宫观管理人才，积极推进道观管理型人才的培养与实践。

一、道教宫观管理的现状分析

根据目前道教宫观管理现状分析，主要存在三个方面的问题：一是道观管理组织的人才的匮乏；二是道观管理组织的能力缺乏；

---

① 陈莲笙：《道风集—道教的发展和道士的修养》，上海辞书出版社 2006 年版，第 81 页。
② 自 2009 年起，国家宗教局下发的《关于开展创建"和谐寺观教堂"活动的意见》指出，在全国开展创建"和谐寺观教堂"活动。其标准包括：爱国爱教、知法守法、团结稳定、活动有序、教风端正、管理规范、安全整洁、服务社会等。其中，管理规范，就是要求管理组织健全、管理制度完善、管理方式民主、管理机制有效、管理措施到位，特别是财务管理规范。

三是道观管理组织的制度失效。这些问题的存在，已经严重影响了道教的教风与社会形象，严重制约着道教宫观的规范管理与健康发展，这是当前道门亟待解决的重要问题。

第一，道观管理组织的人才匮乏问题。从目前道教人才整体情况来看，问题依然严峻，特别是管理型、专业型人才仍然严重匮乏。近年来，道门自身虽然做了很多努力，培养了一大批年轻道士，但人才匮乏的现象依然十分突出，已经成为道教事业发展的最大制约因素。具体表现为以下三个方面：一是道观教职人员严重不足。据不完全统计，改革开放以来，全国各类道教院校培养的道士在1500人左右，全国登记开放的道观有9000余所，从这个数字比例来看，一个正规道教学校毕业的道士要管理6所道观，从理论上讲这是不可能做到的。但是，由于道教的特殊性，师徒相授的方式培养了许多道士，解决了这一历史性难题。加上道观之间相互帮助，还能勉强维持道观的正常开放。这种道士数量严重不足和素质不高的问题，自然不利于道观的正常管理。二是道观教职人员队伍整体素质不高。根据道教传统，全真派道士出家住观，宗教活动相对不多。正一派道观比较注重宗教科仪，教职人员自然就比较紧缺，但是也有解决的办法，主要是临时聘请社会散居道士的帮助。这种模式只能解决人员数量，但却不能解决教职人员的整体素质问题。三是道观管理组织不够完善。目前仍有大量道观缺少教职人员，尤其是缺少正规道教学校毕业的教职人员，这是一个普遍现象。许多道观只能向社会大量招聘，组织临时培训后就直接上岗，对于正一派道士来说，只要懂科仪（多数为家传）就行，不需要过多的文化知识和道教学识。甚至有少数道观连基本的管理班子都没有，所谓的管理工作往往是一个人说了算。这种现状，直接导致多数道观人员素质不高，道观管理组织形同虚设，严重影响了道观的规范管理。这些问题的存在，归根结底是人才问题，需要道门自身大力培养道教人才，切实加强道教人才队伍建设，特别是要大力加强道观管理组织的人才培养。

第二，道观管理组织的能力缺乏问题。近年来，道教宫观管理得到重视，管理组织日趋规范，管理制度不断完善，民主管理意识逐步增强，道观各项工作有序开展。但是，由于道观组织自身缺乏管理意识和管理水平，教风不正、规戒不严、执行不力的现象依然存在。主要表现为以下两个方面：一是宫观管理组织成员的管理意识淡薄。在具体管理工作中，往往呈现出三种类型，即自由管理型、被动应付型、完成任务型。所谓"自由管理型"，就是指基本没有管理原则，管理者想管就管，不想管就放任自流。教职员工凭自己的觉悟与本能在工作，主动性高的会自己找事情做，被动性高的往往就没有事情做。说得严重点，这种管理就是一盘散沙。所谓"被动应付型"，就是指开始有了一些管理原则，但要看管理者的喜好和上级部门的监管情况，有时会去完成一下任务，有时会心血来潮干点事，工作没有计划，也没有安排，只是被动应付而已。工作相互推诿，大多热衷于做表面文章，工作很难取得实质性成效。所谓"完成任务型"，就是指管理上虽然有了制度，但是并不能真正执行。教职员工的工作基本会按照计划来进行，但由于管理者的意识淡薄，工作中又缺乏主动监管，做好做坏一个样，教职员工的积极性难以调动，所以制度只能是纸上谈兵。二是宫观管理组织成员的管理水平不高。在具体管理工作中，往往也是呈现出三种类型，即工作目标模糊型、工作沟通困难型、团结凝聚缺失型。所谓"工作目标模糊型"，就是指道观管理者不能制定出清晰的年度工作计划和目标，或者根本就没有工作计划，更没有明确的工作目标，岗位工作目标不清，教职员工没有努力的方向，工作能力和成果都无法展现。所谓"工作沟通困难型",就是指在具体工作中,由于道观管理者自身的水平不高,难以给下属教职员工正确的指导,下属有问题也难以得到解决,只能根据自己的理解去做,有时难以符合道观的整体工作要求。长此以往,关系复杂,管理混乱。所谓"团结凝聚缺乏型",就是指道观管理者缺少品德修养和管理能力,品德上不能服众,难以树立起威信,这种缺乏威信的管理者,自然就不能团结凝聚大众,往往会出现人心背离、工作松散,诸多工作难以开展。这些问题的存在,归根结底还是人才问题,需要尽快建立和完善道观管理组织,进一步提高管理组织的管理能力。

第三,道观管理组织的制度失效问题。所谓"制度失效",就是我们通常所说的"有法不依,执法不严,违法不究",或者"有令不行,有禁不止"。在目前多数道观管理中,依然存在制度建设不完善、贯彻执行不到位的现象,主要呈现出三个类型,即管理制度缺乏型、戒律制度缺失型、制度执行缺位型。所谓"管理制度缺乏型",就是指有人打着民主管理的旗号,淡化了应有的制度建设,致使道观管理制度的缺乏。甚至有人提出有事大家讨论,不需要建立太多的制度。这种认识严重制约了道观管理制度的建设,影响了道观的规范管理。所谓"戒律制度缺失型",就是指传统的道门戒律没有得到重视。戒律是道教内部的制度,强调的是"自律"。戒律应该是道观管理中不可或缺的传统制度。由于道观管理者的认识不到位,甚至错误地认为现代管理制度就可以替代戒律制度,严重影响了道观的戒律制度建设,制约了道教戒律制度作用的发挥。所谓"制度执行缺位型",就是指现在多数道观所制定的规章制度,在具体执行过程中却存在执行不到位的问题,严重影响了制度的有效落实。主要原因是管理组织思想认识不到位,把制度建设和制度执行分开,即制度归制度,执行归执行,导致制度执行不力的现象普遍存在。

这些问题的存在，归根结底还是人才问题，需要管理组织和管理者的高度重视，必须要大力加强道观管理组织制度建设，正确处理好戒律制度与民主管理制度的关系，强化道观管理制度的贯彻落实，推进新时期道教宫观管理工作的健康有序发展。

二、道教宫观管理型人才培养的重要性

国家宗教局局长王作安指出："宫观是道教信众信仰皈依的场所，是展示道教文化的窗口，是道众清修之地。道教的固本培元重在宫观管理，道教的持续发展重在宫观建设"。[1] 强调了加强现代道观管理工作的重要性。中国道协也明确指出："在组织建设方面，一些宫观疏于管理，财务制度、人事制度不健全，个别道士纪律涣散、违法乱纪，这些都极大地损害了道教的形象和声誉。如果任其蔓延，势必严重损害我们道教事业的发展"。[2] 这些问题的存在，主要是道教宫观管理组织的松散和管理制度的滞后。因此，道观管理型人才的培养是加强自身建设和适应时代发展的需要，也是促进道教事业健康发展的必然要求。

第一，道观管理型人才培养是道教加强自身建设的需要。道观的管理，关键是靠人才，道观的发展，关键也是靠人才。人才的培养是道门自身建设的核心内容。经验告诉我们，一个好的管理者能够把道观兴起来，一个不好的管理者就会把道观给败掉。面对当前道教宫观管理严重滞后的现状，以及道观管理人才的严重缺乏，致使道观管理良莠不齐、乱象丛生，严重影响了道观的自我管理。正

---

[1] 王作安：《在中国道教协会第八次全国代表会议上的讲话》，《中国道教》2010年第3期，第7页。
[2] 中国道教协会第六届理事会工作报告，《中国道教》2005年第4期，第16页。

如陈莲笙大师所说："改革开放这些年来，我参访过全国各地许多道观，看到有的道观窗明几净，一尘不染；有的道观修复工程井然有序，一个殿一个殿，一条路一个园逐年修复，年年有进步，年年有变化；有的道观汇报账目清楚，收支公开，量入而出，既有远期目标，又有近期打算。然后，我也看到有些道观殿宇不洁、垃圾狼藉，有些道观人员混杂、道风不正；有些道观汇报账目不全、管理松弛；有些道观既无远大目标，更无近期打算"。① 这种差别的存在，主要原因就是出在道观管理上，有的道观管理者负责任、懂管理，有的道观管理者既不负责任、又不懂管理。王作安局长也明确指出："一些宫观戒律松弛，违规破戒现象时有发生，有的教职人员不重修持，有的热衷于算卦、看风水，有的从事个人经营牟利"。② 这些问题的存在，关键也是道观的管理问题。因此，加强道观管理型人才的培育是加强道门自身建设的需要，也是道观管理工作中必须要认真加以解决的重要问题。这就要求道门自身必须要大力加强人才培养，尤其是要注重培养精通道观管理、有责任担当的道教人才。

1. 注重培养一批"精通管理"的道观管理型人才。现实社会中，有人的地方就需要有管理。所谓"管理"，就是"管理者通过一定的方式，协调各种关系，发挥组织成员的积极作用，有效地使用人力、物力、财力、知力（文化知识力量）等组织资源，实现组织目标所进行的决策、计划、组织、领导、控制、协调等活动过程"。③ 道观的管理是一个比较复杂的管理系统，需要管理者既要懂得传统管理思想，又要精通现代管理知识，并且具有较高的管理能力和水平，

---

① 陈莲笙：《道风集》，上海辞书出版社，2006年增订本，第77页。
② 王作安：《适应新时代新阶段要求，促进道教事业健康发展》，2020年《中国道教》第6期，第6页。
③ 杨玉辉：《宗教管理学》，人民出版社，2008年版，第3页。

才能担负起管理道观的重任。现实告诉我们，目前道观管理者，绝大多数都没有经过系统的管理专业学习，对于现代管理学更是知之甚少。他们对道观的日常管理，往往是依靠经验或者个人的感觉，甚至还有根据个人的喜好，缺乏管理的科学性与合理性。这就是说，精通管理的道观负责人的缺失，严重制约了道观的规范管理，阻碍了道教事业的健康发展。那么，如何管理道观呢？陈莲笙大师指出：道教徒的管理应该坚持"奉道行事"的原则，也就是要以"道"的思想来管理。第一，要管理就要有权威，权威建立在公心上，公心就是道。第二，要管理就要处理好各种关系，处理关系建立在适应上，适应就是道。第三，要管理就要有条理，条理建立在通达上，通达就是道。第四，要管理就要有规章制度，规章制度建立在规律上，规律就是道。① 这是道观管理的特殊要求，也是道教作为宗教的鲜明特色。这就是说，精通道观管理的道教人才，既要有虔诚的道教信仰，又要有现代社会管理的理论知识和科学方法。

2. 注重培养一批"负责任、敢担当"的道观管理型人才。所谓"责任"，是指个体分内应该做的事，来自对他人的承诺、职业要求、道德规范和法律法规等。责任主要包含五个方面的基本内涵：即责任意识（想干事），责任能力（能干事），责任行为（真干事），责任制度（可干事），责任成果（干成事）。所谓"担当"，是指承担、担负任务责任等。自信的人一般都勇于担当，担当除了做好自己分内的事，同时担当也是敢承担别人不敢承担的事。责任与担当，既是一种勇气，又是一种精神，当然也是做好一切管理工作的基础。道观管理现状表明，真正负责任、敢担当的管理者并不是很多，"大事做不来，小事不肯做"的现象依然存在。道观工作"怕"字当头，

---

① 陈莲笙：《道风集》，上海辞书出版社，2006年增订本，第79—81页。

优柔寡断，胸中无大志，心中无忧愁，严重影响和制约了道观的管理。还有部分道观组织"安于现状，不思进取"，自养经济过得去就行，年初没计划，年终没结余，甚至还有道观年年超支，道观长期破旧不堪，无心也无钱去修理。不仅如此，甚至还有人"把庙产当成私产"，"从中捞利，中饱私囊"。① 这样的道观不要说发展，就是维持下去都困难。究其原因，主要是道观管理者不负责任，缺乏事业心、责任心和担当精神。为此，中国道协也曾明确指出：要"引导道教宫观加强自我管理，健全民主管理组织，规范经济管理，建立按制度办事、用制度管人的场所运行机制"。② 明确要求，通过规范制度、实现自我管理的方式，来增强道观管理者的责任意识。因此，加强道观管理型人才的培养是道教自身建设的重要内容，也是当代道观管理者的责任与担当。

第二，道观管理型人才培养是道教适应社会发展的需要。当今社会，正处于高速发展与不断变革之中，而道教作为社会的一个组成部分，也无时无刻地受到社会的影响，处身于这样一个千变万化的现实社会之中，要生存就要适应时代，要发展就要有所作为。道教宫观的修建，道教人才的培养，道教文化的弘扬等等，所有千头万绪的工作都需要我们去有所作为。③ 不仅如此，社会和时代的发展也为当代道教提出了许多新要求。党的十六届六中全会以来，就先后提出"充分发挥宗教在促进社会和谐方面的积极作用""发挥宗教界人士和信教群众在促进经济社会发展中的积极作用""发挥宗教界人士和信教群众在促进文化繁荣发展中的积极作用"④ 等新要求。这

---

① 陈莲笙：《道风集》，上海辞书出版社2006年版，第79页。
② 《中国道教协会第九届理事会工作报告》，《中国道教》2020年第6期，第39页。
③ 丁常云：《道教与当代社会》，中西书局2018年版，第47页。
④ 《中国特色社会主义宗教理论学习读本》，宗教文化出版社2015年版，第105页。

是党和政府对宗教适应时代发展所提出的新要求,当然也是对新时期我国宗教工作所提出的新要求。这就是说,新时期的道教必须要与时俱进、适应社会进步与时代发展要求,必须要在当代社会中建功立业、有所作为。历史经验告诉我们,做好道教工作的基础是管理,管理工作的关键是道观管理。这就要求道门自身必须要以与时俱进的精神,积极加强道教宫观管理型人才的培养,尤其是要大力培养"遵纪守法"和"爱国爱教"的道观管理人才队伍。

  1. 注重培养一批"遵纪守法"的道观管理型人才。在我国社会主义制度下,遵纪守法是每一位公民的基本义务,提高遵纪守法的自觉性,养成遵纪守法的好习惯,是每一位公民的基本素质。我国《宪法》序言规定:"全国各族人民、一切国家机关和武装力量、各政党和各社会团体、各企业事业组织,都必须以宪法为根本的活动准则,并且负有维护宪法尊严、保证宪法实施的职责"。① 宪法是国家根本大法,是每位公民都必须要自觉遵守奉行的。同样,道教徒也是公民,自然也要遵守国家法律法规,这是公民的责任,也是公民的义务。道观管理现状表明,部分道观管理人员不注重加强学习,对国家法律法规了解不多,自身遵纪守法的意识不强。直接造成"有的宫观引进资本搞商业开发,有的承包给个人从事经营活动"②等违规行为,必须要引起高度重视。因此,作为道教宫观管理者,要成为遵纪守法的表率,自觉遵守国家《宪法》和一切法律法规,尤其是要遵守《国家宗教事务条例》等行政法规,确保道教一切活动都必须在法律法规范围内开展。这就要求,道观管理者必须要认真学习国家法律法规,坚持做到知法、守法和护法。所谓"知法",

---

① 《中华人民共和国宪法》序言,中国民主法治出版社 2015 年版,第 9 页。
② 王作安:《适应新时代新阶段要求,促进道教事业健康传承》,2020 年《中国道教》第 6 期,第 5 页。

就是要了解宪法和其他一些基本法律的内容和本质，了解法制在国家建设中的地位和作用。所谓"守法"，强调的是要自觉遵守各类法律法规，自觉规范自己的言行。守法不只是出于对法律的敬畏，更主要的是出于对法律的自觉认同。知法是守法的前提和基础。所谓"护法"，就是在提倡守法的同时，敢于同违法乱纪的行为作斗争。同时，作为道观管理者，还要主动摒弃传统戒律中与现代社会法律不相适应的内容，自觉维护社会主义社会的法律尊严。王作安局长也曾明确指出：要"坚决抵制一切利用道教进行的非法违法活动，维护道教领域的正常秩序和社会和谐稳定"。① 只有这样，才能确保道教活动规范有序，道观管理依法依规。

2. 注重培养一批"爱国爱教"的道观管理型人才。所谓"爱国"，就是指热爱自己的国家。爱国是一个公民最基本的道德规范，也是中华民族的优良传统。习近平总书记指出：要爱国，忠于祖国，忠于人民。爱国，是人世间最深层、最持久的情感，是一个人立德之源、立功之本。② 道教历来就有优良的爱国传统，道教的爱国传统是与生俱来的。所谓"敬天爱民，佐国扶命"，就是传统道教爱国主义的鲜明特色。当代道教徒，既要传承与发扬好道教的爱国传统，又要增添新时代的爱国的思想内涵。新时代的爱国要求，强调的是"热爱祖国，拥护社会主义制度，拥护中国共产党的领导，坚持走中国特色社会主义道路"。③ 具体来讲，爱国主要包括以下两个方面内容："一是牢固树立中华民族的意识和国家利益至上的意识，自觉维

---

① 王作安：《适应新时代新阶段要求，促进道教事业健康传承》，2020 年《中国道教》第 6 期，第 7 页。
② 2018 年 5 月 2 日，习近平总书记在北京大学师生座谈会上的讲话。
③ 国家宗教局编：《中国特色社会主义宗教理论学习读本》，宗教文化出版社 2015 年版，第 79 页。

护祖国的独立、统一、尊严和利益；二是为把中国建设成为富强、民主、文明的社会主义国家作力所能及的贡献"。① 这是对我们每一位道教徒的基本要求。因此，陈莲笙大师指出，所谓"爱国"，就是要"爱社会主义祖国，爱中国共产党领导下的社会主义国家"。② 作为道观管理型人才，必须要积极开展爱党爱国爱社会主义的教育，不断增强拥护中国共产党领导的思想自觉和行动自觉，坚定团结在以习近平同志为核心的党中央周围，在任何情况下都毫不动摇。这是当代道教徒必须坚持的政治方向，也是坚持道教中国化的必然要求。所谓"爱教"，就是指热爱自己所信奉的宗教，强调的是道教徒对道教要有虔诚的信仰。道教现状表明，当前道门自身存在的最大问题就是信仰问题。在道观管理中，由于管理人员的信仰淡化，甚至被严重"世俗化"，从而削弱了对道观管理的责任意识，失去了对广大信教群众的教化引导作用。中国道协也明确指出："信仰淡化，道风不正，商业化问题有待进一步深入解决"。③ 这些问题存在的关键，还是道教徒的爱教问题。那么，怎样才称得上"爱教"呢？陈莲笙大师指出：第一，道心要坚，就是要有坚定的道教信仰。第二，道术要精，就是要刻苦学习道教学问，不论是道教知识、科仪修持或者宫观管理等等，都要学精学通。第三，道戒要严，就是要严格遵守戒律纪律，不论是衣着饮食、殿堂作业、早晚功课或者出入宫观等等，都要照规矩办事。④ 这就是说，新时代的道教徒必须要有虔诚的信仰、渊博的学识和严格持守的戒律。道教徒要以戒为师，端

---

① 中共中央宣传部宣传教育局编：《公民道德建设实施纲要》，学习出版社 2001 年版，第 50 页。
② 陈莲笙：《道风集》，上海辞书出版社 2006 年版，第 39 页。
③ 中国道教协会第十次全国代表会议工作报告，2021 年《中国道教》第 6 期，第 36 页。
④ 陈莲笙：《道风集》，上海辞书出版社 2006 年版，第 41 页。

正道风，潜心修行。道观管理人员要以身作则，带头纯正信仰、加强修持，树立正信正行的榜样。

第三，道观管理型人才培养是促进道教健康发展的需要。近百年来，人们把研究管理活动所形成的管理基本原理和方法，统称为管理学。作为一种知识体系，管理学是管理思想、管理原理、管理技能和方法的综合。随着管理实践的发展，管理学不断充实其内容，成为指导人们开展各种管理活动，有效达到管理目的的指南。管理学实践表明，管理组织成功的关键还是管理人才，只有懂管理、会管理和能管理的人，才能确保这个组织管理规范有序，带领这个组织稳步、健康发展，反之亦然。同样，道教宫观管理者也是道观兴衰的关键。所谓"成也萧何，败也萧何"。一位称职的管理者，可以把道观兴盛起来，一位不称职的管理者，可以把道观给败掉。根据目前多数道观管理研究，我们发现凡是管理有序、制度规范和稳步发展的道观，一定是有一个称职的管理班子，有一位优秀的当家人，反之亦然。张宇初天师在《道门十规》中，对当家人（即住持领袖）提出明确要求，必须"高年耆德，刚方正直之士，言行端庄，问学明博，足为丛林之师表，福地之皈依者为之"。① 这就是说：凡是道观当家人，一定要有一定的年龄，有崇高的德行，为人正派，言行端庄，博学多能，足以成为修道者的榜样，又被普通信徒崇拜、愿意皈依的人。中国道协也明确提出要求：即"信仰坚定，品行端正，戒行精严，办事公道，待人谦和，品德服众，有较强的组织协调和管理能力"。② 这一要求，是针对当前道观管理现状提出来的，具有很强的现实性与实用性。因此，当代道观管理，必须要培养称职的

---

① 张宇初：《道门十规》，《道藏》第 32 册，第 150 页。
② 《道教宫观主要教职任职办法》，2020 年《中国道教》第 6 期，第 60 页。

管理者，既要有服务信徒的工作能力，又要有精通教义的学识造诣，这样才能符合现代道观当家人的基本要求。

1. 注重培养一批能够"服务道教信徒"的道观管理型人才。道教发展表明，道教作为一种宗教，其社会功能主要有两个方面：一是服务社会，做好与社会相关的诸多工作，为道教生存创造良好的社会环境；二是服务信徒，做好与信众相关的诸多工作，为道教发展打下坚实的自养基础。此二者相互依存，相互影响，是道教事业健康发展的根本保证。在道观管理方面，做好服务信徒的工作尤为重要。陈莲笙大师提出"学道为人"①的主张，强调我们学道就是要服务信众，要给信众更多的关心和帮助，这就是"为人"。佛教提出"庄严国土，利乐有情"，这个"有情"指的也是"为人"，以服务信众为快乐的事情。在道观日常管理中，道长们对来道观做功德的信众一般都比较关心，有的还与道长建立了联系。但是，对于一般信众的主动关心还不够，应该说来道观敬香礼拜的信众大多是有所求的，如果道长们能给予更多的关心、帮助和指点，那一定会受到信众的信赖与感恩。现实告诉我们，有些道观的道长高高在上，整天无所事事，既不学习道教文化知识，也不主动为信众提供咨询服务，对于信众所提出的有关问题，不是敷衍了事，就是答非所问，或者根本就不能解答。我曾听说，有一位道教居士到某著名道观参拜时，向陪同的道观管理层道长提出一些问题，道长竟然无法回答其中任何一个问题。据说，这种现象还比较普遍，不能不说这是当代道门的悲哀！就道观管理而言，服务信众的内容很多，除了为信众举行各类斋醮科仪之外，重点应该是做好对信众的教化引导工作，通俗讲就是要做好对信众的解疑释惑工作。随着现代社会的快速发展，

---

① 陈莲笙：《道风集》，上海辞书出版社2006年版，第47页。

社会民众的文化水平普遍提高，这就需要道观管理者拥有较高的文化知识和道教学识。中国道协也明确要求：道观管理者要"弘扬道法，纯正道风，引导道教徒走与社会主义社会相适应的道路，爱国爱教，学修并进，提高自身素质"。① 因此，当代道观管理，要注重培养能够教化引领信众的道观管理团队，积极主动为信教群众服务，更好地发挥道教所特有的社会功能。

2. 注重培养一批能够"精通道教教义"的道观管理型人才。所谓"道教教义"，就是指"有关道教基本宗教信仰内容的成文规定"。② 道教以"道"名教，"道"自然就是道教的基本信仰。道教信仰的全部内容都是从"道"字"生发"而来。所以，"道"是宇宙万物的制造者、主宰者。"道"无所不在，无所不能，至高无上。"道"具有绝对的权威性、全能性、永生性、遍在性，对于人来说，更具有神秘性。③ 道教发展表明，道教的教义思想也是随着时代变化而变化，随着时代发展而不断发展的。面对新时代，我们年轻的道观管理者，要在继承传统道教教义思想的基础上创新发展，要把道教的教义思想赋予新的时代内涵，充分发挥道教服务社会、造福人群的社会功能。道教现状表明，精通道教教义的道门人才严重缺乏，道观管理组织成员中也是如此，甚至一些道教代表人士也是知之甚少。究其原因，主要是道门自身还没有形成读经、学经之风气，没有形成学习、研究教义思想之传统。多数道长不善于学习，不主动去研究本教的教义思想，严重制约了道教教义思想的传承与发展。当代道教，我们要对传统道教教义思想作出符合社会发展进步要求的新阐释。一方面，在道观管理组织中开展道教经典的学习，开展讲经讲道活

---

① 《道教宫观主要教职任职办法》，2020 年《中国道教》第 6 期，第 60 页。
② 胡孚琛主编：《中华道教大辞典》，中国社会科学出版社 1995 年版，第 434 页。
③ 陈莲笙：《道教常识问答》，上海辞书出版社 2012 年版，第 15 页。

动。通过组织考核、交流演讲等比赛,促进道观道教徒关注道教教义思想,形成比学赶超、学修并进的良好氛围。另一方面,在道观管理组织中开展对道教教义思想的学习与研究,不断培养精通道教教义的管理型人才,从而对"道"作出适应时代进步要求的新阐释。有一位领导曾经说过,衡量一位高道大德的基本条件主要有两条:一是要看你能不能对信教群众解疑释惑。二是要看你能不能对本教的教义思想作出符合时代发展的新阐释。如果你具体了这两个条件,那么你就是高道大德,否则你就不是。我认为,这是很有道理的。这就是说,对信教群众解疑释惑是道观管理者的基本要求,对本教教义思想作出新阐释是时代发展的必然要求。只有这样,才能充分发挥道教教义思想中的积极因素,努力为当代社会的发展作出新贡献,才能更好地规范现代道观管理,促进道教事业的健康发展。

三、道观管理型人才培养的途径与机制

自古以来,引才纳贤就是国家强盛的根本,一个强大的国家必然有着庞大的人才梯队,这是历史发展的必然规律。同样如此,中国道教历史也表明,道教的发展同道教人才的涌现、道教徒素质的提高有着密切的关系。"东汉末期,因为有张角和张陵,道教才具有了自己的组织,太平道和五斗米道、魏晋南北朝时期,因为有葛洪、寇谦之和陆修静、陶弘景,道教教义才系统精密起来,其仪式才得到恢宏大观"。[①] 此后,历代道教都是人才辈出,道教发展也隆盛不衰。清代以后,道教出现了衰势,其中一个重要原因就是道教人才的缺乏。所谓"道由人显,道教的存在归根结底依靠道教徒的存在,

---

① 陈莲笙:《陈莲笙文集》上,上海辞书出版社 2006 年版,第 9 页。

道教的发展也取决于道教徒素质的提高，道教人才的多寡"。① 当代社会的竞争，归根结底是人才的竞争，谁能培养和吸引更多优秀人才，谁就能在竞争中占据优势。当代道教宫观管理型人才的培养，是道教基层组织健康发展的根本保证，这就需要尽快制定培养道观管理型人才的目标要求，确定培养道观管理型人才的途径与方法，创造有利于道观管理型人才成长的环境机制。

第一，道观管理型人才培养的目标要求。管理是一个系统工程，道观管理作为一个特殊的管理领域，其内容包括多个方面，比如组织管理、人事管理、教产管理、殿堂修建管理、消防安全管理、宗教活动管理、财务管理等，构成了一个有机整体。近现代以来，道观的管理也不断引进现代管理思想与方法，正朝着民主化、科学化、多元化的方向发展，并逐步融入整个社会管理体系之中，促进道观与整个社会的和谐共处。因此，现代道观管理就需要大力加强应用型、创新型人才的培养，以更好地适应时代发展的需要。

1. 注重培养一批"应用型"的道观管理人才。所谓"应用型"人才，是指能将专业知识和技能应用于所从事的岗位工作实践的一种专门的人才类型。一般来说，作为道观管理组织的管理者，是这个组织的管理核心和行动榜样，管理者的素质水平决定了道观管理组织的整体素质，管理者的主观思想决定了管理组织实际管理的效果，因此提高道观管理者的素质，是道观管理组织建设的重中之重。作为"应用型"的道观管理者的基本素质，主要应该包括思想素质、专业素质和道德素质。其一，思想素质。道观管理组织的管理者应具有较高的思想觉悟，全面的文化知识素养，强烈的道教事业心和高度的责任感。要求能够在爱国爱教的基础上，认真负责地做好道

---

① 陈莲笙：《陈莲笙文集》上，上海辞书出版社 2006 年版，第 10 页。

观各项管理工作，为全体道众树立良好的榜样。其二，专业素质。道观管理组织的管理者应对国家的宗教政策和法律法规相当熟悉，对道学知识有较高造诣，对道教经典、科仪有很好的了解和掌握。同时，还要能够熟读道教经典，能够融会贯通地开展讲经讲道，对信教群众进行积极的教化与引导，坚持道教中国化方向。其三，道德素质。道观管理组织的管理者应有崇高的道德责任感和道德素养，对道教有虔诚信仰，关心道教事业发展，对道教事业具有深厚的情感，能够团结凝聚全体道众，和谐处理各种社会关系。道教宫观是社会道德教化的重要场所，是不容玷污的神圣之地，所以道观管理组织的管理者必须要德才兼备。张宇初天师在《道门十规》中谈到住持领袖时说："务必慈仁俭约，德量含弘，规矩公正"。① 这里的"住持领袖"就是现代道观的管理者，担负着管理道观的重要责任，管理者一定要仁慈，无论对后辈道长，还是对广大信徒，都要慈爱、关怀。作为道观管理者，就要有道德、有气量，要宽以待人、严于律己、做事规矩公正。只有这样，才能管理好道观，道教事业也一定能够兴旺发达。

  2. 注重培养一批"创新型"的道观管理人才。所谓"创新型"人才，是指富于开拓性，具有创造能力，能开创新局面，对事业发展做出创造性贡献的人才。这种人才一般都具有这样几个特点：一是有很强的求知欲望与积极的探索精神。二是拥有广博而扎实的知识和较高的专业水平。三是对事业有强烈的责任心、使命感与奉献精神。对于"创新型"道观管理人才的培养来说，同样必须具备上述特点，或者说是不可缺少的重要条件。其一，求知欲望与探索精神是"创新型"道观管理人才成长的思想基础。现代社会，是知识

---

① 张宇初：《道门十规》，载《道藏》第32册，第150页。

爆炸的时代，作为一名优秀的道观管理者，必须要善于学习，要有强烈的求知欲望。一方面，要学习理论和现代管理知识，并及时把这些理论知识运用到工作实践中去，指导道观管理工作的有序、有效开展。另一方面，要学好社会学、心理学知识。这是道观管理者必须要掌握的基本技能，要做好道观管理工作，不研究和掌握社会学、心理学是不行的，只有掌握这些知识，才能正确处理好各种人际关系，充分调动道观教职员工的积极性和创造性。同时，作为优秀的道观管理者还要有一种敢于探索的精神，要善于思考新问题，积极探索新思路，要能观察到别人观察不到的地方，能悟出别人悟不出的道理。现代社会，对于道观管理的要求越来越高，道观内部管理必然由粗放式管理向精细化、规范化管理过渡，这就需要道观管理者有敏锐的眼光、非凡的智慧，积极探索现代道观管理的新途径和新方式。其二，扎实知识与专业水平是"创新型"道观管理人才成长的理论基础。一般来说，创新是对已有知识的发展，在人类社会知识越来越丰富的今天，要求创新型人才的知识结构既要有广度，又要有深度。因此，作为"创新型"道观管理人才，必须具有广博而精深的文化内涵，既要有深厚而扎实的基础知识，了解相邻学科及必要的横向学科知识，又要精通道学专业并能掌握所从事道学专业的最新研究成果和发展趋势。只有通过知识的不断积累，才能用更为宽广的眼界、开阔的思路和专业的知识来有效的管理道观，成为新时代道观管理的优秀人才。其三，责任使命与奉献精神是"创新型"道教管理人才成长的实践基础。管理者要有责任担当，在道观管理组织中有不同层级的管理者，肩负着不同的分工和使命。这就要求道观管理者不应是高高在上、颐指气使的特权群体，也不是"家长制"和"一言堂"，他们应该有着更大程度的担当，一个有责任担当的道观管理者，会在道观中有着更高的威信和更忠诚的下属，有更高的个人魅力和管理能力。同时，作为一名优秀的道观管理者还要有淡泊名利、无私奉献的精神，这种精神本身就是一种爱，是对道教事业的不求回报的爱和全身心的付出，始终把道观管理工作当成一项事业来热爱和完成，努力做好每一件事、认真善待每一位教职员工，全心全意做好道观的每一项工作。只有具备了奉献精神，才能将道观管理工作做得尽善尽美。因此说，现代道观"创新型"管理人才必须是有理想、有抱负的人，必须要有积极进取的意识和勇于奉献的精神，以及强烈的道教事业心和历史责任感。只有这样，才能真正成为新时代道教宫观管理的优秀人才。

第二，道观管理型人才培养的主要途径。 当代道教，必须要培养出一批高素质、高质量的道观管理型人才队伍，肩负起管理道教宫观的历史重任，这是新时代道教发展的需要，也是当前道教管理工作必须解决的重大课题。根据道教人才培养规律，我们认为新时代道教宫观管理型人才的培养，必须要注重发挥道教院校在培养管理型人才中的主渠道作用，注重发挥道教宫观在培养管理型人才中的积极作用，注重吸收引进社会管理人才进入道观，采取自主培养与社会引进相结合的人才培养途径，使道观管理型人才培养规范有序和健康发展。

1. 注重发挥道教院校在培养道观管理型人才中的主渠道作用。从历史看，传统型道教人才的培养模式，主要是依靠"师徒相授、口口相传"，这是道教的特殊性所决定的。现代社会进程中，传统型人才培养模式已经落后于时代步伐，不能适应道教事业发展的需要。道门有识之士经过积极的探索与努力，开创了现代道教人才培养的新模式，创办各类道教院校，实现从传统向现代的转型，这是道教人才培养适应时代发展的新举措。近年来，各地道教院校在接班人培养方面发挥了重要作用，也取出了一定成绩。但是，就目前道教院校的办学情况来看，统编教材缺乏、师资力量薄弱、办学目标模糊等问题依然存在，尤其是道观管理型人才的培养更是严重滞后。道教现状表明，道观管理型人才的匮乏严重影响了道观的自我管理，制约了道观的自养经济，这是当前道教亟待解决的重要问题。因此，我们要充分发挥道教院校在培养道观管理型人才的主渠道作用。道教院校要把"管理学"作为一门重要学科来抓，并贯穿到全过程的教学实践之中。根据道观管理的特点，道教管理学的教学内容应该包括"传统管理"和"现代管理"两个方面内容：所谓"传统管理学"，主要是指道教的规戒制度管理，这是道教传统的、特有的管理模式。道教规戒制度内容丰富，历代皆有传承、丰富与发展。早期道教就开始有《老子想尔注》等戒条，后来又衍生出老君二十七戒，老君说一百八十戒，以及唐代朱法满的《要修科仪戒律钞》，宋代张君房的《云笈七签》，明代张宇初的《道门十规》等，皆为道教戒律的代表作。道教院校要组织编订专用教材，聘请教内专家学者授课，组织学员系统学习传统的规戒制度，从历史脉络、规诫内容、教制组织到发展历程等，都要进行系统学习、深入研究，并把戒律制度运用到道观的日常管理之中，成为规范道观管理、纯洁道众信仰、端正道门教风的重要抓手。所谓"现代管理"，主要是指运用现代社会管理学的理论知识来管理道观。道教院校要开设"现代管理学"专业课程，聘请高等院校管理学专家授课，使学生掌握现代管理的基本原理，熟悉管理思想的演变和发展，对管理的本质、特点、原则、职能和过程有深入的了解，为培养合格的管理人才打下良好基础。与此同时，道教院校还要开设"道观管理"专业课程班，系统学习管理学专业理论与管理实践，深入学习管理思想、管理过程和管理职能，探索研究管理决策、计划、组织、领导、激励、沟通和控制等主要职能及相关内容。旨在培养一批既有道教学识，又懂道教管理的专业人才,为新时代道教宫观组织的规范管理提供强有力的人才保障。

2. 注重发挥道教宫观在培养管理型人才中的积极作用。一般来说,通过道教院校的系统学习,道观管理型人才还需要在工作实践中锻炼成长,这是人才成长的自然规律和有效途径。王作安局长指出:"发挥宫观在人才培养中的重要作用,把道众修学、提升素养作为办好道教宫观的重要内容,鼓励有条件的宫观探索建设特色人才培养基地"。① 因此,道教场所也是道观管理型人才培养和成长的重要平台,具体表现为以下三个方面:一是要培养管理者的气质与性格。气质是指表现在个体心理活动的强度、速度、灵活性与指向性等方面的一种稳定性的心理特征。气质是人的天性,是与生俱来的,一般很难改变。性格是一个人对人对事的态度和行为的心理特征。性格是后天社会环境中逐渐形成的,直接反映一个人的道德风貌,并在很大程度上影响着个人的工作和生活状态。所谓"性格决定命运"。只有那些性格高尚、个性坚强的人才能实现成功。作为道观管理者,其个人的言行对道众的工作和道观形象都有重要影响。如果心胸狭窄、自视清高、孤芳自赏,或不思进取、好逸恶劳等,不仅得不到道观道众的衷心拥护,而且也对自身形象和道观发展极为不利。因此,道观管理者一定要经常自我反省,在工作岗位中锻炼性格,在工作实践中提升性格,不断提高自身的综合素质。二是要培养管理者的品德与修养。所谓"品德",通常是指道德品质,一般表现为道德观念、道德情感和道德行为。在管理学中,领导者既是群体、组织活动的指挥者,同时也在接受下属的道德审视和心理评判,是下属观念、行为的引导者、示范者。修养是指人的综合素质,是

---

① 《中国道教》2020 年第 6 期,第 8 页。

一种高尚的品质和正确的待人处世态度。在道观管理中，管理者的品德与修养至关重要，直接关系到道众的利益和道观的形象与发展。作为一名合格的道观管理者，应明确自己的角色定位，以道德信仰为依托，以道观发展为目标，在工作岗位实践中提升修为，不断提高自身的道德素养。三是要培养管理者的责任与担当。责任担当是管理者必备的基本素质，作为新时代的道观管理者，必须要明确自己的责任所在，面对新时代新使命，需要有新担当新作为。道观管理者要勇于担当，才能不断增强自身责任感，做到守土有责、守土负责、守土尽责。道观管理者要勇于担当，才能树立正确的权力观，不将个人私心、私利、私欲凌驾于道观和道教的利益之上，做到公道正派。道观管理者要勇于担当，才能有正气、走正道，带头严格自律，不越道德底线，始终保持高尚品德和清廉品格。因此，现代道观管理型人才的培养，要充分利用好道观管理的工作平台，通过具体工作岗位的实践与锻炼，培养出一批知识型、实用型和现代型的道观管理人才。

3. 积极探索引进道观管理型人才的有效途径。道观管理型人才的培养是一个系统性工程，需要思想重视、精心谋划、积极探索和稳步推进。历史经验告诉我们，对于当代道观管理型人才的培养，除了道教院校作为管理型人才培养的主渠道之外，还需要积极探索引进道观管理型人才的有效途径，具体工作路径可以从以下两个方面展开：一是要大力加强道教居士队伍建设，在道教居士队伍中引进道观管理型人才。所谓"居士"，又称处士，《辞海》中解释其"古称有才德而隐居不仕的"。后亦泛指未做过官的士人。道教则以在家修行之士人为居士，这是传统道教一支十分重要的信徒队伍。明清以后，逐渐衰微，不为道门所重视，自然也影响了道教的健康传承。宗教历史表明，任何一个历史时期，任何一种成熟的宗教，都需要有一大批优秀居士的护教。比如，民国时期的佛教，虽然也处于社会动荡之中，但是与其他宗教相比仍然得到一定发展。究其原因，主要是得益于一批优秀居士的护教，使佛教在动荡的社会中仍然能找到它生存的一席之地。佛教历来就注重居士团队建设，培养了许多优秀居士，为佛教事业的传承与发展作出了积极贡献。与此同时，民国时期的道教因为没有优秀居士的护教，只能在动荡的社会中逐步走向衰微。改革开放以后，随着道教宫观的修复开放，道教居士人数日渐增多，居士队伍中有许多虔诚的学道者，他们有一定的信仰基础，有较高学识、才能和社会影响，是当前道门所缺少的优秀人才。这就需要道门在加强居士队伍建设的同时，吸收引进优秀的管理型人才进入道门，参与到道教管理工作中来，为现代道观管理提供有力的人才保障。二是要积极培育现代企业管理者的道教情感，在企业管理阶层中引进道观管理型人才。现代社会，特别是随着社会转型和经济高速发展，涌现出一大批优秀的企业管理者，他们成为时代的佼佼者，为社会发展与经济建设作出积极贡献。但是，社会的转型发展也产生了诸多社会问题，影响着社会运行与社会生活的矛盾与困扰。马克思说过："凡是有关人与人的相互关系问题都是社会问题"。[①] 当前，"我国社会生活中还存在各种不尽如人意的现象，有的还很严重，社会问题的存在是一个客观的社会事实，这是谁也不能否定的"。[②] 面对社会转型中所出现的诸多社会问题，任何人都不能置身事外，都会不同程度受到影响，企业管理者们同样也是如此，他们无论在工作或生活中，都会遇到一些困惑或烦心事，需要得到社会的关心、帮助和指点。他们在繁忙的工作之余，

---

① 《马克思恩格斯选集》第 1 卷，人民出版社 1972 年版，第 173 页。
② 朱力：《当代中国社会问题》，社会科学出版社 2008 年版，第 52 页。

也会有宗教信仰的需要，希望在宗教思想智慧中寻找解决困惑的办法。这就需要当代道教徒，特别是道观管理者，通过周到的服务来满足其信仰需求，通过及时的帮助来解决其心中困惑，通过合理的关心来联络其宗教情感。同时，道观管理者要通过主动服务的方式，团结凝聚社会企业管理者，培育他们的道教情感，引导他们皈依道门。然后，选择愿意进入道观的优秀管理者，或者退休后来道观发挥余热，或者直接来道观参与管理工作，这些企业管理者大多有丰富的社会阅历和管理经验，是当前道观管理中非常紧缺的管理型人才。现代佛教有许多寺院，就是通过引进企业管理者参与管理，对于规范寺院管理、促进寺院发展起到了十分重要的作用。因此，道教宫观也要积极引进社会企业中有信仰的管理者，发挥他们的管理才能和社会影响，为现代道观解决管理型人才缺乏的尴尬。当然，当代道门领袖也要有宽阔的胸怀，更要有识才的慧眼、爱才的诚意、聚才的良方，只有这样才能吸引更多优秀的管理人才，才能更好解决当前道观管理型人才的缺乏问题。

　　第三，道观管理型人才培养的环境机制。当代社会的竞争，归根结底是人才的竞争。当代道教的发展，同样需要一批有信仰、有学识的人才队伍。改革开放以来，道教界通过自身努力，已经培养出一批有信仰、有文化、有朝气的道门接班人，担负起传承道教的历史重任。但是，道教现状表明，道观管理型人才成长的速度十分缓慢，道教优秀人才培养仍然是任重道远。究其原因，关键是缺少道教人才培养的环境机制，不利于道教优秀人才的健康成长。陈莲笙大师曾明确指出："我们要大力注意吸收人才、培养人才、起用人才和留住人才"。[①] 这就是说，我们要为道教人才培养提供良好的环

---

① 陈莲笙：《道风集》，上海辞书出版社2006年版，第5页。

境机制，营造有利于道教人才聚集和成长的良好环境。既要营造凝聚人才的信仰环境，建立使用人才的制度保障，又要创新重视人才的激励机制，促进道观管理型人才的健康成长。

1. 营造凝聚人才的信仰环境。道教团体组织是一种有信仰的爱国宗教团体和教务组织，道教宫观则是道教徒修道和举行宗教活动的重要场所，道教徒自然就是一批有道教信仰的社会群体。当代道教宫观，由于受市场经济的冲击影响，出现了不同程度的世俗化倾向，严重影响了道观中的道教徒，信仰淡化、戒律松弛现象，在一定程度上影响着道观的信仰环境，影响着道观管理型人才的培养。有人说，当代道教最缺少的就是信仰，这是有一定道理的。作为道观管理型人才必须要有虔诚的信仰，才能营造凝聚道教人才成长的信仰环境。一方面，作为道观管理者的信仰要求，就是要成为道众的楷模。王作安局长中国道协第十次全国代表会议上明确要求："新一届理事会成员要率先垂范，以戒为师、依戒修行，靠学修、持戒成就功德，靠德行、人格赢得尊重，自觉接受教内外监督"。[1] 强调指出了道教管理者的榜样、示范作用。只有具备虔诚信仰的道观管理者，才能正确引领广大道教徒学道、修道和行道，自然有利于道教人才的成长。另一方面，道观中的道教徒也要不断提升自己的信仰修持，形成良好的信仰环境，有利于道教人才的健康成长。所谓"近墨者黑，近朱者赤"，就是告诉人们一个人生活在好的环境里会受到好的影响，生活在坏的环境里也会受到坏的影响，强调环境对人的影响。陈莲笙大师提出："新世纪的道教，首先要树立正确和纯洁的信仰，道教徒要通过自己的修行，淡泊名利，纯洁心灵，与人

---

[1]《中国道教》2020 年第 6 期，第 7 页。

为善，坚持正信，树立良好的信仰风范和高尚的道德情操"。① 要求当代道教徒要以信仰为重，把信道、崇道作为自己的人生宗旨和行为准则。根据道观管理型人才成长规律，必须要有良好的信仰环境，才能培养出更多优秀人才。我们常说，人是社会人，人是不能脱离环境而独立存在的，环境影响着人的一言一行。人的成长，离不开环境的滋养和哺育，环境就是造就人才的土壤。当今的道观管理，信仰环境对道门人才成长与发展作用尤为重要。当然，也有人说，环境可以造就人才，人才也可以改造环境。作为个体来说，首先要尽量适应环境，当我们与环境格格不入时，可以充分发挥自己主观能动性，自我优化环境，从而使自己的才能得到最大限度的发挥。所以说，环境与人才的成长也是相辅相成的，这就需要我们在道观管理实践中灵活运用和把握。

2. 建立使用人才的制度保障。道观管理人才不同于社会一般人才，有道教人才自身的特殊性，其培养方法必须要按照道教人才成长的规律，即认真选拔、使用考察、持续培养。其中，第一步是"选拔"德才兼备的好苗子，这一步非常重要，要有独特的眼光。第二步是"考察"，要在使用中监督考察并进行正确引导，发现问题要及时纠正，对于不合格的坚决更换，千万不能迁就与放纵，更不能感情用事。第三步是"培养"，要在选拔、考察合格的基础上，进行持续性的培养，不能中途随意更换。但是，要培养出一大批实用型的道观管理人才，除遵循上述人才成长规律外，还必须要建立合理使用人才的制度保障。一方面，要营造适应道观管理人才成长的法规保障。近年来，国家相关部门连续颁布了各类相关法律、法规和

---

① 陈莲笙：《道风集》，上海辞书出版社 2006 年版，第 23 页。

规章制度。如新修订《宗教事务条例》[①]《道教宫观管理办法》[②]《道教宫观主要教职任职办法》[③]等,自然有利于道观管理人才的培养。另一方面,要建立合理使用道观管理人才的制度保障。在大力培养道观管理人才的同时,还要大胆使用人才,要把人才放到道观合适的管理岗位去锻炼,在岗位的锻炼中逐步成长。道教现状表明,目前道门自身在使用人才方面仍然存在诸多问题,嫉贤妒能者有之,欺上瞒下者有之,打击报复者也有之,这些问题的存在严重影响了道教管理人才的成长。这就需要全国道教团体组织和各地道教组织,尽快制定出台《关于合理使用道观管理人才的实施方案》,为道观管理人才的成长提供良好的制度环境。有人说"培养人才靠智慧,使用人才靠心胸"。对于道教团体和宫观管理者来说,要有宽阔的胸怀,在使用人才上要任人唯贤,不能任人唯亲。同时,道教团体的民主管理制度,也有利于道观管理人才的选拔和任用。道教内外的监督评价机制,对于道观管理人才的自我约束、自我管理、自我反省和自我提升也是至关重要。我们不但需要培养人才、发现人才,也需要关爱人才、使用人才、评估人才、监督人才,逐步形

---

① 2004年11月30日,国务院令第426号公布,2017年6月14日国务院第176次常务会议修订,2017年8月26日,国务院令第686号,公布修订后的《宗教事务条例》,2018年2月1日施行。《宗教事务条例》分总则、宗教团体、宗教院校、宗教活动场所、宗教教职人员、宗教活动、宗教财产、法律责任、附则九章,共七十七条。

② 2010年6月23日,中国道教协会第八次全国代表会议通过;2015年6月29日,中国道教协会第九次全国代表会议修订;2020年11月27日,中国道教协会第十次全国代表会议修订。《道教宫观管理办法》分总则、管理组织、道众管理、道教活动管理、财产管理、安全消防管理、文物和环境保护、档案管理、自养产业管理、附则十章,共五十四条。

③ 2010年6月23日,中国道教协会第八次全国代表会议通过;2015年6月29日,中国道教协会第九次全国代表会议修订;2020年11月27日,中国道教协会第十次全国代表会议修订。《道教宫观主要教职任职办法》共计十七条。

成道观管理人才使用、成长的良性机制。

3. 创新重视人才的激励机制。所谓"激励机制",是指通过特定的方法与管理体系,将员工对组织及工作的承诺最大化的过程。具体来说,激励机制就是在组织系统中,激励主体系统运用多种激励手段并使之规范化和相对固定化,而与激励客体相互作用、相互制约的结构、方式、关系及演变规律的总和。作为道教活动场所作的宫观,虽然是一种特定的群体组织,但是对于道观管理型人才的培养,同样需要激励机制,同样需要人才成长的环境机制。根据道教宫观组织特点,其激励机制主要有以下三个方面:一是要创新重视人才的薪酬机制。对现代企业管理来说,薪酬制度是企业整体人力资源管理制度与体系中重要组成部分。科学有效的激励机制能够让员工发挥出最佳的潜能,为企业创造更大的价值。一般来说,在利益追求方面,道教宫观与企业完全不同,企业是以盈利为最大化,追求的是企业产值、企业利润,而道教宫观则是以服务信徒为主要目标要求,是一种非营利组织。但是,道观同样需要自养,同样需要经济基础,道教宫观的维修,道教文化的弘扬,道教事业的发展,都离不开经济的支撑。对于道教宫观管理而言,薪酬制度仍然是一种最重要、最直接和最有效的激励方法。在道观多数教职员工的心目中,薪酬不仅仅是自己的劳动所得,它在一定程度上还代表着教职员工自身的价值、代表道观对教职员工工作的认同,甚至还代表着教职员工个人能力和发展前景。当然,对于那些有虔诚信仰、有责任担当和有奉献精神的道观管理者来说,薪酬并不是最重要的激励机制,他们关注更多的则是信仰的满足、时代的担当和共同的愿景。但是,总体来说,薪酬机制还是有利于调动教职员工的工作积极性,自然也是有利于道观管理型人才的培养。二是要建立共同愿景的目标机制。共同愿景是美国学者彼得·圣吉提出来的,就是指组织中所有成员共同愿望、理想或目标，并且这种愿望、理想或目标表现为具体生动的景象。① 来源于成员个人的愿景而又高于个人愿景。建立在共同价值观基础上，是对组织发展的共同愿望，并且这个愿望不是被命令的，而是全体成员发自内心想要争取、追求的，它使不同个性的人聚在一起，朝着共同的目标前进。道教宫观管理者也需要这样的共同愿景，需要道观全体教职员工真心、自愿、积极地朝着一个共同的目标努力。对于道观管理者来说，共同愿景会唤起人们内心的希望，工作变成是追求一项蕴含在组织的产品或服务之中。在追求愿景的过程中，道观管理者会产生出无比的勇气，去做任何为实现愿景所必须做的事。因此，建立道观共同愿景的发展目标，同样是有利于道观管理型人才成长的激励机制。三是要建立功德修行的晋升机制。一般来说，晋升是指员工由较低层级职位上升到较高层级职位的过程。晋升机制则是指规定员工晋升的条件、方法与流程等的制度，其目的主要是更好调动员工的积极性。良好的晋升机制，能够为员工创造追求晋升的氛围，为其晋升提供支持和保障。对于员工来说，为了获得晋升的机会，自然会努力工作，责任心和使命感也随之增强。晋升机制是一种管理激励系统，在行政管理和企业管理中具有普遍应用。对于现代道教宫观的管理，同样也需要职位晋升的机制，这是现代管理制度的需要。同时，道观管理中还需要神职晋升机制，这是道教传统信仰的需要，也是道观与其他世俗组织的根本区别所在。一方面，道观管理型人才的培养，必须要建立教职人员职位晋升机制。从现行的道观管理模式来看，教职人员是道观管理的主体，实行现代民主管理和传统

---

① 张声雄主编：《第五项修炼》导读，上海三联书店，2001 年 8 月版，第 115—116 页。

执事制度管理。《道教宫观管理办法》第二章称："宫观应当在所在地道教协会指导下，民主协商产生管理组织成员，设立管理组织，实行民主管理"。同时又称："宫观应根据实际情况，赋予民主管理组织成员传统执事的职责和名称，实行传统的执事制度"。① 这就是说，现代道观管理组织主要有两种类型：一种是民主管理组织中的主任、副主任和成员，这是道观组织的领导机构。对于较大的道观还设立"组长制"，可以任命，也可以通过竞聘担任，这是道观管理组织的骨干力量。还有一种则是传统的方丈（住持）②、监院③领导下的组织体系，下设"三都、④ 五主、⑤ 十八头⑥和二十四大执事，分别负责道观日常工作和有关事务"。⑦ 这是道观传统组织领导机构。

现代道观管理中，可以通过职位晋升机制来激励教职人员奋发努力、积极进取，促进道观管理型人才的不断成长。另一方面，道观管理型人才的培养，还要建立教职人员神职晋升机制。传统的神职晋升阶梯主要是通过授箓制度来完成的。正一派道士以授箓为入道凭信与行法依据，然后递次授更高道阶的箓。根据规定"经箓品秩分为五等，初授太上三五都功经箓，升授太上正一盟威经箓，加授上清

---

① 《中国道教》2020年第6期，第55页。
② 方丈（住持），是传统道教宫观执事中最高领导者，全真派称方丈，正一派称住持。被尊为"人天教主，度世宗师"。
③ 监院为道教宫观中总管内外一切事务者。被尊为"常住之首领，道众之宗师"。
④ 三都，分别为都管、都讲、都厨。其中，都管是道观常住的统理，协助监院管理事务；都讲负责讲经说典、威仪等；都厨负责管理道众食堂。
⑤ 五主，分别为堂主、殿主、静主、经主、化主。其中，堂主管理十方堂、云水堂，负责道士挂单之事；殿主管理观内殿堂事务；静主管理圜堂修行静坐之事；经主负责经堂诵经；化主负责募化之事。
⑥ 十八头，分别为库头、庄头、堂头、钟头、鼓头、门头、茶头、水头、火头、饭头、菜头、仓头、磨头、碾头、园头、圊头、槽头、净头。
⑦ 丁常云：《道教与当代社会》，中西书局2018年版，第443页。

三洞五雷经箓，加升上清大洞经箓，晋升上清三洞经箓"。① 所谓"无功不授箓"，就是指授箓阶梯的提升必须要积功累德。对于教职人员来说，这种晋升机制就是一种功德修持和能力提升。同样，全真派的传戒制度，也是一种神职晋升制度。根据规定"传戒戒条以初真戒、中级戒、天仙戒为准"。② 无论是正一派的授箓，还是全真派的传戒，都是道教徒信仰的追求，每一次晋升都是对功德修行的认同和仙道信仰的提升，对于道观管理型人才的培养自然有着重要的激励作用。

综上所述，道教宫观管理型人才的培养已成当务之急，是当前道门必须要认真研究和解决的重大问题。当然，道观管理型人才的培养是一个系统工程，需要道门自身的高度重视和通力合作，中国道协要整体考虑、精心谋划，制定培养道观管理型人才的实施方案，各地道协认真贯彻落实，坚持常抓不懈。既要发挥好道教院校培养的主渠道作用，又要积极探索吸收引进道观管理型人才的有效途径，积极营造道观人才成长的环境机制，促进道观管理型人才的健康成长。唯有如此，道教宫观组织才能人才辈出，道观的规范、有序管理才能从理想变为现实。

---

① 《关于正一派道士授箓的规定》，《中国道教》2020 年第 6 期，第 64 页。
② 《关于全真派道士传戒的规定》，《中国道教》2020 年第 6 期，第 62 页。

道教宫观管理与自养经济建设

金玉博[*]

摘 要：本文在梳理文献的基础上回顾了传统道教宫观自养经济的模式，结合中华人民共和国成立后的相关规定及宗教界的现实情况描述了现代社会中道观自养经济的转型。并试图由自养经济的思考延展到道教宫观管理层面的思考，尝试提出一些建议。

关键词：道教 自养经济 宫观管理

道教虽然以崇尚自然、超凡脱俗、长生成仙为理想境界，但作为来自于民间，在一定程度上代表了下层民众思想观念的宗教，还是需要结成团体、建立组织机构的。而维持这样的群体、组织结构则需要拥有现实的物质基础。这种物质基础是通过宫观这样的活动场所及道门中人的经济自养来实现的。

道教宫观的形成及相应的经济自养，早在东汉末年道教初创即已出现。张道陵在蜀境创建正一盟威道过程中，设"二十四治"作为道教教区。这一制度为张鲁所继承和发展。"张鲁据汉中"[①]，"不

---

[*] 金玉博，哲学硕士，华东师范大学思勉人文高等研究院，馆员。
① 《三国志·魏书·张鲁传》。

置长吏，皆以祭酒为治，民夷便乐之"①。他们以神灵保佑为旗号来'化领户民'，以道民命籍制度来取代朝廷的户籍制度，用道教的为善去恶之道德律命作为教民行为规范的准则，用征收信米的方式来取代官府的税收，这样在使天师道的二十四治成为教政合一的组织制度同时，也使道教团体获得自建、自养的经济条件。

随着天师道由西蜀向其他地方的迁徙，二十四治的组织形态与活动方式，也传播到中国的南北各地。南北朝时期寇谦之和陆修静整改了"二十四治"理论，延续到唐代，"治"逐渐演变成了后世道教的宫观组织，其经济自养方式也渐渐成形固化了下来。

时至今日，道教自养经济建设仍是个尚待深入探究的课题，所以有必要在回顾历史的基础上，对相关的问题加以提示与思考。

一、传统道教宫观自养经济的构成及其管理

虽然道教中人的经济自养可以追溯到东汉末年道教初创之时，但因形式多变难成典型。故本文的分析将以唐代为例，大致涉及宫观自养的构成及其管理模式等方面。

宫观自养的来源，大致由这几个方面构成：

1. 口分田。这是指道观在计口授田中得到的土地。

由于唐王朝实行儒道释三教融合政策，道教不仅在政治、思想上获得地位，也在经济上得到了扶植。唐高祖于武德六年（623年）颁布均田令（一种计口授田的土地分配方法），规定丁男、中男每人授田一百亩，"凡道士给田三十亩，女冠二十亩，僧、尼亦如之。"②

---

① 《三国志·魏书·张鲁传》。
② 《唐六典》卷3《尚书户部郎中员外郎》。

这里的道士，是指经国家正式承认、获得祠部颁发度牒的在籍道士。① 只有满足了这个条件的，才能得到三十亩田的待遇。② 女道士即女冠、女官，也是如此。道士每人三十亩，女道士二十亩，在承认道观拥有田地的同时，也限制了其占有田地的数量。由于获得度牒的道士多半生活于道观，所以其获得的田地均以宫观为单位领受。当其中的道士或女冠年满六十需要退田之时，则由所在寺观接收为常住田，从而变为道观的恒产。③

唐王朝还有对道教上层人物的官职、爵位授予，根据唐田令规定，也会有相应的占田份额享受。史载当时道士史崇玄曾被封为河内郡开国公、叶法善被封为越国公、冯道力被封为冀国公，他们因此享有了35—40顷的田地。经济实力惊人。

2. 朝廷、公卿士庶或一般信众的馈赠、捐助。

隋唐以前，政府给予道教的大规模赐田尚不多见，唐代以后正式奠定宫观制度，政府赐地多有记载。如在唐玄宗时期，仅开元二年（714年），敕改怀仙观为龙瑞宫，就把"东（至）秦皇酒翁射的山，西（至）石□山，南（至）望海玉□香炉峰，北（至）禹陵内射的潭五云□□白鹤山淘砂径茗□宫山□□潭葑田茭池"④ 的大片山林泽田划归龙瑞宫所有。代宗宝应（762—763年）年间，将陇右马牧地"赐诸寺观凡千余顷"⑤ 等等。

---

① 《唐会要》卷50《尊崇道教》："诸色人中，有情愿入道者，但能暗记《老子经》及《度人经》，灼然精熟者，即任入道。"
② 据《白氏六帖》卷26《事类集》载唐代田令云："道士受《老子经》以上，给田三十亩。"
③ 《唐会要》卷59《祠部员外郎》载："其寺观常住田，听以僧、尼、道士、女冠退田充，一百人以上不得过十顷，五十人以上不得过七顷，五十人以下不得过五顷。"
④ 陈垣：《道家金石略·龙瑞宫记》，文物出版社1988年版，第145页。
⑤ 《唐会要》卷65《闲厩使》。

常人讲日常生活，涉及衣食住行几个方面，道观自养同样如此。口分田能解决道教徒的吃饭穿衣，但所面临的宫观建造或维修，则要靠其他的途径来解决。如唐人韦述《两京记》记载："崇仁坊西南隅，长宁公主宅。既承恩，盛加雕饰，朱楼绮阁，一时胜绝。……韦氏败，公主随夫为外官。初欲出卖，……遂奏为观，以中宗号为名。"① 是说都城长安景龙观，初建于唐中宗李显景龙二年（708年）。其位于崇仁坊西南隅，即今西安南城墙内开通巷一带。最初是长宁公主的宅第，后来经公主舍宅为观，成为李唐王室崇奉的皇家道观。这是皇家贵族献宅舍为道观的一例。

类似情况在当时甚不少见，如唐睿宗女儿金仙公主于神龙二年（706年），以道士史崇玄和叶法善为师，成为女道士。女儿玉真公主选择在王屋山受箓并隐居修道。睿宗复位后，为这两位公主立观，"乃以公主汤沐邑为二观之地"。②

又如，著名文士贺知章，于天宝年初"请为道士，还乡里，诏许之，以宅为千秋观而居。又求周宫湖数顷为放生池，有诏赐镜湖剡川一曲"。③ 这也是通过请求赏赐的方式为道观获取财产。

此外，还有通过各级州府的资助、一般信众的捐助等方式，获得道观新建或旧观修缮的。据《唐六典》卷四《祠部郎中》条载，"凡天下观一千六百八十七所"，这只是指玄宗朝所置有的官道观（经国家正式承认的）数量。至于遍布于全国各地的私道观（没有被官方记录在案的），多通过道教徒或普通信徒捐资兴建，它们虽然陈设简陋，却遍布于穷乡僻壤，其数字当为官道观的 2 倍左右。从其综述而言，也是相当惊人的。

---

① 陈梦雷：《古今图书集成》卷 79《考工典·第宅部纪事》。
② 韦述《两京新记》卷 3。
③《新唐书》卷 196《隐逸·贺知章传》。

3. 道观通过自身营运获得的经济收入。

在经济上，道观还通过自身的营运获得收入，以维持宫观的正常运作。虽然不论道教科仪还是俗世要求，都不主张道士女冠从事世俗化的经济活动，然而大量的赏赐施舍田产，以及宫观人口的增加，使得宫观道士几乎都会从事经济活动。据《洞玄灵宝三洞奉道科戒营始》卷一《置观品》记载，唐代道观除了具备从事宗教活动的建筑之外，还有"净人坊、骡马坊、车牛坊、俗客坊、十方客坊、碾硙坊"以及"药圃，果园、名木、奇草、清池、芳花，种种营葺，以用供，称为福地，亦曰净居，永劫住持，勿使废替"。这实际上与一个封建主庄园无异。① 这样的道观所从事的经济活动，包括经营庄园，租佃，放债举息，商业贸易等，与世俗化的封建地主经济并无本质区别。

此外，道观还有做法事等的经济收入来源，道教以其所具有的超验能力，为统治者提供服务，祈福，祭天，求雨等功能对于当时的社会发展和整合具有重要作用，作为对这些功能的回报，统治者提供大量的赏赐给宫观。宫观道士也为普通民众提供宗教服务，而通过这些服务获得民众认可并得到施舍。

道观经营的好坏，直接关系到道观的兴衰。故由此产生的道观自养经济的管理条例、规范也应运而生。唐朱法满《要修科仪戒律钞》卷四载《升玄经》中的五戒："若见色利，荣华粲彩，以戒掩目；若闻好恶之言，五音之属，以戒塞耳；若有八珍之馔，甘香之美，以戒杜口；若愿想财货、七宝、奇珍，放情极欲，以戒挫心；若忆奸淫，贪趣恶事，以戒折足。能行此五事者，七祖生天。"这是

---

① 参见王永平：《论唐代的道教经济活动》，《中国经济史研究》2000 年第 2 期，第 35 页。

从教义出发对道人经营行为的规范。

同书卷十三《杂科第一》中记："科曰：出家之人，清堂虚室，糁既甚，有十恶累：一则广占荒野，别畜田宅；二则种植园林，自求地利；三则出入贮积丝绵谷帛；四则畜贩奴婢；五则爱养六畜；六则贪聚八珍；七则好乐玩物；八则雕饰帐帷；九则衣着奇异；十则财宝弥勤。此之十事于身，不得为清虚，得之在身为患累。若有此者，妨向道心，碍净解慧。"这个则是从列数十恶的方式对道人的经营行为做出的约束。

明初张宇初所制定的《道门十规》，对道教宫观管理、道风建设影响重大。其中的第九规"金谷田粮"，涉及道观置办产业以及如何管理道观产业问题。张宇初天师在其中集中阐述了道观里经济活动方面的戒律。所谓"金谷田粮"就是指维持宫观道士日常伙食的经济来源和管理。为维持道观的正常活动，张宇初提出了"机构设计"问题。他说："其常住库堂，设职管绍出纳。其各察院，宜遵常住定规"。关于"管理人员"他要求：库房等有关钱财和物品等部门由宫观的主要领导直接管理。同时道观财物管理方面的原则主要有：一是道观的钱财主要应该用于道观的维修和保养；二是宫观的经济要为道观和道众的生存谋利；三是宫观的管理必须要创造一种相互帮助、注意节约、大公无私的风气。

在《道门十规》第十规"宫观修葺"中，他提出名山福地的宫观要修葺维护，不能使其倾废。"其各宫观，若殿宇、法坛、斋坛、官舍、云坛、道馆、两庑、庖、庾，所无可无"。张宇初天师对于维修道观需要的一些准备工作也提出了具体要求：首先，要积聚一定的财力；其次，是要配备专门管理维修的人员；三是要恪守道门规戒。张宇初天师提出这三条原则的目的：一方面是为了保证宫观维修的质量，确保修建工作的顺利进行；另一方面也是为了更好地防止在道观维修过程中"收受贿赂，中饱私囊"现象的发生。

对于在道观维修过程中出现的违规行为，张宇初天师也明确指出，应该加以处理。他说："同处职眷，递相觉察，闻于道司，举行定夺"。意思是，共同工作的人员，一个一个陆续有所觉察，就要报告管理部门的机构，由道司来决定处分。正因为如此，道门需要严格的纪律，需要有规戒制度来约束道众的行为。所以，张宇初天师告诫学道之人，一定要道心坚定、奉道行事。这些规定体现出古代道教宫观在自养经济管理上所达到的深度，至今读来仍很有启示性。

二、现代社会发展与道观自养经济管理的转型

新中国成立以后，道教自养经济基础出现很大变化：土地所有权收归国有，道教宫观等宗教场所不再有口分田即于计口授田中得到的土地。道教宫观的修缮或新建虽然能得到政府的拨款，但因部分宫观等宗教场所地处旅游区域，旅游部门为了争利，出现了所谓的宫观产权归属问题，所以许多在近代经战乱被毁坏的道观，没能得到全面的恢复。20世纪80年代改革开放以后，道教宫观开始恢复开放，特别是随着社会主义市场经济的快速发展，道教宫观的自养问题也因此得到关注。为此，国家宗教管理部门曾多次发布相关文件，就如何管理包括道教宫观在内的宗教场所问题提出指导性意见。

据2010年6月中国道教协会第八次全国代表会议通过，经2015年6月中国道教协会第九次全国代表会议与2020年11月中国道教协会第十次全国代表会议修订的《道教宫观管理办法》所载，有关自养产业管理及相应的财产管理已经进入了考虑范围，并根据宫观出现的实际情况，制定出相关的原则要求以及相应的规定。如关于自养产业的管理，提出"宫观可根据实际情况，合理开发利用自身

优势资源，依法开办自养产业，为维持宫观的正常运转和发展道教事业提供稳定的经济支持。"（第九章第四十七条）还提出："宫观正常自养的收入包括：依法接受境内外组织和个人的捐赠，按照传统和仪轨开展各类道教服务适当收取的费用，经营符合道教传统的饮食、住宿、养生、医药、文化、艺术、培训等服务产业的收入，按照传统开展农业、林业、手工业等生产事业所得的收入，合法使用土地、房屋取得的收入，举办与道教和宫观相关的文化活动、公益活动、宗教活动取得的门票及其他合法收入等。"（第九章第四十八条）同时将道观内的商业化行为加以了禁止（第九章第四十九条、五十条）。

在这个文件的第五章，论及了道教宫观的财产管理问题，提出宫观经济收入主要用于日常开支，道教活动支出，安排道众生活，维修宫观，保护文物古迹、环境，开展公益慈善活动和其他社会服务支出（第二十八条）；宫观要遵守《中华人民共和国会计法》和《民间非营利组织会计制度》等规定，严格执行《宗教活动场所财务监督管理办法（试行）》（第二十五条）；宫观应当配备专业财会人员从事财务工作，依法设置会计账簿，并保证其真实完整，管理好财务档案，重大开支要由本宫观管理组织集体研究决定，每年至少组织一次财务检查。（第二十六条）并对如何管理宫观的功德箱、捐款箱，如何管理收支账目、宫观的一切财物（动产和不动产），都做出详细的规定。这对于各地宫观的自养经济落实，是十分有利的。

为此，各地的道观陆续做出响应。如《中国宗教》杂志在2009年第四期曾登载《江西省鹰潭市理顺龙虎山道教宫观管理体例》① 一

---

① 雷纪文、童美德：《江西省鹰潭市理顺龙虎山道教宫观管理体例》，《中国宗教》2009年第4期第69页。

文，其编者按云："改革开放以来，伴随着旅游业的发展，一些地方考虑到发展旅游经济的需要，由地方旅游经济部门筹资对破损或仅存历史遗址的宗教场所进行了修复及重建，多年来因涉及产权归属及还贷等问题，管理权的移交存在困难。……江西省鹰潭市龙虎山景区正一观、上清宫、兜率宫的管理体制得到了理顺"，这种事例或许有启示意义。文中说，其解决办法在于"由龙虎山道教协会与龙虎山风景旅游区管委会、龙虎山旅游集团公司三方达成协议，协议规定景区内的道教活动场所及其附属设施全部由龙虎山道教协会按照国家有关规定进行管理，收入亦全部归其所有。龙虎山风景旅游区……在门票收入方面对宗教活动场所进行补助。"由于龙虎山是正一道祖庭，在道教团体中拥有很大的影响力，所以《中国宗教》的这篇报道，为道教界获得自养经济管理权起到了引导的作用。

其时，也有不少的道教学者关注到这个问题。如王斌《新时期湖北道教宫观管理之思考》[1]一文中讲道："只有有了一定的经济基础，才能解决道教的自养问题。"为此他们做到"一是宫观的依法管理普遍得到了加强"；"二是宫观管理制度建设得到加强"；"三是财务管理逐步规范"，在这其中积累了很多的经验。何春生在其《略谈宫观管理》一文中提及：在实现"自养"中涉及的道观修缮整理工作问题。"有些宫观靠售门票、办商店、开办小工厂，道教徒为信众做醮、拜忏以及信众的乐助，逐年增加了收入"[2]，为修缮道观创造了条件。这里透露出在新的历史条件下，各地道观如何在与时代条件相适应，在"自养"途径开拓、管理制度建立完善、宫观自身建设等方面做了很多的努力，获得了很大的发展。

---

[1] 见载《民族大家庭》2008年第4期。第26—28页。
[2]《中国道教》1992年第三期，第61页。

三、当代道教自养经济面临的问题及相应对策

道教的自养是其适应社会主义社会、适应时代的重要方面,当前道教的自养主要是宫观的自养。改革开放以来,随着宗教政策的逐步落实,以及整个社会的经济发展,民众生活水平的提高,道教的自养水平也有所提高,多数宫观都已走出刚恢复时的经济窘迫的局面,有的还稍稍富裕了起来。但总的来说,道教的经济实力还不强,目前自养方面存在的问题还不少,需要认真地研究解决。

首先,现代道教"自养"经济的定位及现实执行的问题。在历史上,道教"自养"一直是教界关注的重要问题,它在不同的历史条件下采取不同的应对、处理方式,才使得教派组织能够获得生存与发展。道教学者孙亦平曾说:"目前道教在发展宫观经济的过程中也面临着一些问题:一方面,道教宫观只有具备了一定的经济实力后,才能为道教徒的修真悟道提供良好的环境,为宫观的建设与维修,为道教组织积极开展宗教活动、对外友好交往活动、文化学术活动、社会服务事业和公益慈善事业提供物质条件,也才能够更好地吸引广大信众;但另一方面,如果道教徒仅追求宫观经济的效益,过度关注世俗的物质利益,就会导致道教的神圣性淡化。"[①] 把握两者的关系,不仅是个理论上的问题,也是宗教主管部门在制定相关政策时要把握的准则,值得我们加以探索与考量。

有些道观中人也提出,道教界目前主要的收入来源有这么几项:香火钱及信众的捐献,应信众之需进行宗教服务的收入,若干宫观有香花券收入,有条件的宫观还有若干法物、养生斋等方面的经营开发,但因为宫观本来是非营利性质,这一项不可能太大。在自养的考量中,很重要的一个问题,是要处理好服务与收入之间的关系。

[①]《宫观经济的特点及其对道教发展的影响》,《中国宗教》2010 年第一期,第 69 页。

提高宗教服务的质量，也是自养的重要条件。

其次，当代"自养"经济的管理的问题。在这方面至少存在着管理系统的完善、"自养"考量方式的确定及相应关系的厘清等方面问题。

如前所述，当代宫观经济"自养"的管理制度，尚处于摸索阶段。现在宗教管理部门是通过经验交流、典型介绍等方式来推进这方面的制度成形。但是如何做到在相应的机构管理下，来健全相关制度的制定、监督相关制度的执行，尚缺乏明确的规定。从全国的范围来看，如统战部、民宗办，乃至各级道教协会，都没有统一的对道观的"自养"经济宏观把控，在财务等方面缺乏审查监督机构。这样不免使得部分宫观的"自养"经济处于放养状态，对部分宫观的"自养"经济财务等方面的管理也留下隐患。这方面值得做的事情很多。

如有道教中人提出：在许多地方，旅游收入占了宫观收入的一定比例。特别是一些名山和城市中的宫观，常常是重要的旅游资源。现在的问题，一方面是某些地方宗教政策还有待于落实，将应当归属道教的宫观还给道教界管理。另一方面，已经归还道教的场所中，有一部分没能很好利用起来。我们认为，作为特殊的宗教资源，宫观是与整个道教文化联系在一起的。我们扩大宫观的自养收入，除了要积极做好信徒服务工作外，重要的一点就是要加强宫观的文化建设。这样的问题，也是今后道教主管部门探究的重要切入点之一。

再次，道观"自养"经济缺乏专门的探讨与研究。学者罗争鸣曾写作《道观经济研究的回顾与思考》[①] 一文，对有关道教经济研究的现状作出考察，值得我们关注。他在文章提要中即指出："寺庙经

---

① 见载于《宗教学研究》2008 年第三期，第 1—3 页。

济研究已经取得重要的进展,但道观经济研究一直没有得到足够重视。近年来,道观经济研究尚无相关专著,主要成果仅为单篇论文或著作的某一章节,可以说很多问题尚未触及和解决。道观经济是道教形成、组织和发展的物质基础,也是道教研究的重要领域,值得做深入探讨。"目前距此文发表已过去十多年,但文中所提到的现象仍然存在,没有得到根本性的改变。

罗教授在文中指出:这方面研究的缺失,"不单单是道观经济薄弱、史料匮乏的问题。实际上,道观经济的相关资料除了散见于一般正史、编年体史书、典志体政书、类书中,还见于大量的道经、碑刻、宫观志、山志、总集、别集、历代野史笔记中。总之在历史文献和道藏中道观经济研究的相关资料是非常广博而复杂的"。他也很有信心,认为:"道观经济研究亟待摆脱寺院经济研究的笼罩,走出一条属于自己的清晰的路来。随着道教和经济史研究的不断推进,道观经济研究必定引起学术界的广泛重视,因为,这是一个颇有学术价值和实际意义的课题。"我们也不妨以此为动力,展开在道观"自养"经济方面的新探索。

总起来看,宗教与经济的关系,是一个相当复杂的理论问题。"宗教在其产生、发展的漫长历史中,其教义、组织、活动场所、教徒以及宗教仪轨等都与社会经济有着千丝万缕的联系,不可能脱离社会经济而独立存在。"[①] 世界上所有宗教,几乎无一例外把财富的占有视为万恶之源,提倡信徒不为物质欲望所诱惑和拖累,但宗教在面临生存和发展问题时,又不得不需要和倚赖雄厚的经济基础。道教也不例外,考察道观经济的内容、形式、特征、规律,对于认

---

① 罗莉:《宗教与经济的关系》,《西南民族大学学报(人文社科版)》2006年06期,第71页。

识和理解古代社会的经济结构、道教在不同历史时期的盛衰变化、道教与经济的关系等,具有重要的理论意义。另外,对于当代道教解决自养问题、倚赖自身发展经济问题道观经济研究也能提供有益的借鉴和思考。

道教宫观管理中的戒律制度建设

袁　征[*]

摘　要：道教戒律中蕴含着丰富的道德伦理和信仰思想，道教宫观管理中的戒律制度建设，要适应时代社会主流道德伦理和信仰思想，此外还要建立适应时代戒律制度作为道教管理中的重要制度。如何形成符合现在道教宫观管理需要的戒律制度是道教界的时代课题。现代道教戒律制度的建立既要有利于社会发展、有利于道教自身建设，还要符合"大道"柔弱、处下、虚无、自然、清静、无为、纯粹、朴素、平易、恬淡、不争等精神，更好完善道教宫观管理中的戒律制度建设。

关键词：道教戒律　道德　信仰　道风　制度建设

戒律，对于道教宫观管理非常重要，它是道教徒提升道德素养、信仰修持和加强道风建设的保证，戒律的发展与衰微关系到道教的兴衰，所以制定出符合时代发展的戒律制度对于道门发展至关重要。当代道教戒律制度建设也是贯彻和落实道教中国化的重要举措，

---

[*] 袁征，中国人民大学宗教学硕士，北京市道教协会常务理事、北京东岳庙"庙管会"委员。

2021年12月，全国宗教工作会议上，习近平总书记指出，要支持引导宗教界加强自我教育、自我管理、自我约束，全面从严治教，带头守法遵规，提升宗教修为。今年3月，时任国家宗教局局长王作安指出："要支持宗教界梳理传统教规戒律，兴利除弊、革故鼎新，形成适合当下的新规范。"这些讲话精神告诉我们，制定出符合时代发展的戒律制度是大势所趋，我们要积极把握道教戒律发展规律，理清道教戒律脉络，搞好当代道教戒律制度建设，匡正道风、正信正行，助力道教中国化进程，促进道教事业健康发展。

一、宫观管理要注重提升道教徒的道德素养

道教是中国本土宗教，蕴含着中国基因，从道教戒律看，其不仅继承了先秦道家思想，而且也吸收了儒家等思想，其蕴含着丰富的道德伦理，有助于道教徒道德素养的提升。

1. 道教戒律中蕴含着丰富的道德伦理

道教戒律中蕴含着丰富的道德伦理，既继承先秦道家"守清静、戒贪欲"思想，也吸收了儒家"行道济世"等思想。早期天师道时期，就出现了"道德尊经想尔戒"，如："行无为，行柔弱，行守雌，勿先动，此上最三行；行无名，行清静，行诸善，此中最三行；行无欲，行知止足，行推让，此下最三行。"[①] 在此基础上，又发展出"老君二十七戒""老君一百八十戒"，这些戒律是对自身心性的规范、大多流露出"清静无为"的思想，而对于社会中的人，道教的道德伦理为"平等"的思想，这种思想可以追溯到战国中期，庄子在《南华真经》就提出了"天地与我并生，而万物与我为一"[②]、"以

---

① 《道藏》第18册，上海书店1988年版，第218页。
② 《道藏》第11册，上海书店1988年版，第570页。

道观之，物无贵贱"①的思想，《道门经法相承次序》说："一切有形，皆含道性。"②道教的平等观是建立在信仰大道的基础上，道教以"道"为最高信仰，"道"是无私、无欲的，它对待万物都是平等的，人类作为万物的重要组成部分，"道"对于人类社会也是平等的。

　　道教需要立足于世间，不仅要保留自身的特色，而且要吸收主流思想等内容，从汉武帝推行的"罢黜百家，独尊儒术"开始，儒家文化一直是中国的主流文化。儒家伦理讲血缘亲情关系，看重宗法等级，主要伦理价值观念为"三纲五常"，道教在早期就加以吸收，如东晋《太上洞真智慧上品大诫》"智慧十善劝助上品大诫"中第六诫说"劝助国王父母，子民忠孝，令人世世多嗣，男女贤儒，不经诸苦。"③又如：南北朝时期，《正一法服天师教戒科经》就认为"诸欲奉道，不可不勤；事师，不可不敬；事亲，不可不孝；事君，不可不忠"；④再如：金王嚞撰《重阳真人金关玉锁诀》认为"忠君王，孝敬父母师资，此是修行之法。"⑤到了元明间，陆道和在编辑的《全真清规》"教主重阳帝君责罚榜"中第一条就规定"犯国法遣出"。⑥全真派《初真戒律》"虚皇天尊所命初真十戒"中第一戒就要求受戒之人"不得不孝不仁不信，当尽节君亲推诚万物"。⑦《中极戒》对"忠孝"思想的规定越发具体化，如：第十六戒"不得不忠其上"；第一百十六戒"不得轻慢官长"；第二百二十六戒"当念国中清净、王化太平、无有不道"；第二百四十四戒"当念父母养我

---

① 《道藏》第 11 册，上海书店 1988 年版，第 596 页。
② 《道藏》第 24 册，上海书店 1988 年版，第 786 页。
③ 《道藏》第 3 册，上海书店 1988 年版，第 393 页。
④ 《道藏》第 18 册，上海书店 1988 年版，第 232 页。
⑤ 《道藏》第 25 册，上海书店 1988 年版，第 798 页。
⑥ 《道藏》第 32 册上海书店，1988 年版，第 159 页。
⑦ 《藏外道书》第 12 册，巴蜀书社（成都）1992 年版，第 18 页。

因缘"等。①

2. 以戒律制度提升道教徒的道德素养

遵守道教戒律制度有助于提升道教徒的道德素养，引导发扬真、善、美，防止假、恶、丑。道教是有大抱负的宗教，追求的真理是"内圣外王"之道，追求内心的无为清静，向外是积累事功。道教的戒律蕴含的一些世俗伦理道德对国家、社会、人民也有积极的指导作用。如：《洞玄灵宝天尊说十戒经》之"次说十四持身之品"② 之品目与儒家经典《弟子规》中的十二德目："孝悌忠信、礼义廉耻、仁爱和平"基本对应，与社会主义核心价值观相契合，这些品目中讲的都是中华传统美德。

道教不仅把大道作为追求目标，而且把行善积德作为寻求大道的重要方法。《太上感应篇》中说："欲求天仙者，当立一千三百善；欲求地仙者，当立三百善。"道教《龙门心法》中有这么一个故事：有一个戒子，受了戒之后开斋破戒，有一天晚上做梦到地府，遭到一个鬼卒喝骂道："地府有诏书，凡修道持戒的，羽化之时，光大的从正门进，光小的从东小门进，无光的革除戒名，戴锁链到西角门外审讯，我看你没有光明，一团黑气，跟我一样，混充道人。"说着就手执铁棍打来，戒子从梦中惊醒后，悲伤忏悔，痛改前非，时时刻刻守戒，没有半点懈怠。又有一天梦游地府，鬼卒向他跪下，问戒子道："请问仙长，将要到何处？"戒子说："我因云游于此，不敢惊动大王。"鬼卒说："大王规定，凡有戒行有光明长者到此，须到茶厅用茶。"戒子说："并没有公事，不坐了。"随即回身，戒子就从梦中醒来了，之后他把这件事告诉大众。这个故事告诉我们：持戒

---

① 《藏外道书》第12册，巴蜀书社（成都）1992年版，第132—139页。
② 《道藏》第6册，上海书店1988年版，第899页。

对于教徒个人来说是非常重要的，对于我们信众，乃至我们人类来说，也是非常重要的。道教认为，人在世所做的每一件事，天地之间的司过之神都会分毫不差地把这份报应呈现出来，近报在己、远报殃及儿孙乃至整个社会、宇宙，一个人的行为可能会牵涉到整个家族、整个人类。

道教认为：道生万物，美由此产生，"自然""无为""朴素"是美的本质特征，道教徒也是大自然的一部分，要平等看待动物、植物，与自然和谐相处，道教戒律中有许多思想教我们从整体出发、和谐的思想，如：南朝宋道士陆修静所撰的《洞玄灵宝斋说光烛戒罚灯祝愿仪》中把"守仁不杀，悯济群生。慈爱广救，润及一切"。①作为修斋求道之人的"第二戒"。南北朝至隋唐之际《太上洞玄灵宝业报因缘经》中更是把"不得杀生"作为道君所说"十戒"中的"第一戒"。②

道教还认为"一切有形，皆含道性"③，连"飞蠕蠢类皆含道性"④，《太上老君经律》中第一百三十二戒为"不得惊鸟兽"⑤，《道门科范大全集》之"东岳济度拜章大醮仪"中规定杀生之人，有六种恶报，具体为"短命、多病、丑陋、形残、地狱苦报、受六畜身偿他骨肉"。⑥道教戒律不仅对保护动物有着明确的规定，植物也是道教尊重的范围。《太上老君经律》第十四戒中说"不得烧野田山林"。⑦《上清洞真智慧观身大戒文》中说"不得无故伐树木"。除了

---

① 《道藏》第9册，上海书店1988年版，第823页。
② 《道藏》第6册，上海书店1988年版，第98页。
③ 《道藏》第24册，上海书店1988年版，第786页。
④ 《道藏》第18册，上海书店1988年版，第136页。
⑤ 《道藏》第18册，上海书店1988年版，第220页。
⑥ 《道藏》第31册，上海书店1988年版，第945—946页。
⑦ 《道藏》第18册，上海书店1988年版，第219页。

动、植物，道教戒律还教我们保护自然环境。《太上老君经律》第三十六戒规定"不得以毒药投渊池及江海中"①，《中级戒》第一百十戒规定"不得以秽物投井中"②。道教戒律中包含的对他人、动植物、环境的规定，对于提升道教徒的道德素养有很大帮助。

二、宫观管理要注重提升道教徒的信仰修持

道教戒律是道教内部的法律，本身就具有严肃性和神圣性，蕴含着丰富的信仰思想，道教徒必须要自觉遵守，持守规戒，才能不断提升道教徒的信仰修持。

1. 道教戒律中蕴含着丰富的信仰思想

笔者有一个道教朋友，他是一个庙里的住持，他说，"他确实不想送他们道观里的弟子到道教学院去学习，因为学出来高不成、低不就的，而且学成后做道场还需要从头学起，如果他要再有野心，跑了怎么办"。笔者认为这也许就是现在道教宫观所面临的困境，受世俗经济的影响，道教徒信仰松弛，传统道教的神圣性和纯粹性受到挑战，道教宫观中的一些道士一味迎合这个世俗社会，戒律成为一种知识，一种摆设，在世俗社会冲击下，道教徒的信仰淡化、修道也可能渗透着伪善。笔者认为，当今道教界要健康发展，就需要恢复道教宫观戒律的神圣性。

道教有很多戒律都是神灵传授的。如，"老君说一百八十戒"是周幽王时代的老君授予干吉，命他记录下来作为后世法则；又如，太上老君降临嵩山，"赐《老君音诵诫经》二十卷"③；再如：《女青

---

① 《道藏》第18册，上海书店1988年版，第219页。
② 《藏外道书》第12册，巴蜀书社（成都）1992年版，第34页。
③ 《道藏》第18册，上海书店1988年版，第211页—217页。

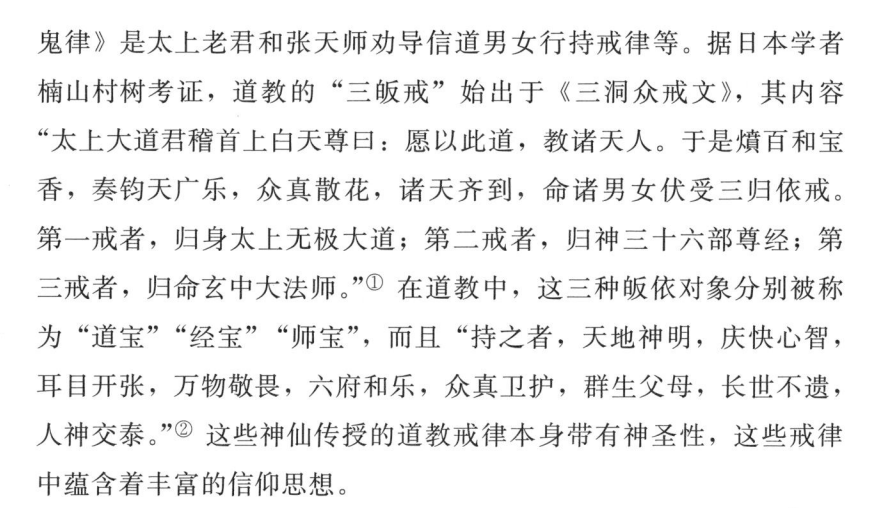

鬼律》是太上老君和张天师劝导信道男女行持戒律等。据日本学者楠山村树考证，道教的"三皈戒"始出于《三洞众戒文》，其内容"太上大道君稽首上白天尊曰：愿以此道，教诸天人。于是焚百和宝香，奏钧天广乐，众真散花，诸天齐到，命诸男女伏受三归依戒。第一戒者，归身太上无极大道；第二戒者，归神三十六部尊经；第三戒者，归命玄中大法师。"① 在道教中，这三种皈依对象分别被称为"道宝""经宝""师宝"，而且"持之者，天地神明，庆快心智，耳目开张，万物敬畏，六府和乐，众真卫护，群生父母，长世不遗，人神交泰。"② 这些神仙传授的道教戒律本身带有神圣性，这些戒律中蕴含着丰富的信仰思想。

2. 以戒律制度提升道教徒的信仰修持

道教徒信仰体现在学修过程中的一言一行，其中遵照戒律制度做事是道教徒提升信仰修持的重要手段和基本保证。道教徒作为弘法利生、践行大道者，对于信徒具有"模范"的作用，这种表率作用没有任何人能帮得了忙，这需要自身的觉悟，所以道教宫观道士的自身的"端正"非常重要。道教制定的戒律制度，规范着道教徒的言行，使正法久住，正道兴行，戒律则成为道教徒信仰的"保证"，道教徒通过修持戒律来摒弃种种欲望，逐渐走向神圣的阶梯。《大明玄教立成斋醮仪范》中说："然受戒之法，静默为先；持戒之法，勤拳为上。"这里的"静默"即是寂静的意思，这里的"勤拳"当恳切真诚讲；《太上老君戒经》中说："然持戒者，乃为奉经，奉经者，必在求道。"这里"奉经"即是对祖师留下来的经典信受奉行；《道门通教必用集》中说："慕道之初，必求标准，发愿持戒，

---

① 《道藏》第3册，上海书店1988年版，第397页。
② 《道藏》第3册，上海书店1988年版，第397页。

经训具存。"《龙门心法》中说:"受了戒的人,全要把自己心上所行,日里所说,日夜存思,善即行,恶即止,不许自己饶恕,不许自己欺瞒,不许自己遮蔽,有善不以有功,有过即时忏悔。依戒经细细参求,访名师勤勤学问。敬师如父母,敬友如兄弟,乐法如妻,爱经如宝。持戒在心,如持物在手。手中之物,一放即失,心中之戒,一放即破,世间王法律例,犯则召刑。天上道法,女青之律,犯则受报。莫道阴司冥而不见,生生死死,只在尔心。莫道戒神幽而不显,出出入入,只在尔念。戒行精严四字,降心顺道换作戒,忍耐行持唤作行,一丝不离换作精,一毫不范换作严,始终不变唤作持戒,穷困不移换作守戒。"《朝真论》云:"夫朝礼者,诚也。诚则敬,敬则信,信则灵,灵则生,生则应凡,法子行持,尽心对师,请旨奉行,无不应验也。"怎样才能做到正心诚意呢?我认为先要控制住眼、耳、鼻、舌、身、意这六根,《三洞众戒文》中说:"六情者,染罪之门,丧身之源也,所以持戒先制六情,六情恬夷,神道归也。故学士初入中乘,先须闭塞六情,然后渐阶一道。"《道德经》说:"五色令人目盲。五音令人耳聋。五味令人口爽。驰骋畋猎令人心发狂。难得之货令人行防。是以圣人为腹不为目,故去彼取此。"所以说持戒要抛弃物欲,让自己的心澄定下来,神自宁也,炁自和也,精自固也,终不亡也。持戒是道教徒自己的事,需要真心实意,掺不得一点假。真持戒,信仰坚定,为斋主做法事才有用,行道教法术才会灵验。

三、宫观管理要注重道教的道风建设

道风建设是宫观管理的一部分,它的完善不是一蹴而就的,需要认清形势、制定计划、运用方法、坚持不懈地付以实践,还要以戒律制度为抓手，找到适合当今发展的戒律。

1. 道风建设是宫观管理的重要内容

道风建设是宫观管理的重要内容，良好道风的形成，需要正确的发展理念、科学的制度保障、充分的人才队伍、一定的自养经济做支撑。

一个宫观要保持良好的道风，必须要有明确的目标、正确的方法、坚定的信念，要定好位，是要建设学术型宫观？还是要建设武术文化型宫观？还是要建设中医文化型宫观？还是要建设旅游文化型宫观？以笔者所在道观北京东岳庙为例，此庙始建于元延祐1319年，有玄教大宗师始建，文化底蕴深厚，这很自然形成了北京东岳庙的文化风格，元朝时，玄教大宗师张留孙祖师在文化上就非常有造诣，博学多才，时常与当时主流知识分子交往，又在不同场合宣传他的"虚心己身、崇俭爱民、以保天下"之说，使他创立的玄教在当时的主流文化中逐渐被接受，具有一定的话语权。北京东岳庙至今已有七百多年历史，现任住持为袁志鸿道长，他从2008年担任此庙住持，就十分重视北京东岳庙的文化建设，他自己不仅笔耕不辍，而且创立了《凝眸云水》杂志刊物，还把"东岳论坛"打造成首都道教的一张文化名片，得到上级部门的认可，此外他还组织道教界的专家学者编著了130万字的《北京东岳庙志》，填补了北京东岳庙历史上没有庙志的空白，近期他的两部专著还在出版中，这些成果的取得不是一朝一夕之事，我想靠的是坚定的信念，靠的是对道教事业的热爱，靠的是为促进道教的进步与发展这一宏伟目标追求孜孜不倦的精神，他在追求过程中实现了人生的价值，他能做成这些事的方法就是一点一滴地积累、一点一滴地付出，因为笔者每天在庙里看见袁志鸿住持一有时间就写作，这是一种学风，也是一种道风，以他自身的正面形象引领北京东岳庙的发展。

科学的管理是宫观道风建设的有力保障。还是以笔者所在道观为例，北京东岳庙在管理上始终定位为一个学修的道场，保持宫观的清静尤为重要，所以在人、财、物的管理上不断完善，科学提高管理水平。在人事管理上采用社会单位招收员工的制度，实行科学规范管理。财务方面，严格遵守《宗教活动场所财务管理办法》规定，始终保持道教徒节约勤俭的生活方式。档案管理方面，建立专门的档案室，有着一定的档案管理经验的人员专门保管。除了科学的人事管理、财务管理、档案管理，还需要完善各项制度，比如，财务管理制度、消防安全制度、文物保护制度、学习制度、防疫卫生制度、功德箱管理制度、教职人员和工作人员管理制度、外来人员挂单制度、居士义工制度、值殿制度、教职人员请销假制度、教务工作管理办法、宫观规约、教职人员行为准则、图书管理制度、安全管理办法、审批建设管理办法等，为宫观端正道风、规范管理，发挥出积极作用。

人才培养是道风建设的抓手，一个宫观良好的道风，需要一批有道心、有学识的道士队伍。现在培养道教人才有很多种选择，不仅有全国性的宗教院校，而且有地方上的道教院校，可供各宫观选择，各宫观推荐可塑之才在那里经过科学系统的学习，不仅可以系统地掌握道教知识、开阔视野，而且能够帮助他们定好位，怎样做一个新时期合格的道教徒，这样有利于道风建设的健康有序发展。十年树木，百年树人，人才培养不是一朝一夕，是一个长期的工程，但是笔者认为只要有利于宫观管理、有利于大众的事，我们都要积极去做。

道风建设不是喊喊口号，需要实实在在付出行动，还需要一个良好的学修环境，现在的宫观不像以前，在一个大山里，自己一个人学修，过一种与世隔绝的生活，而是要适应时代发展，处理好出世和入世的关系，搞好基建，创造一个良好的学修氛围。

道风建设是宫观管理的重要内容，道风建设的具体措施，笔者认为：（1）注重道教徒的学习，定期开展法律、法规、教义、教规的学习，确保道教徒正言正行；（2）在选拔道教徒人选上，负责人、庙管会要严格把关，完善选拔制度；（3）发挥各宫观的优势，做好宫观住持、监院的引领示范作用；（4）选拔人才，要不拘一格，可用察举、推荐、访贤等多种形式的方法；（5）制定短期、长期制度、目标，采用激励制、淘汰制、惩罚制等方法，把制度、目标落实到位。

2. 以戒律制度为抓手推进道风建设

戒律制度是推进道风建设的重要抓手，如何形成符合现在宫观需要的戒律制度是摆在我们面前的难题，因为难，我们更应该去做，因为这件事涉及道教的兴衰，由道教历史可知，道教戒律发展之日，就是道教兴盛之时，如：唐朝时，道教非常兴盛，道教戒律也非常丰富和完备，所以制定一套安定道教徒身心的戒律制度刻不容缓。

丁常云会长认为："现代道教戒律的建设，主要是强调戒律理论的创新和戒律思想"[①]，笔者非常赞同丁会长的观点，笔者认为，现代戒律制度的建立需要满足三个要求：第一，要被绝大多数人接受，不能接受的要淘汰；第二，要符合"大道"的特征，如：柔弱、处下、虚无、自然、清静、无为、纯粹、朴素、平易、恬淡、不争等；第三，要有利于社会发展、有利于道教自身建设。要满足这些要求，就需要我们把道教从古至今的戒律梳理一遍，把核心、重要的戒律条文保留下来，也要增加新的戒律，为道教戒律注入新的血液，使

---

① 丁常云：《试论现代道教戒律建设的基本构想》，《道教戒律建设与宫观管理》，2008年9月，第7页。

道教戒律活起来。道教戒律的制定主体是人，所以他逃离不了社会，如：东汉末年，政治黑暗，天下兵祸四起，百姓民不聊生，持守道教戒律有趋吉避凶之效，其思想迎合了民众需要，所以被当时的社会所接受，到了魏晋时期，儒学思想成为正统，道教戒律吸收了儒家伦常，并对松散的内部戒律加以规范、整顿，使道教符合统治者的伦理需要；隋唐至北宋期间，道教社会地位提高，道士人数大增，道教戒律从不同派别互不相同，到整理、编纂、分类道门戒律，使道教戒律分门别类、系统化；而宋代至明代中叶时期，道教戒律多从各方面论述道士在宗教生活中的要求和规范；明后期之后，道教腐化之风盛行，道教戒律成了摆设，道教衰微。从道教戒律发展历程可知，其不是一成不变的，不仅受政治、经济、文化、法律等因素的影响，也与道教义理思想发展有关，而且还与教团组织的规模大小有关。

早在唐朝时期，清都观道士张万福就对不同阶层、不同类别的学道之人传授怎样的戒律作了分类，如："入道者，需受三归戒；箓生，需受五戒、八戒；在俗男女，需受无上十戒；新出家者，需受初真戒；正一弟子，需受七十二戒；男官、女官，需受老君百八十戒；清信弟子，需受天尊十戒、十四持身品；五千文金纽，需受太清阴阳戒；太上高玄法师，需受二十七戒；洞神，需受三道要言、五戒、十三戒、七百二十戒门；升玄内教，需受百二十九戒；灵宝初盟，需受闭塞六情戒；中盟，需受智慧上品大戒；大盟，需受三元百八十品戒；上清，需受智慧观身二百大戒。"还有《道藏辑要》之《三坛圆满天仙大戒》记载的"初真戒""中级戒""天仙戒"三大体系为全真派所尊崇。这些戒律虽然可能符合当时的社会环境和道教自身的发展，但是拿到现在来看，有些地方可能已经不适应现在社会，就需要进行适当调整与取舍，这是时代发展的必然。

笔者认为：道教自身要紧跟时代发展的步伐，积极挖掘端正道风、规范行为的思想和理论，如：今年6月8日，在北京召开了以"宗教界开展崇俭戒奢教育活动"为主题的全国性宗教团体联席会议，道教戒律中有许多教人勤俭节约的内容。道教"初真戒律"之第八戒，教人不得贪求无度，不要积财却不知道布施，要节俭，要同情贫穷的人，把财物惠及他们。这样才能常使心地清虚，物欲消散，常常这样的话就自然地与大道相契合。道教"中级三百大戒"第三十戒：不得多积财物不思散施；"孚佑帝君十戒"第八戒为戒贪；道教"五戒文"中教人不贪五色、五音、五气、五味等戒律；道教"长春真人规榜"记载："处静者勿其尘情，所有尘劳，量力运用，不可过度，每一衣一食，不过而用之，每计庵粮，不可积剩，治身衣物，不可贪求。"笔者还认为：道教戒律的制定要把中国特色社会主义法治的基本理念、宪法和《宗教事务条例》等宗教政策法规的基本精神、社会主义核心价值观的基本要求、全国宗教会议精神，融入戒律建设，积极探索传统戒律与现代社会相融合的路径，既要继承道教戒律思想优良传统、有利于道教自身建设，又要体现时代脉搏、适应社会发展需要。

四、结语

道教宫观管理需要加强戒律制度建设，而道教戒律制度又必须要适应时代发展的。现代道教戒律建设不仅要考虑现在社会主流思想的因素，而且还要考虑道教戒律理论思想，这就明确道教的核心是"道"，道教戒律理论建设要紧密围绕"大道"的特征展开，这是道教戒律理论建设的根基。此外，现在道教戒律建设还要考虑道教组织建设，笔者认为唐代是道教发展的鼎盛时期，清代是道教的衰落时期，唐代道士张万福对不同阶层、不同类别的学道之人传授怎样的戒律作了分门别类严格的规定，让不同等级学道之人有了不同的规矩，清代，王常月祖师针对道教中"玄远颓败"景象，编订了三坛戒律条文，要求凡初入太上正宗法门，不问道俗，必先道依太上金科玉律，洞戒文，供养大道尊像，表通都天纠察王天君，请析盟证，受三皈依戒，对全真派戒律进行了规范，实现了清初龙门派的中兴。从张万福、王常月两个不同时代的祖师，都能实现良好道风。历史告诉我们，道教戒律建设不是一成不变的，也是不断与时俱进的，不同时代的道教戒律建设要融入不同时代的"法、情、理"，制定不同时代的自治、规约、标准，引导、促进、督导，完善道教宫观管理中的戒律制度建设。

道教宫观管理与神职教徒信仰建设

侯 程*

摘 要：当代道教，神职教徒的信仰建设尤为重要，不仅直接关系到宫观管理问题，而且也直接关系到道教能否健康发展的大问题。面对道观存在的"世俗化"和"商业化"问题，必须要进一步规范现代管理制度、强化清规戒律制度，建立奖罚机制、惩戒机制，不断提升神职教徒的信仰修持，发挥道观服务社会、服务信徒的积极功能，在促进道教中国化进程中，推动道教事业的健康发展。

关键词：宫观管理　神职教徒　奖罚机制　信仰建设

当代道教，宫观管理与信仰建设都是道门自身建设的重要内容，也是道教事业健康发展的根本保证。但是，道教现状表明，在道教事业快速发展的进程中，道门自身也出现了一些问题。比如，道风不振、戒律松弛、人才匮乏以及商业化等问题。[①] 究其原因，这与道教神职教徒的信仰建设有直接关系。因此，"规范的宫观管理"与"自身的信仰建设"显得尤为重要。

---

* 侯程，上海市浦东新区道教协会副秘书长、钦赐仰殿道观管委会副主任。
① 《中国道教》，2019年，第6期，第12页。

道教宫观是道教徒礼敬神灵、举行宗教活动和践行教义思想的重要场所,同时也是道教界树立自身形象、联系信教群众和弘扬道教文化的重要窗口。从道教历史来看,加强道教宫观管理对道教的健康发展有着重要意义。与此同时,拥有一支信仰虔诚的神职教徒的宫观,其管理也必然会迈上新台阶,也就是说"道教徒素质的高低直接影响到道观管理的优劣。"[①] 所以,道教宫观的管理与神职教徒的信仰建设是相互影响、相互促进的。

一、道观神职教徒信仰建设分析

　　俗话说"民无信不立",而对于道教徒来说,则是"神职教徒无信仰则废"。一般来说,道教神职教徒的信仰,是自身对道教神灵的崇拜和敬畏、对道教经典的持诵与研究和对道教文化的弘扬与传承。近年来,道教界主动加强"自我教育、自我管理、自我约束",[②] 推进信仰建设,整体上提高了神职教徒的信仰认知,取得了一定的成效。

(一) 信仰建设现状

　　十一届三中全会以来,随着宗教信仰自由政策的贯彻落实,道教教职人员人数逐步增多。1997年10月,发布的《中国的宗教信仰自由状况》白皮书中记载:中国现有道教宫观1500余座,乾道、坤道2.5万余人。至2018年4月,发布的《中国保障宗教信仰自由的政策和实践》白皮书中记载:道教教职人员4万余人,道教宫观9000余座。从两次白皮书的数据来看,道教教职人员和宫观数量的增长速度非常快,基本上满足了道教服务社会、服务信徒的需要。

---

① 丁常云:《道教与当代社会》,中西书局2018年版,第276页。
② 2021年《全国宗教工作会议精神》,《中国道教》2021年第6期,第5页。

但同时也带来一个制约道教健康发展的重要问题，那就是道教神职教徒的信仰建设问题。

信仰建设关乎着道教自身的发展，也是道教传承与弘扬的基本条件。国家宗教局王作安局长在中国道教协会第十次代表会议上指出："整顿道风仍须加大力度，一些宫观戒律松弛，违规破戒现象时有发生，有的教职人员不重修持，有的热衷于算卦、看风水，有的从事个人经营牟利。"① 严重影响了道教的自身形象。这就是说，道教的信仰建设已经刻不容缓。近年来，国家宗教局、中国道教协会为了加强教职人员信仰建设，陆续出台了相关政策法规、教制规章等，以此来提升道观教职人员的信仰自觉。

1. 政策法规不断修订，推动信仰建设。国家层面的宗教政策法规是信教公民知法、守法、用法的重要文件，更是道观教职人员信仰行为的准绳。"2004年国务院颁布《宗教事务条例》，这是我国第一部规范宗教事务的综合性行政法规。国家宗教事务局先后出台12部部门规章，各地制定了60多部宗教方面的地方性法规和政府规章，细化了《宗教事务条例》确立的各项管理制度。根据宗教领域出现的新情况新问题，2017年国务院对《宗教事务条例》进行了较大修订。我国宗教事务已经基本实现有法可依，形成了比较全面的宗教事务法律制度体系，成为中国特色社会主义法律体系的重要组成部分。"② 2021年、2022年还分别公布施行《宗教教职人员管理办法》《宗教活动场所财务管理办法》，进一步具体化地规范了宗教教职人员宗教生活等诸多方面内容。在宗教政策法规的不断完善下，党和政府还以正确认识国法与教规关系为切入点，通过"创建和谐

---

① 《中国道教》，2020年第6期，第6页。
② 王作安：《宗教工作在改革开放中创新推进》，《中国道教》2018年，第6期，第7页。

寺观教堂""宗教政策法规学习月"等活动平台,在宗教界人士和信教群众中广泛开展法治学习教育活动,引导增强国家意识、法律意识、公民意识,自觉在法律政策允许范围内开展宗教活动。这是由上而下、全方位推进宗教法治化建设。同时,也是加强道观信仰建设的重要保障。

2. 教制规章不断完善,强化信仰建设。中国道教协会自1957年成立以来,从严落实党和政府及法律法规的要求,不断修改完善道教有关教职人员的教制体系与规章制度,形成了较为完备、具体可行、衔接紧密的管理模式,为全国道教教务工作开展提供了规范性指导。在2020年召开的中国道教协会第十次代表会议上,修订了《道教宫观管理办法》《道教宫观主要教职任职办法》《关于全真派道士传戒的规定》《关于正一派道士授箓的规定》《道教全真派冠巾活动管理办法》《道教正一派传度活动管理办法》《道教宫观规约》等7个规章制度,新制定了《道教教职人员认定管理办法》《关于国外全真派道士受戒的暂行办法》《关于国外正一派道士授箓的规定》《关于规范道教教职人员着装的意见》《道教教职人员行为准则》《道教协会、道教院校和宫观负责人在加强道风建设中发挥带头作用的若干意见》等6个规章制度①,其中大部分规章都与教职人员的信仰建设有关,很好发挥了引领全国道教界和广大信教信众着力解决信仰淡化、戒律松弛、管理混乱的信仰问题,有力维护了道教清净庄严的形象,助力道观信仰建设。

3. 清规倡议不断细化,促进信仰建设。改革开放以来,全国各地道教宫观陆续得以开放,成为道教文化弘扬的重要窗口,同时也成为神职教徒信仰建设的重要阵地。在现实社会充满各种物质生活

---

① 《中国道教》,2020年,第6期,第16页。

和精神生活的诱惑下，要帮助神职教徒摒弃名利与财色的追求，既需要有坚定的思想信仰的教化，又需要有清规戒律的辅助，以促进信仰建设。自1842年陕西张良庙的清规和1856年北京白云观的"清规榜"以来，为了维护宫观信仰的纯正性，各地都适宜建立了"清规榜"，细化信仰建设内容，起到较好的信仰建设效果。新世纪以来，由湖南南岳道教协会制定《南岳道教清规榜》和上海浦东道教协会制定《道教清规榜》之后，各地全真、正一派道教宫观也开始重视"清规榜"的作用，并相继制定实施。因为，"制订严格而又符合当今社会实际的清规戒律，已经成为维护道教队伍的纯洁，确保道士有神圣信仰的举措。"① 除此之外，各种有关信仰建设的倡议不断出现，进一步巩固信仰建设成果。2014年中国道协下发"关于慈悲护生、合理放生的倡议书"，强调生命至上的信仰内容。2021年中国道协下发"关于疫情防控期间加强学修的倡议"，因时制宜，夯实信仰，等等。这些举措都很好地推动了道教宫观的信仰建设，对神职教徒的信仰提升大有裨益。

（二）存在问题分析

在社会高速发展的环境下，虽然在信仰建设上取得一定成效，但道教自身建设的实践成效并未完全转化为道教神职教徒坚定的信仰自觉，由于"商业化、世俗化、家族化②"等问题，在道教界出现了局部的"信仰危机"。这种"信仰危机"是道教神职教徒对根本信仰存在概念混淆、内容误解、曲解而产生的现象。"这一问题的存在，归根结底是道教信仰建设问题，而对于这一问题的解决，归根结底也是道教的信仰建设问题。"③ 所以，全面推动新时代下道教神

---

① 陈耀庭：《清虚集》，巴蜀书社2011年版，第233页。
② 《中国道教》，2020年，第6期，第78页。
③ 丁常云：《道教与当代社会》，中西书局2018年版，第256页。

职教徒的信仰建设，正视和认清道观神职教徒信仰建设问题的现实"症候"，是道教宫观规范性管理和道教健康发展的前提。

1. 信仰建设认识模糊，概念混淆无所作为。信仰建设的认识模糊就是道观管理者对道教根本信仰认识不清，侧重于"世俗性"理想信念的树立，与道教的根本信仰概念混淆。在有些宫观中，一些神职教徒之所以出现"戒律松弛、信仰淡薄、世俗味过浓"等不良现象，是由于道观自身不注重"神学思想"和"道德修养"等信仰内容教化，"不理解、不遵循"道教的根本信仰追求，而是侧重于"世俗理想信念"的追求，甚至将道教信仰与自身世俗性理想信念画上等号，对于根本信仰建设的必要性、重要性尚未形成统一认识。加之，道观管理上缺乏严肃的宗教生活，一味地看齐"企业管理制度建设"，认为制度建设包含信仰建设，宫观中无"道教信仰约束"、无"道教信仰追求"。所以，这种类型的道教宫观对于信仰建设无所作为，道教核心信仰的传承也在逐步丢失，当然也根本营造不出纯正的信仰环境。

2. 信仰建设认识浅薄，流于形式不受重视。信仰建设的认识浅薄表现为信仰建设在道观管理过程中不受重视，对信仰建设的重要性认识程度不深，信仰建设完全流于形式。有些宫观认为，管理宫观的目的就是为了提升道观的自养经济，更有甚者存在"自养经济好了，信仰建设也就上去了"的错误理论。这一类宫观大部分工作都流于形式。比如宣传栏上定期更换道教文化、举办观内文化讲座、定期开展信仰学习、张贴清规榜等，但问题在于宣传有、规章制度存在，神职教徒信仰不坚定怎么办？不遵守制度怎么办？如果宫观管理没有严格而有力的规戒制度，恐怕一切都将流于形式。王作安局长曾在中国道协第九次代表会议上针对教风问题讲话指出，"不怕有问题，就怕对存在问题见怪不怪、听之任之，这样下去其结果就如同温水煮青蛙。"① 至今，这种情况的宫观依然存在。

3. 信仰建设认识偏差，固守成规脱离时代。信仰建设的认识偏差是宫观管理者对信仰内容理解上存在误解与曲解的现象，固守传统的信仰教育和传承方式，没有做出适应时代的改变与创新。有些宫观在信仰建设的过程中，其教育内容和传承方式，过于苛刻与偏激，缺乏引导性与教化性，阻碍和削弱了道教信仰的拓展与吸引力。比如："让少数人先富起来""现代制度就可以替代清规戒律"等，还有"道装五花八门，各执说法"等。时代的发展需要我们对教义思想作出符合时代进步要求的阐释，道教信仰内容也要与时俱进、适应社会发展需要，而不是远离现实社会，背离时代精神，走向"信仰教条主义"。同时，在传播方式上存在单一化、简单化、粗糙化，没有针对多元化的社会而做出调整，最终偏离了道教信仰的纯洁性，影响了道教的教风建设和信仰建设。

二、道观神职教徒信仰建设的主要功能

信仰，《辞海》中的定义是："对某一宗教或主义极度信服和尊重，并以之为行动的准则。"所以，道教信仰则是道教神职教徒言行的准绳。作为一名道士，我们必须要有虔诚的信仰，必须要以信仰为重，要把"信道、学道、崇道、修道"作为人生的追求目标，要按"道"的内容身体力行，任何东西都不能改变我们对于"道"的信仰和对于"道"的追求。② 因此，加强宫观神职教徒信仰建设，是凝聚一批"道心坚定"神职教徒的根本保证，是提升宫观管理水平的重要抓手，更是推动道观与社会、信众沟通联系的重要举措。

---

① 《中国道教》，2015 年第 3 期，第 7 页。
② 丁常云：《道教与当代社会》，中西书局 2018 年版，第 260 页。

1. 信仰建设具有管理道观的功能。在新时代的背景下，道观的管理不是你要不要管理、愿不愿管理的问题，而是现代社会必须面对与重视的问题。其实，道观管理是一种以神职教徒为主体的自我管理模式。"现在宗教信仰自由政策落实了，道观也恢复开放了，道观的管理大权也交给我们道教徒自己了，管得好管不好就要看我们自己争不争气了。"① 可以说，道观管理的好坏完全依赖于管理人员和观内神职教徒的整体素质，素质高低的关键在于神职教徒"道心是否坚定""道风是否纯正"及"道业是否精湛"，也就是"信仰虔不虔诚"。从道教的历史来看，信仰建设是管理道教宫观的重要方式，比如清规、戒律。如果道观内管理者奉行张宇初天师"慈仁俭约，德量含弘，规矩公正"②的要求，道观内神职教徒都遵循陈莲笙道长"奉道行事"③"无为而无不为"④的原则，那宫观的管理必然规范有序，民主和谐，这就是共同信仰的力量。所以，道观推动加强神职教徒信仰建设，借助"外力"提升神职教徒信仰，是提升道观管理水平的重要抓手。

2. 信仰建设具有服务社会的功能。道观是弘扬道教文化、践行道教教义思想的重要场所，更是社会认知道教与道教服务社会的重要窗口。新时代背景下，道教界被赋予新的使命与担当，"要为全面建成社会主义现代化强国、实现中华民族伟大复兴的中国梦而团结奋斗。要培育与践行社会主义核心价值观，弘扬中华文化。"⑤ 所以，道教界应积极引导广大信教徒自觉为构建和谐社会而服务。那么，

---

① 陈莲笙：《道风集》，上海辞书出版社 2006 年版，第 117 页。
② 《道藏》第 32 册，上海书店（三家本）1988 年版，第 150 页。
③ 陈莲笙：《道风集》，上海辞书出版社 2006 年版，第 34 页。
④ 陈莲笙：《道风集》，上海辞书出版社 2006 年版，第 78 页。
⑤ 《中国道教》，2021 年底 6 期，第 4—5 页。

如何引导呢?"言传身教"无疑是最为重要的方式之一。道观神职教徒自身首先得有这种素质与自觉。一方面,道观神职教徒要积极践行道教道德伦理和济世利人的思想,研究教义教规中有利于社会和谐、时代进步和健康文明的内容,并通过自身与宫观的作为,促进人与人、人与社会的和谐相处,传递道教教义思想中清静无为、仙道贵生、和光同尘、抑恶扬善的和谐社会观念,造福人群。另一方面,道观神职教徒要树立"我命在我"的奋斗精神,不断适应时代的发展,创造人生价值,提高道观的自养能力,从而为道观服务社会提供经济基础。而践行道教"和谐社会"思想和树立"我命在我"的奋斗精神,则是信仰建设的重要内容。所以,道观不断强化神职教徒信仰建设,是道观服务社会的重要抓手。

3. 信仰建设具有服务信众的功能。道观是联系信众与实现信众需求的重要场所,在道教信徒队伍建设中发挥着积极作用。然而,在当代道教界,也不乏出现了道观神职教徒与所谓"信众"做出了违背道门教规的事宜,尤其是道观的管理者,在信教群众中造成了很多负面影响。故中国道协明确指出:"完善并带头执行服务信众制度。要了解信教群众的需求,以真诚的态度、慈悲的胸怀、亲和的语言、端庄的举止和良好的服务感化信教群众。不得以任何个人目的,主动向居士信众索取财物,更不得以各种名义借教敛财、弄虚作假、欺骗信众。"[1] 由此可见,道教神职教徒的信仰建设对道观服务信众的工作尤为重要。一方面,道观神职教徒拥有坚定的道心,精湛的道业,能很好地满足信徒需求,为信徒解疑释惑。另一方面,道观神职教徒通过对道的理解与追求,能够教化信徒,引导信教公民爱国守法,拥有正确的人生观与价值观。所以,道观管理中不断

---

[1]《中国道教》,2020 年第 6 期,第 78 页。

推进神职教徒信仰建设，是道观服务信众的重要举措。

三、道观管理要提升神职教徒的信仰建设

随着经济社会的快速发展，道观自养经济也得到了较大的提高，但是也带来了许多新的宫观管理问题，比如道观的"商业化"问题，教职人员的"世俗化"问题，部分道观的管理者与神职教徒对信仰的认识与理解程度不深，从而影响了整体的道教社会形象与未来发展。中国道教协会第十次全国代表会议通过的《道教宫观管理办法》明确要求："宫观要加强对道众的道风监督和管理，严格执行宫观管理制度，严格落实早晚功课、传统仪范等日常修持，纯正道风，道俗有别。"[①]并对道观管理组织提出："积极组织道众参玄悟道，营造学习修行的良好氛围，完善学修并进的奖励机制，开展学经、讲经和道学研究，提高道众各项素质，大力培养道教人才。"[②]与此同时，为了进一步规范宗教教职人员管理，国家宗教局于2021年5月1日施行《宗教教职人员管理办法》中更是明确指出："宗教教职人员接受所在宗教活动场所的管理是应当履行的义务。"[③]道观开展神职教徒的信仰建设合理、合法、合规，既是对传统管理模式的继承，又是新时代对宫观管理的要求。笔者认为，道观管理中要提升神职教徒信仰建设需从以下几个方面着手：

1. 通过强化对教义思想的学习与践行来提升神职教徒信仰建设。道教以"道"为最高信仰，以《道德经》为主要经典，倡导尊道贵德、重生贵和、见素抱朴、抱元守一、清静无为、慈俭不争等教义

---

① 《中国道教》，2020年第6期，第56页。
② 《中国道教》，2020年第6期，第55、56页。
③ 《中国道教》，2021年第1期，第7页。

思想。教义思想是道教信仰的核心,更是信仰建设的重要内容。当代道教,我们不难发现,在种种"世俗化""商业化""家族化"现象背后,恰恰是对道教基本教义思想信奉的缺失。因此,传承教义教规中历久弥新的积极因素,摒弃教义教规中不合时宜的陈旧内容,不断赋予新的时代内涵和现代表现形式,① 是加强对教义思想学习的关键。

首先,道观要倡导神职教徒学习诵持道教经典,并纳入考核。道教经典是道教教义思想的根本,是历代祖师在修道、证道、得道历程中的心得和神迹,比如:《道德经》《南华经》《清静经》《阴符经》等,参悟经典教义、祖师语录,才能不断加深对道教核心教义思想的理解,并运用在自身的日常生活和修行中,巩固加深对道的信仰追求,从而最终达到与道合真的境界。重阳祖师曾说:"若不穷书之本意,只欲记多念广,人前谈说,夸讶才俊,无益于修行。"所以,加强经典的学习对于信仰建设来说十分重要。同时,道观可以每年有针对性地列出经典学习清单,有方向、有计划地开展道教经典学习活动,逐步提升对道教核心教义思想的全面认识,并组织年终对清单自学内容进行考核,督促自学效果。

其次,道观要加强集体学习与培训,增加互动交流。人能弘道,非道弘人。每个人对于道的理解都有不同的角度与认识,道观需通过定期开展教义思想的学习,把教义思想中过去不是很清楚、困扰人们很久的,尤其信众经常询问的问题说清讲透,互相交流学习探讨,形成共识。如什么是"无为而无不为"?怎样做是"无为"?怎样才能"无不为"?再比如,道教"慈、俭、让"的三宝精神到底对人的生活修行有什么指导作用?等等。神职教徒只有对教义思想理

---

① 《中国道教》,2019 年第 3 期,第 6 页。

解透彻，才能使人信服，才能不断拓宽眼界，才会使神职教徒的信念不断提升。学习交流中，道观还需邀请专家学者来观讲学、授课，系统讲解道教教义思想体系，提升整体素养。

同时，道观还应鼓励与支持"讲经讲道"，合理阐释教义思想。讲经讲道是道教的重要传统，更是弘扬教义思想的重要方式。从黄帝问道开始，宣讲智慧便成了华夏民族优良传统。对于神职教徒而言，"讲经讲道"是对充分理解教义思想的重要考验，只有理解得深入，才能在讲解过程中游刃有余，才能讲出道教思想文化中有利于社会和谐、时代进步、健康文明的内容，才能对教义教规做出通俗易懂的阐释，才能真正思考与回应信徒关注的现实问题，才能真正满足信教群众的信仰需求，才能彰显道教文化的传统优势与当代价值。

2. 通过强化对神仙信仰的崇拜与敬畏来提升神职教徒信仰建设。神仙信仰是道教最为基本的、最原始的，也是贯穿始终的最具特色的一种神圣的信仰。[①] 对于道教神职教徒而言，神仙信仰具体表现为对神仙的崇拜与敬畏和对长生成仙的追求。如果道观的神职教徒都不崇拜神仙、不礼敬神灵，又如何提升信徒的神圣感。如果道观神职教徒都不注重自身修持，整天以酒为浆、烟不离嘴，更以妄为常，贪欲横生，那如何才能引导信众奉行"仙道贵生"的思想。所以，强化对神仙信仰的崇拜与敬畏，则是道教健康发展的基础，更是道观管理的重要内容。

首先，道观要加强神学思想的理论学习，强化神学伦理。中国有句古话："举头三尺有神明"。意思就是说人们在做任何事情的时候都要心存敬畏，不要天良丧尽、坏事做绝，因为就在头顶三尺的

---

① 丁常云：《道教与当代社会》，中西书局2018年版，256页。

地方便有神明监察着你的一言一行，并根据人们的行善作恶来断定祸福因果。这其实就是最为直接的神学伦理，道教神学思想更是如此。中国道协李光富会长曾指出："虽然时代在变，但我们尊道敬神的信仰不能变。"① 所以，道观通过对神学思想的学习，逐步要厘清道观神职教徒对道教的神仙世界、神学内涵以及神学伦理的认知，并修持奉行。在陈耀庭教授《道教神学概论》中，将道教神学门类概括为：道德神学、传世神学、神仙神学、社会神学、自然神学、灵魂神学、道士神学、经籍神学、斋醮神学、修炼神学、伦理神学、教团神学十二类②，可以作为学习的参考。

其次，道观要规范斋醮科仪的仪轨，强化神圣性。斋醮科仪俗称"做道场"，是道教文化中非常重要的礼仪，处处充斥着道教神学的思想，而坛场上的道士与法师则是神灵与信众沟通的媒介。"天师因经立教，而易祭祀为斋醮之科。法天象地，备物表诚，行道诵经，飞章达款，亦将有以举洪仪、修清祀也。"③ 这就说明了道教斋醮科仪是道教立教传教的重要内容，而且充满了神学思想。作为道观的管理，应从管理制度层面规范行仪的规范性、坛场的神圣性及信众的参与性，避免一切有违神圣性的行为发生。同时，更应选派内修较好的神职教徒主持坛场科仪，鼓励其他神职教徒加强内修的学习，要求其不做"对不起东家、对不起当家、对不起大家"的道场，确保科仪道场都能如仪如法。

同时，道观要提倡健康养生的修持，强调贵生理论。"长生成仙""位列仙班"是道教神职教徒入道修行一生的追求，更是神职教徒神仙信仰的重要内容。但这都基于"仙道贵生"的重要思想上来

---

① 《中国道教》，2015年，第3期，第13页。
② 陈耀庭：《道教神学概论》，宗教文化出版社2016年版，第17—27页。
③ 《道藏要籍选刊》第8册，第323页。

的，只有对生命持有"重生""贵生"的态度，才能达到"长生"。道教提倡养生，尤其是神职教徒更应践行之。所以，道观在管理中，应多提倡健康的饮食习惯，倡导"少私寡欲""清静无为"等生活方式，常组织"太极拳""八段锦"等养生功法练习，加强养生功法的修持。同时，道观还应强化"积功行善"的功德，引导正能量的氛围。人要求得长生成仙，在修炼过程中、在思想上就应该像神仙一样。傅圆天大师曾说："自古至今，没有不爱祖国，不孝父母，不敬师长，不讲社会道德的神仙。"① 所以，神职教徒要注重自身的"积功行善"，才能最终功德圆满。

3. 通过强化对信仰建设的惩戒与监督来提升神职教徒信仰建设。中国自古以来就有赏罚分明的古话，战国时代，韩非子就强调：赏贤罚暴，举善之至者也。新时代，规范与监督依然是推行任何建设的必要举措，尤其是信仰建设。因为，信仰属于个人思想意识范畴，具有较强的主观性，为了使信仰内化于心，必须借助戒律等他律的形式来引导、管理。王作安局长指出，"对违反教规的行为，要有相应的惩戒制度，切实改变有规不循，违规不罚的状况。"② 此后，又指出"要建立监督检查机制，强化教规制度执行力，让违规必纠、破戒必惩成为常态。③"所以，在今天道观提升神职教徒信仰建设的管理中，"仍然要采用赏罚、奖惩的办法。"④

首先，道观要加强信仰建设内容的评比表彰活动，营造积极向上的信仰氛围。人们常说：生活需要仪式感，信仰需要氛围。道观通过评比，奖励先进，批评落后，对信仰氛围的营造是有很大促进

---

① 《中国道教》，1990年，第2期，第7页。
② 《中国道教》，2015年，第3期，第7页。
③ 《中国道教》，2020年，第6期，第7页。
④ 陈莲笙：《道风集》，上海辞书出版社2006年版，第109页。

作用的。一方面，评比表彰的内容要细化到信仰建设的具体内容，比如：值殿要求、卫生保洁、早晚功课、斋醮科仪仪轨、违反宫观公约等，切忌泛泛而谈，如果表彰评比仅靠管理组织"拍脑袋而决定"是完全不行的，不会起到应有的效果。另一方面，更需注重奖励与惩戒并存的评比模式。"对违反教规的行为，要有相应的惩戒制度，切实改变有规不循、违规不罚的状况。"① 所以，有惩戒才能促进规范管理，提升宫观信仰建设。

其次，道观要充分运用信仰层面的惩戒内容，强化信仰意识。在千百年的道教发展过程中，道教清规在宫观的管理过程中发挥着至关重要的作用，形成了道教宫观管理的一大特色，同时也是道教神职教徒信仰层面的处罚。虽然目前很多道观都建立了"清规榜"，但是大多流于形式，作用难以发挥。只有当"跪香思过""抄经思过"等富有道教信仰内涵的处罚，真正施行于宫观管理中时，信仰建设就会更加容易推动。

同时，道观还要加强神职教徒的信仰监管制度，建立奖惩档案。随着社会的发展，大数据时代的到来，人们喜忧参半。一方面，大数据大大改变了人们的生活方式，但人们也担心起大数据对隐私权的挑战。在笔者看来，大数据更多的是给正常生活带来了便利，只要管理得当，就必然有利于民。比如，现在的个人诚信档案是十分具有威慑力的，是对个人政治、经济、道德、法治等多方面的诚信记录，并通行于全国，对社会树立诚信观念和约束个人诚信行为起到了积极作用。如果，我们在道观的管理中也建立信仰奖惩的档案，并将其通行于道教界，必将有利于道风建设和个人的信仰建设。国

---

① 王作安：《发扬道教优良传统　适应时代进步要求》，《中国道教》，2015年第3期，第7页。

家宗教事务局原局长王作安指出:"建立迁单人员网格查询系统",针对全真教派改进和完善迁单制度,形成"一处犯戒、处处受限"的教内惩戒制度。① 这种"网格查询系统"就是个人档案,神职教徒的信仰档案也是其中最为关键的一环。

综上所述,神职教徒的信仰建设是道教健康发展的重要内容,可以说只有一批批虔诚的道教神职教徒,才能有道教发展的未来。同时,神职教徒的信仰建设更是宫观管理的重要基石,是宫观健康发展的根本保证。因此,在新时代要求下,宫观管理必须要重视强化神职教徒的信仰建设,这样才能促进宫观的健康发展和助力道教中国化的进程。

---

① 王作安:《适应新时代新阶段要求 促进道教事业健康传承》,《中国道教》,2020年第6期,第7页。

道教宫观管理与道教道风建设

俞俊骅[*]

摘　要：道教历史悠长，对中国传统文化影响深远，但近现代社会民众对道教的印象既有神圣性又有些许负面性，归根结底应当是现代道教宫观管理与教风建设的不足有关。各地道教团体面对教风问题进行了有益的探索和相关规诫的推动。从多年的教风建设成果来看，既有经验，又有不足。教风建设以戒律建设，信仰建设为基础是道教宫观管理的外显标杆，是宫观管理的重要抓手，现代宫观管理中要强化民主管理制度，顺应时代发展。

关键词：道教　道风　宫观管理

自 1978 年我国实施改革开放以来，宗教信仰自由的法律法规落到实处，传统文化重新受到重视，古老的道教终于迎来了"历史上最好的发展机遇"。道教界为适应现代社会的发展，近年来在自身教团组织和宫观建设、传统教义和仪式的研究与创新、人才的教育培养等方面都有了长足的进步。中国道教学院、上海道教学院、武当山道教学院、青城山道教学院、浙江道教学院等，为全国道教界持

---

[*] 俞俊骅，上海市道教协会道教文化研究室研究人员，《上海道教》杂志编辑。

续输送着道教人才。近几年来，道教界开始积极宣传自己的传统教义和文化，举办了难以计数的大大小小的道教文化节、玄门讲经、罗天大醮，以及各种学术论坛和研讨会，道教各项工作取得显著成绩。但即便如此，在社会大众的认识印象中，道教给人的印象依然还有一些负面影响，这种情况的产生，既有社会环境外部因素，也有道门内部道教宫观管理与教风建设不足的原因，迫切需要当代道教界思考与应对解决。

一、当代道教教风建设现状分析

面对现代道教面临的宫观管理与教风建设问题，国家宗教事务局原局长王作安在中国道教协会第十次全国代表会议开幕式上的讲话中指出："要大力匡正道风，道风关乎道教命运。解决道风问题是新一届中国道教协会理事会的一项重大任务。"他提到有一些宫观戒律松弛，违规破戒现象时有发生，有的教职人员不重修持，在自我管理、自我约束能力上有待提高，对教规制度执行不力，违规破戒行为得不到严肃处理，要对道教传统戒律进行全面梳理，在传承优良传统基础上，根据社会发展进步要求，化繁就简，统一规范，构建当代道教教规制度体系，使道教界一体遵循。

1. 道教教风建设工作回顾

面对道教界存在的教风与宫观管理方面的问题，中国道教协会以及各地道教协会近年来不断的推出相关的举措，如创建评比文明道观活动、推动教风建设活动、颁布实施相关规章制度办法等。

从全国性道教团体对教风建设工作的举措来看，为了切实解决道教领域道风不振等突出问题，建立道教内部管理规范体系，提高依法依规办教能力，健全道教教职人员管理规章制度，中国道教协会根据《宗教事务条例》《宗教团体管理办法》《中国道教协会章程》等法律法规规章，结合道教工作实际，新制订了《道教教职人员行为准则》等教制规章，用以重振教风，在中国道教协会在 2020 年 11 月 27 日第十次全国代表会议上正式审议通过并施行。《准则》是关于道教教职人员管理的内部教制规章，是中国道教协会依法依规健全教规制度的体现，旨在贯彻落实全国宗教工作会议精神，坚持我国宗教中国化方向，推动教风教制建设，抵制道教商业化行为，提升道教教职人员整体素质。同期通过并实施的还有《关于规范道教教职人员着装的意见》通过规范道教教职人员（全真与正一道）在参加宗教活动、教务活动、涉外活动和重要会议时不同场合下的道装着装规范，对内体现道教教职人员素养，对外展示道教良好社会形象。此外，中国道教协会先后制定了《道教宫观规约》和《关于道教协会和宫观负责人带头加强道风建设的若干意见》等，这些规定为规范道教宫观管理提供了指导性意见。

地方性道教团体在教风建设方面也有自己的举措。2005 年 1 月 7 日，上海市浦东新区道教协会一届四次理事会上讨论通过了《浦东新区道教清规榜》，并于 7 月 14 日举行了"道教清规与宫观管理"座谈会，对道教清规与宫观管理进行了研讨。座谈会围绕着正在浦东新区试行的"道教清规"对道教规戒建设的作用与意义、道教清规与道教宫观管理的关系、道教清规与时代发展、道教规戒与信仰的关系等论题展开了讨论。作为戒律实践的先行之师，《浦东新区道教清规榜》的制定具有开创意义。2011 年 7 月，上海市道教协会举行了第六次道教代表大会，会上决定根据上海道教自身特点和实际，制定既继承传统又适应当今道教发展的清规戒律。2014 年 1 月 10 日举行的市道协六届四次理事会上，审议通过了《上海道教清规榜》。2016 年 6 月上海市道教协会为贯彻中国道教协会《关于道教教职人员着装事项的意见》的精神，加强上海道教教制建设，统一着装，整齐道貌，形成合力，更好地展示上海道教界的整体形象，综合上海道教的实际情况亦特制定了《上海道教教职人员着装办法》。其他地方道教团体如龙虎山道教推出了《龙虎山道教清规榜》，咸阳道教推出了《咸阳道教清规榜》等等。可以说，各地道教团体已经发现了教风建设在道教宫观管理方面的重要性，以及教风建设薄弱而面临的危机，已经在这方面引起了重视，并付之于行动。

2. 教风建设目前存在主要问题

根据目前道教现状来看，教风建设主要存在以下一些问题：

一是观念淡薄、少数教职人员相对比较散漫。宫观教职人员，由于历史的原因，无论是教风问题还是教务问题上都有不同的问题存在，亟待调适提高。

二是意识不强、少数教职人员缺乏整体意识，没有能够正确认识到自己是道教中的一员，每个教职人员不仅代表自身的形象，更代表整个道教的形象。整体观，团体意识亟待加强。

三是对自己的要求不够严格、少数教职人员忘记自己"道士"的神圣教职身份，进而降低了对自己的要求。特别是正一派道士，在日常生活中与普通人生活相近，由于戒律松弛，持戒不严，难免出现违反道教规戒的行为，从而影响到教风教貌。因为百姓对教职人员的印象并不限于宗教活动场所，是持续的、全方位的，教职人员必须认识到在日常生活中的举止表现，也是普通百姓对教职人员教风印象的持续认识。

四是未能形成齐心共抓的良好氛围，教风面貌、教风建设没有普及到整个道教宫观。相对来说，大的宫观对教风的建设抓得比较扎实，而比较小的宫观，有的限于各种条件的限制，有的因为自养等问题，主要力量和工作重点还投入在生存问题上，有时忽视了对教风的重视和建设，没有能够把教风建设的问题放在首要位置上，间接也影响了道教整体形象和教风建设的进程。

二、道教宫观管理与教风建设的关系

1. 教风建设是道教宫观管理的重要内容

所谓道教教风又言道风，即修道的风气，是指道教教职人员的奉教态度和修持风尚，广义而言，其包括了宗教信仰目的和动机、宗教修养和素质、自律状况等等①。陈莲笙大师在其所著《道风集》中将其一生对于道教发展和道风建设的真知灼见书写篇章，将自己毕生的思考与体悟用"道风"来命名，足见陈老道长对于道风建设的重视。因为道风的好坏直接关系到道教能否与社会主义社会相适应。国家宗教事务局近年来开展"教风年"主题活动，对道教界道风建设提出了新的标准和要求。只有通过严格管理和加强道风建设，才能树立和维护道教的良好形象。正因为道教教风建设是最能反映道教宫观管理水平的外显标杆。

而道教宫观，作为道教栖玄奉神的所在，就道门内部而言，是道教徒修身养性、提高自身素质、开展教内活动的场所；同时又是开展相互交流、相互沟通、研讨教理教义以求共同提高的场所。道教宫观同时作为向道教信徒开放的宗教活动场所，是教职人员同一般信众的互动接触的环境载体，是神圣世界与现实世界相联系的纽带，是道众与信众相互交融，为广大信众阐扬教义、提供服务的窗口。从一般信众角度而言，道教宫观则是陶冶情操、净化心灵、向神灵作诉求以求得精神上的慰藉与寄托的圣地，求得心灵和谐的精神家园。道教宫观无论从道众角度还是从信众角度来看，都应该是

---

① 谢欣阳：《加强道教道风建设》，《中国民族报》2020年02月04日07版。

一个管理有序，神圣庄严的场所。教风建设无疑是道教宫观管理的重中之重。

2. 教风建设是重树道观形象的重要抓手

道教是中国土生土长的民族宗教。自从张道陵创立道教以来，道风建设一直是道教徒非常重视的首要问题。但是，现代社会中，在物质诱惑面前，一些道教徒，忽略了自身的修养，出现了在思想上信仰动摇，在道业上不思进取，无视规章制度、道规教义的现象。这不仅损坏了个人形象，更严重的是败坏了道风纲纪，损害了道教的形象。我们知道，每个道教徒在社会上和信教群众中都是一面旗帜，都代表着道教的形象，道风的好坏体现在每一个道教徒身上，所以，道教徒的个人信仰及其修养就显得十分重要，而提高道教徒的个人修养已经成为道教能否健康发展的关键。

正所谓道相庄严，道士要以良好的形象展现在信众和世人面前。因此，道士的个人修养即道风道貌也就是教风非常重要。宫观作为道教徒栖居修行的道场，代表了道教的形象，也是传播道教文化和体现道教精神的载体。宫观的管理有序和庄严清静成为了道风建设的重要环节。宫观建筑要求布局上符合传统、风格上庄严朴素、环境上生态自然、设施上齐全方便，这些是宫观建设最基本的要求。宫观的教职人员则要举止端庄、讲究仪表、谈吐有道、勤俭精进、如法如仪。道教宫观的硬件载体与道教教职人员的软件组成，合成了道教宫观在社会大众面前的整体形象。

道教宫观本身是宫观建筑，神像，设备设施组成的客观存在，然而不同管理水平下的道教宫观给人的感受是截然不同的，即便是建制、神像塑造，设备设施条件差不多的宫观，因为管理的不同，道众道风道貌的不同，往往给人以不同的印象，好坏各有千秋。这是什么原因造成的呢？这好比同一小区同一楼层的两户人家，房型一样，但是一家是做生意的暴发户，一家是书香门第，他们对房屋的装修打理是完全不同的，人的气质修养也不同，你分别走进这两户人家一定会感受不同，豪俗与雅致立判。道教宫观也一样，在信众心中的印象，因道众对宫观的管理不同，道众本身修持所体现的道风不同，而高下立判。如果宫观内道士守戒严明，道风正，做科仪循规蹈矩，则这个宫观自然庄严，如果道士戒律松散，做科仪马虎，这个宫观自然给人印象不正规。因为对于信众来说，道士的道风道貌是他们认知道教宫观管理水平的第一外显的标杆。知道问题的症结所在，现代道教宫观管理及道教教风建设的重要性就不言而喻了。即教风建设是重塑道观形象的极其重要的抓手。

三、以宫观管理为抓手推进道教教风建设

1. 道教宫观管理要注重戒律制度建设

谈道教教风，绕不开的一个问题就是道教的戒律，因为教风就是道众恪守戒律程度的外在表现，是衡量道众守戒的最直观也是最直接的标准。对于信众来说，通过对道众道风的直观印象来衡量道教宫观的管理水平如何，毕竟戒律条款对于信众来说是陌生的，但道众有没有守戒律所表现出来道教风貌是看得见的。教派之戒律，如同国家之法律，企业之规章，学校之纪律。任何一个社会团体都必须具有维护自身权益之相关规定，使大家共同遵守、循规行事，才能发挥集体运作之功能，以达到预期之效果，否则不但损害个体自身的利益，且有损于团体的声望。道教戒律适用于道门群体，既适用于道众，也适用于信众，包括全真、正一派在内的道教各派系，都须把持戒修养作为学道之优先程序。正因为戒律与修道之间密不可分的关系，道教自创立后即注重戒律在修道成仙中所起到的重要

作用，并积极探索建设修道成仙的戒律规范。这也为土生土长的道教延续发展作出了积极的贡献。道教戒律不仅是个人修养之根本，也是规范宫观管理的精神动力，宫观保持稳定与和谐的保障。宫观为弘扬道德教义，树立神灵形象，吸引大众皈依信仰需要提升管理水平，而每个教徒都应慈悲谦和，戒行精严，道风纯正，提升自身与道观的整体形象。

对于道教宫观的管理问题，中国道教协会与时俱进，多次制定修订颁布了《道教宫观管理办法》。从制度上为各地宫观的管理提供了指导性文件。为各地道教宫观逐步迈向现代化、科学化、规范化管理提供指导意见。

2. 道教教风建设要以信仰建设为基础

道风是道众道教信仰的外在表现，严肃道风是提高道众素质的基本要求。信仰建设是宫观加强自身建设的重要内容，也是宫观赖以传承与发展的基本条件。道众的信仰问题直接关系到宫观神圣所在，直接关系到宫观自身的形象和对社会的影响，这是宫观赖以生存和发展的基础。道教宫观之所以能维系大批的信教群众虔诚护法，之所以能得到社会各界的支持，主要是因为信众相信道教宫观及道士能够为虔诚的信士消灾、赐福、祈祷平安，这是信教群众对道教宫观与道众宗教神圣性的信仰坚持。假如道众的信仰不够虔诚，那么这个宫观里的各种文化就得不到信教群众的认同；假如道众的信仰不够虔诚，那么道众就很容易产生利益之心，产生为利益之争的勾心斗角，世俗化至与常人无异，那么信众何以皈依与护持奉道。广大道教徒只有通过对教理、教义的学习，尊道贵德、严谨修持、淡泊名利、纯洁心灵，注重信仰建设，树立正信正行，严持道训，才能端正道风，端正信仰，以纯正的道教魅力维系信众的信仰需求，让道教文化得以传播弘扬。

道风建设就是要道教教职人员以身作则、如法如仪、率先垂范，这样抓好道风建设，创建文明宫观，自觉遵纪守法、严持戒律、弘道利人，才能树立道教形象。我们应当认识到国家提倡提高社会主义道德与文化思想素质同时也反映了新时期对道风的要求。同时道风建设也是维系宫观运转及传承发展道教优良传统的重要保证，更是要提高教职人员与管理人员的政治觉悟和思想素质。我们要严格教育教职人员遵守道教的清规戒律，真正做到学道、信道、修道、行道、弘道、斋醮、法事、道乐、道装、秉教依科奉行。纯洁的信仰，优良的道风，是具有民族美德修养的表现。它不仅规范道众的个人言行，更通过道众与广大信教群众互动，而影响广大信教群众的精神世界和现实生活，而且必然会影响社会的精神文明。可见，树立高尚的道风不仅是道众应尽的本分，而且对促进社会精神文明建设，稳定社会，都能产生一定的积极影响。

　　3. 道教宫观管理要强化民主管理制度

　　（1）在加强传统清规戒律管理的基础上探索管理现代化

　　现代道教宫观管理一直是一个备受关注的问题，关注的焦点围绕着现代管理制度与道门清规戒律的关系问题。有的主张采用现代企业的管理制度，有的则认为道门有传统的清规戒律来约束道士，管理宫观，所以不必再去弄一套现代管理制度来约束自己。明代天师张宇初《道门十规》，以加强教内的规戒，内容涉及道门规诫及道法传绪，宫观管理等方面。可以说当时整顿道教的纲领性。但是时代在发展，文明在进步，当时背景下建立的道教清规戒律，也需要与时俱进。现代管理制度与道门清规戒律的关系应该是互补的，相互渗透的。清规戒律在道门中，由于神仙信仰的基础，体现了道教徒修仙的神圣性，而现代管理体制则体现了高效率与时代特征。现代宫观管理必须在继承良好传统的同时，进行必要的、适时的创新。

现代道教的管理模式既要保留传统体制的优点，同时又要融入现代的管理理念与管理机制。这方面香港的道教宫观已经走在了前沿，管理体制基本上运用了现代管理模式。比如组织机构设置、用工制度、财务会计制度等，无不体现了现代管理制度在道门中的运用，有很多内容值得我们学习。

现代道教宫观的管理是一个比较复杂的课题，它既不是工厂、企业管理，也不是机关团体的管理，但其中既有类似机关团体管理的内容，又有类似于工厂、企业管理的某些特点。因此，如果我们完全套用某一方面的管理办法是行不通的，但完全采用道教传统的管理模式也是不可取的。现代道教宫观管理要想跟上时代发展的步伐，"与时俱进"地适应社会进步的要求，必须要引进现代社会管理的新理念，具体要从改变道观的管理体制、加强完善宫观的管理制度以及提高道观管理水平等三个方面下功夫。

（2）现代道教宫观管理中教职人员与工作人员的差异化管理

现代道教宫观的人员，既包括道士，又包括一般员工以及由善信组建的义工团队。在日常人员管理方面，道士与员工既要遵守统一的规章制度，又要有所区别，比如约束道士的清规戒律就不能用在普通员工身上，而统一的考勤制度，就要共同执行。在人事制度方面，现代道教宫观也开始采用或部分采用现代人事管理制度了。现代人事管理制度已经发展成相当完善的理论模型，道门应该发扬道家有容乃大的理念，积极吸收现代人事管理制度的成功经验，结合道门实际，融会贯通，使现代人事管理制度为道门服务。站在巨人的肩膀上看问题，往往可以少走很多弯路。当然，回过头来，又要讲到戒律的问题。现代道教宫观，对于道教徒的管理，是否不需要戒律了呢？当然不是。道教戒律是从信仰层面出发的，所谓修道不持戒，无缘登真箓。从修行的角度讲，戒律是修行的准则，指导着修行者的行为。戒律建设对于道风有相当重要的意义。《正一法文天师教戒科经》中说："教戒者，欲令人劝进长生，全身保命。此非富贵者货赂求请所能得通也，亦非酒肉祭祷鬼神所降至也。道人贤者奉敬教戒，精专勤身，先苦后报，其福应也。"① 道徒们只要虔诚守戒，便可保命长生。所以戒律一直都被道门中人看作是修道成仙的重要手段和保证。所以即便在现代的宫观管理中，也不能忽视戒律建设的重要性。只是对于戒律的条文，要做适应时代变化的调整。我相信，即便在将来，戒律建设还将是道门管理的重要组成部分。

（3）现代宫观财务管理制度应顺应时代发展的需求

道教宫观是信徒聚集的宗教活动场所，接受善信的布施，其财务的管理必然需要一整套严密高效的财务管理制度。《道门十规》中第九条《金谷田粮》。"述租课金谷、簿书库堂由都监、上座监临掌管，以下者止依腊叙长幼轮管。要求大公无私，不得亏瞒入己，违者处罚，甚则更替。"② 就是当时的道教宫观管理中有关财务管理方面的制度。但是对于现代社会的道教宫观管理来说，由于现代宫观与社会发生的关系越来越多，各种钱财方面的问题也越来越复杂，《金谷田粮》的那种封建社会小农经济时代的传统财务管理模式显然已经无法应对现代社会的财务管理需要。如果每年年关，还是老道长拿出一袋子账本单据，和一袋子钱来结算道观一年的收入的话，显然无法满足现代财务审计制度的需要。特别是最近国家宗教事务局公布的《宗教活动场所财务管理办法》，自 2022 年 6 月 1 日起施行。《办法》的公布施行，对于深入贯彻落实《宗教事务条例》，规范宗教活动场所财务管理，维护宗教活动场所和信教公民的合法权

---

① 《正一法文天师教戒科经》，《道藏》第 18 册，1988 年版，第 234 页
② 《道门十规》，《道藏》第 32 册，1988 年版，第 151 页。

益，提升宗教界自我管理水平，具有重要意义，为现代宗教场所财务的规范管理提出了新的要求。

现代财务管理制度走进道教宫观管理，是道门宫观现代化管理的标志之一。根据《宗教活动场所财务管理办法》的规定，宗教活动场所财务管理主要包括下列任务：

（一）建立、健全内部财务管理制度，对本场所的财务活动进行管理和监督；

（二）进行会计核算处理，编制财务会计报告，实施财务公开，如实反映本场所财务状况；

（三）合理编制预算，统筹安排、节约使用资金，保障本场所正常运转；

（四）规范本场所收支管理，严格审批程序；

（五）规范本场所资产管理，防止资产流失，维护合法权益。

由此可见，宗教活动场所的财务管理制度与现代企业管理中财务制度的管理是相通相近的，必然要走上与现代社会相适应的规范化路程。

道教宫观管理与道教文化建设

沈　岚*

摘　要：道教宫观是道教文化的载体，宫观管理直接影响到道教文化的继承与发扬，道教宫观在具体管理过程中，要注重宫观自身的文化属性，将宫观的文化建设纳入宫观管理和工作之中，逐步形成制度化和常态化的工作，明确道观文化建设定位，将管理与文化建设的各个层面和谐统一、相互渗透，以达到以人为本，文化管理，遵循信仰之道，实现长久发展。

关键词：道教　宫观管理　文化建设

道教宫观是为道士修行和道教活动所建的，是道教信仰的产物，但客观上起着展现道教文化的作用。一个道教宫观，无论是从其直观的宫观建筑、装饰器物、宗教活动，乃至道士本身，都是道教文化的一种载体。宫观管理时需认识到宫观不仅是宗教场所，亦是道教本身信仰、文化及思想价值观的传达与象征。"道教是中国传统文化的组成部分，而道教宫观又理应是中国文化传统的荟萃地，人们到道观去烧香参拜，应该既是宗教情感的满足，又要受到以此传统

---

* 沈岚，四川大学哲学硕士，浦东道教文化研究所副所长。

文化的熏陶"。① 意识到这一点，就决定了道教宫观在实际的管理中，须在管理的同时注重坚持宫观自身要求的文化属性，更进一步说，未来道教的发展趋势亦取决于宫观的发展，尤其是否重视文化建设。

为了更好地适应现代社会，促进自身的发展，道教宫观管理引入现代管理制度已经越来越成为一种趋势。但需要考虑到的是，寺院宫观在现代社会组织中通常是定位在非营利组织，这也是基于宗教数千年的信仰传承和文化传统而定位的，说明了采用现代管理是当代寺院宫观的一种管理方式，而采用这种方式的目的，除了能够维持好宫观的正常运转，注重创造在当代社会、在宫观中信仰和文化流传的环境，因为道教本身就是有自己信仰，价值观、工具和语言的文化，而道教宫观的生产经营活动，也是一种文化活动，亦可看作文化组织的一种，否则便如同经营企业没有什么区别。这其中，文化是一个核心。如何加强文化建设，推进宫观管理，也越来越成为管理者注重和关心的问题。

一、宫观管理与文化建设的关系

根据宫观管理的内容，可以分为精神层、制度层和物质层，而相应的文化建设也可以看作由核心层、中间层和外层构成的多层次系统，在各个层面是和谐统一、相互渗透的。

最外层的文化建设，是宫观管理中文化建设的外显部分，指的是那些能看得见、听得到、摸得着的文化形象，"宫观文化的基本内容主要有道士和道徒的活动、道士服饰、语言和文字、宫观法器、宫观造像、道教经籍、宫观绘画、道教音乐、宫观建筑、宫观园林

---

① 陈耀庭：《注意提高道观修复中的文化品位》，《上海道教》1997年第2期。

等"① 最外层的文化建设不仅是一个宫观，同时也是道教文化传承的重要载体，这也是信众进入道观最先直观感受到的一些，一个宫观能够做好这些最外层的方面管理，利用好现有场所，对宫观遗留的历史和文物加以保护，对现有场地的建设能够使之体现出道教的文化内涵和审美观，是建设更高层文化的基础，是开展文化建设的基本条件，也折射出了一个宫观的宗教信仰、管理思想、工作作风和审美意识。

在道观管理中间层的文化建设在于要将道观的文化建设纳入道观管理和工作计划之中，逐步形成制度化和常态化的工作，明确道观文化建设定位，道观也是道教文化的载体，要以道教信仰为主导，以道教传统文化中的优秀文化为辅来基本定位。二是文化建设的目标要以服务社会大众为主导，同时注意吸引信众中的有关人才，文化的起点要高，宫观要着重培养青年道长，提升文化素质，有条件的可与社会文化，打造道观的文化团队。三是在道观管理中，对文化建设的定位应以非营利与公益性为方向，避免被"承包经营"成产业化及商业化。四是文化的传播要广，道观可以合理利用好现在的高科技传媒工具，让更多的人能够了解正信的道教文化。宫观文化建设除了外显的部分，也涉及内在的思想观念层面的建设，如对于道教发展方略、道教教义、道教历史和现状也包括对于道教的哲学、文学、语言、逻辑、艺术、伦理，以及医学、化学、天文学、生命科学等内容的研究。此外，艺术、文学也是重要形式。这些形式也是最常见和具体化的，这些都属于文化的类型。

从实践的角度看，以笔者所在的上海钦赐仰殿道观为例，道观在文化建设方面有：（一）开办道学讲堂，多次邀请教界、学界、居

---

① 金天明：《道教宫观文化及其功能研究》，西南大学硕士学位论文。

士等举办讲座,讲授道教相关理论思想文化,使社会各界人士了解道教文化。(二)举办文化交流活动:1. 书画交流:多次举办书法文化交流、书法家笔会、书画交流活动。2. 讲经交流:承办讲经讲道,通过讲经活动激励青年道长的学习和提高。3. 慈善公益活动。4. 居士抄经、早晚功课诵读讲解等文化活动。(三)成立浦东道教文化研究所,出版系列道教文化书籍和相关研讨会议等。(四)建设藏经楼图书室:道观很早就开始筹备道教藏书为主的图书室,搜集各类道教书籍,有计划地逐步建立起有一定数量道教藏书的图书室和阅览室。(五)利用现代化的网络来传播道教文化:道观开设了自己的微信公众号提供官方信息、庙观服务活动和道教文化常识和知识等,引导公众正信正行,创建和谐社会。(六)做好道观的档案整理和库房建设,对道观每年的文字、图表、声像等资料收集归档,进行妥善管理。

当然,宫观文化建设除了有共性层面,亦有个性层面,所谓个性层面,是讲每个道教文化的建设主体(宫观、区域、个人、组织等)在从事共性层面内容的建设时,可以结合自身的条件,做出有特色性的建设工作。例如有一些道观擅长养生、道医之类,个性化并不一定都是唯我独有,个性化有多重层次,中国道教历来重性命修养之学,并有科仪斋醮等,今天的道教文化建设也不能放弃自身的历史传统以发掘道教的个性化特色,这是个性化的大区域层次,除此之外,还有相对来说小区域层次,乃至道观个体的层次、个人的层次等等。

宫观管理的核心是精神层面的文化塑造,而对于宗教来说,核心层面的文化建设在于宫观管理与文化建设需基于共同的信仰。在宗教文化中,信仰是最根本的内容。这就把观念层次的宗教文化再区别为两个层面,即信仰和其他观念。对于宗教生活而言,信仰是最根本的。因此，道教文化建设最重要的内容，应当不能遗漏这一点，必须坚定信仰，时时注意强化、纯洁这种信仰。这一根本确立了，道教文化建设才能有坚实的基础、正确的方向和明确的目标。信仰是体，其他等具体形式是用，二者并不是相互隔离的。如果没有信仰，其他的文化建设也就只是纯形式并且易流于表面甚至走偏。

传统道观的主要功能是一个与世俗不同的、提供清静修行的场所。然而，随着社会的变化，人们的生产和生活方式也发生了新的变化，以往甚少人涉足的宗教场所甚至成为了国内外旅游观光必去的名胜古迹，而都市中的道观，也逐渐成为城市居民服务的宗教场所，由于这些功能的变化，来往人员增多，给管理带来了新课题，从道观传统管理模式来看，以往道观内住的都是道士，观内一切事务均由道众管理。然而，随着社会的发展和道观功能的变化，基建、财务、人事、法事、接待、消防、卫生等各方面工作增多，道观的管理工作也进一步细化和专业化。有的事务则由信众等协助管理。由于工作需要，出现了道众与管理人员共同管理道观的新模式。管理工作人员也会占有一定比重，尽管大家所从事的工作和职责有所不同，但道众和管理人员的思维方式、生活习惯等均有差异，可能会产生一定的冲突和矛盾需要协调。而围绕信仰产生的包括理想信念、道德规范、价值标准、管理思想及精神风貌等，会决定宫观管理采取的具体措施，只有在这一层面形成共同认知，成为实际日常管理工作中思想、行为的依据，使得宫观人员知道在具体管理中应该提倡什么，反对什么，怎样做才是符合自身信仰内在的规范要求，怎么做可能违背信仰宗旨和目标，而这一层面的塑造又需要宫观进行文化建设，形成文化氛围和良好的道德风气，才能够潜移默化，逐渐积淀而成为宫观管理者和神职、教职、信众共同信守的认识形态，只有这样才能真正激发一个宫观的活力和创造力。

二、从文化建设到文化管理

在当代管理理论中,文化建设是指文化相关理念的形成、塑造、传播等的过程。文化建设重口号轻落实、重宣传、轻执行,突出在"建"字上,基于策划学、传播学的理论之上,认为文化建设是一种策划和传播,是一种泛文化。而文化管理是指对文化的梳理、凝练、深植、提升。文化管理重落实轻口号,重执行轻宣传,突出"管理",是基于管理学、组织行为学理论之上的,认为文化是一种管理。文化管理是在文化的引领下,匹配各个管理条线、管理模块的,涵盖了文化建设。同样地,道观不能为文化而文化,文化与管理和经营实践不能"两层皮",道观文化建设是为了实现文化管理,文化管理则需要更好地运用道教中的哲学、文化理论和方法来指导实践。经过实践的一次次锤炼,从而形成更贴合当代道观实际、更具指导意义的共同价值理念,最终实现道观文化管理。

1. 文化管理的核心是以人为本的管理

文化管理的核心是以人为本的管理,管理的对象完全从"物"转向"人"。实行以人为本的管理,不是宣传一种政治说教,也不是形式上的变革,更不是追求一种时髦,而是实实在在的管理宗旨、管理战略、管理重心、管理方法、管理策略的转变,即摆脱传统的以物为本的管理模式,向更高级的管理阶段——以人为本的管理新阶段跃进。这与中国传统哲学也是相符合的。无论是老子、孔子、墨子,都倡导充分尊重人的人格,因为人道来自天道,人性、人心取自于道心。"仁者,爱人","己所不欲勿施于人","己立立人,己达达人",充分尊重人的权益,倡导人与人之间普遍的慈爱和互惠之心。如果只是把人当作"经济人",偏重于物质性、制度化管理,认为用纯粹的金钱物质刺激就能完全调动人的积极性,这显然忽略了人有社会属性、文化属性的一面,"文化管理"是针对主体既是"经济人","社会人"又是"文化人"这一特点,尊重、照应作为"复杂人"的各个方面,所采用的一种管理思想,它的精髓是把基础管理的科学性、先行性、先进性纳入"自觉性"的轨道,使一个组织的工作标准、定额、计量、规章制度的各项要求深入心灵深处,改变以往人盯人、人防人、防不胜防的局面,使每个成员在统一指挥、统一步调、统一行动中自觉地、自主地、个性化地完成任务、实现目标。① 是理念的最深层,是渗透于心灵之中的领导和员工共同信守的意识形态,是在长期的生活和工作中逐渐积淀而成的,具有牢固的基础,是很难改变的。包括理想信念、道德规范、价值标准、经营思想及精神风貌等,是形成文化的物质层和制度层的基础和原因,是文化的核心和灵魂,决定着人的行为,因而也就决定着整个组织行为。

文化管理把以人为本作为核心,其内涵和外延不能局限于内部。从某种意义上说,是决定持续生存与发展的关键所在。"以人为本"还要加强宫观管理人才的培养,而人才的培养是以德为本,注重培养德才兼备的宫观管理人才,提高宫观管理人才培养质量,提升宫观管理人才培养层次,完善人才教育培养体系,以促进宫观组织人才素质的提高,同时亦可吸引社会各界人才参与宫观管理,尤其在一些专业领域方面,以充实人才队伍,提升专业水平和工作效率。

2. 采用人本主义和科学管理结合模式

人本主义管理模式,其政策的出发点和目标都在于"人",管理

---

① 董性茂:《以人为本,文以化成——现代管理中的"文化管理"》,《福建师范大学福清学校分报》,2003年总第62期。

模式应符合和基于人性，这也是科学而有效的，使管理系统中的每个人能够充分发挥其才能，完善管理制度、管理模式和工作流程设计，从软件和硬件两方面提升宫观在管理方法和管理技术上的科学水平，从软件上说，就是要与时俱进，宫观管理者需要掌握现代管理的思想方法，从整个社会、整个道教、宫观角度来思考和分析问题，克服狭隘的思想，从硬件上说，运用现代的软件开发，设备技术等可以提升管理水平和工作效率。要从意识和制度上确立宫观管理过程的程序性要求，一是在思想上要强化宫观管理活动的程序仪式，在做任何事情的时候，首先思考如何做，按什么样的程序和步骤做，做的具体规则如何完善等问题；二是在制度上大力加强落实到操作层面的宫观管理活动的程序制度建设，在做某件事的完善的程序制度未建立前不匆忙草率做事，否则不仅导致具体事务的成本增加，还会引起相关人员和机构的矛盾与冲突。这就需要对整个管理流程和部门设置进行梳理，提高管理意识和管理知识，明确管理对象和权责划分，从决策、执行、监督方面建立健全，明确管理人员和职责，完善人事方面的选拔、任用和奖惩制度，在教产和财务上规范明晰，在宫观管理的整个流程中有严格的程序性制度约束，完善宫观管理的组织机构和制度规范，推进宫观管理体制和管理制度的科学化。①

3. 从自身传统的道教文化当中吸取管理经验

纵观历史，中国道教发展历经千年，其中很重要的一个原因就是道教建立了一套完整的戒律清规体系并在不同的时代都加以修订。道教清规戒律的律治精神、基本伦理价值观念和财富的公平处置观

---

① 杨玉辉：《道教宫观管理的现代转型》，《道教转型中的机遇与应对》，上海三联书店2020年版，第196—197页。

等方面做了高度的统一和管理示范，在当代，道教的清规戒律是有助于维持其自身神圣性而与一般企业管理相区别的重要部分。从现代道观管理来看，制度与戒律是相互依赖，缺一不可的。其中，制度是现代道观管理的一种手段，也是道观管理的基础，是一种"他律"的管理方法。因此，建立和健全道观各项规章制度，是实现民主管理的重要标志，也是道观管理工作制度化、规范化的重要措施。而戒律则是道教一种传统的管理模式，是一种"自律"的管理方法。因此，制度与戒律的关系应该是相互影响，也是相互促进、互为补充的。事实上，现代道观管理制度中有许多内容是与戒律相通的，都是规范道观的管理，规范道教徒的言行。有些制度甚至还是从戒律中引申出来的，是传统戒律在现代社会中的发展。①"某种程度上亦可看作一种"文化管理"，道教宫观管理理当从历代戒律当中，继承其宫观管理的优良传统，在传统基础上创制修订出具有时代精神的清规戒律，去除一些不符合法治、公序良俗的内容，因事制宜，随方设规，建立或完善"朔望宣戒""合众议罚"等机制，以期在新时代宫观管理中发挥好传统优势。②

此外，先哲老子所著的《道德经》蕴含丰富的哲学思想，对我国社会发展及文化等领域产生了深刻影响，在《道德经》中，老子针对当时的社会现实，全面冷静地分析社会的各种矛盾，提出了自己独特的治理理念。正因为这样，《道德经》本身也有大量有关社会管理的内容，或者说《道德经》中深刻的哲学思想可以应用于包括管理的许多方面。《道德经》中自然天成的宇宙观、无为而无不为的

---

① 丁常云：《道教与当代社会——关于道教建设与发展问题的思考》，中西书局出版社，第376页。
② 高大伟：《道教清规在宫观管理中的运用》，《道教戒律的调适与发展》，上海三联书店2022年版，第371页。

入世理念，慈与善本质特征、柔与顺的时机观念以及少私寡欲的个人修为，宫观管理之道亦应遵循《道德经》的信仰之道，才能实现长久发展。

道教宫观管理与建筑更新的现实路径

李 涛*

摘 要：道教中国化背景下，梳理道教宫观在初心使命、创新模式、卓越道才、文化兴教四方面的管理策略。基于道教宫观建筑"祀天帝"等的空间内涵提炼，及道上有功、人间有行的神性价值文献整理，概括出道教宫观管理中建筑空间更新面临的三大问题与挑战：重"外"轻"内"，文化内生动力不足；重"器"轻"文"，文化展现力度不够；重"儒"轻"道"，文化景观空间错配。进而提出道教宫观建筑更新的四大现实路径：锚准锁定文化发展"2+X"定位、增设更新文化景观"精致化"空间、传承复兴修行养生"内向型"空间、探索创新数字人文"元宇宙"空间。以期为道教中国化的现代化转型之路提供空间更新领域的参考借鉴。

关键词：道教宫观 文化景观

道教宫观管理话题宏大而复杂，《坚持道教中国化方向五年工作规划纲要（2019—2023年）》从爱国爱教、道风建设、文化发掘、服务模式、工作宣传、人才培养、对外交流七大方面全方位全角度

---

* 浙江理工大学艺术与设计学院环境设计系副系主任、讲师，同济大学博士。

阐述了道教管理方向及策略①。建筑和景观作为道教宫观中重要的空间要素,在探讨道教宫观"原真性""原生态""整体性"有机更新路径中不能截然分开。建筑、景观空间更新,不仅关涉到道教宫观的环境选址、建筑格局、生产自养等"物空间"需求,更关涉到修行、养生等需要超越建筑局限而借助天地生态景观达成的"流空间"诉求。

一、道教中国化背景下的道教宫观管理策略

道教中国化的现代化转型发展需要依托公共文化服务和文化产业的高质量发展②,坚持社会主义核心价值体系,弘扬中华优秀传统文化。道教宫观管理可以牢固坚守"初心使命"、积极探索"创新模式"、着力培育"卓越道才"、大力发展"文化兴教"三大策略为突破口,推动道教中国化的高质量发展、高标准治理、高水平崛起和高品质呈现。

(一)牢固坚守"初心使命",筑牢高质量发展根基

感悟党的思想伟力,树立党的创新理论与道教教理教义相契应的文化自信;深化对中国优秀传统文化的认识,始终保持"尊道贵德"的"初心"本色;总结党的历史经验,不断提高道教中国化的能力水平。从而读懂初心使命、践行初心使命、升华初心使命。

(二)积极探索"创新模式",激发高标准治理动力

加快完善道教宫观管理制度,形成适应市场化、国际化、法治

---

① 中国道教协会:《坚持道教中国化方向五年工作规划纲要(2019—2023年)》,中国道教,2019年第6期,第11—16页。
② 李培峰:《新时代文化产业高质量发展:内涵、动力、效用和路径研究》,重庆社会科学,2019年第12期,第113—123页。

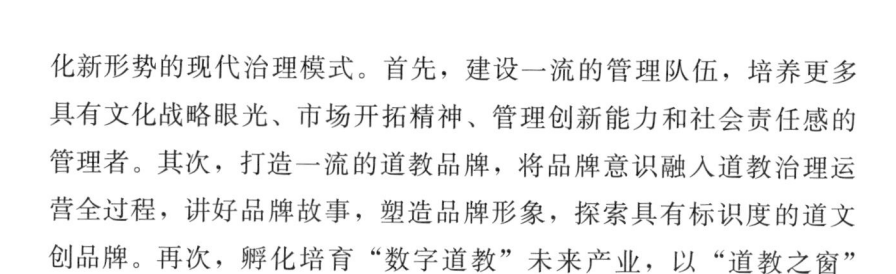

化新形势的现代治理模式。首先,建设一流的管理队伍,培养更多具有文化战略眼光、市场开拓精神、管理创新能力和社会责任感的管理者。其次,打造一流的道教品牌,将品牌意识融入道教治理运营全过程,讲好品牌故事,塑造品牌形象,探索具有标识度的道文创品牌。再次,孵化培育"数字道教"未来产业,以"道教之窗"展示"道家精神",以"道教之答"回应"时代之问"。

(三)着力培育"卓越道才",提升高水平崛起力量

围绕后辈人才、在职人才、信众人才这"三支队伍",加强"清静无为"道风道貌建设,加大培养"优秀道才"广度力度,重视聚焦"卓越道才"选拔机制,配合构建"国际人才"流入机制,深入落实"特殊人才"激励机制,建设更多高水平弘道平台和新型研究机构。同时,树立世界眼光,以标志性成果为牵引,争创道脉优势,打造硬核成果。

(四)大力发展"文化兴教",探索高品质呈现途径

以"文化兴教"为重要抓手,聚焦"以文聚才""以文载道"两大核心,大力实施文化创新驱动发展战略,持续加大文化研创力度。联合文化产业链上下游、产学研力量开展协同研究与创造,在道教中国化、道教教理教义等核心问题上实现更多更大突破。深入推进道教文化产业与数字经济、生态文明、健康养生、智能制造等战略性新兴产业融合发展,打造未来文化内核发展新优势,提升道教文化的展示力、创新力、服务力。

二、道教宫观建筑的空间内涵及神性价值

(一)道教宫观建筑的空间内涵

祈福、修行等是道教宫观特有的功能属性,且道教更注重"身

在凡而心在圣境"①的心性修为，因此其建筑空间通常带有明显而深厚的心性指摄印记。关于建筑形制的由来，在明代《天皇至道太清玉册》（下文简称《玉册》）有如下记述：

> 当是时也，天地尚未昭晰，无有文字，结绳以代政；无有房屋，巢居以穴处；无有衣裳，结草以蔽体；无有器用，汙尊而杯饮。我道祖轩辕黄帝，始创制文字、制衣服、作宫室、制器用，而人事始备。②

《玉册》认为建筑形制等一切人事的起源均是道祖轩辕黄帝。关于宫、观、殿、坛等建筑、景观的空间内涵，《玉册》直言是为"祀天帝""祀三清""候神人""主醮事"等神职功能。需要注意的是，这里所说的宫、观、殿、坛等是从整个中国建筑史视野下来审视，而非仅指道教建筑。根据《玉册》内容③，梳理各种建筑形制、概念及功能如下（表1）：

表1 《玉册》中的建筑形制、概念及功能梳理

形制	概念	功能
宫	帝王深居之所曰宫。	黄帝祀上帝于昊天之宫，祀三清于太极天宫……此宫之始也。
观	下仰上曰观（平声），上俯下曰观（四声），帝王临政之所。	按《黄帝内传》，西王母授帝白玉元始真容，置于高观之上，此观之始也。

---

① 《重阳立教十五论》，《道藏》，第32册，第154页。
② 《天皇至道太清玉册》序，《道藏》第36册，第356—357页。
③ 《天皇至道太清玉册》，《道藏》第36册，第401—403页。

续　表

形制	概念	功能
殿	"众屋拥从，挚虞决疑"为殿。	祀天帝者，有金阙寥阳宝殿、无极宝殿、太极殿，其名极多，此殿之始也。
阁	——	世有祀天帝宫观，建通明阁、紫虚阁、玉皇阁等名，此阁之始也。
楼	黄帝为五城十二楼，以候神人。	世之祀天帝，宫观多建钟鼓楼，及有栖真等楼，此楼之始也。
堂	——	古者羽流建天醮，有演法堂，堂列六幕，设六师位于内，以主醮事，此堂之始也。
天门	晨昏启闭，以禁除暴曰门；有天丁龙虎君者为之天关，无者为之天门。	以其祀上帝三清之所，太大罗玉清之境，故以天门称之，世俗不明理者，呼为山门，又曰三门，去道远矣。
钵堂	——	其堂乃四方，鸾俦鹤侣栖真之所，自古名山仙迹之所有之。
圜室	以砖砌为室，方圆一丈，无门，只留一窍以通饮食。后留一穴，以便出秽。	全真入圜砌其门，谓之闭关。坐百日乃开，谓之开关，此圜室之制也。
庵	遁世之士潜修至道者，结茅于岩壑之间。	——
台	——	古之修道之士，有功成道，备冲举者，必隐名山仙地而上升（之场地）。
祠	道家古圣之祠，自峨嵋山天真皇人之祠始之。	——
馆	有道之士所居之宅，谓之玄馆。	——
院	道众聚居之宅曰院。	——

续 表

形制	概念	功能
天宫	自汉晋以下，凡奉道之家，供奉天尊上帝之室，皆名天宫。	——
雷坛	凡行雷法祈祷之家，奉雷神之室名曰雷坛。	——
坛墠	祭地为墠，筑上为坛。	凡坛墠，其制三级，盖分天尊地卑之设。

把梳道教宫观建筑的空间命名，发现宫观名称主要来源包括：①引经据典：如乾元观、常道观、紫霄宫、蓬莱院等；②尊神名号：如三清宫、玉皇宫、紫微宫、文昌宫、东岳庙；③仙真名号：如真武庙、吕祖宫、纯阳宫、重阳宫、长春宫、关帝庙；④山地名号：如泰山宫、老君山道观、桐柏宫、龙泉观；⑤据史传载：如黄庭观、酥醪观、二仙庵、仙人洞道院等。且不同历史时期道教宫观的数量不同，北齐文宣帝曾说"馆舍（指道观）盈于山薮，伽蓝（指佛寺）遍于州郡"（《广弘明集》卷十二），可知当时山林道观数量众多。特别是到了唐宋元明道教建筑鼎盛发展的时期，宫观庙宇更是难以计数。《云山集》描述了元朝丘长春真人对成吉思汗"一言止杀"之后的天下宫观格局："玄风大振，道日重明，营建者棋布星罗，参谒者云骈雾集"①，"宫观相望，虽遐荒远裔、深山大泽，皆有其人"②。历经千余年的屡兴屡废而留存至今的道教宫观，只是极少的一部分。

（二）道教宫观建筑的神性价值

道教宫观建筑的神性价值可以概括为"道上有功""人间有行"

---

① 《云山集》卷之七"长春真人成道碑"，《道藏》第 25 册，第 416 页。
② 《云山集》卷之七"长春真人成道碑"，《道藏》第 25 册，第 420 页。

这两个"功行具备"的叠合价值①。《洞玄灵宝三洞奉道科戒营始》（下文简称《营始》）"置观品"章节对道教宫观建筑景观营建的神性价值有如下阐述：

> 三清上境及十洲五岳、诸名山或洞天，并太空中，皆有圣人治处。或结气为楼阁堂殿、或聚云成台榭宫房、或处星辰日月之门、或居烟云霞霄之内、或自然化出、或神力造成、或累劫营修、或一时建立。其或蓬莱、方丈、圆峤、瀛州、平圃、阆风、崐崘、玄圃，或玉楼十二、金阙三千，万号千名、不可得数，皆天尊太上化迹、圣真仙品都治，备列诸经，不复详载。必使人天归望、贤愚异域，所以法彼上天、置兹灵观，既为福地，即是仙居。②

可归纳出道教宫观建筑的神性价值是：法彼上天、置兹灵观，职能是：道上有功、人间有行，目的是：人天归望、贤愚异域。由此，道教宫观建筑空间成为"圣人治处"的凡间实体、"人天归望"的福地仙居、"贤愚异域"的中通媒介。道教宫观建筑特有的仙境指向和修行属性，使其建筑空间模糊了仙凡境地、联络了真假之机，因此建筑空间的营构手法通常是小中见大、壶中天地。

如果说"置观品"中的道教宫观营建更注重道门内部"道上有功"的修行指向，那么后世宋元时期《大涤洞天记》中阐述的道教宫观营建则更注重凡俗信众"人间有行"的教化指向。从《大涤洞天记》"叙宫观"卷可以读出如下三点：

---

① 《修真十书钟吕传道集》，《道藏》第4册，第657页。
② 《洞玄灵宝三洞奉道科戒营始》卷一，《道藏》第24册，第744—745页。

（1）道教宫观建筑空间的至高境界：无何为乡、太虚为家。在道人横跨沧海桑田（源自麻姑见东海三为桑田之典故）、弥伦宇宙时空的概念里，"日月之光华、烟云之变化、湖海山岳之浩瀚嵯峨，不过目睫间所寄物尔"①，如白驹过隙、眨眼之间。不必"占一丘一壑之胜，营一宫一室之安"，可"杂处于人间世"。

（2）道教宫观建筑空间的尘世指向：顿悟身患、乐归真道。"太上设教，圣皇潜心，黄帝问道崆峒，尧见四子藐姑射。于是周穆草楼发其源，汉武竹宫桂馆昌其流，乃有秘宇殊庭、瑶台金榜散布寰宇，几与五城十二楼俱高……使夫志士辞荣、贪夫弃慢，顿悟有身之患，乐皈众妙之门，岂非移风易俗之大枢机，尊道贵德之大条贯哉！"② 可以看出，使贪着于名利的学者志士、商贾艺人等，顿悟此身非我，以拯救沉溺、乐归真道的尘世功行是道教宫观建筑存在的重要目标。

（3）道教宫观建筑空间的典型模式：竹宫桂馆、秘宇殊庭。"周穆草楼""汉武竹宫桂馆""秘宇殊庭""瑶台""十二楼"等历代帝王兴建之宫观、楼台皆是具有历史代表性的道教建筑、景观，乃至于楼观台、崆峒山、"藐姑射"等承续为今天的道教名山、国家公园、世界遗产。

三、道教宫观管理中建筑空间更新面临的问题与挑战

（一）重"外"轻"内"，文化内生动力不足

道教宫观组织管理中，部分道众对道教文化的认同感不高，尚未充分认知道教度己救世的深刻内涵。以至于不知向内断除贪嗔痴

---

① 《大涤洞天记》卷上"叙宫观"，《道藏》第18册，第141页。
② 《大涤洞天记》卷上"叙宫观"，《道藏》第18册，第141页。

念,心中日日杂蔓丛生而外在时时争名逐利、借术敛财。然而历代高道大德内在高洁清静而外在混同世俗,不断心内三毒,难生真正的文化自信。在道众文化认知水平普遍不高的现实背景下,达到"内观其心,心无其心;外观其形,形无其形;远观其物,物无其物"的文化素养境界确乎困难。古今内生动力高下的拉锯,形成了道教曾经鼎盛而今日徘徊向前的局面。

重"外"轻"内",展现于道教建筑景观空间之中,就是斋醮科仪等的"烟火气"空间太足,而让心灵休憩的"神圣性"空间欠缺。"烟火气"空间承担着为众生祈福攘灾等尘世功能,载体通常是道教宫观的主要殿堂及其院落。"神圣性"空间载体除了布列在宫观主轴线上奉祀神祇的建筑外,还应考虑的是道教文化衍生而来的茶道、书法、画作、古琴、非遗、讲道堂等建筑文化空间,这在很多地方小型道教宫观尤为欠缺。而实际上对于多数大型道教宫观而言,"烟火气"空间和"神圣性"空间"动静混同",导致此二空间互相干扰,空间功能利用效率受限。如上海某大型道观受场地局限,在科仪法事期间,"烟火气"院落"动"空间和"知道堂"讲道"静"空间在声音、气味和人流等层面互相掣肘。因此,在道教宫观整体空间规划之初就应考虑功能空间"动静分离",并预留一定的"弹性空间"以应对未来不确定性事件。

(二)重"器"轻"文",文化展现力度不够

宗教中国化时代背景下,道教宫观管理必然向现代化文化宫观转型。地方道教宫观管理容易落入"盖殿堂、塑神像、奉香火"的单线思维,重视"器物"硬件设施,而忽视"文化"软核实力。这带来的直接弊端是,当遭受新冠疫情等重大事件影响时,难以维持生计。因此"多元生长级"是每个道教宫观应重点思考的中国化发展方向,而"文化"可以作为"多元生长级"的重要分维可持续发展。

道教宫观空间应超越只关注香火维生的局限，而全方位展现道教博大精深的文化层维，特别是后疫情社会下的数字文化体系营建。然而实际上，很多道教宫观自身的历史脉络、派系梳理、建筑演变等，并没有清晰的档案留存及充分的展示空间。"口口相传"的不确定性和疏漏性，不适应于当今道观文脉的精准化、精细化管理。因此在建筑空间更新方面，一是建议增设配备历史文化陈列馆/室。通过文脉梳理和数字资料双重方式，展示历史沿革、道脉传承、文史书稿、科仪法事、慈善公益、文化交流等方面。无论是对外宣传展示还是对内文化遗产留存均有助益，并且增强道众、信众或游客等的文化认同感和文化归属感。二是重视建筑外立面等潜在文化植入空间。在"道可道非常道，名可名非常名"至理名言之外，寻求诸如"观天之道、执天之行，尽矣"等深度文化内涵的墙面书法表达，抑或是诸如《太上八十一显化图》《八十七神仙卷》等道教经典图谱的墙面艺术表达。在神真塑像营造的"神圣性"室内空间氛围感之外，依托文字、图像等在室外空间进行文化输出。

（三）重"儒"轻"道"，文化景观空间错配

儒家旨皈"成圣"而修齐治平，道家旨皈"归真"而清静无为[1]，二者在教理教义上有根本的差别。但作为民间信仰载体的道教宫观，其建筑空间形制也极易民俗化。如民居建筑中寓意"连升三级"的三叉戟饰物，竟也出现在某些地方道教宫观建筑的屋脊或门楣中。特别是财神、月老等带有儒家对"现世现生"功名利禄、婚姻美满重视的神格，在道教宫观和信众游客中被日益追捧。财神殿、月老殿等当然有设置的必要，但也应遵守道教神仙位次序列。

---

[1] 洪修平：《论儒道佛三教人生哲学的异同与互补》，《社会科学战线》，2003年第5期，第42—49页。

"儒"空间大肆发展之下,"道"空间却被挤压,导致文化景观空间错配。明显的标志是,始自黄老的道教文化撑起的移天缩地、咫尺山林的文化景观,成就了诸多江南私家园林世界文化遗产,反而难以刷出自身道教宫观的文化景观存在感。除了部分十方丛林、大型道观之外,道教宫观少见精致院落文化景观。且对比《营始》"置观品"卷发现,很多建筑、景观今已不见或空间错配。

整理《营始》42种道教宫观建筑、景观样式及名称(表2),可为当代道教宫观建筑景观空间增配提供借鉴的是:①"经宝"空间序列,包括经堂、校经堂、写经堂、造经堂、熏经堂等;②"师宝"空间序列,包括法堂、说法院、讲经堂、演经堂等;③修行台地序列,包括寻真台、炼气台、吸景台、拜斗台等;④园林景观序列,具有实用(采集花果供养三宝)和精神(凭借山水嘉木实景再现蓬岛瑶台)双重空间功能。

表2 "置观品"中的道教宫观建筑、景观样式和名称(整理自文献①)

建筑、景观样式	建筑、景观名称
殿、堂	天尊殿、天尊讲经堂、写经堂、校经堂、演经堂、熏经堂、浴堂、斋堂
院	烧香院、升遐院、受道院、精思院、说法院
台	寻真台、炼气台、祈真台、吸景台、散华台、望仙台、承露台、九清台
阁、楼	游仙阁、凝灵阁、乘云阁、飞鸾阁、延灵阁、迎风阁、九仙楼、延真楼、舞凤楼、逍遥楼、静念楼、迎风楼、九真楼、焚香楼、合药堂等
坊	净人坊、骡马坊、牛车坊、俗客坊、十方客坊、碾硙坊

① 《洞玄灵宝三洞奉道科戒营始》卷一"置观品四",《道藏》第24册,第744—747页。

四、道教宫观建筑更新的现实路径

道教宫观建筑空间需要有机更新，在秉承"原真性""原生态""整体性"原则下，坚定优秀传统文化内核永续保护传承的前提，探索建筑空间可持续发展的动力机制与现实路径。值得注意的是，有机更新需要保护和创新双管齐下，即在尊重保护历史遗迹的同时，循序渐进地迭代创新建筑景观空间内涵。

（一）锚准锁定文化发展"2＋X"定位

首先根据历史定位、宗教地位、地理区位"三位一体"综合因素锚准锁定道教宫观文化发展定位，确认未来发展方向是香火型道观（注重斋醮科仪）、文化型道观（注重弘道讲道）、养生型道观（注重修行练气）、数字型道观（注重智能体验），还是综合型道观。单向型道观通常在不确定性事件影响下难稳根基，建议道教宫观发展定位至少为"2＋X"综合型道观。

建筑空间塑造根据道教宫观不同文化定位会有明显区别。散落于民间的道教宫观，因其"致虚守静"的教理教义内涵，其空间营建不能完全落于"争名逐利"的民俗化窠臼。这体现在道教宫观精细化管理自上到下的各个维度，从文化自觉的发展定位，到空间格局的战略管理，再到方案实施的精细运作。如在主体建筑屋檐浮雕或墙面壁画上，在考虑"二十四孝图""桃园三结义"等仁义礼智信维度的优秀传统文化基础上，也应考虑"钟吕传道图""元始天尊说法图"等道学内核文化。按《道德经》"大道废、有仁义"，道德维和仁义维在道教教理教义中是根本不同的层级，二者有时并不能兼顾和保全，在筛选之时应有明确而深刻的文化认知。

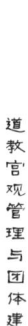

(二)增设更新文化景观"精致化"空间

道教宫观普遍关注建筑轴线上的建筑空间布列,而忽略文化景观也是道教宫观的重要组成部分,因此很容易呈现"粗制化"面貌,而非"精致化"格调。实际上,文化景观(特别是类似于江南私家园林式的文化景观)与道教"存思"法术有甚深渊源。中国古典私家园林中"小中见大"的山水缩建手法,很可能是存思修炼体验的空间载体①,这与日本"枯山水"流派的"遐想空间"营造原理异曲同工。在两千年来皇家园林、私家园林竞相模仿的"山水景观"模式下,涵纳的是精深的道教文化内核,只不过在"见素抱朴"的道教义理规范下道观园林的典型范本历来少见。

然而对于"看颜值"的当今时代,文化景观空间的"精致化"更新是道教宫观精细化管理需要面临的一大问题。诸如武当山紫霄宫的日坛、月坛,玉皇山福星观的天一池、七星缸等是非常典型的道教文化景观,但却存在池水浑浊或杂草丛生等问题。文化景观"精致化"更新在干净整洁的前提下,可以参照如下模板:一是"洞洞相通"的太湖石文化景观(与道教洞天福地思想原理一致②);二是"山水比德"的微山水文化景观(需要对于山石堆叠有极高的艺术审美);三是"小桥流水"的锦鲤文化景观(搭配错落有致的水生植物)。文化景观"精致化"更新是不需要投入太多资金,就可以提升道教宫观整体形象地位的直接手法,并且会一定程度上满足精神领域的修行养生诉求。

(三)传承复兴修行养生"内向型"空间

早期道教的"靖""静庐"等是道教宫观的空间标配,涵纳了道

---

① 陈铮:《身份的认定——六朝画家与道教》,南京艺术学院博士论文,2012年。
② 李涛,朱旭光:《洞天福地的三才空间及景观布局研究——基于〈道藏〉的考察》,宗教学研究,2021年第4期,第41—47页。

教徒的日常修炼、医心治病等活动。这在《道藏》有记载："国师依其度数，开立二十四治、十九静庐，授以正一盟威之道，诛伐邪伪，与天下万神分符为盟，悉承正一之道也"①。而且"靖室"的概念有浓厚的修行指向："靖室要瑕修治，下则镇于人心，上乃参于星宿，所立屋宇，各有典仪"②。正是因为修行养生空间的设置，道教才有了诸多度己化众生的佳话流传，如茅山乾元观"白狐听经"典故等。

传承至今，道教宫观管理不应仅关注于"外向型"弘道发展，更应关注于"内向型"修行进阶。因此"寰堂""靖室""丹房"等修行养生空间应该成为道教宫观的标配，并且配备完善的基础设施。道人素尚雅洁，不喜与人共用碗筷及衣物，且在精神世界中崇尚"独与天地相往来"，因此建议寰堂一人一室，且保证充足的阳光和通风。亦可以有大型寰堂，作为集体坐寰悟道的场地配备多媒体讲课设备。值得注意的是，此"静"空间不宜与游客观赏"动"空间交织。如新加坡某大型佛寺承载静坐的养生悟道空间，却同样承担文化旅游功能。虽然集体静坐场景能提振游客的场域神圣感，但会影响静坐功效且不利游客交流，因此双方功效博弈之下仍然需要在时间或空间上做出权衡。

（四）探索创新数字人文"元宇宙"空间

元宇宙（Metaverse）时代，从"场景时代"到"元宇宙"再到"心世界"的数字进化迭变，将掀起"心领域"的巨大变革。而道教在"修心炼性""性命双修"等"心领域"上具备独到且深厚的理论实践基础。"元宇宙"核心产业 VR 等虚拟世界对现实空间的突破与重塑，"心世界"建立在真实世界之上的"概念世界"和"心智世

---

① 《三洞珠囊》卷七，《道藏》第 25 册，第 332 页。
② 《要修科仪戒律钞》卷十，《道藏》第 6 册第 966 页。

界"的协同建构,均为"心善渊"的道教文化或"虚空能含日月星辰"的禅宗文化或"吾心即宇宙"的阳明心学等"心领域"文化,提供了前所未有的虚实相生的现代数字化发展契机。并为"原天命、治心术、理好憎,则治道通"①的道教宫观治理思想,提供了科技实现的体验载体。

数字人文空间不同于建筑景观等实体空间,属于数字虚拟空间。道教宫观管理中除了将自身历史文化数字化保存之外,还可以考虑增设数字人文体验空间。如利用虚拟现实 VR 技术原尺度动态重现芮城永乐宫壁画上的神仙朝拜三清图,或是八十七神仙赴宴图,或是洛神赋场景图。协同声香味触等综合感官体验,将这些国宝级画作晋升为身临其境的仙境互动,增强道众、信众或游客的传统文化体悟力。又如利用增强现实 AR 技术,再现"庄周梦蝶""绝云气、负青天","列子御风而行"的逍遥世界,让这些之前只存在于书籍或电视中的二维认知化为立体而丰富的三维感知,并协同创建元宇宙交互世界,传承发扬中华优秀传统文化的深厚魅力。

数字时代的巨轮在开启人类明心见性的路上滚滚向前,其修证速度及心性彻悟速度远超从前。道教有责任也有义务去参与这一宏大叙事体系,运用自身丰厚的文化底蕴去协同建构世界运行秩序,特别是在道德思想层面和养生修心层面,秉承五千年的文化优势继续为构建"人类命运共同体"作出贡献!

五、结语

综上,道教宫观的建筑空间更新不应局限于如上提到的文化景观空间、修行养生空间和数字人文空间,还可以尝试建筑设计的地

---

① 《淮南鸿烈解》卷之二十一,《道藏》第 28 册,第 109 页。

形拟态、地势流态、界域情态等空间创作手法,① 进行新型道观的建设创新或传统道观的景观更新。也可以根据实际情况,考虑是否增设网红打卡地、氛围拍摄点、道人指路牌等"接地气""趣味性""萌萌哒"文化景点。在"神圣性"拉满的宫观建筑场景下,这种"反差感"会瞬间拉近人与空间与文化之间的距离。

  道教宫观建筑空间更新是为了更好地服务于道教宫观度己度人的根本诉求,因此在尊重传统的基础上应当适时创新。不应执着于外在形式去"泥古",而应由"初心"出发去"开拓"。只有将道教内核文化"内化"才能于建筑空间等载体上"外显",突破徘徊向前的发展现状,达成道教中国化的现代化转型提升。

---

① 刘杨编著:《基于德勒兹哲学的当代建筑创作思想》,中国建筑工业出版社,2020年,第184—192页。

第三章
道教团体建设

道教团体的职能定位与权责关系

丁常云*

摘 要：道教团体的职能定位与权责关系，是加强道教团体组织建设的重要内容之一。其中，职能定位是决定道教团体组织的职权与工作任务的重要依据，权责关系是各级道教团体组织之间的关系定位，也是发挥各级道教团体组织作用的有效途径。当代道教，要进一步明确道教团体组织的职能定位，准确把握道教团体的性质、宗旨和目标任务。同时，还要进一步理顺道教团体组织的权责关系，强化上级道教组织的教务指导，注重发挥基层道教组织的积极作用。

关键词：道教团体 职能定位 性质宗旨 目标任务 权责关系

道教历史表明，道教历来就是以宫观、名山为单位，或在宗派内部组织活动。道教团体组织只是近现代社会历史发展的产物。1912年，道门有识之士在北京白云观发起成立中华民国道教会。此后，部分地区道教团体组织相继成立，特别是在上海先后组织成立

---

* 丁常云，中国道教协会咨议委员会副主席，中国宗教学会理事，上海市道教协会副会长，《上海道教》杂志主编，浦东新区道教协会会长，浦东道教文化研究所所长，上海太清宫住持。

了多家道教团体，其目的就是为了规范道教管理，维护道教权益。但是，由于当时社会的动荡与经济的萧条，道教团体组织维持时间都不长，发挥作用也不大。直至1957年4月，道教界在北京举行第一次全国代表会议，正式宣布成立中国道教协会。[①] 从此，中国道教界开始有了正式的全国性组织，各省市也开始筹备成立道教团体组织。

改革开放以后，各地道教宫观修复开放，各级道教团体组织也相继成立并开展工作，发挥着团结、联系广大道教信徒的桥梁纽带作用，成为道教徒联合的爱国宗教团体和教务组织。到目前为止，全国已有20多个省（市、区）成立了省级道教协会，各地区还成立了数量众多的市、县级道教协会。道教团体组织的建立，对于规范道教自身管理、培养道教人才和促进道教对外交流等方面发挥了积极作用。但是，就目前道教团体现状来看，还存在诸多亟待解决的问题。国家宗教事务局王作安局长曾明确指出：道教组织很不健全，宫观管理体制不顺，道风建设力度不强，与时代的要求和社会的期待还有相当距离，与道教自身所肩负的使命还很不适应。[②] 究其原因，主要是道教的团体的职能定位不准、权责关系不清，严重影响并制约了道教团体组织的健康发展。

为此，当代道教必须要大力加强团体组织建设，尤其是要探索解决道教团体的职能定位和权责关系问题，采取切实有效措施，稳步推进道教团体组织的健康发展。这是时代发展的需要，也是道教自身发展的必然要求。

---

① 任继愈主编：《宗教大辞典》，上海辞书出版社1998年版，第1062页。
② 王作安在中国道教协会第八次全国代表会议上的讲话，《中国道教》2010年第3期，第7页。

一、关于道教团体的职能定位问题

职能定位是决定一个组织的职权与工作任务的重要依据。所谓职能,是指需要完成的任务、工作和责任,以及为完成这些任务所拥有的权力。《宗教事务条例》第二章(第八条)规定,宗教团体具有下列职能:一是协助人民政府贯彻落实法律、法规、规章和政策,维护信教公民的合法权益。二是指导宗教教务,制定规章制度并督促落实。三是从事宗教文化研究,阐释宗教教义教规,开展宗教思想建设。四是开展宗教教育培训,培养宗教教职人员,认定、管理宗教教职人员。五是法律、法规、规章和宗教团体章程规定的其他职能。[①] 以上宗教团体的职能自然也是道教团体的职能定位,自然也是道教团体需要完成的工作任务和责任,以及为完成这些任务所拥有的权力。因此,在具体工作中必须要明确道教团体的职能定位,准确把握道教团体的性质、宗旨和目标任务。

(一)明确职能定位,把握道教团体的性质和宗旨。

职能定位是道教团体建设的重要内容,也是准确把握道教团体性质和宗旨的有效途径。就目前道教团体来看,少数团体组织仍然是"官僚化严重,服务意识淡薄",有些团体更是"有名无实",一块牌子,一套班子,工作自主性差,年初没有计划,年终没有总结,团体负责人缺乏工作思考,班子成员更是无所作为。究其原因,主要是没有准确把握道教团体的性质和宗旨,造成工作方向不明、工作思路不清,有时还会出现"该作为时不作为,不该作为时乱作为"的怪现象,严重影响着道教团体工作的正常开展。

1. 要认真研究道教团体基本性质。所谓"性质",是指事物本身所具有的与其他事物不同的根本属性。比如,企业的性质有国有企

---

① 新修订《宗教事务条例》释义,宗教文化出版社2018年第4版,第30—31页。

业、集体企业、私营企业、个体工商户、合伙企业、联营企业、股份合作制企业、有限责任公司、股份有限公司等。同样，宗教团体也有道教团体、佛教团体、天主教团体、基督教团体、伊斯兰教团体等。道教团体是宗教团体的一种，从道教性质与道教职能的关系来看，道教性质决定于道教职能，道教职能又反映道教性质，二者是既相互影响又相互关联的。关于道教团体的性质，中国道教协会《章程》有明确规定，就是说"本会是全国道教徒联合的非营利性的爱国宗教团体和教务组织"。[①] 从道教团体组织的性质来看，至少包含三个方面内容：一是强调道教团体必须是爱国的，必须始终坚持道教中国化方向。道教团体有一个十分重要的任务，就是要教化引导信徒自觉走爱国爱教道路，自觉与中国特色社会主义社会相适应。具体可以通过举办"讲经讲道"和"读经班"来进行教化引导，通过阐述道教经典，弘扬道教优秀文化，以此来激励道教信徒爱国守法，自觉做一个好公民。近年来，中国道教协会每年举办一次全国性的玄门讲经交流活动，有效地推动全国道教界的积极参与，但是至今还没有真正形成道门讲经的热潮，尤其是基层道教团体和宫观并没有引起真正重视，讲经工作仍然任重道远，仍然是道教团体工作的重要内容。二是强调道教团体的宗教组织特点，必须要为广大道教信徒做好服务工作。道教团体虽然不是直接服务于信徒的组织，但是要通过制定相关规章制度，指导、监督道教宫观做好"服务信徒"的工作。但是，就目前中国道教协会《章程》在第二章"业务范围"中并没有"服务信徒"的任何条文，既然道教团体是"道教徒联合的爱国宗教团体"，那么道教徒就是道教团体的主体，就应该是服务的重要对象。同时，在中国道教协会制定的《道教宫观管理

---

① 《中国道教协会章程》，《中国道教》2020年第6期，第50页。

办法》中也找不到"服务信徒"的内容。这不是工作的疏漏，而是职能定位不清所造成的。三是强调道教团体是一个教务组织，这就决定了道教教务工作在道教团体工作中的重要地位。在目前中国宗教中，中国基督教协会《章程》就明确规定："本会为中国基督教全国性教务组织"。全国各级地方基督教、天主教都有专门的"教务委员会"，是独立的宗教团体组织，其主要职能就是做好各地教会的教务工作。道教协会《章程》虽然也明确了"教务组织"这一职能，但是在"业务范围"中仅有"加强对地方道教团体、宫观和道教院校的教务指导"的表述，显然是道教教务工作的重要性没有得到彰显。在实际工作中，诸多道教团体的教务工作并没有得到重视，团体负责人也没有意识到教务工作的重要性。我曾经了解过几个道教团体教务部门的工作人员，多数告知是没有什么事可做，即使有事也是临时指派的，完成任务就行。究其原因，我认为这还是团体的职能定位问题。当然，有些地区的道教团体负责人热衷于跟风、赶时髦，喜欢做表面文章，根本不去研究团体的本职工作，更不去重视团体的教务工作。这种职能定位的错误，严重损害了道教团体的影响力，阻碍了团体积极作用的发挥，需要引起政府宗教部门的高度重视。

2. 要始终坚持道教团体根本宗旨。所谓"宗旨"，就是指（组织）主要目的和意图。比如，企业的宗旨就是要回答"我们的企业将成为什么样的企业"问题。企业宗旨不但涉及企业的长远目标、具体业务，同时更重要的是涉及企业文化、企业精神、经营理念。企业在任何一个发展阶段，都不能偏离企业的宗旨，宗旨实质上就是一个企业的根本思想与发展线路，它影响企业订立各项制度与决策。由此观之，道教团体的宗旨就是要回答"道教团体将成为什么样的团体"，决定着道教团体的长远目标和工作任务。根据中国道教协会《章程》规定：本会宗旨是团结、带领全国道教徒爱国爱教，拥护中国共产党的领导和社会主义制度，遵守国家宪法和法律法规，培养和践行社会主义核心价值观，积极与社会主义社会相适应；兴办道教事业，弘扬道教教义，维护道教界合法权益；发扬道教优良传统，传扬道教文化，为促进经济社会发展，为维护宗教和睦、民族团结、社会和谐、祖国统一、世界和平作贡献，为实现中华民族伟大复兴的中国梦发挥积极作用。[①] 这一宗旨明确了道教团体的主要目的和工作要求，至少包含三个方面内容：一是要坚定正确的政治方向，发挥积极引领作用。道教团体要始终高举爱国主义伟大旗帜，团结带领广大道教徒走爱国爱教道路，自觉促进道教与社会主义社会相适应。二是要大力发展道教事业，做好自身本职工作。注重开展道教文化研究，弘扬道教教义思想，维护道教合法权益，促进道教健康发展。三是要发挥道教时代价值，彰显道教服务社会功能。道教有没有时代价值，道教能否发挥时代价值，这都是道教团体必须思考解决的问题，当然也是道教团体的重要工作内容。因此，当代道教必须要明确道教团体的职能定位，坚持道教团体的性质和宗旨，明确工作任务，把握工作方向，以务实的工作作风，创新的工作精神，确保道教团体各项工作稳步推进。

（二）明确职能定位，把握道教团体的目标和任务。

职能定位是道教团体建设的重要内容，也是准确把握道教团体目标和任务的有效途径。就目前道教团体情况来看，由于缺乏对团体自身组织的思考和研究，诸多团体组织对自身的目标和任务并不清楚。甚至有少数团体负责人整天吃喝玩乐，热衷于虚词奉承，溜须拍马，场面上风光无限，工作上一事无成。这些问题的存在，是

---

① 《中国道教协会章程》，《中国道教》2015 年第 3 期，第 43 页。

当前道教团体工作的短板,也是道教团体工作的一大瓶颈。因此,必须要明确道教团体的职能定位,准确把握道教团体的工作目标,认真落实道教团体的各项工作任务。

1. 要准确把握道教团体工作目标。所谓目标,其实就是方向,是一个人工作和生活的方向。明确的目标会为生活和工作引导方向,没有目标的人,就好像一艘没有舵的船,漂流不定,只会搁浅在失望的泥滩中。人生成功与否,关键是看有没有明确的奋斗目标,没有人生目标就没有远大的志向,没有远大的志向,也只能停留在原地,听天由命。因此,目标是成功的基础,有了目标做事才有计划性,有了目标做事才有效率,有了目标做事才会更积极。一个人如此,一个组织更是如此。因此,道教团体的工作也必须要有明确的目标,有目标才有努力的方向,才能激励先进奋力前行,鞭策后进迎头赶超。中国道教协会《章程》和道教性质告诉我们,新时代道教团体组织的目标应该是:建设团结友爱、清净庄严、开放包容、充满活力、具有国际影响力的中国道教,使道教更加健康地传承发展,更加充分地发挥积极作用,更好地与社会主义社会相适应,更好地为中华民族伟大复兴的中国梦贡献力量。根据这一目标要求,道教团体的工作目标主要包含三个层面:一是要建设具有国际影响力的中国道教,这是世界层面的工作目标。道教是中国本土宗教,在漫长的历史发展过程中,不仅神州大地到处都留有道教的胜迹,而且随着中外文化交流和华人移居海外,道教也传播到了海外。① 改革开放后,中国道教得到快速发展,特别是近年来中国道教协会倡导的"道行天下"活动取得了一定成绩,这些都提升了道教的社会

---

① 卿希泰、詹石窗主编:《中国道教通史》第五卷,北京人民出版社2019年版,第395页。

影响力。但是，道教要走上国际舞台，真正成为有国际影响力的宗教，还有很多事情要做，还有很多问题需要解决。作为未来道教工作努力的目标，道教团体组织必须要团结带领广大道教徒，为建设具有国际影响力的中国道教而努力奋斗。二是充分发挥道教应有的时代价值，这是社会层面的工作目标。在长期的发展过程中，道教对我国古代的思想文化和社会生活的各个领域都产生过巨大而复杂的影响，当今道教依然在中国人的生活方式和文化构成中显示出独有的生命力。从社会层面来看，道教有一项重要工作就是"服务社会"，道教能否健康发展，关键是看其服务社会的能力。发挥道教的时代价值，就是要挖掘道教服务社会的积极功能。道教团体要做好道教传承与发展的工作，尤其要做好道教文化的传承与发展，只有传承好优秀的道教文化，才能更好地发挥道教的积极作用，才能更好地做好服务社会的工作。三是为中华民族伟大复兴的中国梦贡献力量，这是国家层面的工作目标。在全国宗教工作会议上，习近平总书记指出：宗教界要积极"投身改革开放和社会主义现代化建设，为实现中华民族伟大复兴的中国梦贡献力量"。这就要求我们道教团体组织必须要服从服务于国家最高利益和中华民族整体利益，团结带领广大道教徒为国家的富强、民族的振兴而努力奋斗。明确道教团体的职能定位，就必须要把握好道教团体的工作目标，稳步推进，不断前行。

2. 要全面落实道教团体工作任务。工作任务是指团体组织或个人的工作范围，或者职责范围。清晰的工作任务，是团体组织做好工作的基本条件，也是该团体领导能力强的表现；如果工作任务模糊不清，自然会影响团体工作的顺利开展，当然也是团体领导能力弱的标志。由此观之，团体组织主要领导的水平，直接关系到团体工作任务制定的好坏，一位没有思路、没有思想、没有能力的领导，就不可能提出优秀的工作思路，制定出规范清晰的工作任务，也不可能引领团体组织有所作为。根据中国道教协会《章程》第二章规定，本会的工作任务主要有：一是团结、带领全国道教徒遵守宪法、法律、法规和国家政策。二是协助政府贯彻落实宗教信仰自由政策，依法维护道教界的合法权益，深入调查研究，反映道教组织、道教界人士和信教群众的意见和要求，充分发挥桥梁纽带作用。三是大力弘扬道教优秀文化，为传承中华文明和建设中华民族共有精神家园做贡献。四是建立健全道教有关规章制度，加强信仰建设、道风建设和教制建设，严肃戒律，纯正道风。五是加强对地方道教团体、宫观和道教院校的教务指导，协调关系，促进团结，支持地方道教团体依法依规办好教务。督导道教团体、宫观搞好管理和自身建设，提高道教徒整体素质，树立道教良好形象，促进道教事业健康发展。六是兴办道教教育事业，办好道教院校，培养道教人才。七是主办传戒、授箓等重大教务活动，做好直属宫观的管理工作。八是开展道教文化艺术交流活动，加强学术研究，整理编印道教书刊，协助做好道教文物古迹与非物质文化遗产保护工作。九是开展社会公益慈善活动，弘扬道教生态环保理念，服务社会，利益人群。十是开展同香港特别行政区、澳门特别行政区和台湾地区道教组织及海外道教界侨胞的交往与联谊工作，增进了解，团结合作。十一是加强与国外道教组织、道教界人士及国际宗教和平组织的友好往来，促进中外道教文化交流，开展道教的国际联谊工作。① 通过对以上工作任务的分析，我们认为内容是全面的、定位也是准确的，是道教团体比较完备的工作任务清单。但是，作为全国性道教团体组织，除上述工作任务外，还要注重加强二项工作：一是道教教务工作任务要进一步加强。道教团体对于重大的教务活动要直接开展研究，要

---

① 《中国道教协会章程》，《中国道教》2015年，第3期，第43页。

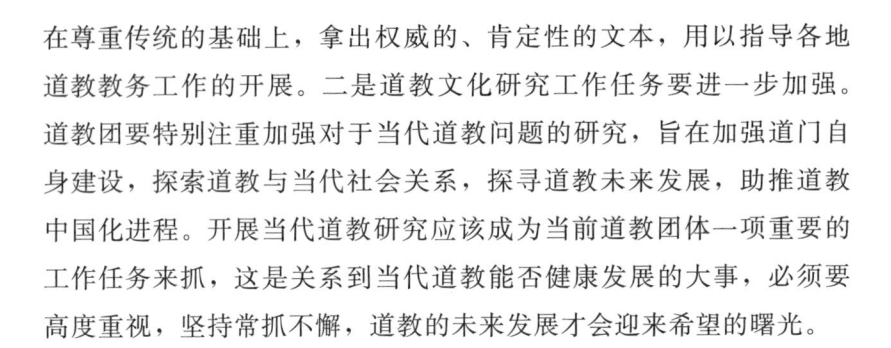

在尊重传统的基础上，拿出权威的、肯定性的文本，用以指导各地道教教务工作的开展。二是道教文化研究工作任务要进一步加强。道教团要特别注重加强对于当代道教问题的研究，旨在加强道门自身建设，探索道教与当代社会关系，探寻道教未来发展，助推道教中国化进程。开展当代道教研究应该成为当前道教团体一项重要的工作任务来抓，这是关系到当代道教能否健康发展的大事，必须要高度重视，坚持常抓不懈，道教的未来发展才会迎来希望的曙光。

二、关于道教团体的权责关系问题

理顺关系是各级道教团体的权责定位，也是发挥各级道教团体组织作用的有效途径。所谓"权责"，意思为权力与职责。理顺权责关系，就是指将权力与责任的界限明确，不能混淆不清。依照《社会团体登记管理条例》规定：社会团体分别由各级人民政府民政部门和相应的业务主管单位进行监督管理。宗教团体作为一个类别的社会团体，各级团体的地位都是平等的，相互之间无隶属关系，无领导与被领导的关系。[1] 当然，宗教团体也有其特殊性，在同一宗教中，全国性宗教团体与地方性宗教团体之间具有一定的教务指导关系。对于道教团体来说，虽然只有上下级的教务指导关系，但是其各自的权责也必须要清晰，否则就会影响正常工作的开展。因此，必须要尽快理顺道教团体的权责关系，强化上级道教团体的教务指导，发挥基层道教团体的积极作用。

（一）理顺权责关系，强化上级道教团体的教务指导。

理顺权责关系是各级道教团体组织的准确定位，必须要强化上

---

[1] 国家宗教局政策法规司编：《宗教工作法律知识答问》，宗教文化出版社 2008 年版，第 57 页。

级道教团体组织的教务指导。这里所说的上级道教团体主要是指中国道教协会和省级道教协会。道教现状表明，目前多数道教团体权责关系不清，对于团体工作重点把握不住，或者根本就不知道做什么、怎么做？甚至还出现"只想要权不想干事"的怪现象，不仅不利于团体积极性的调动，而且还严重制约了团体的建设与发展。究其原因，主要还是自身工作定位不清、权责关系没有理顺。因此，强化上级团体的教务指导，必须要准确把握自身的工作定位，认真务实完成自身的工作任务。

1. 要准确把握道教团体的工作定位。一方面，要明确各级道教团体组织的工作定位。根据各级道教团体组织的职能差异不同，其各自的工作定位也有所不同，必须要准确把握。对于全国性道教团体而言，工作应侧重于引导道教的发展方向，组织开展道教教义思想研究，建立完善道教规戒制度，办好中国道教学院，出版道教思想建设方面的书籍，举办大型国际道教论坛，引领道教事业健康发展。对于省级（自治区、直辖市）道教团体而言，应侧重制定针对全国性道教团体所制定的各类规章制度和实施细则并推动落实，组织道教教义思想研究并组织落实，办好区域性道教院校，组织和推动道教社会服务，做好基层道教团体与全国性道教团体之间的桥梁。对于地区、市、县级道教团体而言，应侧重制定针对全国性道教团体所定规章制度的实施细则并推动落实，侧重于场所、教职人员、信教群众的联系，反映其利益诉求、帮助其解决实际困难，发挥场所之间沟通平台的作用，指导场所教务工作，推动道教思想建设成果的转化。[①] 另一方面，要处理好各级道教团体之间的关系。从法律层面讲，每个道教团体都是独立的法人，不同层级的道教团体没有

---

① 《宗教与世界》2014 年第 1 期，第 11 页。

上下级关系。但是，道教工作有其特殊性，基层道教团体要接受上级团体的教务指导。中国道教协会《章程》规定，全国道教团体与地方道教团体的关系是教务指导关系。① 当然，这种指导也包含了一定程度的管理成分，只是宏观管理而已。所谓"宏观"是指大范围的或涉及整体的，或者理解为一种站在范围较大的角度去思考一些问题。简单说，宏观管理就指抓大放小，关注大问题，把握大方向。同样，上级道教团体组织的自身工作定位，就是对基层团体进行教务指导、宏观管理，具体工作职能主要是负责监督指导。监督指导的本义是指即对现场或某一特定环节、过程进行监视、督促和指导，使其结果能达到预定的目标。而上级团体对下级团体的监督指导，主要是从宏观上把握上级道教团体的意图，督促指导有关制度性工作的贯彻落实。当然，在上级团体准确把握自身的工作定位后，能否发挥出积极的宏观指导作用，这是对上级团体组织成员的基本素质考验。作为一名合格的团体负责人，必须要有较高的政治素质、有较高的文化素养、有较高的宗教造诣和较高的管理水平，才能做到整体把握、宏观指导。如果上级团体负责人素质不高、专业水平不强，所发出的指导意见和工作要求就缺乏权威性和可操作性，有的甚至在基层难以推行，这样自然就会削弱上级团体的指导作用。这就要求上级道教团体在宏观指导过程中，必须要强化其专业性和权威性，必须要深入开展调查研究，必须要广泛听取基层团体的意见建议，力争做到求真务实，准确定位，精准指导，坚持做到"到位不越位""帮忙不添乱"，更不要随意拍脑袋、瞎指挥，要始终保持正确的方向和工作定位，稳步推进道教团体各项工作的有序开展。

---

① 《中国道教》2005 年第 3 期，第 43 页。

2. 要务实完成道教团体工作任务。根据道教团体的性质特点，团体组织的工作定位及主要工作任务应该包含以下三个方面内容：一是准确把握上级道教团体的工作定位。中国道教协会是全国性道教团体，是全国道教的掌门人，省级道教协会是各省道教的掌门人，上级道教团体主要应该是出思想、出智慧、出方向的，对于全国或全省道教工作进行统筹规划、精准指导。省级道教团体组织既要贯彻落实好全国道教团体的旨意，又要根据各省具体情况制定新的事关全省道教发展的大政方针，认真完成自身的工作任务，同时对基层道教负有协调、指导责任。王作安局长在与中国道教协会驻会领导班子谈话时指出：中国道协要多做打基础、管长远的工作，切实推动道教事业健康发展。① 这个定位是非常准确的，"打基础、管长远"就是大问题、大方向，这就要求中国道协的工作定位要站得高、看得远，统筹规划、宏观指导，引领中国道教事业健康发展。省级道教团体也应参照中国道协工作要求，并协助做好"打基础、管长远"的工作。二是认真负责做好"打基础、管长远"的工作，不断加强自身建设。打基础的工作，主要是强调"固本强基"，这是道教赖以生存与发展的根基。比如，抓好教风建设、教制建设、文化建设和人才培养等，这些都是道教的基础工作，如果基础没有打好，道教就很难发展。管长远的工作，就是要制定道教团体的中长期规划，要从战略高度谋划道教的未来发展问题。比如，我们要学习借鉴基督教的成功经验，组织编修一本"道教圣经"，通过阐述老子《道德经》、融入道教思想，建构道教教义思想体系，以讲好道教故事为主线，成为具有"通俗性、思想性、理论性、智慧性"的权威的道教经典，作为中华传统文化的软实力向世界传播，从而提升道

---

① 《中国道教》2016年第2期，第17页。

教的国际影响力。这项工程需要中国道协牵头,组织教内外专家学者来共同完成。这些都是上级道教团体的工作任务,必须要精心谋划、组织落实、认真完成。三是要制定有全局性、指导性和权威性的规章制度,引领道教事业健康发展。比如,2015年中国道协第九届代表会议修订通过的《道教宫观管理办法》《道教宫观主要教职任职办法》《关于全真派道士传戒的规定》《关于正一派道士授箓的规定》《道教全真派冠巾活动管理办法》《道教正一派传度活动管理办法》《道教宫观规约》①等,都是指导全国性道教工作的纲领性文件。省级道教团体负责贯彻落实全国道教团体的文件精神,并结合本省实际工作情况进行补充完善。当然,这里有一个原则是必须要掌握好的,那就是上级道教团体在制定制度性文件时,首先应该考虑是否有利于道教事业发展,凡是不利于道教发展的坚决不做,严格禁止搞形象工程,这样才有利于道教事业的健康发展。

(二)理顺权责关系,发挥基层道教团体的积极作用。

理顺关系是各级道教团体的准确定位,必须要发挥基层道教团体组织的积极作用。这里所说的基层道教团体是指省级道教团体以下的道教组织,这类道教团体组织最多,也是最接近宫观和信教群众的,基层道教团体的作用是非常重要的,可以说道教团体工作落实的关键还是在基层。道教现状表明,基层道教团体并没有真正发挥作用,普遍存在领导体系、组织体系和保障体系不健全等问题,构成了基层团体建设的瓶颈短板。王作安局长指出:"当前道教协会自身建设总体向好,但管理不善、软弱涣散的现象在相当程度上存在,特别是基层道教协会组织有名无实的现象依然突出。"② 这就是

---

① 《中国道教》2015年第3期,第46—57页。
② 王作安:《在中国道教协会第九次代表会议上的讲话》,《中国道教》2015年第3期,第8页。

说，多数基层团体还只是一个摆设，其作用充其量也就是一个"上传下达"而已。对于基层宫观组织的指导与协调管理，只有少数基层道教团体做得比较好，而多数基层团体却放任不管，无所事事。其主要原因，还是权责关系没有理顺，组织机构不健全，工作相互推诿，想做事的整天忙不完，不想做事的整天没事干，在这样"宽松"的环境下，加上缺乏责任担当，团体工作自然就无所作为了。因此，基层道教团体也要理顺权责关系，要充分尊重基层道教团体组织，全力支持基层道教团体工作，这样才有利于基层道教组织作用的发挥。

1. 要充分尊重基层道教团体组织。从目前全国各级道教团体组织来看，主要可分为四个层面：第一个层面，是指全国性道教团体组织，就是中国道教协会。第二个层面，是指省级道教团体组织，就是各省（市）成立的道教协会。比如，江苏省道教协会、上海市道教协会等。第三个层面，是指地区级道教团体组织。比如，江苏苏州市道教协会、上海浦东新区道教协会等。第四个层面，是指县级道教团体组织。比如，江苏昆山市（县级）道教协会，浙江省永嘉县道教协会等。在上述四个层面中，第三、四层面都属于基层道教团体组织。可见，道教基层组织数量众多，发挥基层道教组织的作用尤为重要。根据目前道教团体现状，要发挥基层道教团体的积极作用，必须做好以下三个方面工作：一是要充分尊重基层道教团体组织，必须明确其工作职能。一般来说，基层道教团体的上级组织对下级组织进行教务指导，只有该地区最基层的道教团体，可以直接指导、协调宫观的事务工作，也就是说对于宫观的指导、协调责任应该赋予最基层的道教组织。二是要充分尊重基层道教团体组织，必须明确其工作权力。根据有关规定：宗教团体是党和政府联系宗教教职人员和信教群众的桥梁和纽带，因而对本宗教的教务活动（包括宗教活动场所的教务活动）具有一定的指导、协调责任。① 基层道教团体负责对宫观教务进行指导，负责对宫观事务进行监督管理，负责对宫观人事进行任免等，这些权利必须通过团体组织制度进行明确规定。三是要充分尊重基层道教团体组织，必须明确其工作责任。基层道教团体对宫观负有直接的教务指导权，但必须要承担相应的责任。比如，对宫观管理制度的制定进行规范指导，对宫观的教务活动进行协调指导，对教职人员的道风、道貌进行监督指导，对宫观的财务、人事等进行监督管理，确保宫观规范管理，各项工作规范有序。当然，对于宫观工作中所出现的问题，基层道教团体要真正负起责任。这样就能做到权责明确，工作落到实处，也杜绝了工作推诿或错位现象的发生，这样既尊重了基层道教团体组织，又充分发挥了基层道教团体的积极作用。

2. 要全力支持基层道教团体工作。基层道教团体是联系宫观与信徒的重要窗口，是党和政府联系信教群众的重要平台。我国宗教法规明确规定："宗教团体是党和政府团结、联系宗教界人士和广大信教群众的桥梁和纽带。"② 多年的工作实践表明，宗教团体的桥梁和纽带作用要真正发挥出来，必须从基层团体抓起。就道教而言，如果各地道教基层团体组织工作都做好了，管理都规范了，作用都发挥出来了，那么道教团体的工作也就没问题了。但是，要做好基层道教团体工作，就必须要重视和支持基层道教组织工作的开展。根据目前道教团体现状，我们认为要发挥基层道教团体的积极作用，必须做好以下三个方面工作：一是要全力支持基层道教团体工作，必须要帮助组建一支强有力的工作班子。相对上级道教团体而言，

---

① 国家宗教局政策法规司编《宗教工作法律知识答问》，宗教文化出版社 2008 年版，第 58 页。
② 新修订《宗教事务条例》释义，宗教文化出版社 2018 年第 4 版，第 31 页。

基层道教团体组织工作要更加务实，班子成员必须要有实干精神，要坚持理论联系实际，踏踏实实地做好每一项工作。地方政府宗教部门在协商基层道教组织负责人时，必须要考察其实干精神，也就是说要"想干事、会干事、干成事"，要建立一套务实能干的工作班子，坚决守好道教团体的一线阵地，这是做好基层道教团体工作的根本保证。二是要全力支持基层道教团体工作，必须要推动建立一套规范完善的工作制度。制度建设是做好基层道教团体工作的基础。一方面，要建立一套符合基层团体自身组织规范完善的规则制度，用以规范团体自身工作。同时，还要积极贯彻落实上级团体制定的有关制度文件，并结合地方实际制定有地区特色的相关制度，有针对性、实效性、创新性地开展指导工作。另一方面，要监督指导道教宫观制定有关规章制度，指导宫观依法开展宗教活动，依法实行"自我管理、民主管理"。对于宫观的财务、人事和重大基建工作等，必须由基层道教团体实行统一监督指导，确保道教宫观管理规范有序。三是要全力支持基层道教团体工作，必须要切实为基层团体解决工作中遇到的实际困难问题。基层道教团体是直接面对宫观和信徒的窗口，在具体工作中会遇到许多困难问题，有些困难并不是自身能够解决的，这就需要地方政府宗教部门和上级道教团体的帮助。一方面，地方政府宗教部门要给予积极的关心支持。比如，基层道教团体的年度工作计划，需要政府宗教部门帮助把关，确保团体工作更加务实；基层道教团体的教产动拆迁问题，需要政府宗教部门协调帮助，切实维护道教的合法权益；道教宫观负责人的考察和任免，需要政府宗教部门协同参与，对于不合格的宫观负责人要通过程序及时免除或更换，确保基层组织健康发展。另一方面，上级道教团体也要给予积极的关心和指导。比如，宫观计划举行的重大教务活动，需要上级道教团体帮助指导；基层道教团体和宫观人才培养，需要上级道教团体帮助支持；宫观的重大基建项目需要上级道教团体帮助把关等。当然，作为基层道教团体还是要独立开展工作，严格按照团体《章程》规定制定有关工作计划，稳步推进各项工作的有序开展，真正发挥出基层道教团体组织的积极作用。

综上所述，道教团体的职能定位与权责关系问题，是加强道教团体组织建设的重要内容之一。当代道教团体组织，要以"问题"为导向，以"创新"为动力，以"发展"为目标。一方面，要明确道教团体组织的职能定位，准确把握道教团体组织的性质和宗旨，把握道教团体组织的工作目标和任务。另一方面，要理顺道教团体组织的权责关系，既要强化上级道教团体组织的教务指导，又要注重发挥基层道教团体组织的积极作用。只有这样，才能准确把握道教团体的职能定位与权责关系，才能有利于道教团体组织作用的发挥，才能有利于道教团体的规范管理与健康发展。

道教团体建设与爱国爱教传统

张兴发*

摘　要：道教自创教伊始便重视团体建设，在此基础上积淀了深厚的爱国爱教的情怀。尤其是近代以来，道教成立团体组织的愿望和措施及其爱国行动更加强烈。特别是在新民主主义革命中，武当山、茅山、罗浮山等地的道长们均用实际行动支持中国的革命事业，传承了道教的爱国爱教思想。中华人民共和国成立后，道教界全国性的爱国统一组织中国道教协会成立，带领全国道教徒走社会主义道路，坚持爱国爱教的优良传统，不断适应、服务、造福中国社会，在爱国爱教进程中不断彰显道教中国化的历程。

关键词：道教　团体建设　爱国爱教　中国化

一、道教团体建设过程中的爱国传统概述

道教是宗仰黄老道家思想而形成的宗教，黄即黄帝，老即老子。黄帝是中华民族的人文初祖，是中华民族团结和国祚绵延的象征。道教崇尚黄帝精神，就是爱民族、爱国家的重要举措。因此道教在

---

* 张兴发：中国人民大学哲学博士，北京居庸关长城城隍庙住持。

1800多年的历程中,不断宣扬黄帝思想,凝聚了华夏儿女的民族团结精神,使之在道教信徒心目中根深蒂固,每当在国家危急之际,道教总能够挺身而出,救国护民,做出有利于国家统一和民族团结的事情。老子是中国道家学派的创始人,道教尊为道祖,一切经典教义皆以老子的道德为准绳,包括老子家国天下和身国同治的思想,具有浓厚的爱国主义情怀。老子说:人要"修之于身,其德乃真;修之于家,其德乃余;修之于国,其德乃丰;修之于天下,其德乃普"①。就是说修道之人必须从自我做起,不但要使道德润泽自身,而且要润泽家、乡里、国家、天下。《老子河上公章句说》:"圣人治国与治身同"② "法道无为,治身则有益精神,治国则有益万民"③ "无为之治,治身治国也"④。即主张治国之道同治身之道是一致的,都应该遵循清静无为。早期道典《太平经》也主张忠孝爱国,称:"天下之事,孝忠诚信为大,故勿得自放恣。"⑤ 对于"忠孝",《太平经》认为"子(女)不孝,则不能尽力养其亲;弟子不顺,则不能尽力修明其师道;臣不忠,则不能尽力共敬事其君"⑥,这样做,"天地憎之,鬼神害之,人共恶之,死尚有余责于地下"⑦,所以要"少为孝子,长为良臣,助国致太平"⑧。早期道教太平道以此思想为基础建立了以"方"为单位的教团组织,在青、徐、幽、冀、荆、扬、兖、豫八州建立三十六方,宣扬助国太平思想。

---

① 陈鼓应注译:《老子今注今译》,商务印书馆2003年版,第271页。
② 王卡点校:《老子河上公章句》,中华书局1993年版,第11页。
③ 王卡点校:《老子河上公章句》,中华书局1993年版,第173页。
④ 王卡点校:《老子河上公章句》,中华书局1993年版,第173页。
⑤ 王明:《太平经合校》,中华书局1960年版,第543页。
⑥ 王明:《太平经合校》,中华书局1960年版,第405页。
⑦ 王明:《太平经合校》,中华书局1960年版,第405—406页。
⑧ 王明:《太平经合校》,中华书局1960年版,第409页。

早期道典《老子想尔注》有个说法,叫作道用之时,天下"竞行忠孝"①。意思是讲,大道流行的时候,普天之下的人们都能够奉行孝心、尽忠报国。这个说法不仅对祖国倾注了热爱,而且体现了以道用世的理念,字里行间透射出爱国主义的真精神。张道陵积极阐扬这种思想,创建"正一盟威之道",号称此思想由老子所教授。《老君音诵诫经》说:"老君曰:吾汉安元年,以道授陵,立为系天师之位,佐国扶命。"② 这里的"道"即指"正一盟威之道","佐"为辅佐,"佐国"为辅佐国家治理,"扶命"为护持国泰民安、风调雨顺。可见,道教在立教之初便将辅佐国家治理与扶持国家命运绵延作为宗旨,充分表达出其深厚的爱国情结,亦彰显着其"佐国扶命"的行动准则。

东晋道教著名理论家葛洪著《抱朴子内外篇》,内篇讲神仙方药,鬼怪变化,祛病延年等;外篇讲世事臧否,人间得失,政治世事等;很显然是内道外儒。书中强调人不能单纯地从修炼方术入手,人生的抱负也不能仅仅是遁隐山林,要想真正修炼成仙还要建功立业:修身、齐家、治国、平天下;主张在现实社会生活中获得精神解脱和炼得肉体飞升,既做到立时济世,又得超凡入圣。他说:"上士得道于三军,中士得道于都市,下士得道于山林。"③ 大力褒扬"端身命以殉国,经险难而一节者"④,认为为国捐躯的人将会"功德成神"。此外还有《洞玄灵宝二十四生图经》的"安国育民"⑤,《太

---

① 饶宗颐:《老子想尔注校笺》,上海古籍出版社 1991 年版,第 23 页。
② 《道藏》第 18 册,第 210 页。
③ 《抱朴子内篇·明本》,王明:《抱朴子内篇校释》,中华书局 1986 年版,第 187 页。
④ 《抱朴子外篇·行品》,葛洪原著、庞月光译注:《抱朴子外篇全译》,贵州人民出版社 1997 年版,第 439 页。
⑤ 《道藏》第 34 册,第 337 页。

上洞玄灵宝真文要解上经》的"保国宁家"①"保镇安国"②"致国太平，家门兴隆"③"国安民丰，普天闲宁"④"兴国爱民，普济群生"⑤"安镇国祚"⑥"国土日昌，四镇安穆"⑦。《灵宝无量度人上品妙经》的"齐同慈爱，异骨成亲，国安民丰，欣乐太平"⑧等，都以特有方式表达道教对赖以生存的国土的热爱。

  南北朝时期的高道陆修静所撰《陆先生道门科略》规定道士应该"内修慈孝，外行敬让，佐时理化，助国扶命"⑨，充分反映了道教的忠孝爱国思想。《正一法文天师教戒科经·大道家令戒》中认为人若能守善行善，做到"臣忠、子孝、夫信、妇贞、兄敬、弟顺，内无二心"⑩就可以当"种民"。种民：即道教认为的能避免一切灾难病痛，逃脱劫难，上升神仙世界的人。做过坏事的人，如果潜心修炼，改邪归正，"改心为善"，就可以见到太平，度脱于厄难之中，成为后世"种民"，虽有兵病水害之灾，临危无咎。可见，经中认为修炼成仙的前提还是要"君仁臣忠，父慈子孝，夫信妇贞，兄敬弟顺"⑪"端心正意，助国扶命"⑫，这样才能安天下，静修仙。唐代道教理论家谭峭亦在《化书·天地》中指出"国破则家亡"⑬，如"蠹

---

① 《道藏》第5册，第903页。
② 《道藏》第5册，第904页。
③ 《道藏》第5册，第904页。
④ 《道藏》第5册，第904页。
⑤ 《道藏》第5册，第904页。
⑥ 《道藏》第5册，第904页。
⑦ 《道藏》第5册，第904页。
⑧ 《道藏》第1册，第2页。
⑨ 《陆先生道门科略》，《道藏》24册，第779页。
⑩ 《道藏》18册，第237页。
⑪ 《道藏》18册，第236页。
⑫ 《道藏》18册，第237页。
⑬ （唐）谭峭：《化书》，《道藏》36册，第299页。

虫蚀木，木尽则虫死"①。

　　道教大约在宋元时期就形成了每天上殿做早晚功课的传统。其中，早坛功课中有《邱祖忏文》，文中有祝愿天下太平、万物和谐的"二十一愿"，首愿便是"国安民丰，时和岁稔"②；晚坛功课中有《十二愿》，四愿"国土清平"③；《太上无极总真文昌大洞仙经》中有"佐天行化，助国救民"④；《高上玉皇本行经髓》中有"精心恭奉，家国安宁"⑤。金元时期，王重阳创立全真道亦以"忠君王，孝敬父母师资"⑥为修道的重要内容。元朝时，道士刘玉用"净明"作为教派名称，主要经典为《净明忠教全书》，并奉许逊为教祖，创立"净明忠孝道"。所谓净明，就是人的心要像太阳和月亮一样，得到"性达心通"⑦。性达，指"人禀乎静"⑧。心通指得到光明，合于"圆虚之道"⑨。"圆者，气之体；虚者，气之用"⑩。即为净明。其境界为"无幽不烛，纤尘不污，愚智皆仰之为开度之门，升真之路，以孝悌为之准式，修炼为之方术"⑪净明讲忠、孝、廉、谨、宽、裕、容、忍八极，认为忠是钦之极，孝是顺之极，廉是清之极，谨是戒之极，宽是广之极，裕是乐之极，容是和之极，忍是智之极。只有具备这八极，才能够"集善"，才能够飞仙度人，成为一位至善成仙的道者。

---

① 《道藏》36册，第299页。
② 闵智亭主编：《玄门日诵早晚功课经注》，宗教文化出版社，2000年，第162页。
③ 闵智亭主编：《玄门日诵早晚功课经注》，宗教文化出版社，2000年，第262页。
④ 《道藏》第1册，第496页。
⑤ 《道藏》第1册，第747页。
⑥ 《重阳真人金关玉锁诀》，《道藏》25册，第798页。
⑦ 《灵宝净明新修九老神印伏魔秘法》，《道藏》10册，第548页。
⑧ 《道藏》10册，第548页。
⑨ 《道藏》10册，第548页。
⑩ 《道藏》10册，第548页。
⑪ 《太上灵宝净明法序》，《道藏》10册，第526页。

可见，道教很清楚地认识到一个和平稳定的国土可以营造一个良好的修道环境，许多经典均冠以"护国"二字，如《太上护国祈雨消灾经》《碧霞元君护国庇民普济保生真经》《太上大圣朗灵上将护国妙经》《正一法文经护国醮海品》《护国嘉济江东王灵签》等，这意味着道教以其实际行动保卫着国家的安全，用每日的祈愿来祝愿所生活的国土政治清明、风调雨顺、时和岁稔、国泰民安，从而从思想上奠定了道教的爱国基础。

二、近代以来道教团体的爱国爱教历程

从上述历史看，道教在依靠教团开展宗教活动的同时，积极宣扬爱国爱民的思想，尽管道教全真与正一教派不同，但所践行的爱国爱教思想始终贯穿如一。近代以来，道教组织始终高举爱国爱教旗帜，谱写了爱国爱教的时代篇章。

1912年，北京白云观方丈陈明霖、上海海上白云观监院赵至中、承德太清宫方丈葛明新等18所道教全真派道观的代表性人物发起成立"中央道教会"，目的是争取生存，力图发展。他们在北京拟定了《道教宣言书》《道教会大纲》《道教会要求民国政府承认条件》等文件。同年8月4日得到批复，准予立案。[①] 在道教会拟定的文件中，爱国之言与爱国之情跃然纸上。如称太上无为之教所倡导的爱民治国的思想远超亚里士多德、柏拉图、梭格拉第、卢梭、孟德斯鸠、康德、赫青黎等西方哲学家理论，这一论断所表达的不仅是说道教是中国的宗教，而且是要说道教始终都是沿着中国化道路前进的。

同年9月，道教正一派第六十二代天师张元旭来沪，在大境关

---

① 《道教会第一次布告》，中华民国元年七月十五号，北京白云观中央道教会总机关部石印本。

帝庙召开中华民国道教总会发起人会议，出席大会的有上海市区各正一派道观，以及松江、嘉定、川沙、苏州、无锡、常熟等地的部分正一派道观的代表。会议提出中华民国道教总会章程，宗旨是"黄老为宗，联络各派，昌明道教，本道德以维持世道，俾人类共跻太和"，会员是"无论在家、出家，不分国家、种界，凡素志好道者均得。"章程规定："倡办实业，组织农林公司；开垦种植；扩充权利，厚利民生。"提倡"利人济物慈善事业；创设小学校，组织杂志"等，建立一个由龙虎山和张元旭领导的从总部到分部、支部，直至道徒的组织系统。这里表现了与全真派在北方所建道教会相同的旨趣。

1946年6月，正一派六十三代天师张恩溥来沪，拟筹组全国性道教组织。是年冬，邀集全真派李理山、艾朗轩、严洪清、王朗泉等在三茅阁（延真观）召开组织地方道教会发起会议，会议认为："建立全国性的道教会，必须先建立地方性的道教会。地方性道教会由地方的主要道观主持进行，全国性道教会由张恩溥主持进行。"会议强调"宗教为重，团结为重，消除宗派之间的不睦和成见"。会议决定由李理山为首组织上海市道教会。上海市道教会性质是由全真派、正一派联合组成的地方性道教团体。上海市道教会成立后，拟定了上海道教的发展计划，并由陈撄宁起草了《道教复兴计划书》，提出要组成"道教讲经坛、道学研究院、道教月报社、道教图书馆、道书流通处、道教救济会、道功修养院、道士农林化、科仪模范班"等9个方面的复兴计划，并在福星观上海分院开办施诊给药义诊所。同时陈撄宁还起草了《中华民国道教会缘起》，说："请慢嗤迷信，须知乃昔贤抵抗外侵略之前锋。切莫笑空谈，应恃今日团结民族精神之工具。嗟夫，世变已亟，来日大难。强敌狼吞，群夷鸥顾。此何时耶！"在日寇侵华日迫之际，道教界人士出于爱国热情，欲团结以抗帝国主义侵略。可见，在时局动荡中的道教，力图生存时始终不忘国土清平，站在爱国爱教的立场上，反对任何有损中华民族和人民利益的事情，并以道教之真精神教化世人。

1933年7月，陈撄宁先生在上海先后创办《扬善半月刊》和《仙道月报》，宣传道教仙学爱国思想。他在《答复北平学院胡同钱道极先生》时说："成仙在中国，做鬼也在中国！羡慕外国就朝外国跑，祖国谁改造？个个都希望死后往生西方极乐世界，不必说是一种梦想，就算是成为事实，亦表示我们自己毫无能力，完全要仰仗外力来救拔。""我们自己有祖传之神仙秘宝，为什么不探索发掘？况且仙学修养法讲现实，追求的是形体长生，却病延年，深有深的功效，浅有浅的收益，较其他道门实际，为什么不发扬国粹？"陈撄宁的这种朴素的爱国之心，深深地打动着广大信众。特别针对西方基督教对中国社会文化的巨大冲击，陈撄宁指出："文化宗教侵略我者，则我之武力无所施其技矣。若不利用本国固有之文化宗教以相抵抗，将见数千年传统之思想，一朝丧失其根基，四百兆民族之中心，终至失其信仰，祸患岂可胜言哉！""所患者就是新式教徒，志在侵略，每欲将他教之特长，以及神仙家之秘术，尽收摄于己教范围之内，以造成他们的新教义。显宗能容纳者，既入于显宗。显宗不能容纳者，概归于密宗。其手段譬如商家之盘店，把我们的店面招牌取下，又把我们店中的货搬到他们店中，改换他们的招牌，出售于市，并且大登广告，说是他们本厂制造。假使此计一朝实行，中华民族自古相传之道术，就要被他们消灭干净。吾辈忝为黄帝子孙，不能不努力保存先代之遗泽。"因此他认为要"确认道教为中华民族精神之所寄托。切不可妄自菲薄，毁我珠玉，而夸人瓦砾。须知信仰道教，即所以保身；弘扬道教，即所以救国"。

1927年，中国共产党领导的湖北黄麻起义遭到国民党反动派的围攻，一部分红军战士突围到了木兰山道观，得到了住持万昭虚的热情接待，不仅为红军部队提供给养，还给受伤的红军战士疗伤，得到了陈再道将军所题"木兰精神，万古长存"的褒扬。

1931年，贺龙领导的红三军建立了武当山革命根据地，得到武当山道总徐本善道长的拥护，并帮助红军夺取国民党反动派三船军火遭国民党反动派报复牺牲，贺龙元帅赞其"伟人东来气尽紫，樵哥西去云腾霄"①。

1938年，陈毅、粟裕领导的新四军在江苏茅山建立了抗日根据地，得到茅山道士的衷心支持，茅山道士严先明、苏光俊、倪觉仁、陈道纯、蒋龙保、陈先荣、徐钦胜、惠心白、陈容富、赵容山、高容亮、周容正、王易法、朱易成、李易昌、贺易松、王锁清、李步云、李明达、严明正、乜至松、刘明臣等，因支持新四军而惨遭日寇杀害，茅山白云观、元符万宁宫三清殿、西斋道院、乾元观、德佑观、仁佑观、玉晨观等被日寇烧毁，尽管如此，茅山道士仍然为新四军带路、探情报、送消息、抬担架、救伤员、筹军粮，无畏生死地打击日本侵略者，以实际行动支持中华民族的独立斗争。

从1939年起，广东罗浮山的道教徒就开始支持中国共产党领导的抗日游击战争，罗浮山冲虚古观成了东江纵队的司令部，白鹤观成了东江纵队的政治部，许多年轻道长加入了东江纵队，支持人民的抗日斗争。抗战胜利后，东江纵队北撤，国民党反动派报复罗浮山道观，对罗浮山实行白色恐怖，为了掩护共产党地下党员撤退，一些道长遭受刑训逼供不成后被杀害，为中国的解放事业献出了宝贵的生命。

1949年5月，人民解放军在智取华山时得到了华山道士叶文兴

---

① 徐本善，道号伟樵。

和杨效礼等道长的支持,成功诱敌黄甫峪迫降,并帮助解放军侦察敌情、看押俘虏、搬运武器、指导登山道路等,为解放华山作出了积极贡献。

三、当代道教团体的爱国爱教思想建设

1949年10月,新中国成立后,中国共产党和人民政府贯彻执行宗教信仰自由政策,保护公民个人宗教信仰自由,促进了社会的安定团结,道教活动逐渐得到恢复和发展。在《中国人民政治协商会议共同纲领》第五条中即规定,中华人民共和国公民有宗教信仰的自由权。这消除了道教徒对道教前途命运的担心。全国道教界衷心拥护中国共产党的领导,拥护人民政府。1950年,道教界发表《反帝爱国宣言》,订立《爱国公约》,成立抗美援朝分会,组织生产劳动,开展捐献运动,从物质上支持抗美援朝,并于每周五抗美援朝活动日,集会宣传志愿军的英雄事迹和辉煌战果,慰问军烈属。同时与佛教界联合组成700人的声讨美帝侵略朝鲜的游行队伍至天安门前集会,表达道教界的反帝反侵略的严正立场。

1953年6月,道教界自发成立学习小组(委员会),在思想上逐渐更新观念,焕发生活热情,喊出了"反帝爱国""劳动光荣""爱国守法""爱国爱教"等口号,自动取消了《清规》中与国家法律相抵触的条款,如罚跪、杖责、处死等等,以国家的政策法律及《爱国公约》为鉴别标准。

总的来看,在土地改革和其他民主改革中,在社会主义改造与社会主义经济建设中,道教界始终与党和政府同心同德、同向同行。道教界人士始终坚定地跟着中国共产党走社会主义道路,积极参与到了社会主义事业的建设中。北京后海广福观的孟明慧道长还担任

了北京市人大代表，前门关帝庙的刘之维道长也担任了北京市政协委员。

1956年夏，沈阳太清宫方丈岳崇岱等联络全国多位高道，倡议组织成立中国道教协会。11月26日，成立了中国道教协会筹备委员会，推举岳崇岱方丈为筹委会主任，陈撄宁、孟明慧为副主任，还聘请了屈大元先生（裕固族、民族、宗教学研究者）为筹委会办公室主任。筹委会拟定《中国道教协会发起书》，该书称："为了团结全国道教徒在爱护祖国、积极参加社会主义建设和保卫世界和平事业中进一步贡献我们的力量，为了协助政府贯彻宗教信仰自由政策，并进一步发扬道教优良传统，我们觉得需要有一个全国性的道教组织。因此，我们发起成立中国道教协会。"这里深情地表达了道教徒对社会主义祖国的热爱。

1957年3月13日，岳崇岱在北京召开的全国政协第二届第三次全体会议上发表了《扭转消极思想，参加社会活动》的讲话，表达了道教界人士对中国共产党和人民政府的热情赞颂和拥护，同时对全国道教界也起了号召性的作用，影响深远。岳崇岱一方面赞扬了新中国政治制度的优越性和民主性，一方面表达了道教界衷心拥护中共中央和人民政府领导全国人民进行社会主义经济建设。他说："道教徒过去在旧社会时候都是消极厌世，抱着独善其身，与人无患、与人无争，不问政治的思想，但那时的政治也不允许你问。自解放后，政治转变了，社会光明了，各地道教徒经过一系列的学习，参加各项社会活动，觉悟都大大地提高了，扭转过去消极厌世、不问政治的思想，知道团结群众，发扬热爱祖国的精神，与全国人民一道同有选举权和被选举权，有光荣的政治立场，并能参与国家大事。这是历史上从来没有过的。我们生在这个稀有年代，赶上伟大的社会主义建设，是何等的幸运啦！"他还以中国道教协会筹委会主任的身份表示："今后我站在宗教岗位上，团结全国道教徒，爱护祖国，积极参加社会主义建设和维护世界和平事业。"

1957年4月，中国道教协会在北京成立，会址设在北京白云观，选举岳崇岱为会长、汪月清、易心莹、孟明慧、乔清心、陈撄宁为副会长兼秘书长。会议制订了《中国道教协会章程》为："联系和团结全国道教徒，继续和发扬道教的优良传统；在人民政府领导下，爱护祖国，积极参加国家的社会主义建设和保卫世界和平运动；协助政府贯彻宗教信仰自由政策。"15日上午，中华人民共和国副主席朱德在中南海接见了全体代表及其工作人员并合影留念。冬天，陈撄宁副会长兼秘书长、黎遇航副秘书长来到北京，住中国道教协会所在地北京白云观。时值"反右"斗争运动，中国道教协会在北京西郊宾馆举行"大鸣大放"运动，时任中国道教协会办公室主任的屈大元，身为陈撄宁的学生，知老师朴直憨厚，不让陈撄宁参加运动，帮助其请病假休养于白云观中。尔后政治运动频繁，陈撄宁始终保持清静修持，待人诚恳，敦厚慈善，对党和政府竭力拥护，得到了时任中央统战部李维汉部长等的赞扬。

自中国道教协会成立后，道教界人士开始活跃起来，一些信众和宫观多的地方也纷纷成立了道教团体组织，有省级、地市级和县级的道教组织，如上海市道教协会筹备委员会、成都市道教协会、苏州市道教界抗美援朝会"、武汉市道教协会、湖北均县武当山道教协会等。

1978年，十一届三中全会召开，党的宗教信仰自由政策重新得到落实。之后，宫观逐步恢复开放、修葺。1980年5月7日至13日，中国道教协会第三次全国代表会议在北京召开，会议对《中国道教协会章程》作了修改，协会宗旨成为：团结全国道教徒，继承和发扬道教优良传统；在人民政府领导下，积极参加社会主义建设；

协助政府贯彻宗教信仰自由政策；推动和开展道教研究工作；反对霸权主义，维护世界和平。会议还发表了《致台湾省道教书》，表达"愿与台湾诸道长共推爱国爱教之热忱，促进祖国统一大业"，成为了道教界爱国爱教别开生面的一页。1982年10，中国道协三届二次理事会通过的《道教界爱国公约》称：拥护中国共产党的领导和社会主义制度，热爱祖国，遵守《中华人民共和国宪法》，积极为社会主义现代化贡献力量；遵守国家政策法令，进行正常的宗教活动，不防碍生产和社会秩序，不募化，不利用宗教进行非法、违法活动；提高警惕，防止坏人利用宗教进行破坏活动，协助政府揭露和打击披着宗教外衣的反革命分子、坏分子；认真学习时事政策，提高爱国主义和社会主义觉悟，做好工作，积极参加劳动；认真学习道教知识，保护道教文物古迹，发扬道教优良传统，各教派之间相互尊重，互相关心；遵守宫观制度，遵守社会公德，爱护公共财物。1984年12月，三届三次理事会进一步强调了进行爱国主义和社会主义思想教育，提出今后工作为：充分发挥爱国道教组织的作用，更好地联系和团结广大道教徒，起到道教界与党和政府之间的桥梁纽带作用；办好教务，鼓励道教界为四化建设多作贡献，逐步实现自养；继续办好道教知识专修班，为道教宫观管理培养人才；深入调查各地道教宫观现状；开展对港澳台道教界的友好往来，为祖国统一大业贡献力量，进一步增强了道教的爱国意识。由于这届理事会坚决服从党和政府的领导，政治方向明确，努力目标正确，落实措施得当，为道教团体建设和健康发展奠定了坚实基础，展现了新时代道教团体建设和爱国爱教的新风采。

在中国道教协会恢复工作，有序开展教务活动的同时，全国各地道教团体亦陆续恢复工作或成立组织，开展道教活动。如四川省道教协会、上海市道教协会、湖南省道教协会、甘肃省道教协会、陕西省道教协会、河南省道教协会、江苏省道教协会、安徽省道教协会、山东省道教协会、湖北省道教协会、广东省道教协会、河北省道教协会、福建省道教协会、青海省道教协会、浙江省道教协会、江西省道教协会、云南省道教协会、重庆市道教协会、黑龙江省道教协会、宁夏道教协会、海南省道教协会、北京市道教协会、贵州省道教协会、山西省道教协会、吉林省道教协会、广西道教协会、内蒙古道教协会等省级协会和成都市道教协会、沈阳市道教协会、长沙市道教协会、南通市道教协会等地市级协会及如东县道教协会、博罗县道教协会、大邑县道教协会等县级协会，它们在教务上接受上级协会的指导，在事务上接受地方政府的领导，继承和发展道教爱国的光荣传统，积极开展爱国主义运动。

在中国道教协会的引领下，道教在加强团体自身建设的同时，不断加强爱国主义教育。1995年11月，中国道教协会号召全体道教徒认真学习贯彻《爱国主义教育实施纲要》，[1] 称"道教，是中华民族文化孕育的宗教，具有鲜明的民族文化特征，与中华民族的爱国主义光荣传统有着密不可分的联系，也铸成了道教的爱国爱教的优良传统"，"发扬爱国爱教的优良传统，什么时候也不是一句空话"，号召"各级道教组织和广大道教徒，要认真学习贯彻《爱国主义教育实施纲要》，结合道教的传统，提高对当代爱国主义教育的认识，在自己的行动中，模范遵守国家的政策法纪，做遵纪守法的好公民"[2] "要与一切反动会道门划清界限，要坚决反对利用封建迷信进行违法活动，危害人民心身健康。在宗教修持中，要不断提高自己的道德情操，多行善事，积功累德。以道教爱国爱教先进集体、先

---

[1]《中国道教》1995年第1期，第4—5页。
[2]《中国道教》1995年第1期，第4页。

进个人表彰大会精神为榜样，继续维护好宫观文物，积极开展植树护林、绿化环境、修桥补路、施药救人、扶贫赈灾、资助社会各项公益事业，为社会主义两个文明建设作出更大的贡献"①。

　　进入新时代，道教更要高扬"爱国爱教"的旗帜，坚持道教中国化方向。要以社会主义核心价值观为引领，增进道教界和信教群众对伟大祖国、中华民族、中华文化、中国共产党、中国特色社会主义的认同，在教内开展爱国主义、集体主义、社会主义教育，加强党史、新中国史、改革开放史、社会主义发展史教育学习，引导道教界同仁和信教群众培育和践行社会主义核心价值观。要大力弘扬中华优良传统，用团结进步、和平宽容的理念来引导广大信教群众。要对道教教义教规中有利于社会和谐、时代进步、健康文明的内容做出符合时代进步要求的阐释，符合中华传统文化的阐释，当前道教界开展的道教教理教义的当代建构和《中华续道藏》编纂工程就是这一方面的具体体现。同时，道教界还要发扬道教优良传统，服务社会，济世利人，努力推动道教健康发展。始终坚持道教中国化方向；坚持道教基本信仰与核心教义；坚持弘扬道教优秀文化，加大中国传统文化的国际浸润和传播；积极践行社会主义核心价值观和爱国爱教两个责任。要不断加强自身建设，做政治上靠得住、学识上有造诣、品德上能服众、关键时起作用的爱国宗教人士，为全面建成社会主义现代化强国、实现中华民族伟大复兴的中国梦贡献力量！

---

① 《中国道教》1995 年第 1 期，第 5 页。

道教团体管理与民主制度建设

归潇峰 *

摘　要： 道教要完整地发挥其价值与功能，就应当建立起符合中国特色、组织完整、管理规范、宗教特点的道教实体，并以道教协会、道教宫观的实体组织呈现出来。在当代，刻板地开展弘道、功利地开展教务、片面地开展管理，使依法管理、民主办教、社会监督相统一的管理体制机制得不到有效的贯彻落实。现如今，宗教部门和道教内部越来越意识到民主管理的重要性和必要性，先后出台了一系列规章制度，对民主制度建设提出更高标准、更严要求。鉴于此，本文就道教团体管理与民主办教等问题做一简要探讨。

关键词： 道教团体

20 世纪 90 年代，著名道教学者陈耀庭先生曾提出"道教实体"概念，他说："道教作为一种实体同非宗教实体不同，因为它是由具有道教信仰的道徒按一定的结构方式组成的宗教组织。"① 陈先生认为，道教实体是由道教徒组成的具有一定结构的整体并在社会中

---

* 归潇峰，江苏省道教协会监事、昆山市道教协会副会长、石牌东岳庙管委会主任。
① 《陈耀庭道教研究文集》上卷，上海书店出版社 2015 年版，第 252 页。

作为一种社会力量出现的组织,其形成经历了一个漫长的过程。而道教的实体化过程是建立在组织化的社会之上所形成的一种发展趋势,其实体化有助于道教完整地发挥它的社会功能。就现在来看,实体化的道教存在两种类型,一类是庙堂式组织,另一类是协会式组织。这里所要讨论的道教团体实际就是"道教实体"的协会式组织,虽然历史上存在过道录司、道纪司、道会司这类管理组织,但笔者主要关注的是 1949 年以后,中国道教协会成立以来和各地陆续设立的道教协会,并对这些当代道教团体管理与民主办教等问题做一简要讨论。

一、道教管理组织的历史回顾

教界认为道教源于黄帝,始于老子,创于张道陵。就学界而言,大多认为张道陵正式创立道教(正一盟威道),且道教管理组织在汉末已初现雏形。汉魏时期,道教组织主要以太平道、天师道为代表的早期教团的形式所呈现,前者把道团划分为一种具有军事色彩的组织模式——"方",设三十六方,立渠帅为首领,后者天师道是"民家曰靖,师家曰治"的基本模式,设祭酒管理"治"。到南北朝时期,作为修道之所的"道馆"开始出现,成为了新的士族集团组成部分,发展了具有地主庄园性质的道馆经济[①],设置神学权威与世俗权威合一的道门领袖"道正"对道教进行"以教管教"的自治管理。北朝时,由于统治者要求道教独立于宗法组织之外的实体化,以及对道教领袖的非宗教化,强调国家对道教的管控,于是朝廷专设宗教管理机构,如北魏崇玄署置崇虚督尉、北齐崇虚局、北周春官府置司玄等。值得注意的是,北朝虽然出现了与南朝"道馆"相

---

① 刘康乐:《中古道官制度研究》,巴蜀书社 2013 年版,第 102 页。

似的组织形态——"坛""观",但朝廷宗教管理部门始终秉持"以俗管教"的工作态度,使得北朝"坛""观"这类道教组织缺少独立经济,对官方政权产生强大依赖,最终沦为世俗朝廷的附庸。① 隋朝统一全国以后,文帝、炀帝积极恢复佛教、道教,调整政权与宗教的关系,道教管理组织方面一是于太常寺设"崇虚局",负责国家祭祀机构,同时又"(掌)在京及诸州道士簿帐等事";二是于鸿胪寺设"崇玄署",管理建造寺观、度僧尼道士等佛道事务;三是炀帝即位后,废除崇玄署,以"玄坛监"代之,又在道观设"玄坛监"一职,用意在于更好监督和管理道教和道观事务。

实际上,道观的出现是道教和道士团体形态转变的重要标志,体现了道教寻求国家的取向。② 如果说道观在南北朝时期的出现象征着道教宗教形态的转变,那么唐前期道观和住观要求的逐渐普及则代表着这一转变的最终完成。也就是说,汉末兴起的道教运动经魏晋南北朝的发展,形成了多种组织的、社团的、经法的、仪式的派系,而这些派系发展到五、六世纪开始有了明显交流融合,在唐前期(618—755)完成整合及制度化,促使道教转变为统一宗教认同的宫观化和制度化的宗教。③ 众所周知,唐代是道教发展的鼎盛时期。唐王朝在中央道教的宏观管理上,进一步加强政府对道教的管理,先后设立寺观监、崇玄署、左右街功德使等主管道教,其余部门如祠部、司封、崇玄馆大学、宫观使等皆承担一部分道教管理的职责。而在京城和全国各地设立由道士担任的"道门威仪",另有道

---

① 参见刘康乐:《中古道官制度研究》,巴蜀书社2013年版,第128页。
② 孙齐:《唐前道观研究》,山东大学博士论文,2014年,第4页。
③ 参见白照杰:《整合及制度化:唐前道教研究》,格致出版社2018年版,第131—166页,第3页。

门大德、道门教授等各种道官职务。① 刘康乐在他博士论文里梳理了唐代国家道教管理组织沿革。②

起止时间	主管机构	隶属机构
唐初（618年）—贞观中废	寺观监	鸿胪寺
上元二年（675年）—寻废	漆园监	鸿胪寺
？—开元二十五年（737年）	崇玄署	鸿胪寺
开元二十五年（737年）—天宝二年（743年）	崇玄署	宗正寺
天宝二年（743年）—元和二年（807年）	司封	吏部
天宝二年（743年）—贞元四年（788年）	崇玄馆大学士	直属
元和二年（807年）—唐末（907年）	左右街功德使	直属

宋朝继唐和后周之制，初以开封府尹兼功德掌道官选授，以祠部管道士籍帐和披戴文牒，又以鸿胪寺作为"道释二教兼所辖者"，下设道录院（或司）以管理道教事务。真宗时期，道录院分左右街设道录、副道录、都监、首座、鉴义十员，掌宫观、神像科仪制度、道门威仪及州郡天庆观住持人选。南宋建立，建炎三年（1129年）废鸿胪寺，道录院隶属祠部，官位、职掌无变化。北宋地方上的州府设道正司，分管内道正司、山门道正司两类。南宋绍兴以后，道正司之上设有都道正，都道正之下又设副都道正、道判、道监。宋代道正司管辖所属宫、观、院、庵，事无巨细，职掌繁杂，大致可分为四类：落实政府宗教指令、推荐道士、勘验牒账、主持本州府教事等。可以说，唐宋时期是道教管理组织确立与完善阶段，对道

---

① 刘康乐：《中古道官制度研究》，巴蜀书社2013年版，第184—185页。
② 刘康乐：《中古道官制度研究》，巴蜀书社2013年版，第152页。

教的发展产生了重大影响。①

元朝统一中原以后,忽必烈为了管理全国道教及祭祀等宗教事务,专设中央衙门"集贤院,秩从二品。掌提调学校、征求隐逸贤良,凡国子监、玄门道教、阴阳祭祀、占卜祭遁之事,悉隶焉。"②元代集贤院通过任命道教各教派或宫观的领袖担任职务,以达到监督道教事务的目的。事实上,宋元时期的新兴教派经过融汇已形成正一道与全真道两大派系,而元朝统治者对道教两大教派的管理亦分别署理,即以全真道掌教主管北方诸路道教事,玄教大宗师管领江北、淮东、淮西、荆襄道教事,张天师主管江南诸路道教。③ 如此一来,元朝道教管理组织形成了中央以集贤院为管辖,地方以三个区域道教所管理的基本格局,道教所之下路级设道录司,州设道正司,县设威仪司,这种等级森严、层次分明的道教管理模式一直实行至元朝末年。到了明代,洪武元年(1368 年)设置中央僧道衙门善世院、玄教院,不久之后二院被废。洪武十二年(1379 年)设神乐观,置提点、知观、隶属太常寺,选取道士为乐舞生,专为皇家祭祀演礼之用。三年后又设置道录司,属礼部管辖。明成祖时期,朱棣迁都北京,于南京、北京分设道录司、神乐观。在地方上,朝廷不论府州县之间统辖关系如何,统一按照府设道纪司、州设道正司、县设道会司的管理组织。④ 清代宗教官僚体系采用了明朝模式。清统治者优崇藏传佛教,道教发展趋近民间,道教管理组织与明朝基本相同,仍然

---

① 参见唐代剑:《宋代道教管理机构考述》,载《中国道教》1996 年第 4 期,第 18—20 页。
② 《元史》卷八十七,中华书局 1976 年版,第 2192 页。
③ 王卡、汪桂平主编:《中国本土宗教研究》(第一辑),社会科学文献出版社 2018 年版,第 254 页。
④ 刘康乐:《明代道官制度与社会社会生活》,金城出版社 2017 年版,第 39 页,第 74 页。

于礼部下置道录司，后又改由亲王和内务府管辖，地方上仍沿用道纪司、道正司、道会司模式，只是员额、职掌等方面略有增减。

陈耀庭先生认为，道教尽管多次达到其历史发展的极盛时期，但这些管理组织仍是准实体，原因在于它是自然经济为主的经济基础和宗法政治制度的产物。① 中华民国成立以后，国民政府宣布实行"政教分离"的宗教政策，废除了延续两千多年的道教管理组织和道官制度，这一时期的道教为了更好适应社会变化，效仿西方教会组织，尝试建立全国性道教管理组织，即北京"中央道教总会"、上海"中华民国道教总会"，之后全国各地又纷纷成立形形色色的道教组织，如中国道教会关东总分会，杭州道教会、上海特别市浦东道教同人联席会、苏州道教总会昆山分会等。总之，民国道教组织是在改变不彻底②的社会之上所进行的一次实体化过程，虽然最后都是不了了之，以失败告终，仍是一次非常有益尝试，为1949年以后的当代道教组织的实体化提供了借鉴和参考。

二、道教团体组织的民主要求

中华人民共和国成立以后，为了帮助我国宗教适应中国社会的深刻变革，党中央指导和推动我国宗教界实行了重大改革。通过这次重大改革，我国宗教逐步走上了与社会主义社会相适应的正确道路。③ 通常而言，国家宗教政策决定国家在宗教上所要开展的主要任

---

① 《陈耀庭道教研究文集》上卷，上海书店出版社，2015年，第262—264页。
② 所谓"改变不彻底"是指中华民国统治者虽然一度改变了以自然经济为主的经济基础和宗法政治制度传统旧社会，但这些观念和思想在广大农村依然是顽固保留下来，并且在当时社会条件下难以一时间"翻天覆地"改变，因此称为"改变不彻底"。
③ 王作安《坚持我国宗教中国化方向》，载《学习时报》2022年3月21日，A1版。

务和具体工作。早在 1949 年《共同纲领》第五条规定：中华人民共和国人民有宗教信仰的自由权。1954 年《宪法》又规定：中华人民共和国公民有宗教信仰的自由。在这样的政策背景下，传统道教在沉寂百年之后，最终迎来了发展曙光。1956 年 11 月，全国 23 位道教著名人士齐聚北京，倡议成立中国道教协会筹备委员会，着手筹备成立协会的各项工作，拟定《中国道教协会发起书》。次年 4 月，中国道教协会第一次全国代表会议在北京召开，此次会议出席代表 92 人，选举第一届理事会理事 61 人、常务理事 18 人，选举以岳崇岱为会长的第一届领导班子。自此以后，中国道教协会从根本上看已不再与民国道教会类似，而是脱离了传统自然经济与宗法政治制度基础之上所形成的管理组织。中国道协成立后的二十年间，道教界虽然受到国内外政治、社会的种种影响，一度停止活动，然随着 1978 年十一届三中全会顺利召开，全国各省各市道教团体如雨后春笋般迅速发展起来，成为"一个有群众基础的，有专职的神职人员，有固有的思想信仰、宗教仪式和方术的以及有着一套完整的组织系统并具有一定经济力量和政治力量的实体"。① 从公开数据上看，中国道教界已从改革开放初期的几百座道观、几千名道士，到 1997 年之际的道教宫观 1500 余座，乾道、坤道 2.5 万余人②，再到改革开放四十年的道教教职人员 4 万余人，道教宫观 9000 余座，道教院校 10 所③。如今的道教已成为中国主要宗教之一，影响力不断提升。

---

① 《陈耀庭道教研究文集》上卷，上海书店出版社 2015 年版，第 270 页。
② 《中国的宗教信仰自由状况》白皮书，1997 年版，中国西藏网，查阅日期：2022 年 3 月 10 日，网址：http://www.tibet.cn/cn/zt2019/wdzg/bps/201908/t20190816_6663886.html
③ 《中国保障宗教信仰自由的政策和实践》白皮书，2018 年版，查阅日期 2020 年 1 月 28 日，新华网网址：http://www.xinhuanet.com/politics/2018-04/03/c_1122629624.htm

要说明的是，我们所讨论的"民主"话题，不是"道教民主"或"道教民主化"抑或是"道教民主思想"，而是道教团体在管理上的民主问题，其对象并非宗教概念上的道教，而是中国道教协会成立以来各地陆续设立的各级道教协会这一道教组织。窃以为，要了解和认知道教团体的民主制度建设主要途径有二：一种是通过宗教部门、道教协会颁布出台的规章制度去理解团体组织的民主化进程。另一种是深入到组织内部的日常工作中开展调研，切身实地感受真实的团体民主管理情况，且调研结果存在个性，不一定是共性问题。为此，我们从规章制度的角度了解当代道教协会民主制度建设，一方面从"他者"视角，根据上级主管部门（主要是宗教局）出台的法规和文件做一解读，重点围绕新出台《宗教团体管理办法》对协会式组织实体的民主要求。另一方面是从"自我"角度，即从道教协会理事会所通过的章程和颁布的规章制度进行解读。

从"他者"角度上看，国家宗教事务局13号令《宗教团体管理办法》已于2020年2月正式实施。该《办法》共41条涉及宗教团体组织结构、宗教团体职能、监督管理、法律责任等，其内容是包括道教团体在内的五大宗教团体的民主制度建设所提出的要求。首先，明确"宗教团体代表会议是宗教团体的最高权力机构。理事会（委员会）是代表会议的执行机构，对代表会议负责。"这里，代表会议作为宗教团体的最高权力机构，实际已说明其民主的底色和本质。其次，代表会议民主选举产生的会长、副会长有任期、年龄方面的时限规定，即"会长（主席、主任）每届任期五年，一般可连选连任一届。""年龄一般不得超过70周岁。"而且对会长、副会长能否驻会办公也做了相关要求，"会长（主席、主任）一般应当在团体驻会办公，特殊情况下，会长（主席、主任）不能驻会的，应当由常务副会长（常务副主席、常务副主任）负责团体日常工作。副会长

（副主席、副主任）中应当至少有一位驻会。宗教团体法定代表人一般应当由会长（主席、主任）担任。宗教团体法定代表人不得兼任其他社会团体包括宗教团体的法定代表人。"最后，该《办法》要求道教团体组织和领导班子要"民主、精干、高效""政治上可靠、作风上民主、工作上高效"，且团体要完善民主决策机制，进一步规范代表会议、理事会、常务理事会、会长会议、会长办公会议制度，同时建立起会长、副会长、秘书长的述职和民主评议制度。

从"自我"角度上看，起初中国道协第一届理事会章程条款仅寥寥几条，只是确定了名称、宗旨、会址等，改革开放以后的第三届理事会章程（7条）在原有基础上做了一定程度的修改，1986年第四届理事会章程条款有13条，1992年第五届理事会章程条款有16条，1998年第六届理事会章程条款有15条，并明确"理事任期五年，理事会每二年举行一次"①。2005年6月，第七次全国代表会议召开，此次会议通过的章程条款共44条，增加了非常多的道教团体管理的民主要求，主要是会议、表决方面、任期等方面。② 2010年第八届理事会章程在上一届基础之上进行了修改，增加了常务理事会可以"审议年度财务结算和预算报告"的职权，以及"会长会议原则上每六个月举行一次，必要时可提前或延期举行"等内容。③第九届理事会章程条款增加到51条，道教团体民主制度建设更加严格，例如对会长会议成员、次数做了详细规定，要求"会长会议成员由会长、副会长、秘书长组成。会长会议每年不少于一次。""会长办公会议成员由会长、驻会副会长、秘书长组成。会长办公会议

---

① 《中国道教协会章程》，载《中国道教》1998年第4期，第19页。
② 《中国道教协会章程》，载《中国道教》2005年第4期，第18—21页。
③ 《中国道教协会章程》，载《中国道教》2010年第4期，第19页、第20页。

每月不少于一次，根据工作需要可随时举行。"① 最近一次全国代表会议于 2020 年 11 月召开，会议选举产生第十届理事会，通过了 54 条的最新版章程。相比之前，此版章程对领导班子年龄、任期做出明确要求，与《宗教团体管理办法》相呼应，即"最高任职年龄一般不得超过 70 周岁。""本会会长、副会长、秘书长每届任期五年，会长一般可连选连任一届，副会长连选连任不超过三届。""分支机构、代表机构的负责人，年龄不得超过 70 周岁，连任不超过两届。"② 总之，道教"自我"的民主管理是根据主管部门规章制度基础之上的一次细化，其内容大多糅合在道教协会的章程之中，即团体组织、领导班子、任期届次、年龄时限等方面。从趋势上看，道教团体"自我"民主制度建设比主管部门（"他者"）的要求更规范、更细致，以便更好地保证最大范围的民主集中。

三、道教团体管理的民主问题

道教协会作为五大宗教团体之一，在改革开放之后得以迅速崛起，经四十余年发展，各级地方道教协会全力做好道教宫观的恢复与建设，大力开展道教教职人员的培训与管理，努力推进各项道教教务工作，积极参政议政、建言献策，为地方经济社会发展贡献了道教力量，如今的道教协会已成为地方上较大影响力的社会团体。然如前所言，当代道教团体的组织形式虽然与历史上的道录司、道正司、道会司以及民国道教会类似，但其根本上脱离了传统自然经济与宗法政治制度，是建立在中国特色社会主义制度上的道教实体。因此，当代道教协会发展的模式与路径不能完全等同于任何一个时

---

① 《中国道教协会章程》，载《中国道教》2015 年第 3 期，第 44 页。
② 《中国道教协会章程》，载《中国道教》2020 年第 6 期，第 52 页、第 53 页。

期的道教组织，其发展依旧是"摸着石头过河"不断探索的过程。随着主管部门宗教法规的不断完善，道教界规章制度的不断细化，许多颁布出台的规章制度因各地宗教环境和道教实际不同，使其贯彻时间有长有短，落实程度亦有所不同。尤其是道教团体的民主制度建设方面与上级要求仍然存在巨大落差，出现"官僚主义""山头主义""专制主义"等诸多团体民主管理问题，从根本上不利于道教协会的健康发展。

第一，"官僚主义"让民主工作流于形式。从历史上看，道教管理组织虽然在各个朝代被不断设立和废除，道官职务也发生相应改变，但总趋势是国家对宗教管控的持续强化，其结果导致道教对政治的强大依赖。也就是说，道官制度让道士更有机会接触政治、成为官僚，而这个传统观念在道教团体之中始终根深蒂固，影响当代。从现今角度看，道教教职人员的基本标准是"政治上靠得住，宗教上有造诣，品德上能服众，关键时起作用"，其中"讲政治"成为评判道士是否合格的首要衡量标准。同时，团体负责人因宗教界代表人士的特殊身份，往往又担任地方人大代表、政协委员，其政治地位再次提升，政治身份再次强化，故常常被戏谑地称之为"政治道士"。实际上"政治道士"是指那些具有强烈且明显官僚主义[1]、形式主义[2]的道教团体负责人，而不是泛指所有负责人，他们长期混迹

---

[1] 关于官僚主义，习近平总书记指出："官僚主义的实质是封建残余思想作祟，根源是官本位思想严重、权力观扭曲，做官当老爷，高高在上，脱离群众，脱离实际。"参见《习近平关于力戒形式主义官僚主义重要论述选编》，中央文献出版社2020年版，第24—25页。又指出："在官僚主义方面，主要是脱离实际、脱离群众，高高在上、漠视现实，唯我独尊、自我膨胀。"参见《习近平谈治国理政》第1卷，外文出版社，2018年版，第369页。

[2] 关于形式主义，习近平总书记指出："在形式主义方面，主要是知行不一、不求实效、文山会海、花拳绣腿、贪图虚名、弄虚作假。"参见《习近平谈治国理政》第1卷，外文出版社2018年版，第368页。

政治圈，习惯官僚做派，谙熟官方作风，在道教团体民主管理之中擅做表面文章，内容空洞不实，工作漂浮。为此，"官道士"容易让团体民主制度建设流于形式，表现为制订"假大空"的民主制度、开展"假讨论"的民主协商、举办"假形式"的民主测评等，这些重"痕"不重"绩"、留"迹"不留"心"，只重形式不重内容，只重过程不重结果，最终让道士变成追名逐利的"官道士"，忘记道教徒的使命与责任，甚至是背离道教、脱离民主、远离信众。

第二，"山头主义"让民主团体成为世袭。所谓"山头主义"是以宗派为出发点的思想和行为，形成小团伙、小圈子，在一定程度上是个人主义、自由主义的产物，分为血缘亲情型、地缘人际型、业缘关系型等几种类型，其本质是狭隘的群体性利己主义。① 众所周知，道教重视师徒传承，师徒、师兄弟之间大多存在地缘、血缘的紧密关系，因此在道教发展过程中容易产生拉帮结派、互惠互利的情形，进而出现"地缘""同门""亲戚"的团团伙伙，这些都是滋生"山头主义"的肥沃土壤。或许有的业内人士会指出，"山头""帮派"的存在既可解决道教传承问题，又能够保证组织内部稳定。然而在当代道教团体管理层面却是截然相反，一方面"山头主义"会滋生腐败，破坏组织生态，影响道教团体的整体执行效率，使团体职能不能有效发挥。这样一来，道教协会所开展的一系列民主协商、民主监督、民主测评等都会变成"家务事""内部事"，根本无法实现依法管理、民主办教、社会监督相统一的管理体制。② 另一方面"山头"会改变内部人才选用和晋升规则，用"唯关系是举"取代"唯才是举"，继而压制优秀人才发展，导致高素质人才流失，甚

---

① 参见李梦娜、郑先平：《如何避免单位内部竞争中的"山头主义"》，载《领导科学》2016年第36期，第22—24页。
② 王作安：《坚持我国宗教中国化方向》，载《学习时报》2022年3月21日，A4版。

至把民主选举变成"假把式",让负责人、管委会主任等要职在"山头""内部""家内"之间传承,实乃假民主、真世袭!

第三,"专制主义"让民主决策变成独裁。专制主义(despotism)是近年公布的世界历史新名词。意指一种国家政治体制,其核心是专制君主在全国范围内居于至高无上的权威地位,独揽国家一切大权。① 而我们所讨论的"专制主义"是指道教团体内部的"非民主"管理问题,即道教协会这一组织实体的权力只属于会长一人,而不是道协领导班子(理事会或常务理事会)。换句话说,道教协会开展的所有协商议事、决策安排不是民主会议研究的结果,而是"一把手"个人意志的体现,甚至于会长可以随意改变民主会议所通过的决定,或是为了维护自己或集团的利益,其个人意志凌驾于团体章程制度之上,具有独断性和随意性。实际上,专制出现是社会之自然适应的结果,公众是否接受这种,因时代而定。专制政权通常以发达的官僚组织为条件,多半都出现在经济文化相当发达的文明,出现于更复杂、更流动的社会之中。② 或许,团体组织在"百废待兴"之际需要独断专行、亲自决策部署,但进入当代发展的正常轨道之后,道教团体则需要强化依法管理、民主办教。结合上文可知,团体组织的"专制主义"背后是"官僚主义""山头主义"的强大助推。道教协会的"官僚主义"底色,让民主工作流于形式,使参与者不愿发言、不愿建议,更不愿参与,促使独断专行"一把手"成为"一霸手"。道教协会充斥着"山头主义"色彩,使"自

---

① 关于专制主义研究成果主要有李中《中国文化传统与现代化——兼论中国的专制主义》(《太平洋学报》2001年第3期)、阎步克《政体类型学视角中的"中国专制制度问题"》(《北京大学学报》2012年第6期)、李猛《孟德斯鸠论礼与"东方专制主义"》(《天津社会科学》2013年第1期)等。

② 阎步克:《政体类型学视角中的"中国专制制度问题"》,载《北京大学学报》2012年第6期,第38页。

己人"分布在道协、道观各个岗位并担任要职,让民主管理工作成为"内部事""自家事",避免出现"一言堂"局面。

四、道教团体民主办教的几点思考

事实上,任何一个时期的道教团体组织在管理方面都存在着或多或少的问题和弊病,但其主线和方向始终没有改变,即按照国家要求、社会需求作出适合自身发展的调整,以更好地满足大众需求,适应时代变化。就当代而言,道教团体管理虽然存在着"官僚主义""山头主义""专制主义"等问题,虽然一定程度上影响和限制了道教协会这一组织实体功能和职能的有效发挥,但却可以用一套新的体制机制去缓解和避免所出现的问题。为此,笔者就道教团体民主办教问题提出几点工作思考。

其一,健全团体制度。我们知道,国家宗教事务局已出台《宗教事务条例》《宗教团体管理办法》《宗教教职人员管理办法》《宗教院校管理办法》《互联网宗教信息服务管理办法》等办法,全面规范宗教界在团体、院校、教职人员、弘道方式等方面的工作,同时中国道教协会在此基础之上又修订和完善了《道教宫观管理办法》《道教宫观规约》,并在第十次代表会议通过了《道教教职人员认定管理办法》《道教教职人员行为准则》《道教教职人员着装意见》等新的办法和意见,总的来看,宗教界(道教界)的规章制度是比较丰富和完善的。同时宗教部门和道教内部对团体组织、领导班子、任期届次、年龄时限等方面都有着明确且具体的规定,而且也提出了完善民主决策机制,建立述职和民主评议制度等要求。然而由于一些道教团体始终存在"官僚主义"作风,"官道士"长期把持道教协会,导致道协领导如同"官员",团体组织如同"衙门",使得许多上级部门对道教团体的民主制度建设要求形同虚设、浮于表面，根本无法落到实处。那么道教团体组织该如何破局呢？窃以为，各地道教协会要进一步结合宗教部门、中国道协关于民主制度建设的有关要求，制度出台符合地方道教实际的民主管理实施细则，进一步细化和规范团体民主管理，明确会长会、讨论会、生活会、述职会、理事会、通报会的参加人员、举办时间、举办频次等。要建立民主管理的奖惩机制，对不称职、不合格的，会长会议可对其进行谈话、诫勉、质询，屡教不改、情节严重的可向理事会提出罢免，对工作优秀、成绩突出的，经会长会议考核通过后可破格使用。针对团体负责人的任期、年龄存在超届超龄的问题，民主评议、述职方面大多"走走过场"，民主决策更是"摆摆样子"等形式主义问题，要加强道教教职人员的理论学习，尤其是团体领导班子对宗教政策法规和宗教理论的专题学习，要把规章制度里关于团体民主管理的内容学懂、弄通、做实，不折不扣地及时贯彻，坚决杜绝出现"拖延不换届、换届不换人"的情况。总之，在我国宗教中国化背景之下的道教团体，其民主办教要适应当代社会发展需要，发挥"制度管人"的独特优势，达到团体民主制度的健全与落实。

其二，改革宫观管理。目前大多道教协会的，特别是县级道教协会，基本是"三无"团体，即"无固定办公经费、无固定办公场所、无固定工作人员"，团体班子配备、工作条件呈现"四多四少"的相对弱势状况①，存在着"外面挂牌子，里面空架子"的情形。为了解决这些问题，通常做法是会长人选是该地区位置较好、自养较强、资历较老、实力较大的宫观负责人，并把道教协会直接设立挂

---

① 江苏省委统战部二处：《江苏宗教团体建设情况、问题及对策研究——江苏省宗教团体建设调研报告》，载《江苏省社会主义学院学报》2012年第5期，第61页。

靠在该宫观内，这样一来虽然有效解决"三无""四多四少"的问题，却又出现"团体弱、场所强""团体对场所高度依赖"的问题。我们以为，道教中国化的一个重要方向是深化民主办教，其方法之一就是加大对宫观管理的改革力度，开展道教团体对道教宫观的"三统一"管理。一是道教协会统一任命负责人。道教宫观民主协商产生候选负责人，经道教协会考核合格后正式任命，且团体要帮助宫观成立民主管理组织，对条件成熟的可直接成立民主管理委员会，条件欠缺的可组建民主管理小组，实现每月定期开会、每年定期测评、每届定期换届。对于底子较好、信众较多、社会影响力较大的宫观可以尝试再搭建信众组织，既满足信众信仰活动，参与宫观事务，又可向信教群众和社会大众通报工作情况，实现社会民主监督。二是道教协会统一监管财务。会本部设主办会计，宫观设出纳会计，宫观财务报表每月报送道教协会审核，造册登记。团体统一制订财务报销制度，规范宗教活动收费标准，对重大事项须经会长会议集体研究后实施。三是道教协会统一管理人事。道教协会负责全市宫观主要负责人的竞聘、轮岗，以及道教教职人员教育和培训。团体统一扎口解决道协道观教职员工的社保、养老、医疗、住房公积金等问题，妥善安置到龄教职员工退养工作。通过上述"三统一"管理，可以实现团体对场所组织、人事、财务的有效管控，让团体权力得以充实发挥，缓解团体对场所的依赖程度。同时道教协会对道教宫观的监督与管理，对"山头主义""专制主义"有一定遏制作用，使"一言堂"不敢发声，"一霸手"不愿做主，亦有效防范宫观因"财大气粗""人丁兴旺"而不服团体监管、脱离团体管理的问题。

其三，创新人才选拔。由于道教团体管理方面存在一些问题，致使道教人才在培养与选拔方面出现了流于表面的"假大空"，以及长期掌控团体和宫观的"山头""专制""帮派"让"为教选人"变成"为我用人",改变了公平公正的人才选用和晋升规则,使"关系"取代了"能力",压制优秀人才发展,导致高素质人才流失等,从根本上不利于道教健康发展。今后一个时期,要打破"任人唯亲"的传统困局,运用竞聘、挂职、轮岗等方式发现人才、选拔人才,不断探索出一套适应时代发展、符合道教实际的新模式。在此,我们对人才选拔再提供一种可行性思路:例如道学院刚毕业的道长(22岁)在道协或道观修行满三年(25岁)之后,可竞聘中层副职(如副主任、副组长、助理),再满三年(28岁)有资格竞聘中层正职,且六年间(22~28岁)至少要参加过一次轮岗。对于表现较好、能力突出的道长,即使他没有参与竞聘,出于工作需要也可通过挂职的方式对其考察,合格后担任副职。接下来,中层正职工作满六年(34岁)且六年内参加过至少一次轮岗,可以成为道协副秘书长候选人或者宫观管委会副职候选人,工作满六年(40岁)且六年间轮岗、挂职都参加一次以上,再经道教协会考核合格后,可任职团体副会长、秘书长或宫观管委会主任。需要指出的是,为了避免"山头""帮派"出现"换汤不换药"的问题,同一组织内部要遵循亲属回避原则,尽量避免上下级和正副职之间存在师徒关系、家族关系,严禁出现"主任是舅舅、副主任是外甥"的类似情况。要深刻领悟道教人才建设只有进行时,没有完成时!加大人才培养力度,注重人才队伍建设,按照上级要求,培养一支规模适当、质量过硬的、梯次合理的基层教职人员队伍,培养一批精通道教经典教义、精通中华优秀文化的高层次"双通"人才。要尝试探索建立369蓝青人才工程,即三年合格、六年成熟、九年骨干的人才培养计划,重点做好一批90后人才选拔工作,为道教未来发展储备人才资源。

其四,建构监督机制。在现代化发展浪潮中,古老道教遇到了许多新问题、新挑战,社会对道教团体管理要求越来越高,尤其是民主办教、民主管理层面,土生土长的道教如何更好地适应时代发展,成为当前道教中国化的首要任务。为此,我们从传统与现代两方面去探讨团体民主制度建设,以寻找民主监督的经验智慧,建构民主监督的体制机制。古老道教经历数千年发展,积累了许多民主方面的经验与智慧,如十方丛林制是指宫观属于集体公有,方丈、监院等主要执事为常住道众选举产生,一般执事由道众公议推举。在道教戒律方面,如《老君说一百八十戒》规定"不得独自与宗族为亲;不得阿党所亲;不得与俗人共相群党,更相嘲毁。"《道门十规》对住持领袖要求"务必慈仁俭约,德量含弘,规矩公正",云云。因此,我们要梳理传统教规戒律,兴利除弊、革故鼎新,形成适合当下的新规范①,制订出新时代清规榜、道教宫观规约,重点对"拉帮结派""强权专制""破坏和睦""克众利己"做出规定和要求。面对"上级监督太远,同级监督太软,下级监督太难"的情况,各级道教协会要充分发挥监事的职权和作用,除了做好章程所规定的监制职责之外,可以成立以监事为主的巡查监督组,并设多名督导员,一方面就道风建设定期开展巡查检查,另一方面对团体民主建设情况予以监督,甚至可以开展团体监察信访工作,以此全面建构起团体民主监督机制。

习近平总书记在全国宗教工作会议上指出:要加强宗教团体自身建设,完善领导班子成员的民主监督制度。健全宗教工作体制机制,推动构建党委领导、政府管理、社会协同、宗教自律的宗教事务治理格局。我们要针对道教界近年来在互联网宗教事务、民主办教、教风建设方面下大力气,下苦功夫。尤其是道教团体管理与民

---

① 王作安:《坚持我国宗教中国化方向》,载《学习时报》2022年3月21日,A4版。

主制度建设方面，要不断建立健全民主制度，引入现代管理理念和管理方式，改革团体对宫观的管理模式，尝试探索竞聘、轮岗、挂职等人才选拔新途径，以传统和现代相结合的原则，着力建构起道教民主监督体制的机制，进一步推动道教事业健康稳定长远发展。

道教团体与宫观关系的实践和展望

袁志鸿[*]

摘　要：现代社会发展过程中，道教团体与宫观之间的关系发生了改变，团体与宫观需要寻找到共同点，明确各自定位和分工，以道教中国化为方向，按照中道协章程的内容，坚持信仰，团体组织要根据法律法规和方针政策，加强组织建设，发挥好桥梁纽带作用，协调各级各部门的关系，宫观要务实内修，健全各项管理制度等，共同促进道教人才培养、道教文化发展，积极引导信教群众爱国爱教、适应现代社会，致力于中华民族伟大复兴大业。

关键词：道教团体　道教宫观　中国化　文化建设

关于"道教团体"这个概念出现的时间并不是太早，但道教团体组织真正意义的起源应该久远。太平道、天师道、上清派、三皇派、灵宝派等教派出现的时期，是否就可以认为"道教团体"组织形式就已经出现了呢？不过，笔者还是认为：真正多教派联合形成的"道教团体"组织，还是要从当代开始。1957 年成立起来的中国

---

[*] 袁志鸿，中国道教协会副会长，北京市道教协会副会长，中国宗教学会理事，北京东岳庙住持。

道教协会团体组织，以及各地成立起来的各级道教协会团体组织。宫观的起源则更早，有道士必然有修持的地方，这些修持的地方和场所后来逐渐就成为宫观。进入现代社会的宫观，当然要适应时代的历史性的转化和发展，虽然道教信仰的核心价值一如既往地存在，但历史发展到现代社会，道教宫观的当代价值和意义却是今非昔比。

过去的道教宫观，一是道教徒集中修持的地方，二是满足信教群众信仰需求的场所。现代社会，首先要求宫观既要以教义精神为依归带领信众虔诚地修持，更要认识新时代、适应新时代，引导信众以积极的姿态展现新时代中道教的超越和境界，展现道教界在新时代中应该是社会的榜样和表率形象。其次，许多现代道教宫观都已经功能齐全并有规范的设施硬件，所以宫观于现代社会的担当和责任就更加自然地凸显了出来。第三，现代宫观必须服务现代社会，没有道教的服务宫观在社会中就没有影响和地位。作为道教团体与宫观之间，原来只是体现协调、帮助较为软性的关系，但是在现代社会的发展过程中，道教团体与宫观之间的关系正在发生改变。宫观直接面对社会，归根到底还是要服务教徒、服务信众、服务社会。道教团体与宫观紧密相联的关系，在服务社会中自然而然地展现。为此，我认为应当做到以下几个方面。

一、道教团体与宫观要找准共同点用力

现代社会中的道教团体和宫观，同样都是现实社会之中的法人单位，但是如果以团体和实体而论，道教团体组织应该属于道教宫观和信众的联合体是团体上层，而宫观是团体指导下的实体。新时代的中国是法治社会，所以现代的道教团体和宫观，都有推动和带领道教界学法知法守法，遵守国家法律法规和现行政策的义务，这

是当代道教的必须。当代道教应该积极践行社会主义核心价值观，坚持道教中国化方向，要学习、贯彻执行道教团体的章程和相关规定，要"爱国爱教，拥护中国共产党领导，拥护社会主义制度，学习贯彻习近平新时代中国特色社会主义思想，坚持道教中国化方向，积极与社会主义社会相适应；发扬道教优良传统，兴办道教事业，弘扬道教教义，传扬道教文化；抵制商业化倾向，维护道教界合法权益，促进道教健康发展；抵制非法宗教活动和宗教极端思想，抵制境外势力利用宗教进行渗透；为促进经济社会发展，维护宗教和睦、民族团结、社会和谐、祖国统一、世界和平作贡献，为实现中华民族伟大复兴的中国梦发挥积极作用。"① 这是中国道教协会现行《章程》的相关规定，是现代道教团体和宫观明确的行动方向，是全国道教界都需要共同遵守的行动指南。

现代"道教团体与宫观"的准确定位很重要，这样可以清楚和明确现代道教团体与宫观各自应有的位置、行动方向、前进目标，便于准确定位和分工、把握和处理好道教团体与宫观组之间的关系。

"坚持道教中国化方向"是道教界必须高扬的旗帜，毫无疑问这是道教中无论团体还是宫观都要共同致力的方向、抓紧办好的大事！也许有人要问：道教就是中国本土宗教，为什么还有"中国化"的问题呢？可能有人以为党中央提出"坚持我国宗教中国化方向"，是针对有外来背景的宗教而言，其实这种认识是片面、是学习不深刻、理解不准确的表现。今天的道教和我国社会中其他合法宗教类型一样，都要进行三爱、四史、五个认同的学习和教育：爱中国共产党、爱中华人民共和国、爱社会主义（这是三爱）；要学党史、新中国史、改革开放史、社会主义发展史（这是四史），要认同伟大祖国、

---

① 《中国道教协会章程》2021 年 7 月 29 日。

中华民族、中华文化、中国共产党、中国特色社会主义（这是五个认同）；并且社会进入新时代，道教界不仅在思想上要跟上中国特色社会主义新时代的发展，而且要认识现代社会、现代科技，新技术、新文化，要努力学习跟上新时代的发展。

当代道教更要注重培养人才，这是现代道教团体组织与宫观需要共同致力的教务。培养道教人才不仅是在道教内部已经取得高度共识，党政主管部门首先给予道教界无上的关怀和帮助，社会国民教育的大专院校对道教人才培养广泛关注前提下并给予大力的帮助。道教界内部，中国道协创办中国道教学院之外，还陆续办起了上海道教学院、青城山道教学院、南岳坤道院、天台山道学院、武当山道学院、广东罗浮山道学院，据了解还有一些地方道教学院正在筹备之中；道教界还以传统的方式：全真道士的传戒、正一派道士的授箓，以教内信仰的方式培养人才。道教界之外社会中的国民教育：中国人民大学、中央民族大学、华东师范大学、四川大学、武汉大学、香港中文大学等，据笔者的了解，其中也都在以相应方式积极地为道教界办班提升素质素养和水平，甚至培养道教界与相关专业同等水平的本科生、硕士生。培养道教人才是道教关乎传承延续发展的大事，这是道教团体组织和宫观都应该注重共同努力的事情。

中国道教协会《章程》规定的内容，首先是现代道教团体与宫观所需要遵循的共同点，不仅是现代道教团体需要贯彻执行而积极在道教群体中引导推动和践行，现代宫观同样必须致力而贯彻落实、积极践行。道教在坚守中融通，在学习中进步，在觉悟中提升。当代道教界不仅要注重修行，更要注重学习，"爱国爱教"在今天的新时代有深刻的内涵而不是泛泛而论，这都需要加强学习和认识。

团体与宫观都有致力的共同点，都有自上而下一致推动的抓手，都需要现代道教团体与宫观共同致力和配合，在教务的共同推动中一定使相互的关系更加密切和融洽。在"现代道教团体与宫观"之间找准"共同点"一起向前推动，不仅有利于团体与宫观相互之间关系的融洽，更有利于道教服务社会、对社会发挥积极作用，这样就有利于道教在现代社会的展现，有利于道教事业的发展。

二、道教团体要谋划道教事业未来发展

中国道教协会于1957年4月成立以来，中国道教协会团结道教界始终听党话跟党走，至今已经历有十届道教全国代表会议的过程。中国道教协会团体组织在党和政府的关怀支持下，各省（直辖市）陆续成立的省级道教协会组织已经有28个。目前全国性的道教协会为"中国道教协会"，在部分省、自治区、直辖市都有道教协会，一些市、县有市、县道教协会。经询中国道教协会教务部负责人获知，在全国现有道协团体组织：是800至900个市（地、县）级道教协会组织的数量。

中华民族历史过程中的兴盛时期，王朝政治下的朝廷也注重道教团体组织的建设和管理。隋唐两宋朝廷就有较为规范的宗教机构，道教徒归宗正寺管理。隋唐有道门威仪的职务，京都设宗教的左右街道管理佛道、各地郡县名山宫观均设道门威仪管理道众。元朝对道教以区域划分：玄教统摄南北道教（荆襄之地的道教直接受其节制），北方是全真教活动范围，南方为符箓三山为道教主体的活动范围（南宋理宗后受龙虎山节制，元代正式形成正一教）。明王朝在全国设有道箓司、地方设有道正司、道会司，各名山宫观设提点、灵官管理道众和道教事务。清朝顺治入关之初，对道教很礼遇，清康熙帝曾接受王常月方便戒，北京白云观现保存有康熙帝受方便戒奉献的金钟玉磬，雍正皇帝对道教内丹方式也兴趣很高。笔者认为道

教的滑坡始自清高宗弘历（1711—1799），乾隆以降道教开始缺失国家政治的关怀和帮助，于是开始逐渐地民间化、更加地世俗化。这是道教清朝以来逐渐落伍滑坡、不断走下坡路的史实。

清末民国年间政治混乱，普罗大众都生活在水深火热中，传统滑坡的道教维持自然艰难，道教团体对宫观和道众的管理渐而缺失。民国时期，政府寺庙存废标准则进一步对道教的性质给予轻视的界定，使道教前行更加雪上加霜、前途更加困难重重。

解放后，新中国重视道教团体组织的作用，道教在社会中的地位得到真正的提升。2021年12月全国宗教工作会议上习近平总书记明确指出："宗教团体是党和政府团结、联系宗教界人士和广大信教群众的桥梁和纽带，要为他们开展工作提供必要的支持和帮助，尊重和发挥他们在宗教内部事务中的作用。"[①] 作为现代道教团体组织，要学好文件抓住纲，"要完整准确全面领会和贯彻新时代党的宗教工作理论和方针政策，深刻理解核心要义、精神实质、丰富内涵和实践要求，做到学思用贯通、知信行统一。要坚持党的宗教工作基本方针，坚持我国宗教中国化方向，善于运用法治思维和法治方式处理宗教领域矛盾和问题，促进我国宗教健康传承，积极引导宗教与社会主义社会相适应、与中国特色社会主义新时代相适应。"[②] 这是现代道教团体组织指导现代宫观处好关系、推动道教事业传承发展的要义和前提。没有中国共产党就没有新中国！没有新中国就没有道教在今天的新生！新中国在中国共产党的领导下，使道教有了自己的团体组织：中国道教协会和其下各级道教协会，使道教有了正常传承前行的社会基础和条件。

---

① 2021年12月4日《人民日报》。
②《全面贯彻新时代党的宗教工作理论》，《人民日报》2021年12月5日。

道教协会是在基层宫观道教活动场所基础上形成的道教团体组织，是道教界的上层、更是道教界的服务者。现代道教团体组织在新时代的中国社会中，要紧跟新时代，不仅是在形式上的架构，而是能够促使传统的道教真正告别封建落后，在思想上跟上现代形势，脱胎换骨成为能服务当代社会新时代的道教。2021年12月3至4日在北京召开的全国宗教工作会议上，习近平总书记强调："要全面贯彻新时代党的宗教工作理论，全面贯彻党的宗教工作基本方针，全面贯彻党的宗教信仰自由政策，坚持我国宗教中国化方向，积极引导宗教与社会主义社会相适应，提高宗教界自我管理水平，提高宗教事务治理法治化水平，努力开创宗教工作新局面，更好组织和引导信教群众同广大人民群众一道为建成社会主义现代化强国、实现中华民族伟大复兴的中国梦而团结奋斗。"[1]这既是党中央高瞻远瞩地对党政宗教管理部门说话，也是对现代宗教团体组织所说，作为现代道教团体组织要站在应有的位置和高度，登高望远，校准道教中国化前进的方向，积极推动道教在当代与中国特色社会主义社会相适应。

三、道教宫观要坚守信仰、注重文化建设与展示

　　宫观是道教团体组织构成的核心，没有宫观的道教团体其存在价值和意义就黯然失色。当代道教宫观不能仅仅是敲敲打打、念经拜忏做道教科仪，而是要注重道教文化的建设和展示。道教文化内涵和精神的展现除了通过保存的典藏经籍、历史图谱、古代建筑和造像之外，还要有教内外讲经和相应道教科仪法会等道教活动活化的方式来体现。这就要通过在宫观实地举办相应的活动，才能表现

---

[1] 2021年12月4日《人民日报》。

出道教的内涵和实有的旨趣和意蕴，否则团体组织的形式就如干涸无源之河、枯萎无本之木、没有了实际的依托。

春秋战国之末有了道教，这是中国文化的体现，宫观是中国道教文化展现的平台。中华人民共和国建立之后中国共产党重视宗教事业，中华人民共和国《宪法》规定："公民有宗教信仰自由"[1]，这使道教在新中国政治上获得了公平对待的社会地位。新中国道教在中国共产党和人民政府的关怀下枯木逢春，现在宫观合法开放也是持续增长。1989年公布开放21处全国重点宫观；2007年之前笔者任中国道教协会副秘书长兼教务部主任期间，曾有统计全国开放宫观约为5000余座；后来到了2015年根据人民网当年12月18日国家宗教局的宣布：内地合法开放的宫观道教活动场所有8269处；现在已经是2022年，时间过去了6年多，合法开放的宫观应该有近万处之数。

比较现代道教团体组织与宫观之间的关系，要清楚在现代社会作为宫观，不仅是其中的常住或在编的道众精神寄托之处，也是公共社会群体活动的空间，所以更要在服务信众和服务社会大众两方面着力和下功夫。道教的信奉者，不仅是宫观在编的教职人员，还有散居在社会中的道教徒和信教群众。这些道教界的信众认为宫观是道教信仰活动的场所，在其中自然要有浓厚的道教信仰氛围。

首先，其中的教徒对道教要有虔诚真信和对信仰文化和精神有充分展现。现代社会广大人民群众，对博大精深的中华文化有了解的热情，理解道教不仅是种宗教信仰，也是中华文化传承的内容。所以认为宫观不仅是宗教徒能够活动其间，社会大众同样也可以进入其中了解传统和文化，因此宫观也是社会群体公共活动的空间。

---

[1] 参见《中华人民共和国宪法》第36条。

为此，作为宫观有体现其中历史深度、传统精神、文化内涵的责任。现代社会道教文化在新时代要与社会主流文化体现的社会主义核心价值观相融通相协调，所以传统道教文化要作好与时代主题合拍的创造性转化和创新性发展的课题，当然这也是宫观与现代道教团体组织共同面对的事情。

宫观是道教最接地气的实体，是道教中展示文化精神、培养人才的起点，也是道教文化精神践行的亮点，更是道教界因应新时代产生各种新理念、新做法的实验场。宫观重要的责任还在于教育常住和在编道教徒和信教群众，尊法学法守法，增强法治意识。道教界人士是国家公民，权利和义务公民同样拥有，当代道教界要有爱国爱教的责任担当！宫观更要积极配合道教团体组织贯彻落实好中央关于我国宗教坚持中国化方向的要求，推进道教中国化主题的不断深入。

新中国使道教有了整体进步发展的基础，我们应该清楚：并不能说过去的道教就没有人才，比如：安徽陈撄宁、辽宁岳崇岱、江西张恩溥、四川易心莹、浙江李理山、蒋宗翰、上海陈莲笙、陕西乔清心、江苏茅山滕瑞芝、吴明皋、黎遇航等等，都是当年道教界杰出的人物。但旧中国太上老君的门下就是不能团结凝聚起来共同发力推动道教事业发展，究其根本的原因就是旧中国无论满清、无论民国、都是腐朽没落！清末民国年间，南北道教中的清醒者，亦有想要化解危机推动道教进步的认识，所以全真、正一教派都曾试图成立道教会，以实现道教内部的团结和统一，有的也真弄出了组织形式，但都是徒有其表而无实质的功用，并不能真正代表道教界展开教内的事务。旧中国、旧社会的道教，就是浑身是宝也只是荆山璞石，发不出光辉、产生不了真正的社会价值和影响。说到底道教是因为新中国，而有了全国性合法团体组织，才使一盘散沙的道教枯木逢春!

今天宫观不仅是常住、道教教职人员,抑或广大的道教界人士、要珍惜来之不易拥有了精神家园的幸福,要听党的话、听总书记的话:道教界首先要"加强自我教育、自我管理、自我约束、全面从严治教,带头守法遵规、提升宗教修为。"[①] 宫观道教活动场所要做到举办的"宗教活动应当在法律法规规定范围内开展,不得损害公民身体健康,不得违背公序良俗,不得干涉教育、司法、行政职能和社会生活。"我们现代社会中现代道教团体组织或宫观,都要清楚明白爱党就是爱国,"没有共产党就没有新中国",也就没有新中国的道教。爱党、爱国、爱教,在我们新中国道教界人士的心目中是一个不可分开的整体。所以道教界无论团体、宫观每一个道教徒,心中要真正热爱中国共产党,要坚定地将国家利益放在首位,维护国家利益、维护国家安全。有党的领导,有强大的中华人民共和国,才有道教事业发展的明天。

四、道教团体与宫观的不同站位关注

道教团体与宫观组织,在道教中虽然使命和目标一致,但各自在道教中的分工有相应的区别和不同,所以工作中自然就有了各自不同的站位和切入的角度。现代道教团体与宫观在道教事业中因为承担任务的重点不同,工作的方式方法就有区别,自然就有不一样的着力点,现代道教团体与宫观都需要清楚教务工作的分工和协同,这就是可以用力的不同点。团体与宫观需要在具体工作的推动中有相应之侧重配合和把握,否则大家一哄而上既会杂乱无章没有头绪,也会七手八脚出现手忙脚乱的现象,既没有章法而无序混乱,办不

---

① 参见 2021 年 12 月 4 日《人民日报》。

好事情大家都可以一起推卸责任，侥幸做成了事也会为大家争抢功劳留有缺陷，不利于道教团体与宫观相互之间关系的处理。实际上，现代道教团体与宫观要根据章程和相关规定，分工协同在不同点上用心用力。

现代道教团体组织要根据党和国家关于宗教的大政方针、国务院制定的《宗教事务条例》，政府主管部门文件政策规定要求的精神，以及最新版本《中国道教协会章程》为遵循和依皈。现代道教团体组织并非局部点上某项具体的工作，而是需要思想解放高站位能够打开眼界放宽视野，其工作应该是承担主动谋划的性质和任务。首先是贯彻推动落实法律法规和政策，依法检查指导督促宫观道教活动场所和登记合法道教人士在政治上、道教专业上、遵纪守法和规戒守持上，按规章制度的约定和信徒信仰操守标准践行的实效，根据实际对工作提出相应：抑或肯定、抑或整改、抑或提升发展等符合实际的要求。关键是根据党和政府关于"我国宗教坚持中国化方向""宗教与社会主义相适应"、与社会主义核心价值观相协调的要求，一定要谋划好道教在新时代环境下薪火相续的问题。现代道教组织中的人员不仅向上要熟悉党和国家的宗教政策、贯彻落实党和政府主管部门最新的政策和文件精神，而且需要深入基层、深入实际、调查研究问题，及时将道教内部实际的状况和具体情况，向党和政府主管部门实事求是报告，及时反映道教界的实际和心声。这就要求道教团体组织的工作人员向下要认真倾听道教界的声音，真心诚恳地为道教界提供良好必需的服务，发挥好桥梁作用，贯彻好党和国家关于宗教工作的大政方针，将道教界群众紧紧团结围绕在党和政府的周围，引导信教群众听党的话、跟党走！现代道教团体组织还要协调好道教界向上向下以及左左右右方方面面的关系，及时对宫观的教务提供指导和建设性意见，要根据国家法律和党的政策维护道教界的合法权益，积极推动道教中国化进程，真心实意为道教界办实事、办好事，必须把握和完成好道教事业薪火相传的任务。

宫观就是要尽可能展现道教文化内涵，相对道教团体组织的教务宫观似乎较为具体和单纯。宫观要遵照《宗教事务条例》开展道教活动，侧重点在将党和国家关于宗教的文件精神和方针政策落到实处，宫观不仅直接面对社会，要安排好道教与社会各方面的教务，还要安排好宫观中处身应有和道教徒、信教群众要求做的各种信仰科仪法务的活动，办好应有的道教信仰精神需求的活动。在道观中要组织好道教徒的政治学习、安排道教徒和信教群众参加政府主管部门和合法道教组织安排的相关社会活动，将新中国党和政府关于宗教政策的精神以及宫观在现代社会的崭新面貌展现于社会。

宫观要建立健全各项规章制度，要以制度管事管人管物理财，以制度推动和检查宫观道教活动场所内部的教务，尤其要注重宫观内部的消防安全、活动安全、生活安全，在当前疫情状况下更要重视健康防疫。只有在安全保障的前提下，才有现代宫观方方面面的存在和展现。

道教团体组织是政府直接协调下的社团组织，全国性道教团体经费来源主要是由政府拨发资助；而现实的宫观道众的生活和交往交流、文化研究、事务开展等等内部运转的经费开支，经济来源其不同的性质是"自养经济"，这是宫观道教活动场所存在的重要因素。过去宫观道教活动场所讲"法财侣地"四要素，现代宫观在反对"宗教商业化"前提下，仍然要注重"自养经济"关于"财"文化的意义，经济在宫观道教活动场所中的客观地位和意义不容小觑。安排好道众生活和宫观日常教务开展，需要经济这是宫观内部管理客观实际的需要。

实际上过去与现代，中国宗教的历史都是同样的原则：政权大于教权，客观而言道教并不是"跳出三界外，不在五行中"的存在，宫观就是社会中的实体形式，现代宫观服从党和政府的领导和相关业务部门的工作检查、接受合法道教团体组织如各级"道教协会"的业务指导，是自然而然、理所当然的事情；所以宫观道教活动场所要抛弃传统的固执和闭塞，积极适应现代社会、适应中国国情，以崭新的姿态展示现代宫观的良好形象。

现代道教团体与宫观都秉持着道教在现代社会当下的使命，坚持中国化的方向和目标。在实际教务的操作中，尤其是现代社会条件下，有党的领导和政府的支持，虽然涉及到的方面很宽、联系的实际事务广泛，比如过去道教无论团体或宫观主要还是本系统道教内部的交流交往，本专业的学习深化和修持修养道侣盘道，并且社会中视道教还是方外，教内自己也自视是"跳出三界、不在五行"的修行人。现在不一样了，宗教界也是社会群体的一个方面，1957年中国道教协会成立之后，称"爱国宗教团体和教务组织"，道教徒也是公民，对国家和社会有自己的权利也有应尽的义务。今天的宫观已经由过去相对封闭的形式而基本向社会呈开放的状态；一方面是道教信众精神依皈的宗教活动场所，同时也是社会群体了解传统文化、放松身心游览休闲的目的地。所以现代道教团体与宫观都需要应新时代新社会的形势，在思想上有创造性转化和创新性发展观念的意识，团体和宫观更要寻求不同的抓手和着力点。现代道教团体相对于宫观组织，在工作中可以抓大放小，虽然工作都很重要，但是重要的是看更适合在什么位置处理更恰当的问题。宫观侧重在于教务的具体贯彻落实，要服从道教团体教务指导。这就是一个面与点的问题，也是现代道教团体与具体宫观组织摆正位置、相互积极配合，如此一定会处理好团体与宫观之间的关系。

限于篇幅就不进一步讨论了，结语部分要阐明的是：当代社会更加注重群团组织建设，现代道教团体组织各级"道教协会"也在这个范畴，中国道教协会和各级地方道教协会组织，在道教教务中责任重大。道教团体组织与宫观之间关系的交接，如果从政治上"爱国"的角度讲，就是将道教界联系团结在党的周围，凝心聚力，共同致力于中华民族伟大复兴大业。要从宫观道教活动场所起步坚定地走中国化道路，爱国就是"爱教"，国家兴盛道教才有未来和希望！道教在现代社会生存延续，必须服务现代社会，最终还是要体现在宫观道教活动场所在社会中的活力，所以宫观必须要搞好管理和活动、要强化信仰、注重人才培养，这体现了道教坚持中国化方向的主体。由此而论，现代道教团体组织是宫观道教活动场所的上层，宫观活动场所是道教的基层，上层服务于基层，团结一致、上下齐心，共同服务好社会，以服务提升活力。

总之，关于道教团体组织与宫观的话题，有展开漫谈宽阔的内容，比如：全国名山胜地许多地方都有道教历史传承宫观建筑，许多地方已经政府主管部门登记开放为道教活动场所，在旅游经济形势兴盛的现代社会，景区中宫观道教活动场所要用好旅游经济目的地的身份，在节假日期间客游暴满的时候，积极服务当代社会，将宫观作为道教界坚定走中国化道路的实验场。

在现代社会中道教有许多方面可以介入：慈善、赈灾、助学、养老、养生、等等方面，现代道教组织和宫观都可以在党和政府部门的统一协调下，共同致力发挥作用。在中国社会新时代发展进程中，道教界要主动适应社会、适应形势、展示道教团体和宫观服务社会、服务大局、在践行中国化行动中的靓丽形象。

道教团体在道教人才培养中的作用

隋玉宝*

摘 要：近年来，道教团体在道教人才培养中发挥了不可替代的重要作用。本文先尝试界定道教团体及道教人才培养的范畴，在此基础上从道教团体在道教人才培养中的职能定位，道教团体要注重加强道教院校建设，为道教人才成长创造良好的环境机制等方面进行相关分析。

关键词：道教团体 人才培养 院校建设 职能定位 环境机制

目前，在我国道教界，大力培养人才，已经成为教内上上下下的共识。人才培养落实在实践是一个长期性、复杂性，并需要多方协作的课题。本文考察的对象——道教团体是当代道教人才培养中一支不可或缺的力量，为了更清晰地认识道教团体所起到的作用，本文先从相关的概念入手来尝试确定道教团体在道教人才培养中的职能定位。

---

* 隋玉宝，中国道教学院道教学硕士。北京市道教协会常务理事，《北京道教》执行主编，道教之音网站创始人兼主编。

一、道教团体组织与道教人才培养

首先，从道教的发展来看，东汉时祖天师张道陵在蜀地创立正一盟威之道，设立"二十四治"，就已经形成了较为成熟的道教组织，这也是近代学者们秉持道教产生于东汉说和教内人士尊祖天师为"教祖"的由来。历史上，道教教派众多，不同教派形成自己的教团。全真教创立十方丛林制度，将宫观划分为不同等级的职能单位，如：十方常住、子孙常住、子孙庙等，道众需住庙修行，宫观的组织性也较为明显。这些在广义上似乎都可划归为道教组织的范畴，但本文考察的"道教团体"更近乎特指名词。

在当代中国，社会团体是当代中国政治生活的重要组成部分，带有准官方性质。宗教团体是社会团体的一类，道教团体是宗教团体的一类。自2020年2月1日起施行的《宗教团体管理办法》第二条规定了"宗教团体"的概念：

> 本办法所称宗教团体，是指信教公民自愿组成，为团结信教公民爱国爱教、促进宗教健康发展，按照其章程开展活动的非营利性社会组织。
>
> 宗教团体是中国共产党和人民政府团结、联系宗教界人士和广大信教公民的桥梁和纽带。

从道教现状看，符合此概念的道教团体，即中国道教协会和各地方性道教协会。"微言宗教"微信公众号将"道教协会"词条表述为：

> 全国、省（自治区、直辖市）、市、县（区）为团结道教徒

爱国爱教、促进道教健康发展、按照章程开展活动而设置的非营利性社会组织，是中国共产党和人民政府团结、联系宗教界人士和广大信教公民的桥梁和纽带①。

所以本文所考察的道教团体特指道教协会。而培养道教人才，多被作为道教协会的重要工作任务之一。以中国道教协会为例，在2020年11月中国道教协会第十次全国代表会议通过《中国道教协会章程》的第二章"业务范围"第（六）条即为：

> 培养道教人才，提高道教徒整体素质；对中国道教学院进行日常管理和指导监督；根据道教工作需要、按照规定选派和接收道教留学人员。②

考察当代道教界"培养道教人才"的具体活动，我们可以看到，它依然深受道教历代传承的传统模式的影响。在传统道教的信仰体系中，道教经典为天尊说法，神真降授，以付嘱有缘；传道讲求"法不传六耳，三人不问道。道不可轻传，轻传不为道"。这就提出了道法"秘传"的要求。另一方面，道教又有"开度济群迷，苦海做慈航"，普度群生的宏愿。这样道法就有了"广传"的诉求。所以在道教历代的弘扬和传承中，"广传"与"秘传"并行，这样的传承模式很大程度上就内在地决定了道教人才培养必然是分成层次的。

就当代道教信徒来讲，大致包括教职人员骨干，参加过传度、受箓（正一），冠巾、受戒（全真）的道士，一般道众，居士、信士

---

① 微言宗教：【宗教基本知识系列（1）】道教协会，网址：https://mp.weixin.qq.com/s/b8dOFMej_ZIOffjb8JU3bA
② 《中国道教协会章程》网址：http://www.taoist.org.cn/getDjzsById.do?id=1653

骨干,以及一般的信教群众和随机性信众等。一般的居士和信士作为广传的对象是接触不到"秘传"的道法或经典的,他们往往都有自己的专职工作,教职人员对他们的培养引导多是尊道贵德、爱国守法等伦理方面的教化。所以,对应于一般性的道教人才培养课题,他们通常并不是重点的培养对象。

而我们在说人才培养时,多数情况指的是信徒中骨干人员——前文举例中排在靠前位置的信徒,道教的择优培训既有受限于培养的成本和效率的考量,也符合人才培养的规律。

在当代社会,道教人才需要掌握技能和学问早已超出了传统的道教法术、科仪的范畴,道教人才必须与时代接轨,这是道教中国化的要求,也是提振道教的内在要求。许多教内人士由于接受现代教育过少、学历过低,一方面重斋醮、轻文献的倾向明显,导致了投入道教思想理论、文化研究的人才严重缺乏,从内部制约了道教理论和信仰的自我革新与发展;另一方面因与现代社会疏离、脱轨,一些教内人士更倾向于局限在自己的圈子中孤芳自赏,遭遇现实问题时不能够理性地分析处理或是较好地运用法律来捍卫自己的权益,这既不符合我们时代对道教人才的要求,也不利于道教自身的健康长远发展。从更广泛的角度看,一些十分必要的技能培训,如消防、急救、反恐、反渗透,以及近年来新冠疫情暴发后,一些宫观组织开展的防疫培训,也在人才培养的大范畴之列,但由于和道教的专业性人才培养关系不大,所以本文暂不作为考察的对象。

二、道教团体在道教人才培养中的职能定位

早在2017年4月召开的全国政协双周协商座谈会上,中国道教协会会长李光富道长就做过题为《着眼新使命——突出抓好道教人

才培养》的发言，该发言指出：

> 在党和政府的关心支持下，在全国道教界的努力下，道教人才青黄不接的局面已经得到有效改善。目前全国经批准的道教院校有10所，其中有6所已经开展专科以上教学，在校生250人。此外还有5所院校启动筹备工作。我们还通过与国家重点高校联合办学、举办玄门讲经等重点工作，依托全国600多个道教协会和8000多个宫观开展日常化培养等方式，努力培养一支自觉走与社会主义社会相适应道路的合格道教接班人队伍。①

分析发言中提到的道教人才培养机制，当代道教人才的培养有几条重点途径：一是借鉴现代全日制高校学历教育的学院教育，二是依托各级道教协会和宫观开展的日常化培养，三是与国家重点高校联合办学、举办玄门讲经等重点工作为依托的人才选拔和培养。其中，第三条培养途径依托教内的组织工作展开，显示了一定程度的间接性。在具体实践中，三条途径相互辅助合作，共同服务于人才培养工作。

在这三条途径中，突出展现道教协会人才培养职能的是第二条"日常化培养"。在此需要指出，道教协会参与的人才培养并不止于此，如前文提到的《中国道教协会章程》就将"对中国道教学院进行日常管理和指导监督"等职能列入中国道协的"业务范围"，这说明了道教团体还通过间接的方式参与到了道教人才培养其他途径。

---

① 《李光富道长：着眼新使命　突出抓好道教人才培养》，网址：http://www.taoist.org.cn/showInfoContent.do?id=2793&p=%27p%27

日常化培养是道教协会直接参与人才培养的主要途径。根据上文统计数据，2017年4月份，全国范围内已有600多个道教协会，而道教协会的数目是逐年增加的。以2020年为例，尽管上半年受到新冠疫情的影响，全国范围内仍有新的地方道协组织相继成立，包括：河北省邯郸市邯山区道教协会、保定高碑店市道教协会、保定市阜平县道教协会、张家口市宣化区道教协会、浙江省龙港市道教协会、江西省抚州市南城县道教协会、湖北省襄阳市南漳县道教协会、湖南省邵东市道教协会、湘乡市道教协会、广东省普宁市道教协会、广西柳州市道教协会、甘肃省陇南市道教协会等。

道教协会作为与宫观一同开展道教人才日常化培养的机构，新的道协团体的建立无疑为培养工作的开展提供了结构性基础。考察围绕道教人才的日常化培养，

由各级道教协会组织开展的培训活动占据了整体较大的比重，其在培训内容方面涵盖了包括宗教政策法规、重要会议精神、道教（宗教）文化知识等多个方面。道教协会与地方的统战民宗部门、宫观场所，共同组成日常化人才培养的主要力量。

多数情况下，目前道教界培养和输送人才还是从宫观和师父的引导和栽培开始的。宫观和道众（师徒）个人作为道教的基本单位，其基础性不可或缺。道教协会作为党和政府团结、联系宗教界人士和广大信教公民的桥梁和纽带，其介于统战、民宗部门和基层宫观场所之间的"中间位置"本身赋予了道教协会强大的间接性作用基础。间接性不意味着不重要。其次，除了组织道教人才培训的直接途径外，道教协会通过管理道教院校，指导宫观场所，开展教内重点工作（如玄门讲经）等起到的间接作用同样不容忽视。

综上所述，道教协会在人才培养的实践中，一是作为日常化培养的直接组织者，二是通过发挥领导和桥梁作用，指导和协助道教

院校、宫观的开展人才培养，三是通过组织开展教内重点工作实现人才的选拔和培养；无论是直接参与培养，还是指导相关工作的开展，道教团体的作用都举足轻重。可以说，道教协会是道教人才培养中的主要领导者和重要参与者。

三、道教团体要注重加强道教院校建设

道教院校深造是有别于道协、宫观日常培训的另一种主要途径，体现了人才培养转型的一面，而道教学院的人才培养工作是道教协会密切相关的，而且在今后，道教协会要注重加强道教院校建设。

根据李光富会长发言中关于学院教育现状的总结，截至目前在大陆范围内，中国道教学院、上海道教学院、武当山道教学院、南岳坤道学院、浙江道教学院、青城山道教学院、河北道教学院、海峡道教学院、广东道教学院、陕西道教学院的办学教育已经展开并逐渐规模化，另外，龙虎山道教学院、长白山道教学院、江苏道教学院等正在筹备建设。

根据《宗教院校管理办法》规定，宗教院校从申请设立、组织招生、制定章程到监督管理等各环节都离不开对应宗教团体的参与。该《办法》在第一章第三条就明确规定：

> 宗教院校由全国性宗教团体或者省、自治区、直辖市宗教团体设立。由全国性宗教团体设立的，为全国性宗教院校；由省、自治区、直辖市宗教团体设立的，为地方性宗教院校。其他任何组织或者个人不得设立宗教院校。①

---

① 《宗教院校管理办法》，网址：http://www.sara.gov.cn/bmgz/354269.jhtml

第七章第六十九条规定了设立宗教院校的宗教团体的应当履行的九项职责：一是指导、监督宗教院校坚持正确的办学方向；二是制定有关宗教院校管理的规章制度并督促落实；三是指导宗教院校制定和履行章程；四是为宗教院校正常运转筹集资金；五是指导、监督宗教院校落实财务管理制度；六是依据本宗教教理教义和戒律仪轨，按照宗教与社会主义社会相适应的原则，指导、监督宗教院校开展专业课教学和宗教实践活动；七是指导、支持宗教院校提高办学质量；八是通过设立奖学金、奖教金等形式奖励优秀学生和教师；九是法律、法规、规章和宗教团体规章制度规定的其他需要指导和管理的事项。

宗教团体虽然不直接组织开展教学，却是学院各项工作的直接领导者和责任方。《宗教团体管理办法》第二十条指出：全国性宗教团体和省、自治区、直辖市宗教团体应当履行宗教院校办学主体责任，对所举办宗教院校进行日常管理和指导监督，指导宗教院校坚持正确的办学方向，提高办学质量，完善董事会或者理事会等组织机构和议事决策制度，完善宗教院校内部管理和运行机制；支持宗教院校改善办学条件，帮助解决办学中遇到的困难和问题，保障宗教院校有稳定的办学经费。

从以上列举的条目已能够比较清晰地看到宗教团体对所举办的宗教学院维持正常运作的重要性所在。在道教方面，上文关于中国道教协会"业务范围"的举例外，更直观的体现是，中国道教协会会长同时担任中国道教学院院长，省级道教协会的会长担任该省道教学院的院长。由此可见，道教协会虽然不直接参与学院的具体教学，却对学院工作具有重要的指导和监督作用。

在未来工作中，全国性和省、自治区、直辖市道教协会应当依据《宗教院校管理办法》的相关规定，继续履行院校办学主体责任，充分发挥道教协会的团体组织优势和平台联络作用,在指导院校坚持正确的办学方向,加强管理监督、提升办学质量、改善办学条件,完善院校管理机制和解决办学困难等方面充分发挥更积极广泛的作用,为道教院校教学工作的开展、人才的培养创造良好的基础条件。

四、道教团体要为道教人才成长创造良好的环境机制

《宗教团体管理办法》于2019年11月,国家宗教事务局审议通过,自2020年2月起施行的。该办法第三章第十七条规定:宗教团体应当向宗教教职人员和信教公民宣传中国共产党的方针政策以及国家法律、法规、规章,教育引导宗教教职人员和信教公民拥护中国共产党的领导,拥护社会主义制度,坚持走中国特色社会主义道路,遵守法律、法规、规章和政策,正确处理国法与教规关系,增强国家意识、法治意识、公民意识。第二十三条又指出:宗教团体应当加强宗教教职人员的法治教育、政治教育、文化教育、宗教教育,提高宗教教职人员的综合素质。

2021年12月初,全国宗教工作会议在北京胜利召开。习近平总书记发表重要讲话,强调做好宗教工作的"九个必须",其中就包含"必须支持宗教团体加强自身建设",再次给予了宗教团体的支持关怀。我们可以看到,无论是《宗教事务条例》《宗教团体管理办法》等宗教法规,还是宗教工作会议的精神,都为宗教团体做好人才培养工作给予了高度肯定与支持,这为道教协会的相关工作提供了良好的外部环境。

而道教协会作为党和政府联系道教界人士的桥梁和纽带,必须利用好良好的政策环境,并将其充分转化为人才培育和成长的环境

机制。要牢牢把握人才培养的大方向、大气候，团结引导道众居士拥护党的领导、拥护社会主义制度，坚持走中国特色社会主义道路，坚持道教中国化，遵守宪法和法律法规，增强道众居士的国家意识、法治意识、公民意识，这是道教协会开展人才培养工作的基石。

在此基础上，道教协会还要在微观的层面，注重引导教内人士转变一些固有思路，打造主动与时代接轨，注重综合素质全面提升的人才培养机制与学习氛围。从整体上看，道教徒的总体学历水平偏低。大学专科以上学历所占比例较小，大多数为初中以下学历，一些年龄较大的教职人员甚至是文盲或半文盲。在具体的培养工作中，不乏一部分基层道徒因思想认识上的不到位，导致学习的主观能动性差，阻碍了自身进一步的发展与成才。

笔者认为，随着时代的变迁、群众受教育水平的普遍提升，掌握文化知识不再是少部分人的特权。加上现代人浮躁、缺乏恭敬心的现象，一方面是快餐式文化和世俗文明发展对宗教的影响，另一方面，随着人们知识水平、思辨能力的提升，维护道教的威仪需要更多才智与德行，而一味地只想吃宗教神圣性的红利本质上是在消耗历代高道大德为我们积攒下的宗教信誉。与此同时，当代道教正处于关键的转型时期，道教教义思想体系的原表述系统，随着长时期的"西学东渐"已经和现代人熟悉的话语体系相去较远，要将代代相传的道教优秀文化保存好、传承好，需要既博古又通今的人才，而不是一味抱怨"人心不古"，道教新生代的骨干人员比以往任何时代都需要提升自己的学识、文明素质、宗教素养与修持。

目前，道教院校在数量上仍然较少，地区分布不均；从院校内部来看，虽然设有大专、本科、研究生的学历，但是与正规大学相比还是有较大的差距；师资力量欠缺、教学经验缺乏、办学经费不足、学校的基础设施薄弱、学生的进修途径少等诸多问题都有待解决。道教协会和宫观场所在人才的培养方面，也有一少部分存在紧迫感不够强、机制不完善、缺少整体规划、培训流于形式等问题。在整体上，适应当代社会的道教人才培养体系还没有完全成型。例如，道教传统的师徒相授模式和现代院校式教育之间的结合就不甚紧密，偏重一方容易造成现代知识体系的学识不足或是道教信仰的淡薄、淡化。而所有这些都需要道教协会不断从实际出发、大胆尝试，与道教院校、宫观做好沟通工作，在做好引导管理的同时，为其工作的开展和改革创新，提供必要的外部条件和保障机制。

五、小结

道教是中国五大宗教之一，依法成立的全国、省（自治区、直辖市）、市、县（区）道教协会属于宗教团体。作为道教团体组织在人才培养工作中政治站位鲜明，坚定不移地拥护中国共产党领导，各级道教协会积极开展各类法治教育、思想政治教育、宗教文化教育，是日常化人才培养的重要组成部分，有力推动了道众人才队伍建设和发展。

与此同时，道教协会作为道教院校的主体责任方、所辖宫观的领导者，对加强院校和宫观自身建设，及其人才培养工作的开展具有重要的引导作用。其次是依托教内重点工作开展的人才培训，这些在本质上都离不开道教协会的主导，与有关部门的积极协调和制定必要的保障机制。

笔者认为，在未来的工作中，道教协会应当充分利用法规政策所赋予的其在人才培养方面的职能和义务，更多更好地发挥在人才培养的全局工作中的组织、领导和协调作用。要做好宫观场所日常教育、道教协会轮训教育、道教院校高端教育，以及玄门讲经训练的协调工作，达到最有效的人才培养效果。积极牵线和学界的教育合作，充分利用社会教育资源和学术资源，支持有条件的道教协会、宫观和院校，采取公费派遣留学、推荐入学、委托培养等方式，培养外语、研究、管理、道医、养生等方面高端人才。以培养"政治上靠得住、宗教上有造诣、品德上能服众、关键时起作用"的道教人才为目标，为传承和发展道教优秀文化、做好新时期道教工作提供强有力的人才保障。

道教团体建设与道教文化研究

王鼎良[*]

摘　要：文化研究是展示宗教团体发展水平的重要指标，文化是实践的结晶，蕴含在文化中的思想和智慧又指导着教团的实践，推动其在正确的道路上行稳致远。本文从文化发展对于教团在历史发展中的重要性进行了简述，介绍了当代中国道教文化研究的重要成果，阐述了上海道教自恢复开放后对于文化建设的重视。并以上海道教为例，从实践者的角度分析了当前教团在文化研究与团体建设层面存在的困境。

关键词：教团　文化　实践　困境

宗教是社会文化体系中的一个部门和形态，是一种思想体系。人类文化史上的每个年代，每个重要阶段，都是伴同宗教而开始的，文化之事的一切对象，当初都是宗教的对象，一切艺术、一切科学的萌芽，当初都是宗教及其代表人物的职司。[①] 儒、释、道是中国传

---

[*] 王鼎良，2005 年毕业于南京师范大学，2006 年至 2010 年就读于上海道教学院。2010 年至 2021 年工作于上海城隍庙。其间，于 2019 年获中国人民大学哲学硕士学位。2021 年调至上海市道教协会文化研究室。

[①] 参见吕大吉：《宗教学通论》新编，中国社会科学出版社，第 550 页。

统文化的三大支柱，共同影响着中华民族的文化生活、家庭生活、社会生活以及政治生活，三教交互融摄，构成唐宋以来中国近一千多年来的文化总体。道教团体的建设与文化体系的构建密不可分，互为体用，道教团体是道教文化的外在组织和形式，是思想体系的具象化，而道教文化则是道教团体的思想内核，指导着教团前进和发展的方向，团体的构建必然伴随着文化体系的打造，二者水乳交融，不可分割，道教的历史，就是道教文化史。

一、道教团体与文化研究的历史沿革

中国上古文化一统于"道"，乃原始观察自然的基本科学，与信仰天人一贯的宗教哲学混合时期，彼时作为宗教的道教组织尚未形成，作为宗教思想根基，以"道"为核心的上古文化却始终处于发展的状态。

从公元前四五千年的三皇五帝至黄帝轩辕氏的时期，为道教学术思想之远古渊源所本，后来的唐尧、虞舜、夏禹三代，为道教学术思想的胚胎阶段。自商汤至西周间，为道教学术思想的充实阶段，是为天人、鬼神等宗教哲学思想萌芽的时期，儒、道尚未分家。春秋、战国时期，诸子百家门庭分立，道教与道家学术思想开始分野，神仙方士思想乘时兴起，配合顺天应人的天人信仰，帝王政权与天命攸关的思想大为鼎盛时期。约当公元前二百余年开始，自秦、汉以至汉末、三国期间，为道教学术思想的孕育阶段。汉末、魏、晋时期，神仙方士学术与道教宗教思想合流，约当公元一百余年开始，为道教的建立时期。①

道教在其形成明确的教团组织后，其主要经历了四个重要发展

---

① 参见南怀瑾：《中国道教发展史略》，复旦大学出版社1996年版，第2、3页。

时期：南北朝时期，道教得到当时帝王贵族统治者的支持，跻身社会上层，从文化上来看，因佛教的输入发展，促使中华民族文化的自觉，遂欲建立自己的宗教，借以抗拒外来的文化思想，约当公元二百年开始，为促成道教的成长时期；隋唐时期，佛教的心性论处在时代思潮的领先地位，道教的理论也适应了这一时代思潮，其内丹说是心性之学在道教理论上的表现。"内丹说"在道教，"佛性说"在佛教，"心性说"在儒教，三教的说法有差异，而他们所探讨的实际上是同样的问题。唐朝皇族与老子攀亲，自称李耳的后裔，政治上予以扶持，大力推行道教；北宋真宗开始，后来徽宗继续崇奉道教，借以掩盖北方强邻压境造成的耻辱；明清两代（1368—1911）五百多年，是道教从停滞走向衰落的阶段。明代中叶，帝王崇信道教，追求成仙，道教曾受到皇帝宠遇。但是，随着内部教团的腐化，外部理学的排斥，民间宗教的争夺地盘，失去统治者的崇奉扶植等多种因素，促使道教渐趋衰落，道教的衰落，大体上与整个封建社会的衰落同步。

纵观道教的各个历史发展阶段，任继愈先生将其与教团组织较为接近的汉传佛教进行了对比。他认为，道教约与佛教同时活跃在舞台上，但道教的命运不济，屡次错过了发展的良机，从而导致千百年来步步落后，一直没有能超过佛教。[①] 到了 20 世纪，道教更是衰落到了极致，一度到了被遗忘的边缘。1980 年，中央 19 号文件落政以后，道教界如沐春风，牢牢把握契机，不负时代，开启了全面发展的崭新局面，众人励精图治、精诚开拓，在宫观恢复和文化建设方面取得了显著的成就，促进了道教在新时代的创新发展。

---

① 参见任继愈主编：《中国道教史》，上海人民出版社 1990 年版，第 2 页。

二、当代道教文化研究的现状分析与展望

如果说教团是宗教的基石，那么文化则是教团保持活力的根源。文化的作用则是铸造个体的道德，从而构建教团的风格，主导教团前进的方向。蔡元培先生说："一个民族或国家要在世界上立得住脚，而且要光荣地立住，是要以学术为基础的。学术昌明的国家，没有不强盛的；反之，学术幼稚和知识蒙昧的民族，没有不贫弱的。"清代诗人舒位有语："由来富贵原如梦，未有神仙不读书。"道教史上的著名高道，无一例外地具有深厚的诗书功底，藉此妙悟玄理、贯通百家，如此一来才能担负起继往开来的时代责任。

1. 当代道教文化研究成果概述

早在二十世纪初，法国、日本、美国等学者就开展了对道教的研究，他们建立了专门的科研机构，运用了较为先进的研究方法对道教的多个方面进行了较为全面的整理和研究，取得了不俗的研究成果，道教研究也因此成为国际学术界热门课题。国内道教的学术研究起步较晚，直到十一届三中全会以后，对于道教文化的研究才真正开始步入正轨。中国道教协会开始恢复工作，各项工作全面启动并稳步推进，开展道教文化研究的工作被提上了议事日程，中国道教协会文化研究室应运而生，不久后内部刊物《道协会刊》创刊，1987年更名为《中国道教》并公开发行，成为新中国成立以来真正属于道教的正规刊物。各地方道协也纷纷响应，其中上海市道教协会率先于1987年成立了文化研究室，1988年《上海道教》创刊，开创了地方道协文化研究的先河。此后，各地道协也积极创造条件，先后创办了各类道教报刊。

迄今为止，已创办的内刊主要有《江苏道教》《广东道教》《三秦道教》《福建道教》《龙虎山道教》《湖南道教》《凝眸云水》《嵩山

道教》《武当》《玄门道语》《老庄》《仙道》《闻道》《灵宝》《恒道》《道源》《道韵》等，公开出版的则有《海峡道教》和《大道》等，此外香港有《弘道》杂志，报纸则有《茅山道院》《湖北道教》等。①此外，各地的研究团队还推出了道教学术集刊，如浦东道教文化研究所的《当代道教研究》、明道道教研究所的《正一道研究》、华夏老学研究会的《中华老学》等等。

改革开放后，宗教界和学术界都积极开展道教文化研究，出版道教书籍。上海书店、文物出版社和天津古籍出版社联合影印出版的明版《道藏》、四川巴蜀书社出版的《藏外道书》、华夏出版社出版的《中华道藏》、国家图书馆出版社出版的《道藏集成》等大型道教书籍，中国道协近年来组织实施的《中华续道藏》编纂出版工程正式启动，更是道教文化建设的一项重大工程。与此同时，全国各地也相继出版多部道教文化丛书，取得了良好的社会反响。

2. 地方道教学术研究模式管窥——以上海道教文化研究为例

上海的道教学术研究有着优良的传统，20世纪上半叶，上海地区即出现了一批学养深厚、视野开阔，且抱有复兴民族文化之大志的学者，上海市道教协会成立之后，一批颇具声望的教内外学者如胡道静、潘雨廷、陈莲笙等，开始致力于道教学术研究及道教文化的振兴。

1988年《上海道教》正式创刊，自创刊以来，一直由道教界与学术界协同运作，在推动道教研究方面作出了积极贡献。多年以来，国内外许多著名的道教研究专家都有重要文章在该刊登载，许多有志于道教研究的教内外学者也积极投稿，提升了刊物的学术质量。

---

① 参见丁常云：《改革开放40年来中国道教文化建设的成就及展望》，《中国道教》2018年第6期，第37页。

1995年，北京大学图书馆和北京高校图书馆组织出版的《中文核心期刊》，把《上海道教》归为全国宗教类核心期刊。1996年，被上海图书馆收为宗教类重要期刊。

进入新世纪以来，上海道教界与学术界紧密协作，做了大量的工作，对于高校、研究所等学术机构的研究人才的培养给予了资助。2004年，上海市道教协会和上海城隍庙根据陈莲笙道长的意愿，在复旦大学设立了"陈莲笙道教研究奖学金"，旨在对参与道教研究的博士生、硕士生和本科生给予资助。

2007年10月，由上海道教协会、上海城隍庙与华东师范大学哲学系、宗教文化中心合作建立的"明道道教文化研究所"在上海城隍庙正式成立，研究所专注于开展道教文化的专题研究，特别是对当代道教文化的现状、特点与发展趋势的研究，至今已出版发行了七辑《正一道教研究》学术论文集，目前正在着手开展《正一道教史》的编写工作。2018年6月，浦东道教文化研究所在上海钦赐仰殿道观成立，2020年5月和12月，研究所分别出版了《当代道教研究》丛刊第一辑《道教转型中的机遇与应对》和第二辑《道教中国化研究》，2022年又分别出版了第三辑《道教戒律的调适与发展》和第四辑《道教文化自信与道德重建》。

近年来，上海道教界积极组织、邀请教内外学者从事专题研究，集结出书。2005年始，由上海城隍庙组织的"现代视野中的道教"丛书，由上海钦赐仰殿组织的"上海钦赐仰殿道观道教文化丛书"已陆续完成出版。2014年12月香港蓬瀛仙馆、上海城隍庙和四川大学老子研究院合作项目《当代视角下的道教神学丛书》启动，该丛书共计二十三本，计划从2015年开始陆续推出。

上海道教界很早就开始了对于道教科仪和音乐的整理与保护。早在1982年，上海道教界就与上海音乐学院联手开展了道教科仪的收集整理工作，先后录制了《中国道教音乐·上海卷》录音带和《中国道教斋醮仪范·上海卷》录像带，录像带详尽记录了"净坛科仪""进表科仪"的阐演过程，开创了影像记录道教科仪的先河。1988年，上海市道教协会组建成立了上海道教乐队，成为全国最早的地方道教乐团。乐队主要成员均来自上海道学院（原名道学班）。1998年，上海道协与上海市著名音乐制作人周成龙先生合作，录制根据道教音乐改编的《道之乐》音乐CD片，成为上海道教乐队的重要成果之一。2003年，以道教教职人员为主体的上海城隍庙道乐团成立，并于2006年录制了《迎仙客I》唱片，2007年授权英国ARC公司向全球发行。2008年6月14日，上海道教音乐被列入第二批国家级非物质文化遗产名录。2008年，浦东道乐团成立，并于2012年录制了《浦东道教音乐》唱片，出版了《浦东道教音乐集成》。

上海的道教研究，不仅在领域上是全面、系统而具有开拓性的，而且在学术水准上具有前沿性、原创性，深度性的特点。上海道教研究之所以视野开阔，并且能出现百花齐放的局面，与教团长久以来力争打造中国道教文化高地的宏大誓愿不无关系。首先源自老一辈的率先垂范，例如胡道静先生，不仅是在国内外享有崇高声誉的科技史专家，而且也是著名的古文献学家，潘雨廷先生是易学大家，对一些颇为难解的问题有着独到而精审的见解，陈大灿先生是上海音乐学院教授，具有深厚的音乐技巧及音乐理论素养，这使得他能做出相当深入而专业的道教音乐成果。新一代的励精图治则继续为文化建设推波助澜，大量财力物力的投入是文化研究的重要保障，在良好的治学氛围中，多人在各自擅长的领域中展示了自己的才华，教理教义研究、讲经弘道、科仪音乐等层面皆呈现出新人辈出的可喜景象。

三、从实践者的视角看当代教团和文化建设的困境

十八大以来,习近平总书记在多个场合谈到中国传统文化,表达了对传统文化、传统思想价值体系的认同与尊崇。一个国家如果硬实力不行,可能一打就败;而如果软实力不行,可能不打自败。道教是中国传统文化的重要组成部分,道教的生命力就包含在中华文化的生命力之中。在弘道层面,"欲人勿疑,必先自信",如果说连自己本门本教的文化都弄不清楚,那是无法取信于人的,如此一来,弘道只是冠冕堂皇的说辞。

道教教职人员是弘道的主体,他们的修为决定了教团的文化高度。从当前的文化研究现状来看,学界从事道教方向的研究人员虽然不断增多,研究成果也不断丰富,但就总体队伍而言,还是比较松散,没有真正形成强有力的组织机构和研究保障,道教文化的研究更是缺乏系统性和连续性。从教界来看,道教文化研究工作更是不容乐观,道教组织重视不够,道门中人意识不强,教内研究人员不足,严重制约了道教文化的挖掘与弘扬。因此,当代道教要大力培养道教人才,尤其是要注重培养道教研究人才,这是时代发展的要求,也是我们道门自身的责任。各地道教协会虽然成立了道教文化研究机构,但是由于教内缺乏研究人才,发挥的作用非常有限。这就需要我们从思想上高度重视,要真正认识到开展道教文化研究的重要性,并从行动上落到实处,大力开展道教文化研究。当然,道教文化研究要采取教内和教外有机结合的方式,团结合作,取长补短,共同推进道教文化研究全面开展。开展道教文化研究,要注重理论与实践的有机结合。不仅要对传统的道教历史、道教人物、道教科仪、教义思想、养生理论进行研究,还要对道教历史学、道教文献学、道教考古学、道教伦理学、道教教义学等积极开展研究,

不断开拓道教文化研究的新领域，提高学术水平。①

实际的情况是，所有人都知道文化研究的重要性，但却是那样的"知易行难"，因为客观情况根本不允许他们那么做。由于各宫观的人手普遍紧缺，因此道教教职人员几乎把所有的心思都投入到了日常的工作实践之中。从事一线实践的教职人员的务实劳动对于打造一个合格的教团大有裨益，可以切实增强教团的硬实力，长期的宗教实践使得他们具备了坚定的信仰，与信众之间不计其数的对话使得他们非常清楚，信众们需要什么？当前道教缺乏什么？他们自己又应该去作出怎样的调适？

随着年龄的增长，已经很难有时间和精力利用业余时间去从事学术探究，他们更情愿将业余的时间用在"医命相卜"之类的相术实践，一来信众普遍对于此类话题具有高度的热情，二来做学问写文章耗时耗力，花费很长的时间也不一定能够完成一篇相对完美的文章。因此，教职人员普遍对于做学问写文章缺乏积极性，教团内部的文化氛围不容乐观。

他们并非不愿意去提升自我，他们深知"一个民族有一些关注天空的人，他们才有希望，一个民族只是关心脚下的事情，那是没有未来的"，在实践过程中，他们也会注重软实力的积累，无奈繁琐的事务割裂了他们用来提升知见的宝贵时间，没有连续的时间支撑，提升教团的文化实力也将是一句空谈。究其根本，人手的紧缺是制约道教向更深层次发展的重要原因，道门中多次听到让道士回归其职能本源的呼吁，即道士就应该做道士该做的事情，做科仪做学问，做别人所替代不了的事情，这样的想法也得到了一些有识之士的响

---

① 参见丁常云：《改革开放40年来中国道教文化建设的成就及展望》，《中国道教》2018年第6期，第37页。

应，但实际操作起来又是困难重重。

道教学者刘仲宇先生在《神霄道士王惟一雷法思想探索》一文中作出了这样的描述："所谓不知道，主要是说学之者只注意运作外在的法器，只会亦步亦趋地照科范操演，而忽略了内在的丹术修炼。这样，便只剩下形式、躯壳，而失去了真实的精神。根据雷法的理论，真正起作用的是法师的内气，求其气之盛，莫过于内丹有成，也只能通过内丹修持这条路。"① 现实的道教科仪阐演过程中，少有对经典和仪式文本进行探究的学术思考行为，对于传承的内容不假思索地全盘接受，最终只能成为扮演古人的拙劣演员。对于一个宗教徒而言，只有去实践其经典中所传达的哲理，并用其来指导自己的人生，如此一来，才有资格被称为宗教徒，也才能受到神灵的庇佑，否则只能称之为有口无心的敷衍。

学界教界一直呼吁培养多种类型的弘道类人才，事实上，人才都是通过实践的历练而成长起来的。道教教职人员在学习阶段都受到了研究方法的历练，他们在院校培养的过程中往往能够学以致用，常常有不错的作品问世。例如上海道教界与中国道教协会合办的"中国道教学院上海进修班"的为期三年（1998至2001年）的培养项目，受训者为当时上海道教界的精英力量，由于该培训计划需要完成毕业论文才能获得相应的学历。2001年，上海市道教协会将这批道教精英们的宗教情感和实践心得汇编成一本名为《上海道教文化探索》的论文集，虽然没有公开出版，但是其中的一些论文具有较高的学术价值。古训有言："学如逆水行舟，不进则退。"笔者在阅读《上海道教文化探索》时，曾经就该书中的内容请教过相关文

---

① 刘仲宇：《神霄道士王惟一雷法思想探索》，《道韵》第五辑，中华大道文化事业公司，2001版。因本文多次引用此文，下文仅注作者与文件名。

章的作者，有趣的是，我请教的这位作者竟然完全没有意识到我请教的问题竟然源自他自己当年的作品。后来他表示，当时自己在论文的写作过程中确实花了很大的心思，为了获得有力的论证，他也去翻阅了大量的原典来进行旁征博引，由于当时精力旺盛不知疲倦，灵感也伴随着大量的阅读和勤勉而随之迸发，因此写出了令人广为称道的文章。我问他为什么不继续自己的研究时，他坦言，现在无论如何也很难再写出这样有质量的文章了。

信众与道众构成了整个宗教的实践层面，有理由认为，信众的需求即是道众的努力方向，信众需要神圣，道众不能报之以世俗问答，信众需要神学，我们不能报之以哲学的思辨，随机应变的同时立足本位，如此"道教真精神"的贯彻力度是道教能否紧跟时代发展步伐的重心所在，也是当前道教教团建设与文化研究所要面临的核心问题。每个人的精力有限，世上罕有又博又专的教职人员，每个人都有自己擅长的领域，能够将其发挥到一定的高度也足够可以被称为人才。

道教界缺乏的并不是立志弘道的人，也不是研究学问的方法，而是足够的成长时间和空间。没有弹药的支撑，再精准的枪炮也无法发挥威力。强大的教团与百花齐放的文化是道教展示主体性的两个重要因素，二者相辅相成，缺一不可，兼具则教团强劲，反之则难圆其说。强大的文化利于构建强大的教团。历史上的强盛教团的领袖皆为高道，其具备的精湛文化素养和高尚人格魅力往往是其之所以被称为高道的主要原因。时代在呼唤高道，高道又在何方？

道教团体开展公益慈善活动路径探讨

何春生[*]

摘 要：公益慈善是道教的优良传统，是发挥道教积极作用的一种有益而重要的方式，可以体现道教的社会价值和本质属性，在帮助弱势群体、资助教育、扶贫帮困、救灾救难、参与医疗、环境保护等社会事务方面都产生了深远的影响。本文旨在探讨道教团体开展慈善活动的路径，对道教传统慈善思想内涵进行了简述，对道教传统慈善实践作了回顾，对存在问题进行了分析，对道教团体今后如何开展公益慈善活动指出了路径。

关键词：道教团体 公益慈善

一、道教传统公益慈善思想与实践

道教作为我国的本土宗教，蕴含了比较丰富的传统公益慈善思想，道教自产生后就乐于参与社会公益慈善活动，在此过程中，它所体现的道教传统公益慈善行为无不与其所蕴含的道教传统公益慈

---

[*] 何春生，江苏省道教协会副秘书长，茅山道教文化研究中心编辑室主任，《茅山道讯》执行主编，《江苏道教》责任编辑，"茅山道教音乐"国家级代表性传承人。

善思想密切相关。

（一）道教传统公益慈善思想

道教传统公益慈善思想起源很早，在殷商时代就有"积善余庆""积恶余殃"之说，如《周易·坤·文言》言："积善之家，必有余庆，积不善之家，必有余殃。"① 老子在他的《道德经》中就多次提出了慈善的主张，吾有三宝，一曰俭，二曰慈，三曰不敢为天下先，《老子》第七十九章云："天道无亲，常与善人。"在老子看来，"道"是天地万物之源，不可名状，亦无法察知，却可赏罚应时，使善人得福，恶人遭祸。由此，他提出尘世间应遵循"道"的规律，人人向善，善待芸芸众生。"善者吾善之，不善者吾亦善之，德善。"② 以善意对待不善良的人，结果就会使他也变得善良，社会走向至善。"善建者不拔，善抱者不脱，子孙以祭祀不绝。"③ "夫天道无亲，恒与善人。"④ "上善若水，水善利万物又不争，处众人之所恶，故几于道。居善地，心善渊，与善仁，言善信，政善治，事善能，动善时。"⑤ 体现了对高尚品德的需求，对至善观念的一种赏识。这些主张都是劝说人们积善行德。对于心怀善意，积德行善的人，即便是百年之后子孙后代也是会时时祭祀的。这虽然是劝说人自身的修养，但却是以后道教劝善去恶的慈善道德基础。

东汉道教产生之后，出现了大量的道经，这些经典中蕴含了比较

---

① 《黄侃手批白文十三经·周易·坤》，古籍出发社，1983年版，第4页。
② 《道德经》第四十九章，清宁子老子道德经通解，鹭江出版社1996年11月版第104页。
③ 《道德经》第五十四章，清宁子老子道德经通解，鹭江出版社1996年11月版第115页。
④ 《道德经》第七十九章，清宁子老子道德经通解，鹭江出版社1996年11月版第164页。
⑤ 《道德经》第八章，清宁子老子道德经通解，鹭江出版社1996年11月版第16页。

丰富的传统公益慈善思想，早期的道教经典《太平经》中包含了大量的慈善思想，尤其是提出了"乐以养人""周穷救急"的传统慈善观，并以"承负说"的方式来告劝信徒要积德行善，修阴功，以达福泽后世。道教经典《度人经》中说："仙道贵生，无量度人。""天道平正，以生赏善，以死罚恶"，指出人可以通过积善得道成仙、长生久视。《太上感应篇》是道教最早劝善著作，书中"祸福无门，惟人自召，善恶之报，如影随形"，①"诸恶莫作，众善奉行"② 等指出人的命运是否幸福，最关键在于人自身的修行。只要多行善，不作恶，那么自然可以福禄双至。"夫心起于善，善虽未为，而吉神已随之，或心起于恶，恶虽未为，而凶神已随之"。③ 在道经《文昌帝君阴骘文》中，有着许多的明显带有传统慈善的思想，如"矜孤恤寡，敬老怜贫"就是告诫人们对待弱势群体要有一个仁爱之心，"措衣食，周道路之饥寒，施棺椁，免尸骸之暴露"则是完全的一种慈善活动的做法。"舍药材以拯疾苦，施茶水以解渴烦，点夜灯以照人行，造河船以济人渡"则是指出在日常的生活中也是有着许许多多的可以做到的善。

葛洪的《抱朴子·内篇》亦蕴含早期道教丰富的积善修仙思想，告诫道众，"人欲地仙，当立三百善，欲天仙，立千二百善"，④ 而且要连续立善，不可有疏忽，如果"积善未满，虽服仙药，亦无益也"。⑤ 相比之下，行善比服丹药更重要。

道教认为，人的行为应该顺应自然界和社会的发展规律，主张淡泊名利，强调利他、利社会，这种利他和利社会的行为追求的是

---

① 《太上感应篇》卷一《道藏》第27册，第6页。
② 《太上感应篇》卷三十《道藏》第27册，第141页。
③ 《太上感应篇》卷三十《道藏》第27册，第140页。
④ 《抱朴子·内篇》卷三《道藏》第28册，第181页。
⑤ 《抱朴子·内篇》卷三《道藏》第28册，第181页。

一种精神超越，提倡"上善若水"。道经称："先修人道，再修仙道；不修人道，仙道远矣。"要求学道之士先须积善立功，内修外炼，才能利己利人，利社会。然后通过"乐善好施"，最终追求一种"上善若水"的理想境界。由此可见，道教传统公益慈善思想在不同的历史时期随着社会公益慈善事业的发展，其传统公益慈善思想的内涵也会随之发生变化，这不仅体现出道教传统文化视角下的公益慈善思想，更是为道教在以后的社会发展中，积极参与社会公益慈善事业提供理论上的依据和慈善行为的指导。

（二）道教传统公益慈善实践

早在西汉时期，陕西咸阳的茅盈三兄弟就到江苏句曲山采药炼丹，积功累行，为当地百姓治病，做了大量的善举，被上清派尊奉为三茅真君。汉代天师道的慈善举措有作义舍、置义米肉、修路等。三国时有道医董奉，为人治病，不取钱物，只要求重病愈者，栽杏五株，轻者一株。丘处机劝成吉思汗"止杀保民"则是更大意义上的慈善之举。道教在唐宋时期鼎盛以后，逐渐走向衰微，但道教徒们依然践行道教的公益慈善思想，开展各种形式的公益慈善活动。

晚清时期浙江道教的慈善事业很是出名。而南阳玄妙观因办学成绩突出，获清廷赏赐"全真广学"匾额。民国时期北京道教慈善联合会章程拟定的慈善事业有设立施诊所、民众学校、贫民工厂等。北京白云观是道教全真龙门派的祖庭，一直积极从事慈善事业。他们主要是以募劝，开粥厂，以及捐赠衣物作为主要活动，并且持续时间长，作为观中的一项基本善举。在白云观玉器业公会善缘碑中就提及到"有至人焉，悯众生饥寒之……其始也，无非一念之积，诚其既也，全活万民之性命"。[①] 每逢灾荒年景，或春季青黄不接时，

---

① 李养正：《新编白云观志》，宗教文化出版社2003年版，第732页。

江苏灵威观便施粥给广大饥民；在瘟疫流行时则施药治病，遇有病死饿死暴死于路旁无人收殓者，灵威观就出面施棺埋葬，以后专设"育德堂"主办此类慈善事务。①

1916年，山东滨县人吴福永创立世界红卍字会，又称道院，以"促进世界和平，救济灾患"②为其旨趣，后由内政部批准成立。这是近代道教最大影响最深远的慈善组织。世界红卍字会成立之后，立即就着手于兴办各种慈善事业。该组织刚成立的前两年发展速度惊人，1924年时，各地的分会就已达120多处。③世界红卍字会开展了大量的卓有成效的慈善活动，在社会上造成了很大影响，对中国的传统慈善事业的一个有力补充。1937年12月，广州道教界联合成立了"广州中国道教至宝台慈善会"，这是一个专门从事慈善活动的道教组织，其内容包括赠医施药、施粥等。全盛时期达数千人，凭借会员的捐赠，该会月收入达20多万元，全部用于慈善事业。④1946年改组的四川道教会在二仙庵和青羊宫主持下调解各县道教纠纷，纠正不良恶习，举办道教训练班，成立道教救护队及施棺、施米、施药各种慈善事业，与传经劝善，暨促进各级道教会员从事农工蚕桑等各项生产业务。⑤

在近代中国历史上还有许多的道教人物为慈善事业贡献了自己力量。民国初年，东北大旱，寸草不生，农户断炊。曾任千山无量观监院、沈阳太清宫监院和方丈的金诚泽义舍钱粮，救济进庙求助的难民和周边农户，千山百姓有口皆碑。20世纪20年代，沈阳太清

---

① 2008年3月如皋政协编《如皋灵威观》第4页。
② 程扬：《近代道教慈善事业研究》，2010年5月湖南师范大学硕士论文第24页。
③ 程扬：《近代道教慈善事业研究》，2010年5月湖南师范大学硕士论文第26页。
④ 程扬：《近代道教慈善事业研究》，2010年5月湖南师范大学硕士论文第42页。
⑤ 卿希泰：《中国道教史（修订本）》第四卷，四川人民出版社，1996年12月第335页。

宫主持葛月潭将宫内所有收入全部周济奉天百姓，办学校，设粥厂，冀鲁大旱时，作画数千幅得资全部赈济灾民。同时葛月潭一生注重教育，曾在沈阳创立初等学堂，专招贫困子弟免费入学读书，还创立宗教粹通学堂，培养道教人才。① 1933年，陈撄宁与慈善家张竹铭兴办《扬善半月刊》"凡关于劝善劝孝，戒杀放生，敬字借谷，遏淫戒赌，戒烟戒酒，拯难济急，治家修身，道学佛经，感化人心，有益世道之文字图画一律欢迎"② 希望通过宣传道教劝善思想来使得更多的人加入到慈善的行列中来。

当中国面对日本侵略者的野蛮入侵时，百姓生灵涂炭，道教界积极地参与到救济百姓的活动中。抗日初期，局势十分危险，当时的浙江杭州玉皇山福星观紫东道人李理山见到当时钱塘江附近的百姓无衣无食，流离失所，实难生存，遂开放紫来洞，收容了1700多难民避难，同时搭建了不少的茅棚给流民居住，还冒险进市区向国际红十字会求援，运送粮食上山分发给难民。③ 黄承元，武当天云楼道士，"性慈祥，甘淡泊，日以药济世为事，治愈病人甚多"④ 张维新任上海虹庙主持期间，热心慈善事业，常年向平民赠送药品，衣物，还按年捐款给平民医院，育婴堂等慈善机构，抗战期间，积极开放虹庙及老闸大王庙部分殿宇收容难民，受到好评"⑤ 道教公益慈善的实践活动在历史的不同时期和地域都留下了其足迹，今天我们能知晓的只是点滴。

---

① 卿希泰：《简明中国道教通史》，四川人民出版社2001年版，第183页。
② 惠稿简例（甲），扬善，（30）第16页。
③ 卿希泰：《中国道教史（修订本）》，第四卷，四川人民出版社1996年版，第439页。
④ 王光德、杨立志：《武当道教史略》，华文出版社1993年版，第253页。
⑤ 卿希泰：《中国道教史（修订本）》第四卷，四川人民出版社1996年版，第335页。

二、当代道教团体开展公益慈善现状分析

(一) 道教团体开展公益慈善工作回顾

改革开放以来,我国政府制定了一系列政策法律法规来引导和规范宗教界的活动。1991年中共中央、国务院6号文件第一次提出"宗教与社会主义社会相适应"。至此,宗教信仰中的积极因素和信教群众的积极力量已经逐步被政府和社会所认识到,宗教组织开展社会服务不仅可以得到政策支持,而且还可以取得合法地位。

进入21世纪以来,我国政府积极推动宗教界开展公益慈善活动。2012年2月,国家宗教局等六部门联合出台《关于鼓励和规范宗教界从事公益慈善活动的意见》,调动了宗教界参与社会服务的热情和积极性,为鼓励、规范宗教界的慈善公益行为,引导宗教与社会主义社会相适应提供了法律依据和制度保障。道教界开展的慈善活动、事业蓬勃发展。近年来,中国道教界在慈善活动方面主要做了以下几个方面工作:

一是抗震救灾。最有代表性的是,1998年我国长江、嫩江、松花江流域遭遇特大洪水造成严重灾害,中国道教协会倡导"全国道教界,爱心献灾区"的赈灾募捐活动,共捐款410多万元,支援灾区人民重建家园。2005年,中国道教协会、白云观通过中华慈善总会向印度洋海啸灾民捐款20万元。2008年四川汶川地震发生后,中国道教协会倡议全道教界,在当地政府部门的统一安排下向灾区捐款捐物,组织募捐善款1500万元和价值近百万元的物品、药品。2010年青海省玉树藏族自治州玉树县发生7.1级地震,道教界积极响应国家号召,向灾区人民伸出援助之手,奉献爱心。地震发生的第二天,中国道教协会和北京白云观向地震灾区捐款20万元,表达

了道教界对灾区人民的关爱之情。中国道教协会还向全国道教界发出倡议,号召各地道教界举办法会、捐献钱物,积极参与到抗震救灾中。2013 年四川省雅安市发生了 7.0 级地震,中国道教协会为四川雅安地震灾区举行祈福禳灾超度法会和慈善捐款活动,并在官网登出中国道教协会关于为雅安地震灾区举办超度祈福法会和慈善捐款的倡议书。"齐同慈爱、济世度人"是道教的优良传统,每当遇到灾难,全国各地道教组织和宫观已纷纷行动起来,捐款捐物,奉献爱心,充分体现了道教大慈大爱的情怀。

二是开展"宗教慈善周"。"宗教慈善周"活动是我国宗教界首次在全国范围内联合开展的公益慈善活动。2012 年 9 月 17 日,以"慈爱人间,五教同行"为主题的"宗教慈善周"启动仪式在武汉举行。2012 年 9 月 18 日,为落实全国宗教界在全国范围内开展"宗教慈善周"活动的倡议,深入推进道教慈善事业发展,中国道教协会在北京白云观开展多项慈善活动。活动包括两项内容,其一为"中国道教牵手玉树地震孤儿捐赠活动"向中华少年儿童慈善救助基金会捐款 110 万元,用于支持在京玉树灾区孤儿生活和学习。其二为"点亮心灯光明行动—慈善助医活动"启动仪式,共筹募助医善款 400 万,先后在北京、山西、河北等地进行慈善助医行动。通过开展少儿眼健康知识普及、眼科疾患筛查和患儿家庭情况调查等工作,实施检查 5 万余例,直接资助 4000 多名儿童解除眼部疾患。

三是倡导生态环保活动。近些年来,中国道教界十分关注生态智慧和实践,发表了大量著述,从理论上指导了道教界的生态保护实践。从 1995 年开始,中国道教协会就发表了《全球生态宣言》;中国道协一位副会长还于 1998 年出版了《道法自然与环境保护》的专著;在 2002 年举行的世界宗教大会上,中国道协派代表参加,并就中国道教与环境保护问题作了专题演讲。2003 年中国道教协会正式向全国道教界发出《倡议书》，号召全国道教界有条件的道协、宫观和个人，自愿捐款，在治沙防沙的重点地区—甘肃民勤县建立"中国道教生态林建设基地"，为西部大开发和绿化祖国作出积极的贡献。全国道众在民勤县设立"中国道教生态林建设基地"，是对道教天人一体、和谐共生思想的最新诠释，是道教积极与社会主义社会相适应的具体体现。2004年至2014年，中国道教协会、陕西省社科院道学研究中心和江苏省茅山道院、陕西省楼观台道观、安康紫阳观等道教宫观与世界宗教与环境保护基金会（ARC）、荷兰生态管理基金会（EMF）、世界自然基金会总部等进行对话和合作，并先后在陕西太白山、西安终南山、江苏茅山、陕西紫阳县召开了四次"中国道教宫观生态保护论坛"，论坛着重讨论当前道教宫观在处理环境问题方面的经验和教训，从理论和神学层面探讨道教关于洞天福地的选择与保护，发掘并展现道教关于人与自然的智慧。搭建平台、积极开展与联合国和国际宗教组织间关于生态环保方面的讨论与交流。通过学术研讨和交流，集中海内外、教内外人士的经验和智慧，关注与重现道教宫观的自然生态和环境保护问题，为和谐社会和生态中国作出贡献。

四是成立上善慈善基金。2015年12月，中国道教协会慈善公益委员会工作会议通过了《中国道教协会慈善公益指导意见》和中国道教慈善主题歌，标志着道教公益慈善事业向正规化、专业化方向又前进了一步。2016年中国道教协会上善慈善基金经国家宗教事务局批准正式成立。上善慈善基金的成立标志着道教公益慈善事业走向了规范化、制度化、科学化。慈善基金秉承道教"仙道贵生，无量度人"的教义精神，发扬"齐同慈爱，济世利人"的优良传统，团结引导道教界和广大信教群众，开展形式多样的公益慈善事业。响应国家号召、深入贯彻中央扶贫开发工作会议和中央单位定点扶贫工作会议精神，向全国道教界发出倡议，向贵州省三都县贫困家庭，贫困学生和小学综合楼建设项目捐款捐物。

上述几个方面，是中国道教协会开展的主要公益慈善活动，多年来全国各省市道教团体响应党和政府的号召与中国道教协会一道在各自的区域以自己的方式开展了形式多样的公益慈善活动，并形成了自己的特色和品牌，如江苏道教协会利用每两年一次的道教文化艺术节进行扶贫助学。到目前为止已举办了四次，取得了良好的社会效果。2015年由上海市道教协会发起的上海慈爱公益基金会，着力打造传承文化、为老服务两大品牌项目，孵化公益慈善项目，除了开展传统的公益慈善活动外，上海慈爱公益基金会还从文化角度进行了新的探索，"传承中华文化"项目主要以公益国学班为起点，集合中国传统文化专业人士，开展国学活动。

目前，中国道教界有条件的团体和宫观都设立了道教慈善基金，以开展公益慈善活动，如上海成立了：浦东新区道教慈爱功德会、上海白云观慈爱功德会、上海文昌宫慈爱功德会、上海财神庙慈爱功德会、青浦一文慈爱功德会等。2020年浙江温州市道协成立慈善基金会，2013年苍南县道教协会成立全真慈善基金，2016年江西慈爱公益基金会成立，2009年，海南省道教协会创立"南天情"慈善基金会，2016年湖南南岳道教协会发起设立南岳道缘慈善基金，2012年江苏苏州市道协成立了"苏州城隍庙慈爱功德会"，2014年苏州市道协又成立了"苏州玄妙观尚道慈爱功德会"，2019年江苏南通市道协成立南通城隍庙"若水"慈爱功德会。2003江苏茅山道院设立慈善基金，各功德会、慈善基金均开展了形式多样、各具特色的公益慈善活动。2020年至今的疫情防控，全国道教界纷纷捐款捐物，抗击疫情，2020年1月中国道教协会会长李光富道长向湖北省新型冠状病毒感染肺炎疫情防治捐助善款1800万元。

（二）存在主要问题分析

从多年的实践来看，道教团体开展公益慈善活动社会效果好。但是由于受各种主客观条件的制约，还存在以下一些问题和困难。

1. 规模小，形式单一。多数道教团体、道教活动场所和道教界人士参与公益慈善活动的方式主要是为特定目的自发或者响应政府号召在救灾扶贫、捐资助学、公共设施建设和参与新农村建设等各方面的慈善活动都以捐款、捐物为主。而捐款捐物，投入少、范围小、形式单一，未能形成规模和机制，社会影响有限。道教团体目前还没有成立省级道教慈善机构和形成制度管理体系，组织形式比较松散，慈善活动缺乏科学规划和管理，大多是临时的应对捐助活动，造成道教界参与社会服务的水平不高，社会影响不够，发挥作用有限。还有一些活动的类型主要集中在对教内和社会上贫困家庭的访贫问苦、助学助残、节日慰问等方面，多属于时间短、内容少的一次性活动，局限于传统慈善方面，缺少对某一社会群体或某一社会问题的关注的发展类或倡导类的项目活动。

2. 道教界在开展公益慈善活动时，活动主体具有分散性，大多各自为政，相互间合作较少，活动主体的分散制约了道教公益慈善事业的深入发展。其次，善款募集具有临时性。开展公益慈善活动的资金大都为临时筹措或在自养资金中提取，募集、管理和使用善款都缺乏规范；最后活动开展具有随意性，规划性、谋划性不强。从目前来看全国各地道协组织和所属宫观开展公益慈善活动都是各做各的，相互之间缺少合作。

3. 财力有限。大多数宗教团体和宗教活动场所经济条件有限，许多甚至还未解决自养问题，极大地限制了道教团体公益慈善活动的关注和投入程度。

4. 人才匮乏。受各种条件的限制，道教团体目前兴办的公益慈善机构和实体规模普遍较小、硬件条件差、资金周转困难，难以吸引也没有条件招募高层次的专业管理人才，时常面临人手不足、专业化程度较低等问题。

5. 宣传不足。由于对宗教政策了解不够和把握不准，公共媒体对道教团体开展的公益慈善活动宣传报道很少，道教团体在开展公益慈善活动时涌现出的先进典型和先进事迹难以为社会大众所知，未能营造良好的舆论氛围。以汶川地震救灾为例，尽管国内各宗教团体都十分热心救灾，也有大批宗教团体派出志愿者在抗震救灾一线进行服务，但是大多数社会媒体的公开报道中，都有意识淡化或回避了宗教团体的有组织的救灾行动。

三、道教团体开展公益慈善活动路径探析

（一）加强道教慈善思想宣传，扩大道教慈善社会影响

要大力宣传道教慈善思想和理念，不断增强社会大众的慈善意识，主动积极地参加各种慈善活动，逐渐在全社会形成人人关心、支持、参与慈善活动的社会风尚。道教界要把道教经典中的慈善思想进行收集整理，印成宣传小册子，分发给进入宫观的香客游人，增强人们对道教慈善思想的认识度，道教徒要提高慈善思想的认识，提高对外宣传和讲解道教慈善文化的水平，向信徒和社会大众宣讲道教慈善精神，讲好道教慈善故事，在道教宫观内把道教慈善的章句如"道尊德贵，无量度人"，"齐同慈爱，异骨成亲"，"随方设教，历劫度人"，"积善之家，必有余庆，积不善之家，必有余殃"等印刷在院墙上进行宣传。

在开展道教慈善活动的同时，可邀请广播、电视等多媒体到场参与宣传，让公众更好地感受到道教慈善、认知道教慈善、支持道

教慈善。借助媒体的影响力和感召力，激发社会各阶层人士参与道教慈善事业的热情，进一步搭建好道教慈善的宣传平台。开通道教协会的微信公众平台和网站，利用道教刊物报纸等，及时宣传道教界开展公益慈善活动的情况。要充分利用网络平台，加强对道教网站的管理，及时更新网站内容，更好地发挥网络宣传的优势，适时对全国道教界开展公益慈善活动的各类信息及时更新，增强可读性，多形式、多层面、多角度做好宣传，使道教慈善真正为世人所了解。

要大力宣传在慈善事业中做出成绩的团体、宫观组织和个人，发挥先进典型的示范带动作用，进一步提高全社会对道教慈善事业的认知程度，扩大道教慈善事业的影响力、感召力，形成人人甘心、诚心、热心慈善事业的社会环境。对捐赠数额较大的单位和个人，根据捐赠人的意愿，均发给证书、举行简朴的捐赠仪式，并授予荣誉称号。

积极推动道教慈善文化进入社区、乡村、企业等，宣讲道教慈善思想，使道教慈善主动走进社会生活，贴近社会大众，道教的养生、导引、丹道等功法，对增强人民群众体质、提高生活质量有着积极作用，道教音乐、美术、书法等可以陶冶人民群众情操、提高生活情趣，且有劝人向善的特殊功能，道教慈善是提升道教在社会中形象的最有效途径和方式，道教界可通过道教的养生课、道教音乐演奏等形式参与社会公益慈善事业活动，可以最大可能地扩大道教自身的影响，提升道教的社会地位和形象。

（二）加强道教慈善制度建设，确保道教慈善规范有序

道教公益慈善组织自身的建设，直接影响到其事业的发展。要加强道教公益慈善组织的内部管理，提升慈善组织的社会公信力，若拥有良好的口碑和形象，就可以提高道教慈善组织的社会公信力，增强其在社会上募集资金的能力。要严格慈善资金管理，保证社会大众特别是捐款者的知情权,确保专款专用、落到实处。要不断提升道教慈善组织的公信力,激发社会大众慈善意识,促进道教慈善事业不断发展壮大。建议中国道教协会和省级地方道教协会要制定相应的《道教慈善工作管理办法》,对道教慈善工作进行规范管理。我们要积极引导道教慈善与社会的良性互动,更好地发挥道教慈善的社会功能,不断扩大道教的社会影响。同时,我们也建议国家相关部门能制定《宗教慈善法》,对道教慈善给予法律层面的保障,使道教慈善真正成为一项阳光工程。① 现代公益慈善活动不同于传统公益慈善活动的一个重要特征就是活动的经常性、持续性和制度化、规范化、专业化。道教界要想在现代公益慈善事业中占有一席之地,发挥积极作用,就必须致力于建立健全和落实各项规章制度,不断提高自我管理、自我教育、自我监督、自我服务、自我向善的能力和水平,促进公益慈善活动的长期化、制度化、规范化。

(三) 加强道教慈善人才培养,提升道教慈善专业水平

道教团体开展公益慈善活动,要将人才队伍和组织能力建设放在重要位置来抓。目前,道教团体开展公益慈善活动缺少专业化水平的人才队伍和志愿者队伍。关于专业人才培养,"各级宗教院校应加大公益慈善专业人才的培养,打造中国宗教慈善事业的专业人才队伍。"可以采取各种培训、联合办学,乃至建立宗教慈善公益培训基地等方法,打造开展宗教公益慈善活动的生力军"。②

道教团体开展公益慈善活动要向专业化发展,专业化发展是道教应对社会多元化的切入点,是道教慈善团体高质高效参与社会服

---

① 丁常云,《道教慈善文化及其现代思考》,道教之音网:/www. daoisms. org/article/lundao/info-6729. html。
② 吴艳,2018 年 03 月 16 日《中国民族报》,《宗教界应该探索公益慈善新方法新途径》。

务的重要前提和保障。道教团体开展公益慈善活动要有组织、有系统地发挥团体的影响力。要建立健全内部治理结构,要整合、规范其组织秩序,以"核心团体"为领导,确保人员、财产、公益慈善活动依法依规有序运作。要实现公益慈善活动层面上向社会工作专业化靠拢,必须打造专项分类明确、专业化水平高、针对性强,严格按照组织制度运行的专业化队伍。而这些都必须有一支专业化人才队伍才能实现。当务之急是要抓好道教公益慈善专业人才的培养,以适应现代社会的需要。因此,道教公益慈善要走向专业化发展道路,成立专门机构、聘请(培训)专业人士、整合各种资源、策划各种预案、创新服务形式、提高服务效率、加强自我监管、提升服务理念,唯有这样才能赢得社会尊重和欢迎。

在道教团体开展公益慈善活动中,志愿者是最重要的人才资源。他们提供的志愿服务不以获得报酬为目的,自愿奉献时间、智力、体力和技能帮助他人、服务社会,活动范围覆盖了扶贫济困、帮孤助残、扶老帮幼、支教助学、医疗卫生、环境保护、社区服务、应急救援等诸多公益服务领域。道教团体可以运用道教信众、道教皈依弟子、义工、社会工作者等,根据个人情况和掌握的资料和资源来组合打造层次丰富的志愿者队伍。

四、结语

改革开放以来,道教团体发扬道教优良传统,践行道教慈善理念,积极致力于公益慈善事业,在赈灾、扶贫、助学、医疗、养老、环保等方面为社会作出了贡献。随着时代的发展,中国道教的慈善公益事业还有更为广阔的发展和提升空间。只有建立更完备的制度、加快培育人才、开拓慈善公益新途径,促进道教慈善团体参与社会公益慈善活动中，坚持道教中国化方向，把公益慈善活动进一步规范化、制度化和现代化。

　　道教作为我国的本土宗教，蕴含了比较丰富的社会公益慈善思想，道教团体开展公益慈善活动对促进社会文明进步有积极作用。从多年的实践来看，道教团体开展公益慈善活动社会效果好。由于受各种主客观条件的制约，道教团体开展公益慈善活动还存在一些问题和困难。但困难是暂时的，要迎难而上，依法开展公益慈善活动，找到自己所对应的位置，清晰自己的身份认同，在传统慈善的基础上，开展形式多样公益慈善活动，加强道教公益慈善的人才队伍建设，使道教慈善事业的道路越走越宽。

# 第四章
现代转型及展望

道教的现代转型与中国社会发展

赵翠翠 *

摘　要: 随着全球化、信息化和城镇化速度的加快,人民对于美好生活的需要越来越成为一种重要的需求类型与生活图景。宗教中国化背景下,中国当代道教已经在讲经弘法、仪式展演、扶贫济困、慈善养生、艺术音乐等方面发挥了积极的社会建设作用。如何进一步回应人民对于美好生活需要这类大众最为关切的现实问题,深入挖掘道教信仰及其文化体系中有益于促进人们对于实现美好生活需要、促进社会心态与生活方式现代化的教义教规及其价值资源,并积极纳入并整合于道教宫观、组织制度及其文化建设框架之中,无疑将有助于促进道教与社会关系的良性互动,构建道教文化建设的大众化、生活化、社会化及公共化,是新时代道教不断中国化的积极呈现,关系道教自身建设的开放性与现代性,更关系基层宗教工作的法治化与社会化、基层宗教治理创新等。

关键词: 道教信仰　社会发展　美好生活　现代转型

---

* 赵翠翠,上海社会科学院宗教研究所副研究员。

一、道教的现代转型与美好生活需要

改革开放四十年来的发展与变迁,促使中国社会经济取得飞速发展,并且正处于从高速发展向高质量发展的转型阶段,与此同时,中国社会亦出现了很多诚信缺失、道德滑坡、规则变异、心态焦虑等秩序危机①问题。尤其是随着物质资料的不断丰富与信息化速度的加快,中国人在精神需求方面,越来越呈现一种更高水平的追求,已经成为很多人内心期待和迫切追求的美好生活之需要构成。

正如党的十九大报告所指出的:"中国特色社会主义进入新时代,我国社会主要矛盾已经转化为人民日益增长的美好生活需要和不平衡不充分的发展之间的矛盾""人民美好生活需要日益广泛,不仅对物质文化生活提出了更高要求,而且在民主、法治、公平、正义、安全、环境等方面的要求日益增长",因此,"全党同志一定要永远与人民同呼吸共命运、心连心,永远把人民对美好生活的向往作为奋斗目标"。这一重要论断体现了中国社会发展的阶段性特征,具体表现为从注重经济发展开始逐步拓展并重视社会发展,这是一种全局性的变化;而就宗教政策而言,在新时代这一新的历史起点上,创新推进宗教工作也是新时代的历史必然要求"。②

可见,随着物质财富的增加、人民生活水平的不断提高,大众所需要的是一种物质与精神上的愉悦和满足,更需要一种环保的、健康的、安全的、正义的社会生活图景,这就不仅仅是从个人视角出发所看待的社会发展,更是从群体与社会生活视角,希望建设更美好的幸福家园与家国天下。这里的"美好生活",从更加宽泛的意

---

① 费孝通:《中国城乡发展的道路——我一生的研究课题》,《中国社会科学》1993年第1期。
② 郑筱筠:《保障宗教信仰自由的中国经验》,《人民日报》2018年4月4日第16版。

义上来看，可以说是物质文明、精神文明、社会文明、生态文明、政治文明，乃至心态文明的秩序整合结果，是个体对于家国社会的一种更高层次的追求与期待。

特别是全球化、信息化、城镇化、工业化及其乡村振兴进程中，随着"人们对美好生活的向往逐步超越了基本的物质需要，转向多元化美好生活的向往和期待"，精神文化需求越来越成为大众对于美好生活需要的重要内容之一，① 故要振兴国家与社会，首先就需要振兴人的精神文化。作为振兴社会之能动性的神圣主体，唯有真正满足人自身的需求及其主观意愿，才能在安定人心中构建与激活社会发展的潜能与机制，才可能真正促进人自身的自由与发展，形成一种开放的、健康的、文明的、理性的社会发展秩序。

正是从大众对于美好生活的需要以及当代社会心态秩序重建的角度，我们可以说，这恰恰为当代中国社会发展，包括宗教文化发展提出了更高的要求与奋斗方向，正是坚持我国宗教中国化、促进宗教与社会主义社会相适应的良好契机。在此，道教如何在新时代背景下发挥其本有的优秀传统精神与价值理念，更好地适应时代要求、顺应国家政策与社会良心，不断与时俱进，为国家战略与社会发展服务，满足、丰富和拓展人民对于美好生活需要的向往，就成为社会转型时期当代中国道教必须要做出的积极回应。

更为重要的是，新时代道教还要将大众对于美好生活的需要，积极纳入道教宫观、制度及其文化建设范围，不断促进道教中国化及其现代转型。在此过程中，要特别注重道教信仰及其文化事业的创新性发展与创造性转换，真正站在每一位道教信仰者、非道教信

---

① 杨刚：《乡村振兴背景下农村文化产品供给的不均衡——基于可行能力的考察》，《贵州社会科学》2021 年第 10 期，第 164 页。

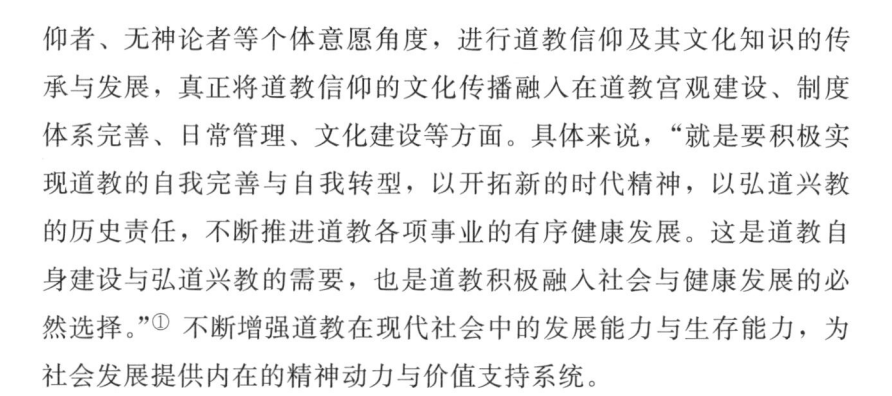

仰者、无神论者等个体意愿角度，进行道教信仰及其文化知识的传承与发展，真正将道教信仰的文化传播融入在道教宫观建设、制度体系完善、日常管理、文化建设等方面。具体来说，"就是要积极实现道教的自我完善与自我转型，以开拓新的时代精神，以弘道兴教的历史责任，不断推进道教各项事业的有序健康发展。这是道教自身建设与弘道兴教的需要，也是道教积极融入社会与健康发展的必然选择。"① 不断增强道教在现代社会中的发展能力与生存能力，为社会发展提供内在的精神动力与价值支持系统。

二、道教信仰构建美好生活需要的理论意义

按照社会需要理论，人类社会发展有六条基本的社会需要，包括依附的需要、社会整合需要、价值保证的需要、可靠同盟的需要、寻求指导的需要和关心他人的需要。② 可见，人自身的存在与发展并非孤立，而是离不开社会性的需要，人只有在社会中才能构建更完整和更美好的生活世界。这种社会性构建从本质意义上讲，就是一种人类对于共同的、美好生活的需要，就是一种对于良好社会秩序的追求，对于自我、家庭、社会及国家发展进步的美好期待。从民族关系的角度来看，"铸牢中华民族共同体它充分体现了中国56个民族对美好生活的向往和追求，并与人民的美好愿望和幸福生活息息相关。因此，从根本上说，铸牢中华民族共同体意识正体现了人民对美好生活的需要"。③ 此种背景下，道教信仰如何满足人民对于

---

① 丁常云：《道教的创新发展之路》，《中国宗教》2017年第3期，第46页。
② 社会需要理论由心理学家魏斯于1974年提出。参许芳：《组织行为学原理与实务》，北京：清华大学出版社2007年，第184—185页。
③ 石硕：《铸牢中华民族共同体意识是人民美好生活的需要》，《中央民族大学学报》2020年第6期。

美好生活的需要，如何构建民众日益增长的对于美好生活的需要，如何满足人们的精神文化需求，如何构建积极健康、理性平和的宗教生态与社会心态秩序，越来越成为道教界、道教研究者、道教文化建设乃至基层宗教治理等需要深入思考的前沿性问题。

究竟什么是"美好生活需要"之"好"的生活呢？对于此问题，道教经典究竟要如何做出解读，以及如何帮助社会大众从道教经典中找寻答案，并帮助与促进人对于个体自我、家庭关系、职业选择、婚育自由、人生意义的探索，某种程度上就是在构建一种美好生活需要的具体途径和方法。当然，从"美好生活需要"之"好"的角度，尤其是身处多元社会，无论是从个体而言，还是从社会来看，我们其实都无法对美好生活需要之"好"的内涵做出适当解释。因为，人们对于"什么是好的生活需要？"之定义，每个人、每个地方、每个国家的人定义都可能不同，在不同的国家文化体系中，"美好生活需要"甚至是多个面向、多层级的，甚至是相对的一种界定。

此种情况下，要想获得统一而标准的"好"的定义，这是非常困难且不可能实现的问题。尤其是人口快速流动、市场瞬息万变的个体化社会，城市"个体家庭"①的选择，都促使每个生活中的个人，都致力于构建一套属于"自己的活法"②并"为自己而活"。这是一种经济发展到一定程度后，个体对于自我意义的追寻，更是一种普遍的社会事实与情感心理状态。对于当代社会已然出现的多元化趋势，甚至是多元社会中的混乱与失序，每个个体都有自己的一套判断标准与处理方式，内卷背景下的佛系、躺平亦是。因此，对于美好生活需要之"好"的追求，唯有在自我定义、自我判断并做

---

① 沈奕斐：《谁在你家：中国"个体家庭"的选择》，上海三联书店2020年版。
② ［美］阎云翔：《"为自己而活"抑或"自己的活法"——中国个体化命题本土化再思考》，《探索与争鸣》2021年第10期。

出对自己、对他人负责的个体化行动，才能更好地成为自己，真正获得一种美好的生活方式。

在此方面，道教作为中国土生土长的宗教信仰类型之一，其教义教规与思想体系之所以在中国社会存在几千年的历史，其重要原因就在于道教的主张比较符合人们热爱和平和向往自由的美好愿望。在庞大的道教信仰及其思想体系中，道教教义所展现出来的伦理和道德规范并没有完全使其与现实社会相脱离，反而体现出道教信仰之社会性及对社会秩序构成所具有的独特功用。尤其是在精神秩序的构成方面，本土道教信仰更是具有无可比拟的积极意义。

其实，中国道教信仰一直在致力于为大众构建美好生活需要提供着精神支持与动力机制。长期以来，中国道教已经在生态伦理[①]、科仪音乐[②]、慈善救护[③]、价值引领等方面发挥了积极的社会建设作用，取得了一系列巨大成就。[④] 与此同时，随着互联网传播速度的加快，当代道教研究及其道教文化也已经通过数字人文、自媒体等互联网+方式，更好地将道教文字、图像和声音（音乐、仪式）等给予了广泛传播[⑤]，这些都让社会大众对于本土道教信仰有了更为深入的了解。尤其是在大都市中，道教宫观的建造风格、园林式建筑、休闲式氛围等，都给周边群众提供了崇拜祭祀、许愿还愿、休闲娱乐、人群互动等积极作用，而道教更是善于抓住这种适应当代人心

[①] 田海舰：《道教道教生态伦理思想对建构当代生态哲学的启示》，《西北师大学报》2004年第2期。

[②] 刘红：《当代佛教音乐的回顾与展望》，《中国道教》2007年第1期。

[③] 谌娟：《当代中国道教慈善事业研究——以成都道教为样本》，《青海社会科学》2012年第1期。蒋钧：《当代上海道教公益慈善事业的探索与经验》，《中国道教》2021年第3期。

[④] 陈哲：《中国传统思想文化的当代价值探析——以道教为例》，《汉字文化》2021年第1期。

[⑤] 张阳：《浅议互联网传播视域下的当代道教研究》，《中国宗教》2021年第3期。

的契机,举办各种节庆活动、学术研讨会、慈善募捐、科仪法会等,都极大地吸引着社会大众对于道教宫观建筑、道教信仰及其文化体系、道教神圣信仰空间的认识与了解,这些都在无形之中为社会大众提供了一种积极乐观的、理性平和的社会文化环境,提供了一种缓和社会焦虑与复杂人际关系的神圣空间,恰恰是道教信仰不断深入社会,不断发展自我、创新自我、完善自我的实践途径,对于当代道教的宫观建设、制度建设、组织建设、社会文化建设、自我形象构建、促进道教信仰的现代转型等都具有重要意义。

道教信仰及其文化体系中蕴含有丰富的构建,并实现美好生活需要的价值理念与道德伦理思想。从道教信仰者的社会实践及其价值意义来看,道教教义思想和崇拜目标对于维持人类行为规范,对于建立独立人格与秩序稳定,促进社会生产等都有着非常重要的指导意义。在教化社会与净化人心,维持人与自然、人与人、人与社会之间的良性关系方面也发挥着积极意义。对于个人的修身、团体秩序维护及社会道德建设等,也都有着无可替代的功用,这些都有益于处理好道法、自然法、人定法和仙法等关系,有助于促进中国道教价值理念深入人心。

无论是从《老子》,还是从《庄子》来看,中国道教都有着极为丰富而广泛的生活哲学与人生智慧。道教信仰不仅教导人们用这些哲学与智慧将社会的文明给予吸收,并融进自我生命,使其自我与生命的内涵更为丰富,而且教导人们要运用这些哲学与智慧,用一种超然且理性的态度,使生命免受人间社会侵染,从而实现生命本真、宁静而长久。① 其实,道家的"道",就是一种生活中的智慧,一种道德之"德"的自觉,一种至高的、绝对自由的精神境界与理

---

① 崔大华:《道教思想及其现代意义》,《文史哲》1995年第1期,第37页。

想人格追求，即实现"真人""至人""神人"的状态。与儒家思想的入世治世相比较，道家的出世修身更致力于修身养性并唤醒人性，让人们知道自身在大自然界中的位置，从而在世俗生活中回归自然、回归本性。这种高超亦朴素的道家哲学，恰恰需要中国人深入领会获取精华，从而为构建完整而独立的自我人格需要、良好秩序的规范性需要、以及道教信仰的社会性与公共性需要等奠定基础。

道教信仰一方面以"成仙得道""长生久视"的目标追求引导着人们自觉地遵守伦理道德；另一方面又用"赏善罚恶"的思想来促使人们遵守伦理道德。这两方面的正反结合，便可以使它的道德伦理准则在社会上发挥更大影响，从而规范着道教信徒的日常生活，规范着个我化理想实现的道德化路径。道教的劝善书，使道教的伦理道德思想更集中、更系统化和更通俗化，这些都共同演绎和构成道教信仰最为基本的伦理规范，对维系社会秩序具有重要的价值意义。

换句话说，道教信仰正是因为有其伦理规范视角，促使道教信仰具有了一种超越其本身的社会价值和意义。尤其是那些超越了自我得道的个我化境界的道教信仰方式，恰恰就是一种神圣与世俗、个我与社会的相互整合境界。因为，每个人在社会生活中都不是封闭的孤立体，每个人的生活方式与精神需求，也不能仅仅只按照自己的方式而进行，必须遵循道法自然之道即如来的规律性境界。故人类社会良性秩序的维系，需要一个伦理的视角，需要个体在做好自我、构建自我美好生活的同时，不损害他人利益、社会乃至公共利益的公共秩序，宗教信仰及其实践层面亦是如此道理。每个人都不断地面临一种情境，一种自我选择的情境，此时的个体必须进行独立选择，并承担相应的后果，这就是社会学意义上的行动伦理。所以，从道教信仰到道教信仰实践，从个我信仰到群体信仰、社会信仰，其中的理性化行为机制可见究竟，也足以说明构建自我需要之信仰体系及其行动伦理、构建理性秩序对于个体、群体乃至国家社会的重大意义。

三、道教信仰构建美好生活需要的具体途径

随着社会经济的发展，中国社会面临越来越复杂的国内外形势，尤其是随着新冠肺炎疫情的肆意及反复、中国社会经济发展速度的放缓、一系列社会问题的出现，都使得当代中国人越来越深感迷茫与焦虑。与此同时，阶层固化背景下，互联网上人人都乃自媒体的时代，不断冲刷着各行各业的固有规则和价值观念，这些都使得当代社会心态日渐复杂。此种情况下，人们如何构建美好生活需要，道教信仰能够为此提供哪些有益的理论资源与实践机制，成为探讨道教的现代转型与社会发展之重大问题。

第一，在学术研究中促进道教信仰不断深入人心。道教研究既是从事道教研究的学者们所为之事，更是道教界、政界关心之事。道教研究关系道教自身在社会发展中的身份定位与方向目标，更与道教信仰及其文化传播的深入人心密切相关。可以说，道教研究恰恰是道教如何适应社会、构建社会性的良好途径，是道教与不同社会群体理性合作、相互融合的重要表达方式。一方面，要坚持并深入研究道教历史和文献；另一方面，也要在关注现实问题中研究道教自身的发展变化，积极挖掘道教所具有的文化资源，以回应并解决当代社会及民众最为关切的生活问题。展望道教研究未来研究走向，可以继续在以下方面进行继承创新，其一，是道教历史、文献等领域；其二，道教仪式、修炼、戒律、法术等重点领域有所突破；其三，道教交叉学科具有活力；其四，研究范式和方法创新。[①] 道教

---

① 汪桂平：《新中国成立 70 年来的道教研究（二）》，《中国宗教》2019 年第 11 期。

界应突破片面的清静无为,发扬自度度人、爱国爱教传统,发挥养生、无为、劝化、慈善等思想的正能量,同时借助政府与社会之力获得发展。① 就此,道教就能够借助道教学术研究,更好地建构社会话语体系、构建自身在现代社会中的位置与文化身份,提高自身在新时代社会发展的责任使命。

第二,道教宫观及其建筑风格自有的神圣感召。道教宫观是天上神仙在人间社会的神圣象征,既是道教信仰者供奉礼拜神仙的宗教场所,亦是道教徒修炼身心的世俗世界。随着道教信仰的历史变迁,道教宫观建筑也在古代宫殿基础上,增加了诸多独特的建筑艺术与风格,逐渐成为道教宫观及其建筑艺术的瑰宝。当然,道教宫观建筑设计、建造是与道教信仰密切相关,道教信仰注重道法自然、注重人与自然之间的和谐共处,故也没有完全教条式的固定模式,而是会根据实际情况进行布局建造。道教宫观中的一些园林式设计,大多与中国传统哲学中的天人合一思想密切相关,是中国人自古以来崇尚神圣自然的体现。人享受自然的恩赐,便也深受自然之约束,所以古人有敬天敬地敬山河的做法。建造道教宫观,在人文与自然两个方面具有积极意义。道教宫观本身的建筑风格、建筑色彩、建筑格局等,本身就是在体现道教信仰的神圣空间及其相关的教义教规,也包括了道教信仰的历史传承性,以及道教与当时社会历史文化环境之间的互动情境等。道教宫观及其独特的建筑为社会大众打造了一种置身于自然之中的独特空间,人们可以在山清水秀、休闲娱乐、祭祀崇拜的神圣空间中不断感知道法自然、玄空风水、尊道贵德、天人合一等思想,这些都能很好地促进大众了解道教文化、发展道教文化旅游。道教自然主义的精神生活方式,给人类心灵净

---

① 尹信慧:《当代佛教的突破与振兴》,《中央社会主义学院学报》2017年第4期。

化开拓了新的天地。老子提出"人法地、地法天、天法道、道法自然"的主张,就体现出一种追求接近自然、回归自然和热爱自然的审美意识。道教将道法自然作为最高的信仰准则,崇尚自然无为、返璞归真,在广阔的自然宇宙世界中修身养性。

第三,完善道教宫观制度,增强道教组织的资源整合能力。道教宫观是道教活动场所的总称。唐代之前,道教建筑大多称之为"治""靖""庐",主要用来祀奉神仙、斋醮科仪、道士修炼、弘扬教义等,直到唐代道教宫观才开始以皇家宫殿规制建造,"宫""观"之制才得以出现。总体来说,道教宫观"既是道教供奉神灵、举行宗教仪式的地方,也是道教徒传道、修行以及生活之所,同时还是展示和传播道教文化的平台。作为道教文化的重要载体和物化形式,道教宫观始终承载着道教在不同时代的发展印记,也承担着道教回应时代变迁、推动道教不断向前发展的任务"。① 在此,如果说,道教宫观功能的不断调整与拓展,是为了与社会发展相适应、为大众更好地服务,是一种参与社会、适应社会、建设社会的内在实践机制,那么,道教宫观制度的建设与完善,则是提升道教社会地位、整合道教资源、培育道教人才、提高道教组织管理水平、开展道教文化活动的组织性中介,是一种无形的资源动员机制,是道教不断中国化、不断深入社会的制度化前提。同时,道教宫观制度的完善,也是道教构建社会性的重要基础,可以在公开而透明的制度规则下,拓展并完善道教宫观的功能作用、在现实的活动展开中不断总结经验、完善道教宫观制度管理、人才培育的人性化与社会化,提高道教为社会服务的公共性价值。

第四,探索道教服务社会发展的多样化方式,促进道教文化艺

---

① 于飞:《道教宫观要回应时代变迁》,《中国民族报》2020 年 12 月 1 日 08 版。

术传播。不断探索道教服务社会的新路径与新模式，建构更多而理性的人群联系，挖掘道教特色文化项目，集中道教力量开展养生、武术、生态、临终关怀等与社会大众追求美好生活需要密切相关的社会问题，就是一种服务社会，就是一种社会正能量的传播，有助于道教宫观功能的完善、制度的健全，促进道教信仰及其文化体系之普遍价值的深入挖掘。近年来，中国道教协会所倡导的创建文化宫观的号召，就意在完善道教宫观功能，致力于在服务人群中，推动道教宫观与社会发展的相互融合与彼此推动，发挥道教宫观作为弘扬道教信仰、促进人群和谐、整合社会资源、传播道教艺术（诵读经典、书画、茶艺、音乐、仪式）、传承中华优秀传统文化的积极效应，这些就是一种服务社会方式的多样化，就是在开发道教宫观社会价值中，促使道教宫观成为信仰、崇拜、祈福、休闲、娱乐、研讨的综合性文化空间，推动道教宫观与周边社会组织、人群和谐共处，让信仰者、普通游客、感兴趣于道教文化的人、非宗教信仰者、无神论者等之间理性互动，让其在道教信仰、参加活动中感受与并体验道教信仰及其文化艺术的神圣性，继而产生对自己和他人生命、自然的神圣敬畏。这方面，北京白云观道医馆就积极继承道教治病救人、以医济世的传统，发挥了道教服务社会的独特优势，尤其是其所采用的多样化服务方式，极大地吸引了广大信众和社会公众的积极参与。

第五，尊重多元价值观，构建积极乐观、理性平和的道观氛围。习近平总书记在十九大报告中提出，"要全面贯彻党的宗教工作基本方针，坚持我国宗教的中国化方向，积极引导宗教与社会主义社会相适应"。同时，在社会建设方面，提出要"加强社会心理服务体系建设，培育自尊自信、理性平和、积极向上的社会心态"的要求。这说明，一方面，随着中国政治、经济、文化、生态、社会建设进入更为高级的发展阶段,如何从中国道教、宗教学学科视角及其道教研究的问题出发,在深入贯彻落实宗教中国化政策基础上,调研和梳理基层道教现象、道教活动、道教人物、道教组织等,关注其中所呈现的价值变迁及其心态秩序变化,无疑将有助于从历史与现实、理论与实践、道教与社会等多重维度,促进道教中国化理念更好地落地生根。另一方面,当代中国特色社会主义建设已经进入新时代,"人们的价值观与社会心态正处于日益变化之中,在面对人民群众日益增多的利益诉求和不断凸显的社会矛盾时,如何努力涵养人心、凝聚人心,培养民众积极健康、乐观进取的良好心态,对于掌舵社会航向的执政党与新时代的中华文明复兴而言,无疑是一项重要研究课题"。① 此种情况下,道教信仰如何应对多元价值观之间的融合与冲突,如何从道教信仰中挖掘有益于促进道教中国化、构建理性平和之社会心态的理念与实践机制,将成为道教在构建与满足人民日益增长的美好生活需要方面的神圣使命。

第六,在道教信仰实践中培育独立人格、构建良好家庭关系。历经百年变迁,中国人依旧活在浓厚的道德伦理及其情感秩序之中,个体化与家族之间的矛盾纠葛愈演愈烈,形成了一种中国式现代化进程中独有的家族式个人主义,深刻影响着当代中国人的精神生活、道德情感及其家国心态。这种家族式个人主义,既不同于传统文化及儒学落脚之"家庭主义",亦不同于现代西方以自由和权利为中心的"个人主义",而是深嵌于中国家族文化与社会结构之中的一种结构性行动及其文化心态,其个体性强弱与表达依赖于个体所处情境或资源占有量大小。此家族式个人主义试图在自然的道德情感与个

---

① 李向平等:《中华文明信仰与当代中国心态秩序》,《山西师大学报(社会科学版)》2020年第6期。

体的自由发展两方面维持个体与家族关系的平衡,却也可能因无法兼顾而只能保守一端,甚至两败俱伤;既可能形成一种极强的个体性表达及其权威类型,亦可能丧失个体乃至基本的自我意识,抑或是深陷两者之间纠结不堪,构成当下中国人的道德实践及其个体化困境。在此,道教作为中华优秀传统文化的重要构成,是大众精神文化需求的重要构成,道教信仰强调自我修身等教义教规,有助于当代中国人的人格培育、促进家庭关系的良好构建。其一,道教热爱并追求自由的逍遥游精神,有助于个体独立意识的形成。这种愿意并希望以自己的想法生活的人,其实就是一种当代新道家,一种道教信仰在个体身上的现代性体现。其二,道教把"道"作为一种至高的、绝对精神的存在,视为一种道德精神、一种神圣的道德规范,致使个体在自我独立之外心存敬畏之心,有助于个体—家庭—社会—国家关系的良性连接,促进家庭关系亲密化。其三,常怀赤子之心,在爱自己中做好自己、成就自己。从道教教义来看,道教人性论源于无善无恶,认为人性就是自然而然的天真与旷达,如同赤子一般,故要学会感受自己及自己的心,真正做到一种自然、自由而内心逍遥的状态,如此便能在见天道、见天地、见众生中通达自己和万物。

第七,加强道教文化建设的公共性,构建生命敬畏与道德神圣。长期以来,道教信仰被视为一种只关心个我修行、致力于得道修仙的个我化信仰方式,面临一种难以社会化的实践困境。① 然而,随着宗教政策的深入落实、道教自身的文化自觉等,道教信仰也逐步呈现了自身对于社会建设的诸多价值与意义,道教亦在回应社会问题

---

① 李向平等:《"人神关系"的个体化建构——道教信仰的伦理规范及其秩序构成》,《广西师范大学学报》2012年第5期。

中不断成长与进步。就道教与社会文化建设的关系而言，值得期待的是，在未来的信仰实践中，道教徒如何在坚持出世的同时，积极入世，参与社会公共事务，或者说以什么样的文化心态与社会实践方式进入到新时代的社会建设中，或成为一种群体性参与力量，构建人们对于自然生命的敬畏与道德神圣，自然涉及到一个道教信仰者、道教组织的身份建构及其社会认同等问题，需要一个组织性较强的实践中介才能在社会化中参与社会公共事务，建构自身的社会价值和信仰资源。这便需要建构一种多元的、制度化的、开放的信仰社团和道教组织等。如此，才能把神圣化的信仰目标真正落实在社会中，落实到每一个个体的道德修炼和与他人、社会交往、互动的信仰实践中，落实到每一个人看待自然、生命、财产、道德、婚育、家庭等具体问题之中，才能把神圣与世俗给予结合，发挥道教信仰在感召个体道德自觉，以及道教本有的信仰共同体潜能。这就不仅是任何一个宗教在社会变迁过程中必然要面对的理性化问题，也是道教与社会互动过程中如何在公共理性中走出一条社会化道路的积极探索。

第八，坚持宗教中国化方向、传承道教核心精神并讲好中国故事。道教中国化进程及其社会服务的多元化建设，就是要不断完善道教宫观及其制度化功能，促进道教更好地服务社会、净化人心，使得个人在道教信仰及其文化实践活动中安身立命、促进社会秩序的良性运行、道教文化信仰及其艺术音乐的广泛传播等。而所谓道教中国化，主要解决的就是道教如何与时俱进的现实性问题。坚持道教中国化，"就是要在保持本有的中国特色基础上，不断推进道教与时俱进、创新发展，发挥时代价值，核心内容主要有四个方面，一是要传承爱国思想，高举爱国主义伟大旗帜；二是要坚持与时俱进，促进道教与社会主义社会相适应；三是要弘扬道教优秀文化，助推中华文化繁荣发展；四是推进道教创新发展，践行社会主义核心价值观"。① 具体来说，就是要在坚持宗教中国化方向、坚持宗教与社会主义社会相适应的宗教政策背景下，坚持中国道教的中国化，进一步处理好道教与现代社会、人心、生态、制度、道德、法律等之间的关系，在保持道教基本教义教规及其特色基础上，深入挖掘道教信仰及其文化体系对于现代中国发展、中国精神培育、中国人对于美好生活需要的各种有效的价值理念与实践机制，促进道教成为全球化进程中中华优秀传统文化的传播机制，帮助中国文化更好地走出去，为讲好中国故事做出自己的贡献。

四、小结

以上八个方面的论述，即当代中国道教如何为构建与实现大众对于美好生活需要所提出的努力方向、实践路径与具体措施。如何将理论与实践进一步结合，深入挖掘道教信仰及其文化体系中适应当代中国社会发展、中国人迫切需求的精神需求与价值资源，构建一种多元的、开放的、健康的、理性的、制度化的道观管理体系及其道观文化实践氛围，并将其积极纳入道教宫观建设、组织制度建设及文化建设框架等，促进道教与社会关系的良性互动，构建道教文化建设的大众化、生活化、社会化及现代化，成为新时代道教中国化的深入呈现，关系道教宫观与制度建设的不断创新与现代转型，更关系基层宗教工作事务的法治化与社会化、国家治理能力现代化，乃至中华优秀传统文化的复兴。

---

① 褚国锋：《关注中国道教现状，推进道教文化建设——访中国道教协会资议委员会副主席丁常云道长》，《老子学刊》2019年第1期，第132页。

道教宫观管理与信徒队伍建设

丁常云*

摘　要：当代道教，加强信徒队伍建设已成当务之急，道教宫观管理组织必须要高度重视。如果说道教神职教徒是道教发展的组织者与引领者，那么道教普通信徒就是道教信仰的传承者与践行者。历史告诉我们，任何一种宗教的存在，都是以大量的信徒为前提，信徒的减少，意味着宗教的衰落，一种宗教如果没有人信奉，就意味着已经消亡。道教宫观要充分认识到信徒队伍建设的重要性与紧迫性，要客观分析当前信徒队伍建设中存在的问题，积极探索信徒队伍建设的新思路、新方法与有效途径，稳步推进信徒队伍建设工作的有序开展，从而促进道教宫观管理的持续健康发展。

关键词：道观管理　基本信徒　居士信徒　文人信徒　队伍建设

党的十八大以来，党和政府高度重视我国宗教工作，高度重视做好信教群众工作。习近平总书记指出："党的宗教工作的本质是群众工作。信教群众和不信教群众在政治上、经济上的根本利益是一

---

* 丁常云，中国道教协会咨议委员会副主席，中国宗教学会理事，上海市道教协会副会长，《上海道教》杂志主编，浦东新区道教协会会长，浦东道教文化研究所所长，上海太清宫住持。

致的，都是党执政的群众基础。既要保护信教群众宗教信仰自由权利，最大限度团结信教群众，也要耐心细致做信教群众工作。"① 这就为当代道教宫观做好信教群众（信徒）工作提出了要求、指明了方向。中国道协也明确提出："宫观应规范接纳和管理皈依弟子（信徒）。"② 强调宫观管理组织要加强对皈依信徒的管理，引导其爱国爱教，正信正行。根据这一要求，我们认为做好信徒队伍建设工作是当前道教宫观管理的重要内容。从道教现状来看，道教徒的概念有广义、狭义之分，广义的道教徒是指所有信仰道教的人，包括神职教徒（即道士）和普通信徒，狭义的道教徒就是指普通信徒。本文所探讨的"信徒队伍"就是指除道士之外的普通信徒，具体可分为基本信徒、居士信徒和文人信徒。他们同样是道教自身建设的重要内容，也是道教生存与发展的根本保证。因此，当代道教宫观必须要大力加强道教信徒队伍建设，要积极回应和满足广大道教信徒的信仰需求，坚持创新发展理念，努力探索新时代道教服务信徒的新思想、新思路与新举措，稳步推进道教信徒队伍的健康发展。

一、道教宫观管理要注重加强基本信徒队伍建设

在中国社会中，道教信徒有时很难统计。究其原因，主要是道教的本土性所决定的。道教是中国本土宗教，道教的信仰早已融入中华文化之中，多数民众生活在道教信仰习俗之中并不知晓。比如，中国的传统节日基本都与道教有关，其中都包含着道教信仰的基因。因此，我们完全可以说中国人的生活都离不开道教，中国人的习俗

---

① 《习近平出席全国宗教工作会议并发表重要讲话》，2021年1月4日，中国长安网
② 《道教宫观管理办法》，载《中国道教》2020年第6期，第57页。

和信仰都与道教有关。鲁迅先生曾说过："中国根柢全在道教"。① 这就表明道教与中国人之间的紧密关系。但是，如果从宗教信仰角度看，要想真正成为一名道教信徒，必须要参加传统的皈依仪式。因此，现在经常来道观的敬香者，如果没有参加过皈依仪式，就不能称为真正意义上的道教信徒。这就是说，道教的基本信徒人数还不是很多，道教信徒队伍建设还有待于进一步加强。

（一）基本信徒队伍与道教社会影响。

据有关资料统计，截至 2018 年 4 月，中国现有信教公民近 2 亿人，宗教教职人员 38 万余人。其中，道教和佛教信徒众多，但普通信徒没有严格的入教程序，在家信教人数难以统计。② 从传统意义上讲，中国人的生活习俗一般都离不开道教，几乎所有传统节日都与道教有关，应该说道教信徒的数量是很多的，但是由于道教自身不注重宣教，更不注重做信徒队伍建设的工作，严重影响了道教信徒的数量。同时，中国人的宗教信仰具有明显的功利主义倾向，如果没事一般是不来道观进香的。从目前春节香讯来道观进香人数看，凡是服务工作做得好的道观信徒就比较多，反之信徒就比较少。事实上，相关部门在衡量一个宗教的社会影响时，关键还是看该宗教的信教人数，佛教、基督教之所以社会影响大，主要就是基本信徒人数多。过去曾经有学者提出质疑，道教社会影响小、信徒人数少，是否有必要继续存在下去。这些问题的存在，不能不引起我们道门的警示，必须要道观管理中注重加强道教基本信徒队伍建设，不断扩大道教的社会影响。一般来说，道教基本信徒队伍对社会的影响，主要表现为以下三个方面：

---

① 《鲁迅全集》第 11 卷，人民文学出版社 1981 年版，第 353 页。
② 《中国保障宗教信仰自由的政策和实践》，中国政府网，2018 年 4 月 3 日。

1. 基本信徒队伍助力道教信仰市场。现代社会中，有人提出宗教市场论，把信徒当作信仰需求者，把社会当作宗教市场或潜在市场。就宗教信仰的神圣性而言，这种比喻虽然不是很恰当，但是却反映了一种宗教在社会的影响。从目前道教基本信徒队伍情况来看，人数少，影响小，信仰市场的占有率自然也不高。特别是基督教、佛教的快速发展，信教人数的快速增加，其宗教市场占有率也快速提高，这对传统道教来说则是一个无形的压力，如果再不引起重视，道教的生存空间将会越来越小，甚至会被逐步边缘化。因此，当代道教必须要有忧患意识，必须要在道观管理中注重加强道教基本信徒队伍建设。只有这样，才能在宗教市场竞争中找准位置、寻找道教的生存空间。

2. 基本信徒队伍助力道教信仰传承。陈莲笙大师曾说过："几千年的历史说明，道教的发展同道教人才的涌现、道教徒素质的提高有密切的关系"。① 同样，道教基本信徒的素质和多寡，也是直接关系到道教的生存与发展问题。如果说道教神职教徒是道教发展的组织者、引领者，那么道教基本信徒队伍就是道教信仰传承的中坚力量。历史告诉我们，任何一种宗教的存在，都是以大量的信教群众为前提，信徒的减少，意味着宗教的衰落，一种宗教如果没有人信奉，就意味着已经消亡。正如王作安局长所说："有人需要，有人信奉，是宗教得以存在的前提。没有信教群众，宗教问题就只是个抽象的哲学问题"。② 因为没有信徒，就没有宗教信仰的传承。世界上影响大的宗教，都有很大数量的信徒队伍，只有大量信徒信仰的宗教，才会有其自身的力量和强大的社会影响。因此，加强道教基本

---

① 《陈莲笙文集》上册，上海辞书出版社2009年版，第9页。
② 《宗教与世界》2017年第5期，第7页。

信徒队伍建设是道教自身建设的需要,是道教信仰传承的需要,也是道教生存与发展的必然要求。

3. 基本信徒队伍助力经济社会发展。当前,我国社会正处在深刻变革时期,人们的思想观念和价值取向日益呈现复杂和多元的变化趋势。受各种因素的影响,信仰宗教的人数持续增加,信教群众已经成为一支重要的社会力量,其社会影响力也不断增强。为此,李克强总理在2016年《政府工作报告》中强调指出:"我们要全面贯彻党的宗教工作基本方针,坚持依法管理宗教事务,促进宗教关系和谐,发挥宗教界人士和信教群众在促进经济社会发展中的积极作用"。这就充分肯定了宗教界人士和信教群众是我国经济社会发展中的积极力量。道教信徒同时也是公民,是社会主义现代化建设的重要力量,他们工作在不同行业、不同岗位,发挥着各自的聪明才智,同样在为国家建设和经济社会发展作贡献。当代道教,加强基本信徒队伍建设,就是要深入挖掘道教教义教规中有利于社会和谐、时代进步、健康文明的内容,引导广大道教信徒积极践行社会主义核心价值观,坚持正信正行,努力为经济社会发展做出积极贡献。

(二)注重加强道教基本信徒队伍建设。

据21世纪初国外不完全统计,基督教信徒约20亿,伊斯兰教信徒(穆斯林)约13亿,佛教信徒有3亿多,印度教信徒约8亿,犹太教信徒约1400万,新兴宗教的信奉者在1亿多,加上其他各种宗教的信奉者,全世界60多亿人口中约三分之二的人信仰宗教。从这个统计数据看,中国道教的信徒根本就是微乎其微,甚至可以忽略不计。但是,用西方宗教模式来看待东方宗教那是严重错误的。事实上,道教是有主神信仰的多神教,道教的信徒也是很多的。据说,上世纪80年代,联合国将一位中国女性授予"和平女神"的称号,这就是风靡全球的"妈祖"。据统计,妈祖信仰遍及全世界45

个国家,妈祖庙超过5000座,信众超过3亿人,成为东南沿海、港澳台和东南亚主要信俗之一。还有,真武信仰、关帝信仰、财神信仰、药王信仰、文昌信仰等,也是信徒众多,难以统计。可见,道教是不缺信徒的,只是道教的信徒队伍建设没有做好,缺少规范性、制度性和组织性,需要进一步规范和完善。根据目前道教现状分析,道教宫观应该从以下三个方面来加强基本信徒队伍建设:

1. 通过组织皈依来规范道教基本信徒队伍。所谓"皈依",是指道教信徒的一种入教仪式,即对道、经、师三宝的归顺和依附。按照道教传统,只有正式参加皈依后,才能真正成为道门的基本信徒。事实上,各大宗教都有自己的信徒入教仪式。比如,基督教信徒的入教仪式是受洗礼或圣洗,佛教的入教仪式也是皈依。与其他宗教相比,道教的入教仪式并没有得到重视,道教信徒队伍建设工作也明显滞后。近年来,虽然全国有部分道观开始恢复传统皈依活动,但是还没有得到全面开展,更没有得到全国道教界的积极响应。究其原因,主要是道观组织对信徒队伍建设工作重要性认识不够,必须要引起道门自身的高度重视。一方面,道教宫观要充分认识到做好"皈依"工作的重要性。各宫观组织要统一思想、提高认识,准确把握做好信徒皈依工作的现实意义,这既是道教自身建设的需要,也是当代道教事业传承与发展的根本保证。另一方面,道教宫观要认真组织、统筹规划,稳步推进"皈依"工作的有序开展。我们要立足道教皈依传统,结合当代道教实际,借鉴其他宗教成功经验,制定出台道教信徒皈依管理办法,并形成具体实施方案,要求各地宫观贯彻执行。同时,还要明确道教宫观的责任主体,根据中国道协规定要求,把信徒皈依活动纳入道观日常管理工作之中,道教团体组织要做好监督指导工作,从而使道教皈依工作成为道门信徒队伍建议的应有之义。

2. 通过道教科仪来服务道教基本信徒。道教信徒一般都有来道观进香拜神的传统，无论是每月的朔、望或者神仙圣诞日，他们都会来到道观进上一炷香，并告诉神灵心中的愿望，希望得到神灵的护佑，有的祈求身体健康、出入平安，有的祈求事业顺利、家庭幸福，有的祈求生意兴隆、财运亨通，有的祈求学业进步、仕途顺畅等。但是，也有信徒需要通过举行清微科仪，来完成祈福、消灾、保平安的目的，也有信徒通过举行度亡科仪，来完成对先祖超度的目的。但是，无论是祈福消灾的科仪，还是超度先祖的科仪，其中都蕴含着丰富的伦理思想，这些思想对信徒的心灵有着强烈的教化功能。道教科仪一般都是由神职教徒来完成的，普通信徒在参与仪式的过程中，就会体会到科仪经文的内容，并且从中得到教义思想和伦理内容的教育。比如，道教科仪中的"忏悔文"，就是指行仪道士替信徒为自己言行过错向神灵表示忏悔之意。在科仪中的忏悔，无论是为了消灾求福，还是为了拔度幽魂，都是需要信徒对今世行为过错的检讨，忏悔的本身就是一般接受道德伦理教化的过程。因此，道教神职教徒通过科仪来服务信徒，既是满足信徒的信仰需求，解决他们心中的困惑，也是对信徒心灵的一次洗礼，自然有利于提升一般信徒的信仰内涵，从而增强他们对道教信仰的思想情感。

3. 通过讲经讲道来教化引导道教基本信徒。王作安局长指出："要弘扬中华民族优良传统，用团结进步、和平宽容等观念引导广大信教群众"。① 为此，中国道协自 2008 年开始，恢复道教学经、讲经的良好传统，开展"玄门讲经"活动，对于促进道教讲经弘道工作的开展起到了积极作用。中国道协十届全国代表会议《工作报告》

---

① 王作安：《奋力开拓新时代宗教工作新境界》，载《宗教与世界》2017 年第 6 期，第 2 页。

又强调指出:"深化对道教经典研究,办好玄门讲经活动"。① 充分体现了中国道协对玄门讲经工作的高度重视。事实上,玄门讲经历来就是道教的传统,是道教神职教徒传经布道的本职工作。清代时期的王常月祖师,就是通过讲经讲道来传教和度化信徒的,他的传教方式很值得研究。当代道教的玄门讲经更具有新的时代内涵。一方面,道教宫观通过讲经讲道可以最直接、最有效的传播道教优秀文化,推动道教界对道教教义思想作出符合社会进步和时代要求的阐释,促进道教与社会主义社会相适应。这是时代发展的新要求,也是道教与时俱进发展的新举措。另一方面,道教宫观通过讲经讲道可以更好的教化引导道教基本信徒,为他们解疑释惑、树立正信正行,并以此度化更多的道教信徒。基督教就是通过讲经布道来传"福音"的,星云大师也是通过讲经讲道来传播佛教的,这些成功的经验都值得当代道门学习与研究。因此,当代道教必须要把讲经讲道作为一项重要工作来抓,各地道观要注重讲经人才的培养,把讲经工作作为弘扬道教文化和度化信教群众的重要内容,坚持不懈,抓出成绩,抓出成果。

二、道教宫观管理要注重加强居士信徒队伍建设

中国传统道教的精神追求,是"以一种淡泊、宁静的心境而让人体会其一直在寻思、追求的那种摄万物、通千古之道。在道教的理解中,道是超自然本体,同样也是人所向往、追求的境界"。② 中国人相信"举头三尺有神明",希望通过宗教修行来达到自我心灵的净化与纯洁。历史上,就曾出现过一批自我修行的隐士,他们有的

---

① 《中国道教》2020 年第 6 期,第 39 页。
② 卓新平:《中国人的宗教信仰》,中国社会科学出版社 2015 年版,第 18 页。

在家修行，有的则隐居山林之中，这批人又被称为居士或隐士。后来泛称有道之处士为居士。唐宋时期，道教把在家修行之人称为居士。比如，笃信道教的李白就自称青莲居士，白居易自称香山居士，苏轼自称东坡居士等。佛教传入中国后，特别是禅宗、净土宗的传播，吸引了大量的居士信徒。近现代以来，佛教的居士队伍发展迅速，居士林团体组织不断建立，居士信徒队伍稳步发展。与之相比，道教的居士队伍建设就明显滞后，既没有成立专门的居士组织，也没有专人从事此项工作，道教宫观组织也失去了对居士的吸引力。当代道教，随着经济社会的快速发展，居士信徒也开始寻找信仰依托，如何抓住机遇、顺势而为，探索加强新时代道教居士信徒队伍建设，就成为道门自身必须要认真思考并加以解决的重要问题。

第一，居士信徒队伍与道教自身建设。 改革开放以来，道观及其建设得到快速发展，但是在居士信徒队伍建设方面却少有关注。究其原因，主要是道门自身人才缺乏，没有认识到加强居士信徒队伍建设的重要性，或者缺少责任意识而不愿意去做，或者有心想做却没有能力去做。这些问题的存在，都是制约道教居士信徒队伍建设的重要因素。道教现状告诉我们，目前有很多居士信徒希望皈依道教，因为他们知道唯有道教才是中国本土宗教，信奉道教就是对中国文化的认同，他们也知道唯有道教才是最有哲理的宗教，信奉道教就等于找到了人生的归宿，这是社会民众的信仰需求。同时，我们也深知道教居士信徒是道教重要的信仰群体，做好居士信徒的服务工作也是当代神职教徒的责任。因此，做好居士信徒队伍建设意义重大而深远，这既是道教适应时代发展、服务居士信徒的需要，也是道观自身建设与发展的根本要求。

1. 居士信徒队伍助力道教自养经济。当今社会，道教居士信徒是一个特殊的社会群体，他们大多是一些事业成功人士，有一定的经济基础，也有做功德的能力，做好居士信徒队伍建设可以有效提升道教的自养经济。当前，道教自养经济仍然相对薄弱，在一定程度上制约了道教事业的发展。据不完全统计，从全国范围来看，自养经济相对较好的道观仅占三分之一，自养经济一般的道观占三分之一，自养经济困难的道观占三分之一。这就是说，道教的自养经济是不容乐观的，甚至于在上海这样的大城市中，也有一些道观自养困难，这是一个严峻的现实问题。究其原因，主要有两个方面：一方面，道教宫观自身努力不够。宫观组织没有很好的去思考解决自养问题，少数神职教徒工作马马虎虎、得过且过，整天无所事事、不思进取。另一方面，道教宫观神职教徒服务信徒的工作没有做好，尤其是缺乏主动服务意识。笔者记得，多年前有一位学者曾经说过一句话："庙里最不缺的就是钱"。我当时还不太理解，后来想想是很有道理的。因为，宗教场所主要有二大功能，即服务社会，服务信徒。如果信徒服务工作做好了，自养经济还有困难吗！经济虽然不是道观追求的目标，但是道观的自养却离不开经济。陈莲笙大师说："只有有了一定的经济基础，才能解决道教的自养问题，才能有利于道教队伍的稳定，才能更好地弘扬道教文化，发展道教事业，才能更好地为改革开放服务，为社会主义市场经济服务"。① 这就是说，经济是道教事业发展的基础，做好道教居士信徒队伍建设可以有效增强道观的自养能力。

2. 居士信徒队伍助力道教宫观管理。当代道教，宫观管理是道教组织管理的重要内容。《道教宫观管理办法》第二章称："宫观应当在所在地道教协会指导下，民主协商产生管理组织成员，设立管

---

① 《陈莲笙文集》上册，上海辞书出版社 2009 年版，第 24 页。

理组织，实行民主管理"。① 这就是说，加强道教宫观管理是道教事业发展的需要。但是，就目前道观管理情况来看，管理组织不健全、管理制度不完善、管理体制不顺畅的现象依然存在，严重制约了现代道教宫观的管理工作。究其原因，主要是道观管理人才的严重缺乏，这就需要道教团体组织注重引进居士信徒参与道观管理，以解决道观管理人才缺乏问题。道教居士信徒队伍中多数是企业界精英人士，其中有很多管理方面的人才，可以吸收引进部分人才参与道观管理。佛教就有很多寺院，聘请居士信徒参与管理，发挥了很多的积极作用。基督教也有居士信徒参与教堂管理工作，形成了很好的管理模式。居士信徒既懂道教专业知识，又有管理水平与管理经验，特别是一些刚退休的居士信徒，他们也有来道观帮忙的意愿，有的可以进入义工团队，有的可以直接进入道观管理组织，参与道观的组织管理和教务活动策划，以更好地促进道观规范管理、提高道观管理水平。因此，居士信徒队伍既是道教信徒的骨干力量，也是吸收引进道观管理型人才的主要渠道之一。

3. 居士信徒队伍助力道教团体建设。习近平总书记指出："宗教团体是党和政府团结、联系宗教界人士和广大信教群众的桥梁和纽带，要为他们开展工作提供必要的支持和帮助，尊重和发挥他们在宗教内部事务中的作用，努力建设政治上可信、作风上民主、工作上高效的高素质领导班子。"② 这是对宗教团体积极作用的充分肯定，是对新时期宗教团体建设提出的新要求。道教团体作为党和政府联系道教界人士和信教群众的桥梁和纽带，如何更好地加强自身建设、规范组织管理，是当前道教工作十分重要的任务。一方面，要进一

---

① 《道教宫观管理办法》，《中国道教》2020 年第 6 期，第 55 页。
② 习近平《全面提高新形势下宗教工作水平》，2016 年 4 月 23 日，新华网。

步提高道教团体的自我管理能力,充分发挥其管理、教育、协调、服务和引导等职能,实现自我教育、自我管理,建立自我约束、自我监督机制。另一方面,要充分发挥道教团体的积极作用,不断提高道教服务社会的能力。道教团体要充分发挥自身优势,以道观活动为纽带,教化、引导广大信教群众,化解社会矛盾、净化人类心灵、促进社会稳定,为社会主义和谐社会建设作贡献。无论在自我管理,还是服务社会方面,居士信徒中都有许多优秀人才,他们是道教团体管理宝贵的人力资源,要在加强道教居士信徒队伍建设的同时,注重吸收引进管理型人才参与道教团体组织管理,发挥道教居士信徒在道教团体管理中的积极作用。

第二,注重加强道教居士信徒队伍建设。通过以上居士信徒队伍与道教自身建设的分析,我们认为居士信徒队伍建设非常重要,这不仅关系到道观的自养经济问题,关系到道观管理和道教团体建设问题,而且还关系到道教事业的健康发展问题。宗教发展现状表明,除了本宗教神职教徒的培养外,谁抓住了居士信徒队伍,谁就抓住了本宗教事业的发展,佛教如此,基督教如此,伊斯兰教也是如此,他们已经与居士信徒融为一体,居士信徒也成为所信奉宗教组织的成员,在各教的组织建设中发挥着积极作用。因此,当代道教必须要借鉴其他宗教的成功经验,认真做好道教居士信徒队伍建设的工作。

1. 通过道学智慧为居士信徒解疑释惑。所谓"解疑释惑",就是指解答疑难问题,消除困惑情绪。现代社会中,市场经济的快速发展,社会矛盾的不断出现,时刻影响着民众的生活。道教居士信徒在社会交往、事业发展、家庭生活中,自然会遇到一些困惑问题,有时会影响工作,有时会影响家庭,有时也会影响自己情绪等。对于事业比较繁忙的居士信徒们,每当遇到困惑时,就希望能够有人指点或开示。于是，居士信徒有时会经常来道观，一方面是进香拜神，祈求神灵保佑，另一方面就是寻找神职教徒给予开示。比如，有人遇到工作问题时，包括投资决策、企业声誉、内部矛盾等，有时自己把握不准，就会来道观请教道长指点。有人遇到家庭问题时，包括矛盾纠纷、子女学业、工作就业等，也会来道观请道长开示。因为，他们相信神职教徒是有道学智慧的，是修道的高人，可以成为他们的人生导师。如果道观的神职教徒，是有学识、有智慧的贤者，一定能给居士信徒指点开示，反之就不能做到。因此，道教神职教徒的自身素质非常重要，真正的高道大德能够为居士信徒解疑释惑，自然就能吸引大批居士信徒。实践证明，凡有高道大德的道观一定会聚集诸多居士信徒，凡有真正修行者的道观一定是居士信徒向往之地。反之，只能是门庭冷落、信徒稀少。

2. 通过组织培训来提升居士信徒自身修持。居士信徒正式皈依入教后，道教宫观组织要加强与信徒联系，积极做好教化引导工作。中国道协制定的《道教宫观管理办法》称：宫观"要加强皈依弟子管理，引导其爱国爱教、正信正行，遵守道教戒律、禁忌和宫观管理制度"。[①] 这就是说，教化引导皈依信徒是宫观组织的重要工作之一，是神职教徒义不容辞的责任。一方面，宫观组织要定期举办居士信徒培训班，学习道教知识、礼仪，提升道学修持。培训班可以分初级、中级、高级三个层次，根据不同层次安排相关课程。比如，初级班课程包括：道门礼仪、道教基础、静坐修行、殿堂诵经等内容。通过神职教徒的言传身教，使广大居士信徒通过系统学习与体验，提高知识，提升福德，增长智慧，道学修持也不断精进。另一方面，宫观组织要定期组织居士信徒学习道教经典，吸收道门先贤

---

① 《中国道教》2020 年第 6 期，第 57 页。

的道学智慧。因为"道教经典是历代高道学道、行道事迹的记载,也是历代祖师阐扬道学的智慧结晶,是我们学习的宝贵资料"。[①] 比如《道德经》称:"我有三宝,持而保之。一曰慈,二曰俭,三曰不敢为天下先"。[②] 这就是老子所说的"人生三宝",要求世人要仁慈、节俭、不敢为天下先。简明扼要,却意义深远。我们要在居士信徒队伍中兴起"读经、学经"之风,在神职教徒的引领下,学习道教经典中的伦理思想与道学智慧,学习历代高道的高尚情操与道德风范,引导居士信徒提高自身的信仰修持。因此,道教宫观要把居士信徒的培训工作纳入年度工作计划,作为道教居士队伍建设的重要工作来抓,统筹规划,精心准备,稳步推进此项工作的有序开展。

3. 通过成立居士信徒组织来强化队伍建设。在道教传承与发展过程中,道教神职教徒和居士信徒同样重要。其中,神职教徒是旗帜,居士信徒为护法,二者缺一不可。真正的神职教徒,必须要有良好的道学修养,方能更多利益众生,担负起弘扬道法的责任。同样,真正的居士信徒,也应具有良好的道学素养,以起到承上启下、护教利生的作用。在居士信徒队伍建设中,除了举办各类培训班和体道班外,还必须要通过成立居士信徒组织来强化队伍建设。一方面,道教宫观要成立居士信徒慈爱功德会,搭建功德平台,发挥服务社会功能。慈爱功德会本着"慈爱、平等、和谐、共生"理念,践行"学道为人、行善修德、慈爱众生、济世利人"思想,遵守宪法、法律、法规和国家政策,坚持爱国爱教,遵守社会道德风尚,组织参与社会慈善救助项目,造福社会和民众,实现行善修德的目标追求。慈爱功德是居士信徒修行的重要内容,既要广积善缘、服

---

① 丁常云:《道教与当代社会》,中西书局 2018 年版,第 243 页。
② 安伦:《老子指真》,社会科学文献出版社 2016 年版,第 66 页。

务现实社会，为社会公益慈善作贡献，又要注重修行、服务道教宫观，为维护道教合法权益、促进道教事业发展作贡献。另一方面，道教宫观要成立居士信徒联谊会，搭建交流平台，发挥护教功能。联谊会以"沟通、结缘、互助"为目的，广泛联系居士信徒，通过内部联谊、交流活动，加强联系，增进友谊，促进合作。具体工作中，注重弘扬道教精神，深化道教界高道大德和居士信徒之间的互动交流。组织道教居士信徒聚会联谊，举办研讨会、培训班、讲经班，推动道教文化交流，培养道教居士人才，探讨道教发展之路。

三、道教宫观管理要注重加强文人信徒队伍建设

道教是中国固有的传统宗教，在中华传统文化中占有极其重要地位，对中国社会影响广泛而深远，几乎渗透到中国民众生活的各个方面。不仅如此，道教还流布海外，在世界许多国家和地区发生影响，道教信仰已经走向世界。[①] 这就是说，道教对人类社会的影响是广泛而深远的。道教文化的传播与发展，主要是依靠神职教徒和文人信徒来完成。一方面，神职教徒是道教文化传播的一支重要力量，他们肩负着"学道、修道、传道"的责任。历史上的很多高道大德，如张道陵、张宇初、王重阳、邱处机、王常月等，他们都是推动道教传承与发展的脊梁，是后世道教徒学习的榜样。另一方面，道教文人信徒也是道教文化传播的一支重要力量，他们肩负着研究、传承道教文化的使命。当代道教，由于道门自身高端人才的严重匮乏，在文化传承方面只能依靠文人信徒来完成，他们是当代道教文化传承的脊梁，加强文人信徒队伍建设就成了新的时代要求。

---

① 卿希泰主编：《中国道教思想史》第一卷，人民出版社2009年版，第1页。

(一)文人信徒队伍与道教文化弘扬。

道教文化的弘扬需要道门自身的努力,更需要文人信徒的关心与帮助。从道教历史看,道门自身历来就重视道教文化建设。从东晋开始,道教就辑集道书,整理成册。唐玄宗时,道书正式编藏,名曰《三洞琼纲》,此后历代皆重视修藏,至明代天师张宇初主持编修《正统道藏》传世,推动了道教文化的传承与弘扬。当然,这其中也有文人信徒的参与,可以说这是教界与学界的共同成果。从道教现状看,道教的发展与道教文化建设是紧密相连的,是一个不可分割的统一体,道教文化是道教赖以传承与发展的重要载体。当前,由中国道协主持编修的《中华续道藏》,可谓是道教文化建设的盛世工程。但是,从参与编修的人员来看,文人信徒是修藏的主力军,或者说完全是由文人信徒与专家学者来负责编修。这就是说,道教文化的传承与弘扬离不开文人信徒,过去是、现在是、将来也是。因此,加强文人信徒队伍建设是推动道教文化建设与弘扬的重要抓手,也是道教人才队伍建设的重要内容。

1. 文人信徒队伍助力道教话语权。所谓"道教话语权",就是指道教讲话的权利以及所产生的社会影响。道教话语权的巩固与提升,既取决于道教的社会地位,又直接体现为道教话语的成熟和话语体系的完善。当代道教,由于自身等多种因素,总体发展比较缓慢,与时代发展需要相差较大。加上道教不注重自身建设、不注重对外宣传,其社会影响力就相对微弱,道教的话语权自然就无法彰显。这是制约道教传播与发展的重要因素之一,必须引起高度重视。一方面,道教团体和宫观组织要大力加强道教人才队伍建设,提升道教的社会地位。所谓"弱国无外交",国家不够强大就没有话语权,这是一个亘古不变的真理。同样,道教自身的实力不够,自然也没有话语权。当前,由于道教人才的缺乏,无法在社会上发声,即使发声也很少有人关注。这就要求大力加强道教人才队伍建设，尤其是要培养一批杰出的代表人士，只有一批真正的高道大德成长起来，道教的社会地位才能不断提升，道教的话语权才能不断提高。另一方面，道教宫观要大力加强文人信徒队伍建设，提升文人信徒话语权的分量。道教有无话语权、话语权的大小，主要取决于文人信徒的智慧、学识和实力。这里的实力不仅指道教自身的影响，而且也指掌握话语权人的影响，如果这个人是有威望、有影响的人物，那么他讲话的份量就比较重。文人信徒中有社会精英，也有行业或学科带头人，他们本身就是有影响的社会群体，话语权自然会更高。比如，佛教的赵朴初居士，既是文人信徒，又是社会活动家，同时也是德高望重的佛教领袖人物，话语权的分量自然不一样。道教的陈撄宁居士，也是文人信徒、道门领袖，其威望也是极高，只可惜他生不逢时。当代道教，需要大力加强文人信徒队伍建设，不断提升道教的话语权，进一步扩大道教的社会影响。

2. 文人信徒队伍助力道教文化研究。道教是中华文化的重要组成部分，道教的生命力也就包含在中华文化的生命力之中。面对新时代，道教如何在中华传统文化的发展中找准自己的位置，以保持道教的持续健康发展，这是当代道教徒必须要思考解决的重要问题。从道教历史发展看，道教的传承主要是依靠文化的传承，道教的发展也取决于文化的发展。因此，当代道教宫观必须要大力加强文人信徒队伍建设，积极开展道教文化研究，促进道教事业有序传承与健康发展。一方面，道教宫观要积极推进道门自身的道教文化研究工作。近年来，道门中人也开始注重对道教文化的学习与研究，有些道长撰写了具有一定质量的论文，也有道长出版了自己的专著，在道教文化研究方面取得了可喜成绩。但是，从整体情况看，道教研究人才匮乏、道教文化研究氛围不浓的现象依然存在，道教文化研究工作任重道远、举步维艰，需要引起高度重视并加以解决。另一方面，道教宫观要积极推进文人信徒的道教文化研究工作。从目前情况来看，文人信徒仍然是道教文化研究是主力军，道教很多大的文化工程都是依靠文人信徒和专家学者来完成，即是各地创办的道教刊物、出版道教书籍，也都离不开文人信徒的帮助。因此，当代道教要大力加强文人信徒队伍建设，广泛团结一大批文人信徒，充分发挥他们在道教文化研究领域的优势，通过道教团体组织的顶层设计，统筹规划，精心谋划，稳步推进道教文化研究工作的有序开展。

3. 文人信徒队伍助力道教中国化进程。全国宗教工作会议指出：积极引导宗教与社会主义社会相适应，一个重要任务就是支持我国宗教坚持中国化方向。根据这一要求，道教同样也需要坚持中国化，这是原则问题，也是方向问题。"道教中国化主要解决的应该是与时俱进问题，是如何发挥道教应有时代价值问题"。[1] 这是一个新的时代课题，需要包括文人信徒在内的道门中人的共同努力，才能稳步推进道教中国化进程。一方面，道观神职教徒要高度重视、深刻领会、准确把握，要将道教中国化作为当前道教界的重要工作来抓，坚持与时俱进、创新发展和稳步推进。这里值得一提的是，上海市浦东道教文化研究所，通过教界与学界的通力合作，开展对道教中国化问题的研究，并于2020年出版了《道教中国化研究》专辑，成为道教界研究中国化问题的重要成果，得到社会的关注与好评。另一方面，道观要充分发挥文人信徒在推进道教中国化中的积极作用。对于道教中国化的研究，文人信徒已经做了大量卓有成效的工作。但是，道教中国化是一个系统工程，关系到道教未来发展问题，需

---

[1] 丁常云主编：《道教中国化研究》序言，上海三联书店2020年版，第6页。

要神职教徒和文人信徒的通力合作来共同完成。文人信徒要利用自身优势，系统梳理道教中国化的历史经验与教训，从学理上论证道教只有坚持中国化，才能长久健康地发展下去。同时，文人信徒研究道教中国化要做好顶层设计，按照道教中国化的意义、内容、路径等系统框架有序推进，要进行深入调研，充分吸纳道教界人士、信教群众的想法和意见，更加客观、务实地推进道教中国化发展进程。

（二）注重加强道教文人信徒队伍建设。

道教历史表明，文人信徒队伍建设始终是道教信徒的骨干力量，他们肩负着道教文化探索、研究与传播的重任，他们既积极帮助道教组织和神职教徒开展道教文化研究，又积极主动弘扬道教优秀文化，掌握道教话语权，传播道教正能量。特别是在社会转型发展过程中，民众对宗教信仰的选择更趋理性，他们会通过网络、媒体和宗教书刊获得更多宗教信息，如果道门自身没有掌握好话语权，就会被少数别有用心者钻了空子，产生出错误信息而误导社会民众。因此，任何时候都需要掌握好道教话语权，除了神职教徒外，文人信徒就是最为重要的一支队伍，他们在社会上有影响，在研究领域中有权威，能够很好地掌控道教的话语权，维护道教良好的社会现象，助推道教事业健康发展。近代的陈撄宁先生就是一位文人信徒，在当时国难深重的岁月里，道教文化既不被主流社会所重视，又面临多种外来文化的无情挤压，他率先提出并高举"仙学"的大旗，在推广普及道教养生理论与方法、改革和发展传统内丹学方面做了开拓性工作。在担任中国道协会长时，他又主动担负起研究道教学术、弘扬道教文化、培养道教人才、继承道教传统的历史重任，对于推动近现代道教发展作出了不可磨灭的功绩。陈撄宁先生可谓是道教文人信徒的表率。因此，当代道教宫观要大力加强文人信徒队伍建设，发挥他们在推进道教文化建设上不可替代的重要作用。

1. 通过爱心助学基金来资助培养道教文人信徒。历史经验告诉我们，文人信徒也是需要培养的。一方面，道教宫观要培养他们对中国文化的情感。比如，通过举办各类国学班等，使他们从小就接受国学的教育，从而使"中国人对自己文化的博大精深、源远流长深有体会，亦充满感情"。① 由此，形成对中国文化的敬仰与信守，就成为中华民族的文化信仰。另一方面，道教团体或宫观组织可以设立"爱心助学基金"，来资助困难家庭的在校学生，可以是中学生、大学生，培养他们的感恩心，助力他们早日成才。特别是要资助"宗教学"专业的大学生，培养他们的宗教文化信仰。上海钦赐仰殿道观就专门在街道设立了爱心助学基金，十多年来每年都举办一至二次爱心助学活动，从初中生、高中生到大学生，至今已经累计捐助150多人，取得良好的社会影响。还有，全国部分道教团体也曾资助过许多宗教学专业的大学生，其中也有毕业后来还道教工作的，有的还成为道教文化爱好者。多年后，他们其中的道教文化爱好者自然就会成为真正的文人信徒，成为推动弘扬道教文化建设与发展的主力军。同时，还要积极支持宗教学专业的学生出版研究成果或者书籍。根据目前出版界的不成文规定，多数书籍的出版，尤其是宗教书籍的出版，都需要作者自费，这对于学者来说是很不公平的，也不利于调动学者研究的积极性。特别是对于经济困难的学者，道教团体或宫观组织要积极给予资助出版，使其研究内容及时进行成果转化。这些宗教学专业的学生，都是当代道教非常紧缺的弘道人才，需要道门内外共同努力、坚持不懈，来推动道教文人信徒的队伍建设。

---

① 卓新平：《中国人的宗教信仰》，中国社会科学出版社2015年版，第7页。

2. 通过成立道教文化研究机构来团结文人信徒。改革开放后，道教界自身就开始重视文化研究工作和出版道教刊物，在团结文人信徒方面做了大量工作。一方面，各地道教组织成立道教文化研究机构，广泛团结道教文人信徒。比如，1988年上海道协成立了"上海道教文化研究室"，1989年中国道协在"研究室"① 的基础上成立了"中国道教文化研究所"，2018年上海市浦东新区道协与钦赐仰殿道观联合成立"浦东道教文化研究所"，茅山还成立的"茅山道教音乐研究院"和"茅山道教文化研究中心"，以及各地部分宫观成立的道教文化研究室等。这些研究机构的成立，旨在开展道教研究、弘扬道教文化。其中，浦东道教文化研究所的成立，主要致力于推进三大文化工程：其一，是编撰"当代道教研究"丛书（计划完成10本），主要探索道教自身建设、道教与当代社会关系以及道教未来发展等问题；其二，是组织编撰《历代高道传》，填补道教史料和研究的空白；其三，是组织整理《申报》中的道教史料。上述三大文化工程，都是由教内外专家学者共同完成，自然可以团结一大批道教学者与文人信徒。另一方面，各地道教组织创办道教刊物，广泛团结道教文人信徒。1987年中国道协在《道协会刊》的基础上创办了《中国道教》杂志，1988年上海道协创办了《上海道教》杂志。此后，各地多家道教组织也先后创办了不同类型的道教刊物，旨在探索、研究和传播道教文化。道教刊物的创办有力地推进了教界与学界的合作，团结了道教学者与文人信徒。其中，《上海道教》杂志的创刊，就是在文人信徒的帮助下完成的，首任主编是华东师范大学的潘雨廷教授，他还担任上海市道教协会副会长和道教文化研究室

---

① 研究室，全称是中国道教协会研究室，1961年11月在北京成立，首任研究室主任为著名道教学者陈撄宁先生。研究室成立后，制定了《研究工作五年规划》，以编写《中国道教史》为中心工作。

主任，为上海道教文化建设做了大量工作。通过各地道教刊物的创办与发行，自然也培养了大批的道教学者或者道教文化爱好者，这其中就有一定数量的文人信徒。

3. 通过举办道教学术研讨交流来凝聚文人信徒。近年来，全国各地道教组织开始重视开展道教文化研究工作，举办各种类型的道教文化研讨活动。自2002年起，中国道协先后组织在上海、福建、湖南、江西召开四次"道教思想与中国社会发展进步研讨会"，取得丰硕成果。自2007年开始，中国道教又先后组织在陕西西安、湖南衡山、江西龙虎山、湖北武当山召开了四次"国际道教论坛"，为世界道教徒搭建一个交流、合作、对话的高层次平台，是弘扬道教文化、搭建文明交流互鉴、维护世界和平的重要平台。还有，各地道教组织举办的各类研讨会也很多，影响也很大。比如，常州市道协组织召开的"衡山论坛"，已经连续举办了七届，取得了良好的学术成果。北京东岳庙连续召开了三届"东岳文化论坛"，使道教东岳文化得到很好的探索与传承。上海财神庙连续召开了二届"财神文化论坛"，扩大了道教财神文化的社会影响。从目前道教研讨会情况来看，道教神职教徒参加人数虽然在逐年增加，但是主要力量还是研究道教的专家学者。这些专家学者中大多数是对道教有感情的，他们在会上交流自己研究成果的同时，也会为道教的未来发展建言献策，当然也有专家学者会指出道教存在的不足，提出中肯的意见。对此，道门中人要有宽广的胸怀，吸收并采纳其中合理的建议，并付诸于实实在在的有效行动。道教组织要及时出版研讨会的论文集，使大家的研究成果得到有效传播。同时，道教组织还要多关心和帮助道教学者或文人信徒专著的出版工作，充分调动他们研究道教文化的热情。因此，道教界组织召开的各类研讨会、出版的各类书籍，既传承了道教文化、扩大了道教影响，又团结凝聚了一大批道教学者和文人信徒，同样是加强道教文人信徒队伍建设的重要抓手。

　　综上所述，加强信徒队伍建设不仅关系到道教的自身建设、社会影响，而且也直接关系到道教的生存与发展问题，必须要引起道门自身的高度重视。当代道教，必须要把道教信徒队伍建设作为当前一项重要工作来抓，道教宫观组织和神职教徒要充分认识信徒队伍建设的重要性与紧迫性，要客观分析当前道教信徒队伍建设中存在的问题，深入探索道教信徒队伍建设的新思路、新方法与有效途径，稳步推进道教信徒队伍建设工作的有序开展，从而促进道教宫观管理持续健康发展。

道教宫观管理和现代制度的结合与创新

沈 岚*

摘 要： 为适应现代社会的发展，道教宫观管理也需要不断进行自我调整，从宫观组织架构、组织制度、管理理念、方法和模式上结合现代管理制度，寻找到与现代管理制度的结合与创新点，建立具有道教特色的发展理念和管理方法，力求在能够坚持信仰、继承传统的同时，探索一条适合当代道教宫观管理之路。

关键词： 道教 宫观 现代 管理制度

道教自创建以来，为了与所处的时代和社会相适应，总是会随着社会发展变化进行自我调整。进入现代社会后，各方面带来与传统社会的冲击，现代化管理理念的提出，对当代道教宫观的管理也产生了明显的影响，而宫观管理又直接影响着道教自身的兴衰与发展，找到适合当代社会道教宫观管理的方法和制度，是非常重要和紧迫的问题，在这一问题上，道教宫观也在不断进行有益探索，以找到与现代管理的结合与创新点，紧跟时代步伐，与社会发展同步前进。

---

* 沈岚，四川大学哲学硕士，浦东道教文化研究所副所长。

一、道教宫观组织架构的演进

道教自东汉时期创教以来，迄今已经有两千多年的历史。正一道士本不出家，其早期设二十四治，具体组织架构不详，及至出现宫观道士，但实则各道派之间亦无统一之宫观组织。宫观组织基本可以分为两类，一为十方丛林、一为子孙庙，传统的道教戒律和丛林清规，是道观的基本准则，保障了道观得以正常运行，道观传统的分级管理法，主要是指道教十方丛林的管理体制。道观的最高领导为方丈（住持）、监院，下设三都、五主、十八头和二十四大执事，分别负责道观日常工作和有关事务，这类分级管理法，在当今道观仍有沿用成为组织框架，但是随着人们生产生活方式的变化，道观功能发生了变化，来往人员增多，有许多诸如安全、环保、外事等新的内容，道观的传统管理方式从封闭型的内部管理走向综合性管理，面临着社会化管理的挑战。此外，在过去，道观内的一切事务均由道士管理，但在现代社会，道观基建、财务、人事、卫生等各方面工作增多，管理工作也进一步细化和专业化，出现了道士与职工共同管理道观的新模式，尽管所从事的工作和职责有所不同，但两者的思维方式和习惯等均有差异，道观在人员管理上也要比过去复杂，道观的收支也不仅限于过去的香烛捐献等，原先简单的财务收支管理已不能适应现在的财务，需要以规范的财务管理制度，运用现代化的管理方式。

为了适应时代的变化，道教传统的组织架构也在发生改变，以笔者所在的钦赐仰殿道观为例，就是在继承传统分级管理的基础上实行民主管理，成立了"管理委员会"，设置了宗教活动组、法物流通组、消防安全组、后勤管理组、财务管理组和宣道管理组等部门，各组都有具体管理制度，既有组长的职责和工作任务，又有相应的奖惩方法。在管理过程中，道观管委会管理各小组负责人，各小组负责人管理其下属成员，采取一级对一级负责的管理方式，使道观管理有序进行，道教活动正常开展。①

将传统的丛林清规和现代管理制度相结合，形成一种新的管理架构，已经成为很多道观的选择，组织架构的演变，使得道观有了进入现代社会的组织基础和制度保障。

二、道教宫观组织制度走向现代化

现代管理制度也为道观制度带来了改变，首先就是财务制度的改革，过去，宫观经济财务的管理无疑是丛林最重要的一项制度，设立的一些丛林职务，和财务有牵涉的名目繁多，监院、都管、库头、账房等等，都与财务或者多少与财务有关，自古以来，宫观的矛盾纠纷，大多数都是因庙产财政归属划分的争执而起，本来宫观的财务管理理应实现清楚透明，公正廉洁，但作为一个宗教组织，不可能完全与社会绝缘，而社会环境也不是一尘不染的，现代社会中宫观不可避免的会与社会经济多方联系，加之现代商业活动频繁，利诱极大，如仅靠管理人员的个人道德素质，而没有完善的法制、制度保障和监督，是无法保证宫观财务收支运行的，所以，现代会计制度和财务制度的建设，已逐渐在宫观中推行。根据现代管理的设置，当代宫观在原先传统的客堂、库房、账房等堂口基础上，建立了现代化的职能机构，设置会计、出纳等，成为经济运行的管理中心，同时设置了诸如宗教事务登记处、法物流通处等，以满足信

---

① 丁常云：《道教与当代社会——关于道教建设与发展问题的思考》，中西书局2018年版，第448页。

众的宗教需求，还有一些道观在自身发展的基础上设立慈善基金会等机构，使得功能更加多样化，通过现代化的管理手段，道观各个堂口和部门职能化更加明显，各部门的职责分工也更加明确，通过职能化的管理，逐步提高了道观组织机构管理的科学性和有效性，道观的整个管理过程也运转更加有效。

目前，宫观多引入现代财会制度，大部分宫观都建立了公开透明的财务核算制度以规范宫观的经济管理，保证日常经济运转，逐步提升宫观的现代化管理水平，同时在财务制度基础上建立好宫观的人事、考勤、仓库等规章制度，使得宫观管理更加合理化和规范化。

自2022年6月起，开始实施新的《宗教活动场所财务管理办法》，《办法》共十章五十五条，完善了宗教活动场所财务管理制度。《办法》规定，"宗教活动场所应当建立健全内部财务管理制度和财务管理机构，重大事项经场所管理组织研究决定；执行民间非营利组织会计制度，依法设置会计账簿，建立并妥善保管会计档案；制定收入预算和支出预算，各项收入存入单位银行结算账户，不得存入个人账户，并应当用于与本场所宗旨相符的活动，不得用于分配，不得用于国家法律法规禁止的领域、活动；制定资产管理制度，加强对流动资产、固定资产、无形资产、文物文化资产等的管理。《办法》明确宗教事务部门和财政部门的监管职责，以及场所财务人员、宗教教职人员、捐赠人和信教公民的监督权利。"[1]

只有建立健全并执行内部财务管理制度，对一些过时的不符合新要求的制度进行清理和完善，自觉接受政府宗教事务部门和信教公民的监督，才能更好地服务信教公民、服务社会。

---

[1] https://www.sara.gov.cn/bmgz/369726.jhtml，国家宗教事务局

值得一提的是，2017年3月15日，《民法总则》由第十二届全国人大第五次会议正式通过，并自2017年10月1日起施行。作为保护民事主体合法权益、调整民事关系的基本法律，它首次将宗教活动场所纳入法人制度范畴，构建了解决宗教组织从事民事行为和依法保护宗教财产的基础性制度。宗教法人制度的实施，也将进一步推动宫观管理现代化的进程。

三、宫观管理和现代制度结合的探索

1. 宫观管理理念的现代化

当前，道教正在进入转型期的时候，宫观所面对的社会观念在变，对道教来说，这是新鲜又陌生的事情，所以宫观的管理在新时期也需要提升，形势的压力使得道教要与社会的发展更加合拍，更好地走与社会主义社会相适应道路，当前已经进入了一个民主与法治的社会，宫观管理者首先就需要有宫观管理现代化的意识，转变过去传统的"平均主义""家长制""因循守旧""论资排辈"的管理观念，形成民主集中制和"以人为本"的管理理念。一方面，宫观管理者要加强道教本身教理教义的学习，道教宫观管理毕竟有过1000多年的历史，其中有很多经验和教训值得去吸收或加以改进，只有在历史中去看过去宫观是如何运转的，才能看到现在宫观还存在着哪些需要改进的地方，结合现代社会管理思想与经验，才能够对当下宫观管理提出有意义的见解，真正使得道教宫观的管理水平得到提升，让道教尽快地走上现代化的道路，实现与时代合拍的进程。另一方面，为适应现代管理方式，需要宫观管理人员系统学习一些管理学知识，积极学习现代管理制度，通过理论学习进一步加强管理理念，掌握管理技能，借助现代管理理念和方法，全面提升宫观管理的科学性和有效性，能够初步建立起道观管理体系的系统模型。

2. 现代管理模式的借鉴

传统的道观管理模式存在一定的局限性，在现代社会无法满足道观发展的需要，为了使道观发展与社会经济文化相适应，道观管理可以借鉴现代的一些管理模式应用于当代道观管理之中。根据当前的一些分类和实际运用情况，大约有以下几种模式的应用：

（1）社团义工模式。这一模式多应用在都市道观之中，随着道教的发展，道教居士队伍的扩大，对信众居士的引导和服务已成为道观管理的一项重要内容。在一些道观中已经引入了社团义工模式，将居士义工登记造册，按照个人情况与特长等分组，通过与社区社团等合作，定期举办相关活动和学习等，形成一个有组织的居士义工团体，这样在道观一些重大的法务活动和会务活动中，居士义工在不同的岗位上能够很好地保障道观各项大型活动的顺利开展。义工居士模式的引入和有序管理，使得道观管理更加合理规范，也促进了道观效率的提高，社团义工模式的采用，是道观现代化管理逐步完善的表现之一。

（2）公益慈善模式。由于宗教本身就具有的慈善理念和服务社会的需要，有一部分道观也引入了公益慈善模式，具体表现为道观慈善功德会的设立，慈善功德会模式一般是以善款、基金会为依托，以道观教职人员为指导，以居士群体为核心，以志愿者为基础，在民政局注册的慈善管理机构。这种类型的出现，作为宫观慈善事业的展开和服务社会的方式，也显示了宫观管理作为非营利事业机构的发展与政府政策、法规、管理方式关系密切。宗教公益慈善模式尚处于起步阶段，其制度也在逐步完善，在这种情况下，审计机制的建立和公开透明，能够接受社会各界的监督是践行公益规则，实现公益目的的保证。

（3）旅游管理模式。历史上，不少道观都在名山之中，但如今已成为旅游景区，一些道观则引进部分旅游管理模式，旅游业依托宫观而兴，宫观则借助旅游业提高自养经济、推动宫观的建设，在这种模式下，需坚持宗教场所第一，旅游景点其次；要特别小心对宗教文物和自然生态加以保护，一方面要依法保护好优秀的宗教文化，另一方面则要清除那些愚昧的，借宗教旅游为名出现的精神垃圾，避免借助宗教神圣的外衣，从中敛财，以使本末倒置，要通过科学规范的管理来解决神圣性与世俗化矛盾冲突问题，使可能导致的商业化、世俗化变得规范化、高雅化，这就要求管理者在实际操作中应做到定位合理，宗旨明确，措施得力。

3. 宫观管理方法的现代化

（1）强化制度化管理，是宫观健康发展的必由之路。在当今这个纷繁复杂的社会里，人们的思想觉悟已远远不如古人那样的单纯，以人管人的专制思想也早已不能适应社会的发展，因此，加强寺院的制度化建设，建立各项规章制度，已成为道观实行民主管理的一项必不可少的工作。依法对宫观的各项事务进行管理，是规范道观管理的根本保证。根据道观的实际情况，制定各项规章制度，包括财务制度、学习制度、岗位制度、卫生制度、档案制度等编印成册，公布上墙，做到职责明确，责任到人，奖惩分明。有了这些制度，才能从整体到局部、从共性到个性，或交叉、或平行地构成一个宫观的行政制度管理网络，为宫观制度化管理提供保证，营造活动有序、管理规范、安全整洁、生态环保的宫观环境。

（2）依法依规管理，是确保宫观管理有序发展的基本前提。对道教而言，教规是教职人员要遵守的清规戒律，无以规矩，不能成为方圆。按规办事，则宫观必治，必兴。而作为国家公民，遵守国法是基本的义务；要使得"有法可依、有法必依、违法必究"的思想原则深入到每个道众和职工的心中，定期学习相关宗教法规和宗教政策，促使大家共同遵纪守法、规范行为、团结合作，增强道观职工信众的法律意识和政策观念，才能不断提高教职人员和信教群众的国家意识、公民意识和法律意识，推动形成自觉学法、守法、用法的良好氛围，为宫观管理营造良好的法治环境，才能更好地运用法律维护宫观的合法权益，坚持正信正行，在法律法规允许的范围内开展宗教活动，善于运用法律武器维护自身权益，依法表达合理诉求，全面推进道观管理的制度化和规范化。宫观管理由规范化向制度化和法治化迈进，是与时俱进的要求，是道教加强自身建设，不断走向科学化、法治化水平的体现，也是加强自我管理、自我约束的具体表现。

（3）利用现代科技手段，提升管理效能。当代信息技术是现代化管理必不可少的，将这些技术应用到宫观管理之中也越来越普遍，如何将信息技术用好，以钦赐仰殿道观为例，道观应用了电脑网络和办公自动化技术，并开发出道观专用的光明灯登记和宗教事务登记程序，极大提升了工作效率，同时申请了道观微信公众号和微博号，用以发布道观各类法会报道及传播道教知识，方便信众及时收到道观信息和学习道教知识。宫观还配置了监控系统、广播系统等，在各殿堂和重要地方安装了摄像头并与公安联网，以及在广场设置公共广播设备，在重要法会时期可以播放道教音乐，以营造宗教氛围，还可以播报通知，并在遇到紧急情况时起到及时调度指挥的作用。道观还建立了现代化的道学讲堂，配备了投影、音响设施，可以承担各类会议的需要。此外，道观还安装了AED除颤设备、消防设备并组织道观员工学习使用，以提升应对突发事件的能力。这些现代科技的运用，在很大程度上促进了宫观管理的高效优化，提升了管理效能。

四、道教宫观管理现代化的一些思考

1. 当代道教戒律的调适。

中国道教在两千多年的发展历史中，清规戒律一直是维护道教信仰和实践传承的保证。道教清规戒律的律治精神、基本伦理价值观念和财富的公平处置观等方面做了高度的统一和管理示范，在当代，道教的清规戒律是有助于维持其自身神圣性而与一般管理相区别的重要部分。从现代道观管理来看，制度与戒律是相互依赖，缺一不可的。其中，制度是现代道观管理的一种手段，也是道观管理的基础，是一种"他律"的管理方法。戒律则是道教一种传统的管理模式，是一种"自律"的管理方法。因此，制度与戒律的关系应该是相互影响，也是相互促进、互为补充的。事实上，现代道观管理制度中有许多内容是与戒律相通的，都是规范道观的管理，规范道教徒的言行。有些制度甚至还是从戒律中引申出来的，是传统戒律在现代社会中的发展。我们应该看到，进入现代社会后，随着宫观以民主管理为主的宫观管理模式的改变以及一些社会问题的产生，当代道教需要对过去的戒律体系做一些调适，建立起在当下社会环境中能维持自身信仰及实践，利于团体秩序建设与和谐自然的戒律体系。

2. 在具体的宫观管理中需要准确定位，寻找抓手。

准确定位是实施有效管理的基础，宫观将自己定位为是香火庙还是学修的道场，不同的定位很大程度上会影响到宫观管理的具体实施和未来的良性发展，而随着社会和人们认知的发展，宫观管理时需认识到宫观不仅是宗教场所，亦是道教本身信仰、文化及思想价值观的传达与象征。"道教是中国传统文化的组成部分，而道教宫观又理应是中国文化传统的荟萃地，人们到道观去烧香参拜，应该既是宗教情感的满足，又要受到以此传统文化的熏陶"。[①] 意识到这一点，就决定了道教宫观在实际的管理中，须在管理的同时注重坚持宫观自身要求的文化属性，更进一步说，未来道教的发展趋势亦取决于宫观的发展，尤其是否重视文化建设。宫观可以深入挖掘宗教文化，找到自己合适的切入点和抓手，开拓思路，更好地运用道教中的哲学、文化理论和方法来指导实践，经过实践的一次次锤炼，从而形成更贴合当代道观实际、更具指导意义的共同价值理念，最终实现道观文化管理。

3. 完善宫观管理人才的培养机制。

宫观管理者的观念和整体素质，将直接影响整个宫观的管理，所以作为宫观管理者，首先要有信仰和品德，由于宫观现在面对的社会化事务越来越多，需要处理的各方面事务都要求宫观管理者有符合现代化管理要求的知识和才能，具备一定的处事能力和智慧，懂得处理好经济与行政事务，协调好传统戒律与现代化、法治化管理的关系，善于发扬传统管理方式的长处和运用现代化管理的成果，具备创新能力和应对挑战的勇气。这就要求在宫观管理组织层面完善选人用人机制，提升宫观管理人才培养层次，建立健全人才教育培养体系，创新体制机制，培育良好环境，制定和实施人才培养工程，以促进宫观组织人才素质的提高，既注重内部培养，同时吸引社会人才参与宫观管理，尤其在一些专业领域方面，以充实人才队伍，提升专业水平和工作效率。

虽然，当代宫观的管理模式，尚没有一定的标准，但追求民主

[①] 陈耀庭：《注意提高道观修复中的文化品位》，《上海道教》1997年第2期。

化、科学化、制度化和规范化的管理,是宫观管理向往的目标。当代宫观要在继承传统的同时,积极适应现代社会的发展要求,建立具有道教特色的发展理念和管理方法,发扬《道德经》中的崇高精神,坚定信仰,开拓创新、与时俱进,探索出一条适合当代道教宫观管理之路。

道教宫观管理与现代文明场所建设

成润磊*

摘　要： 明清之后，道教开始走向衰微。改革开放以来，道教宫观得到恢复，出现了空前的繁荣与发展。但是，随之而来的就是道教宫观管理，这是当前道教自身必须解决的重要问题。面对现代道教宫观管理，必须要注重信仰建设和文明场所建设，这些都是现代道观管理的重要内容。

关键词： 道观管理　信仰建设　文明场所建设

改革开放以来，道教宫观得到恢复开放，道教人才得到有序培养，道教事业得到快速发展。但是，道教面临的一项重要问题就是道观管理。从目前情况来看，道观管理还存在诸多问题，无论是管理能力、管理水平，还是管理意识，都没有跟上时代发展的步伐，这是当代道教必须要高度重视并加以解决的问题。道观管理必须要注重道教徒的信仰建设，必须要注重法制建设，必须要注重文明场所建设。

---

* 成润磊，上海浦东姚家庙管理组副组长。

一、现代道教宫观管理要注重信仰建设

现代道教宫观管理的内在因素,在于信仰建设,回归正信。中国道教协会第二届会长陈樱宁大师在《中国道教史提纲》提出"在教言教,按道教本来面貌弘扬道教"。目前在市场经济浪潮的冲击下,我国各地的道教宫观都不同程度的出现一些信仰淡化,注重世俗的倾向。如一些宗教界人士崇尚金钱,贪图享受,堕于修行,对于经学更是日益荒疏。这些现象应该在现代道教宫观的管理中加以重视。因为宗教中的主流神学会系统地为信徒提供对俗世与人生的指南或世界观,表达他们对政治、经济等各种人间制度的理解与态度,从而影响信徒与社会秩序之间的互动,一旦神学系统衰退,信仰带给人们的世界观便会偏离原有轨道,也会对宗教和社会产生消极影响。鉴于此,当代高道陈莲笙大师曾大声疾呼:"如何在改革开放市场经济形势下,保持道教的道风道貌以及规范道教徒的正信正行",并由此而发挥道教本土宗教的优势,更好的服务信众,传播正信,为社会主义事业添砖加瓦。这是当今道教宫观管理中必须贯彻的核心,也是现代道教宫观管理中必须要解决的重要问题。

其一,现代道教宫观管理要大力加强信仰建设,积极带领道教徒研习教义经典,发掘教义中的思想精华,丰富信众的精神世界,并将教义教规视为指导言行举止的准则,使广大信众回归其正信正行。这方面上海道教界进行了良好的实践,积极举办玄门讲经活动,还举办了高规格的道教学术论坛,还出版了当代道教研究等一系列道教学术专著,建设道教图书馆等等活动,这都是道教界开展以学习经典、坚定信仰、纯正道风为主要内容的道风建设活动的具体体现,并且收效甚好。但这仅仅是个开始,回归正信也不可能一蹴而就。因此,现代道教宫观的管理必须注重信仰建设,并坚持不懈地

努力、取得成效。

其二，现代道教宫观管理，不能闭门造车，保守在道教内部的小圈子里，而是应该各宗教之间加强对话与交流，增进相互间的理解与尊重。对话已成为当今世界人们所提倡的解决矛盾，提升自我的一种主要方式，对话是一种尊重，也是一种设身处地的理解，加强宗教之间的对话与交流，有助于化解各种宗教关系中存在的矛盾与冲突，有助于增进各宗教间的相互理解，也有助于推动宗教的发展和社会的进步。我国五大宗教中都包含着丰富的和平等理念，例如佛教提倡和合众缘的思想，主张众生平等，以宽容慈悲情怀对待他人和社会；道教讲求齐同慈爱，异骨成亲，和光同尘，敬重生命，关爱自然；基督教宣传其博爱思想，让信众爱人如己。现代道教宫观管理应该多进行宗教间对话与交流的底蕴，在和而不同的基础上互相学习、互相理解。

其三，现代道教宫观管理要引导信众积极参与社会主义和谐社会的建设。道教是中国本土宗教，在中国人的日常生活衣食住行中，都常常能看到道教的影子，虽然统计下来的道教信徒并不是中国各宗教中最多的，但是所谓百姓日用而不知，许多人对于道教有着一种朴素的信仰基础，不知不觉中都是潜在的道教信徒，这个人数当不在少数。这些人，他们既是信教群众，也是社会主义事业的建设者。因此，现代道教宫观管理，一定要引导他们参与社会主义现代化建设，使道教与社会主义社会相适应。道教教职人员，主要事务是带领信教群众进行各种宗教活动，但他们对广大信教群众的引领作用是其他部门不可替代的，在现代道教宫观管理中一定深刻认识到这一特殊性，从而带领信教群众做公益，做慈善，为祖国建设添砖加瓦。在现代道教宫观管理中，我们要努力发挥宗教教职人员的带动作用，调动广大信众的积极性，引导他们投身于社会建设，使之成为构建社会主义和谐社会的积极力量。

二、道教宫观管理要注重文明场所建设

当代道教宫观管理，必须要高举爱国爱教伟大旗帜，围绕中心，服务大局，以深化场所管理，加强自身建设，提供优良服务，开展社会公益慈善等方面为基础开展各项工作。

其一，道教宫观管理要注重和谐道观建设

（1）和谐道观建设要加强管理。管理组织主要成员要分工明确，统筹管理各项和谐道观建设活动。要从明确目标、突出重点、完善机制等方面制定整体规划，为和谐道观建设打好基础。（2）和谐道观建设要坚持政治学习。道教宫观要始终高举"爱国爱教"旗帜，坚持"中国化"方向，坚持与党和人民"同心同行"，是当代各宫观开展一切工作的基础和根本点。要高度重视开展政治学习，每月坚持开展道众政治学习会，学习党和国家关于宗教工作的系列部署。如遇到重大时政，和涉及宗教领域法规政策的颁布，要举行专题学习会，加大学习力度。要定期举行道观人员学习谈心会，主要领导与道众促膝谈心，沟通思想，肯定成绩，指出问题，提出要求，起到团结队伍、凝聚人心的作用。（3）和谐道观建设要加强法制学习。加强法制学习，以上海为例，每年六月"上海市民族宗教法制宣传学习月"，每年十二月第一周"宪法宣传学习周"是很好的学习机会，要组织道观人员学习有关宗教法规，密切联系实际，利用宣传板、电子屏、官方网站、微信公众号等宣传阵地向信众宣传宗教法规知识，引导信众提高"学法、懂法、用法"的能力。（4）和谐道观建设要在重点领域发力。例如财务管理。近年来，各宫观关爱社会、践行公益慈善力度不断加强，财务工作规范面临着新情况和新

问题，相应的制度和配套措施也需要得到调整和完善。财务管理可以以开支审批权限调整为着手点，从申报、复核、批准等各个环节严格把关，以"开源节流"为目标，完善现有财务和资产管理制度，加强会计核算，主动接受审计监督，进一步规范管理宫观内部各项资产，并及时向社会公布接受、使用捐赠情况。（5）和谐道观建设要有效关爱社会。在条件允许下，可以成立专业的慈善组织。开展各类公益慈善活动，注重对重大灾害的应急响应，参与对民族边疆地区的扶贫工作。公益活动中，要求会员和志愿者言行规范，身着统一制服，所有捐赠款项账目清晰，并定期张榜向社会公示。（6）和谐道观建设要以弘扬传统文化为目标。可以举办多种传统文化活动，为适应时代、发展自身，坚持中国化方向进行探索和努力，传递道教的正能量。积极开展道教理论研究，从不同角度对道教中国化方向的理念和举措进行思考和研究，作出符合时代进步要求的阐释。

其二，道教宫观管理要注重教风建设。当代道教教职人员必须以"政治上靠得住、学识上有造诣、品德上能服众、关键时起作用"为努力目标，以道教教义教规为依据，建立活动计划和规范措施，可以建立一些有特色、长效性的教风建设举措，从而使教职人员做到潜心修道，持守戒律，品德良好，教风优良。

道教为信众提供宗教服务尤其需要注重教风。要制定完善的坛场制度，法务制度，确保科仪道场的神圣性、庄严性，每坛法务道场圆满结束后，要征询斋主意见，尽心尽职。以上海为例，各宫观要严格执行道教协会颁发的"道教清规榜"和"道教教职人员着装规定"，组织学习讨论，启发自觉，恪守祖训，坚持信仰，用教规戒律规范自身的言行举止，端正道风道貌，克服各种不良的陋习，抵制职业化、商业化的不良倾向。

其三，现代道教宫观要注重民主化管理

现代道教宫观要注重民主化管理，方能凝聚人心，提高效率，更好为信众服务。管理组织成员要注重自身的日常学习和提高，坚持时事政治和道教文化的学习，注重研习道教经典，提高宗教造诣。在日常修道生活中，要遵守道门规戒以规范自己的言行和思想，在与教职员工的交流、交往过程中，要注重待人以诚，正信正行。

宫观管理组织要分工明确，职责明晰，要制定专门的细则，重大人、财、物、事安排均由班子集体研究，民主协商，形成共识。重大开支要集体讨论决定，每年要定期向信众公布财务收支情况，接受上级和信众监督。宫观管理组织主要成员要积极履职，增强大局意识、责任意识和团队意识。

现代文明场所建设是道教宫观管理的重要课题，加强和创新道教宫观场所管理，对做好新形势下的宗教工作具有关键意义。要深入总结道教宫观场所管理的好经验、好做法，不断探索道教宫观场所管理的新思路、新举措，把握规律，开拓创新，从推进依法管理，强化自我管理，探索创新管理等层面有所作为，努力促进道教宫观规范有序管理。

道教团体制度体系建设与创新发展

丁常云*

摘　要：加强道教团体制度体系建设，是确保道教团体组织规范运行的基本保证。一方面，当代道教组织，必须要大力加强内部管理制度建设，促进道教团体组织的规范管理，形成道教团体组织的自律机制。另一方面，时代的快速发展和社会进步要求，时刻助推着道教团体制度的创新发展，这就要求尽快建立道教团体管理制度的评估机制，建立道教团体制度建设的长效机制，促进道教团体组织的规范管理与健康发展。

关键词：道教团体　制度建设　规范管理　自我管理　创新发展

《宗教团体管理办法》规定：宗教团体是中国共产党和人民政府团结、联系宗教界人士和广大信教公民的桥梁和纽带。全国五大宗教都有数量众多的各级宗教团体组织，团结带领广大宗教徒爱国爱教，走与社会主义社会相适应的道路，发挥着不可替代的积极作用。同样，改革开放后各级道教团体组织也得到快速发展，发挥着团结、

---

* 丁常云，中国道教协会咨议委员会副主席，中国宗教学会理事，上海市道教协会副会长，《上海道教》杂志主编，浦东新区道教协会会长，浦东道教文化研究所所长，上海太清宫住持。

联系广大道教信徒的桥梁纽带作用,成为道教徒联合的爱国团体和教务组织。道教团体组织的建立,对于规范道教自身管理、培养道教人才和促进道教对外交流等方面发挥了重要的积极作用。但是,就目前道教团体现状来看,还存在诸多亟待解决的问题,需要道门自身进行研究与思考,提出解决的办法和对策。本文主要从加强道教团体组织制度建设出发,探索道教团体制度的规范管理、自我管理与创新管理,从而促进道教团体组织建设的规范、有序和健康发展。

一、大力加强道教团体制度体系建设

俗话说:"没有规矩,不成方圆",成功的团体组织必定会有健全的管理制度,反之亦然。依法制定规章制度,是道教团体内部的"立法",是现代道教团体组织建设的需要,是规范团体内部工作、提高部门工作效率的需要,更是确保道教团体规范运行的基本保证。当代道教团体,必须要大力加强内部管理制度建设,促进道教团体的规范管理,形成道教团体的自律机制。

(一)规范管理制度,促进道教团体规范管理。

制度建设是团体建设的重要内容,是促进道教团体规范管理的重要抓手。近年来,道教团体管理开始得到重视,无论是政府宗教部门,还是道教团体自身,都开始抓道教团体的制度建设,规范团体的有效管理。但是,由于种种原因,道教团体现状表明,制度建设仍然是严重滞后,除全国和部分省级团体相对比较规范之外,多数基层道教团体根本就没有完善的内部管理制度,即使有制度也大多流于形式,工作随意性大,人员流动性大,管理松散混乱,正常工作难以开展。有些道教团体的《章程》规定都不能执行,要么不作为，要么乱作为。这种现状，显然已经不能适应时代和道教自身发展的需要，也严重影响着道教团体作用的发挥，必须要花大力气健全道教团体组织规章制度，并坚持抓落实，而且要抓出成效。

1. 要建立健全道教团体各项规章制度。建立健全各项规章制度，对于规范道教团体组织管理非常重要。一方面，要建立团体组织的规章制度。国家宗教局原局长王作安指出：道教团体"要加强规范化建设，建立规章制度，健全工作机制，形成按制度、按程序办事的习惯，真正实现民主办教"。他还指出："对于管理混乱、软弱涣散、争权夺利的道教协会，要协助政府部门进行治理整顿"。① 这就是说，规范道教团体制度建设已成当务之急。根据道教团体组织特点，规章制度建设主要包括以下二大类：一是团体规章类，是对道教界有关重要事项和重大教务活动的具体办理、实施提出切实可行的措施，要求全国道教界和道教组织贯彻执行。比如，《关于全真派道士传戒的规定》是为了继承全真派传戒仪轨，规范传戒活动而制定的。②《关于道教散居正一派道士管理暂行办法》是为了加强对道教散居正一派道士的管理，维护散居正一派道士的合法权益而制定的。《关于正一派道士授箓的规定》是为了继承正一派授箓传统，规范授箓活动，健全教制仪规而制定的。③《道教教职人员认定办法》是规范道教教务管理，维护道教教职人员合法权益的规定。《道教宫观管理办法》就是为了加强道教宫观管理，维护道教界合法权益，

---

① 王作安：《中国道教协会第九次代表会议上的讲话》，《中国道教》2015 年第 3 期，第 8 页。
② 2015 年修订的《关于全真派道士传戒的规定》，《中国道教》2015 年第 3 期，第 51—52 页。
③ 2015 年修订的《关于正一派道士授箓的规定》，《中国道教》2015 年第 3 期，第 51—54 页。

保障道教活动正常进行，更好地服务信教群众而制定的。① 《道教宫观主要教职任职办法》是为了加强道教教制建设、促进宫观管理而制定的。② 《道教全真派冠巾活动管理办法》是为了加强冠巾活动管理，规范冠巾仪式而制定的。③ 上述这些办法和规定，都是道教团体的规章类制度，具有较强的规范性、严肃性和权威性。二是团体章程类。章程是道教团体用以说明该组织的宗旨、性质、组织原则、机构设置、职责范围等的纲领性文件，具有准则性与约束性的作用。《中国道教协会章程》就明确要求各地道教协会、道教宫观、道教院校和其他道教组织都要遵照执行。④ 另一方面，要建立团体部门规章制度。根据团体岗位工作要求，团体内部必须要制定相关管理制度，用以规范部门工作。国家宗教事务局公布的《宗教团体管理办法》明确规定："宗教团体应当建立健全内部管理相关制度，加强自身管理"。⑤ 根据道教团体组织特点，部门规章制度主要应该有：《人事管理制度》主要是用于团体内部教职员工的行动、办事方法、规定工作流程等一切活动的制度。《财务管理制度》主要是为了规范道教团体组织的财务行为，加强道教团体的财务管理，保障道教团体健康发展等制定的一系列规则。《教务工作管理制度》主要是为了规范道教教务工作，开展对于道教教务活动的研究，加强对道教团体和场所教务工作的指导。还有《研究工作制度》《外事工作制度》等，都

---

① 2015 年修订的《道教宫观管理办法》，《中国道教》2015 年第 3 期，第 46—48 页。
② 2015 年修订的《道教宫观主要教职任职法》，《中国道教》2015 年第 3 期，第 49—50 页。
③ 2015 年修订的《道教全真派冠巾活动管理办法》，《中国道教》2015 年第 3 期，第 54—55 页。
④ 2015 年修订的《中国道教协会章程》，《中国道教》2015 年第 3 期，第 43—45 页。
⑤ 国家宗教事务局令，第 13 号，2019 年 11 月 1 日审议通过，2020 年 2 月 1 日起施行。

是道教团体部门重要的规章制度，是保证道教团体内部工作正常运转的重要保证。但是，由于诸多原因，目前所制定的规章制度中，还有部分存在一些不足之处，有些条文还不够完善和规范，缺乏理论性、权威性和可操作性，难以发挥其教务工作的指导作用，还有待于进一步修改、补充和完善。

2. 要贯彻落实道教团体各项规章制度。贯彻落实各项规章制度，对于规范道教团体管理十分重要。一方面，要全面贯彻落实各类宗教政策法规。近二十多年来，全国各省（市）都陆续制定出台了地方《宗教事务条例》，成为我国地方性的宗教法规。2005年3月1日，国家层面也制定出台了全国性的《宗教事务条例》，成为我国第一部宗教法规。其间，又经2017年6月修订，2018年2月1日起施行。其内容包括：总则，宗教团体，宗教院校，宗教活动场所，宗教教职人员，宗教活动，宗教财产，法律责任，附则等共九章内容。其目的就是为了保障公民宗教信仰自由，维护宗教和睦与社会和谐，规范宗教事务管理，提高宗教工作法治化水平。① 还有2020年2月1日，国家宗教事务局出台并施行的《宗教团体管理办法》，是为了规范宗教团体管理，促进宗教团体健康发展，积极引导宗教与社会主义社会相适应，根据国家社会团体管理和宗教事务管理有关规定而制定的法规。上述这些宗教政策法规，是目前宗教领域内最全面、最权威的宗教方面的法规，是规范宗教活动，保护宗教合法权益，促进宗教事业健康发展的行动指南。道教团体必须要认真组织学习，深入领会其精神实质，在工作中全面贯彻落实。同时，还要积极组织道教宫观和教职人员认真学习贯彻，实现宗教政策法规贯彻落实常态化，使之贯穿于日常工作与生活之中，成为广大道教徒自觉遵

---

① 新修订《宗教事务条例》释义，第177—197页，宗教文化出版社2018年版。

守的行为准则。另一方面，要贯彻落实团体《章程》和规章制度。道教团体的《章程》是经全体代表会议讨论通过的，它就是团体组织内部的法律，是各级道教组织和道教徒必须遵照执行的。团体的《章程》必须要组织学习，使广大道教徒都能够熟悉和知晓，便于在日常工作中自觉遵守。对于道教团体组织来说，更应该严格按照《章程》规定开展工作，《章程》对于团体宗旨和工作任务都有明确规定，对于团体班子成员的权利、义务也有明确要求，班子成员在享受权利的同时，必须要承担相应的义务，完成《章程》规定的工作任务，否则就是不称职、不作为。当然，对于《章程》没有规定的也不要乱作为。为保证团体《章程》的贯彻落实，应该考虑设立团体的监事组织，全程监督团体成员的工作情况，对于不称职、不作为的成员要给予批评、警告、撤职等处罚。同时，团体成员还要自觉遵守团体内部规章制度，积极带头，以身作则，成为遵规守法的模范，在团体内树立正气，在道教界树立榜样，从而引领宫观组织和道教徒自觉贯彻落实各项规章制度。

（二）规范管理制度，促进道教团体自我管理。

制度建设是团体建设的重要内容，是促进道教团体自我管理的重要抓手。国家宗教局原局长王作安指出："要支持和推动宗教团体建立健全各项规章制度，搞好自我管理"。[①] 自我管理是一种现代管理的有效途径，是时代发展进步的标志。然而，自我管理必须建立在高度自觉的基础上，需要管理者具有较高的人格魅力和管理能力，否则自我管理就难以实现。道教团体是一个有宗教信仰的团体组织，本身就应该有自我管理的基础。但是，道教现状表明，道教的自身建设明显滞后，道教团体的制度建设明显缺乏，团体组织官僚作风

---

① 王作安：《中国的宗教问题和宗教政策》，宗教文化出版社2012年版，第315页

严重、高高在上，脱离信教群众，缺乏凝聚力、向心力，导致道教团体自我管理能力不足。这就需要努力提高自身修持，培育团体组织成员的道教情感和奉献精神，需要大力加强戒律建设，重建新时代道教团体的规戒制度，促进和完善道教团体的自我管理。

1. 要努力提高道教团体成员自身修持。提高团体成员的自身修持，对于促进团体自我管理意义重大。一方面，要努力培育道教团体组织成员的道教情感。道教情感是指对自己所从事的道教工作所具有的稳定的态度和体验。有强烈道教情感的人，能够从内心产生一种对道教事业的无比崇拜和敬仰，表现出强烈的责任心和积极的工作态度，从而更加激发出自身的工作潜能，更加热爱自己所从事的道教事业和工作岗位。而有消极道教情感的人，往往较多地考虑个人得失和物质待遇，对工作怀着消极的态度，表现为混日子，得过且过，缺乏上进心和责任心。消极的道教情感无疑会对道教工作产生负面影响，严重制约着道教团队建设，影响着团体成员的积极性，必须要果断纠正这种不健康的心理情感。因此，我们要在道教团体组织中大力培养道教情感，而培养道教情感必须要从深入学习道教历史文化开始。道教文化博大精深，是中华文化的重要组成部分，老子《道德经》被誉为东方文化的智慧宝库，被世人所崇敬和重视。优秀的文化吸引着优秀的人才，道教团体组织需要不断引进对道教有情感的社会精英，充实团体班子力量，不断提高团体成员的自身素养。另一方面，要努力提高道教团体组织成员的奉献精神。奉献是一种无私的给予和呈献，奉献精神是一种爱，是对自己事业的不求回报的爱和全身心的付出。历史上，基督教传教士不远万里来到中国，传播基督宗教信仰，他们以传教工作为天职，不顾过个人得失，不顾生命安危，全身心投入到传教工作中，甚至把一生都奉献给教会，为的就是一种信仰和一个目标，这就是基督徒的奉献精神。倪文君于 2011 年翻译出版的《来华基督教传教士传记丛书》，就记录了 1867 年前所有来华传教士的传记资料，共收录来华基督教传教士 338 位。① 他们历经坎坷，为的就是完成传教使命，这种责任和担当是值得我们道门中人学习的。道教虽然没有公开传教的做法，但是有"随方设教，历劫度人"的传统，作为道教团体班子成员必须要有一种奉献精神，要本着对道教事业高度负责的态度，认真做好道教团体组织的各项工作。因为，奉献精神就是一种力量，是促进道教团体组织自主管理的力量源泉。

2. 要大力加强道教团体规戒制度建设。加强规戒制度建设是促进道教团体组织自我管理的重要抓手。一方面，要注重对传统道教戒律的学习和研究。戒律是道士修真必须遵守的戒条和法规。奉戒的目的是禁制"恶心邪欲"，不令放逸。② 戒律是道教内部的法律，对于道教徒来说具有绝对的权威性。现代道教团体组织所制定的民主管理制度，更多强调的是一种被动式的管理，缺少自主的、自觉的管理意识，是一种"他律"行为。而戒律则不同，虽然也有管理的内容，但是却往往与信仰紧密联系，具有很强的"自律"意识。道教团体要实现自我管理，就必须要加强对传统戒律的学习和研究，不断提升团体成员的道教信仰和戒律修持，实现道教团体的管理从"他律"向"自律"发展，最终实现道教团体组织的自我管理。另一方面，要重建新时代道教团体的规戒制度。道教团体的自主管理，是一种自觉的意识行为，必须通过重建新时代道教团体的规戒制度来完成。道教历史表明，道教戒律的建设与教团的兴衰紧密相连。明代时期，道教曾一度出现衰微之象，四十三代天师张宇初很快意

---

① 伟烈亚立著、倪文君译《来华基督教传教士传教丛书》，广西师范大学出版社 2011 年版。
② 任继愈主编《宗教大辞典》，上海辞书出版社 1998 年版，第 385 页。

识到道教所面临的危机，思图整顿革新。他针对当时道教戒律松弛、道风不正的问题，撰成《道门十规》，以"激励流世，昭宣圣制，永为奕世绳规"。① 他从加强教内规戒入手，继承全真教风，清整戒律清规。针对当时道教组织松散、戒律松弛之弊，张宇初提倡初期全真派教风，强调恪守清规戒律，戒律自然就成了明代道教振兴与发展的重要抓手。近年来，中国道教协会也开始重视戒律修持，并积极探索开展教风建设，专门制定了《关于道教协会和宫观负责人带头加强道风建设的若干意见》，从虔诚奉道、学修并进、持守规戒、道相庄严、如法如仪、规范管理、生活简朴、服务信众、率先垂范等方面做了规定，强调要求："发挥道教协会和宫观负责人在加强教风建设方面的表率和示范作用"。② 同时，还制定了《道教宫观规约》，共计二十条，类似于传统的清规榜。其目的是"为阐扬道范，丕振玄风，使务道之士知所依止，中国道教协会商诸山大德，特制订《道教宫观规约》。"③ 上述规约制度的制定，应该是现代道教戒律建设的良好开端，道教团体班子成员要率先垂范，严格遵照执行。当然，随着时代的快速发展，重建道教团体的规戒制度也必须要提上议事日程，这是新时代道教团体组织自我管理的迫切需要。

二、积极推进道教团体制度体系的创新发展

当前，随着我国现代化社会的高速发展，道教团体组织制度建设也要紧跟时代步伐，适应社会进步的要求。道教团体主动预见未来，实现创新发展，这是明智之举，但从另一角度看，也是无奈之

---

① 《道藏》第 32 册，第 147 页。
② 《关于道教协会和宫观负责人带头加强道风建设的若干意见》，《中国道教》2015 年第 3 期，第 58 页。
③ 《道教宫观规约》，《中国道教》2015 年第 3 期，第 57 页。

策。时代的快速发展和社会进步要求，已经开始倒逼着道教团体组织的创新发展。因此，实现道教团体制度体系的创新发展，必须要建立道教团体制度体系的评估机制，建立道教团体制度体系的长效机制。

（一）实现创新发展，建立道教团体制度体系的评估机制。

所谓"评估"，是指评价估量。对于工作的评估，则是根据工作分析的结果，按照一定的标准，对工作性质、强度、责任、复杂性以及所需的任职资格等因素的差异程度，进行综合评估的活动。比如，教育评估机制就是指各级教育行政部门或者经过教育行政部门认可的社会组织，对学校及其他教育机构的办学情况、办学质量、办学条件等方面，进行综合的或者单项的考核和评定的制度。可见，评估机制本身就是一种监督机制，其目的就是为了不断提高自身的工作水平和工作成效。道教团体组织同样需要评估机制，同样需要有主管部门的考核和评定。就目前道教团体来看，由于缺乏自身的监督机制，团体内部"组织松散、制度不严、作风不实、效率不高"的现象长期存在，工作中还出现"拉帮结派，勾心斗角，以权谋私、任人唯亲"等不良现象。国家宗教局原局长王作安要求：坚决整顿长期内争、软弱涣散的领导班子，共同抵制不良风气。[①] 这些问题的存在，严重制约了团体的自身建设，影响了团体成员的积极性。因此，建立道教团体组织管理的评估机制，必须要借鉴社会团体管理先进经验，建立符合道教团体自身的评估办法。

1. 要借鉴社会团体组织管理先进经验。充分借鉴社会团体管理先进经验，是建立团体管理评估机制的重要依据。道教团体属于社

---

① 王作安：《在中国道教协会第八次全国代表会议上的讲话》，《中国道教》2010年第3期，第7—8页。

会团体组织，是依据《社会团体登记管理条例》进行登记的，该条例明确规定了社会团体登记管理机关（政府民政部门）和业务主管单位（政府宗教部门）对社会团体监督管理的职责。[①] 道教团体应该主动接受民政部门和宗教事务部门的监督管理。就目前道教团体组织来看，还不是一个现代社团组织，或者说还不符合现代社团组织的要求，在内部管理体系、会员权利义务、法人治理结构、社会服务规范等方面尚未实现现代转型，难以担负起道教治理体系的核心地位和重要功能。因此，借鉴社会团体管理先进经验很有必要，具体可以从以下二个方面开展：一是要严格遵守《社会团体登记管理条例》，按照条例有关规定开展道教工作，依法维护道教团体的合法权益。社团条例规定，社会团体的定性为"非营利性社会组织"。这就是说，包括道教团体在内的所有社会团体都不得从事营利性经营活动，但这里的营利性经营活动主要是指"不得以社会团体自身的名义进行经营活动"。同时，还规定道教团体应在其章程规定的业务范围内进行活动，而不能超越其经核准的章程，擅自扩大业务活动范围，这是依法管理道教团体的根本要求。二是要学习借鉴社会团体管理经验，规范道教团体的内部管理。现代社会团体管理具有系统性、民主性、科学性、法制性、人本性、效率性等特征，道教团体可以借鉴学习。其中，系统化是指管理是一个系统工程，道教团体管理者必须要提高管理工作的系统意识，具备系统的管理科学知识，提升整体把握和系统分析的能力。民主化是指在道教团体管理中，管理者需要适应社会发展的趋势，贯彻现代民主思想，杜绝团体个人的专断行为，使道教团体管理民主化，有利于发挥组织成

---

① 国家宗教局政策法规司编《宗教工作法律知识答问》，第 56 页，宗教文化出版社 2008 年版。

员的积极性和创造性。科学化就是要求道教团体管理必须走科学化道路，要以科学的理论和方法为指导，运用科学的技术手段来进行管理，以提高道教团体管理的效率。法制化是强调道教团体的管理要运用完善的法律制度来进行，道教团体与其他社会团体组织具有同等的法律地位，依法治教已经成为道教团体管理的必然趋势。人本化是强调管理中人的重要性，道教团体的管理在本质上是要发挥人的积极性，根据人的特性和需要进行管理就成为道教团体管理能否成功的关键。效率化是现代管理活动的基本要求，提高效率也是改进道教团体管理的一项重要任务，要通过提升效率来改变道教团体工作效率低下的弊端。可见，现代社会团体有着丰富的管理经验，道教团体组织必须要认真学习、积极吸取，充分运用到道教组织实际管理工作中来，只有充分吸收现代社会团体组织先进的管理理念和经验，实行对道教团体组织的规范管理，才能很好的建立起道教团体管理的评估机制，促进现代道教团体组织管理的新发展。

2. 形成道教团体组织自身的评估办法。逐步形成符合团体自身的评估办法，是建立道教团体管理评估机制的有效途径。对于道教团体工作的评估，还是一个新事物，这是现代社会发展的产物，还需要道门中人的高度重视，统一思想，形成共识。当前，我们道门中人要有忧患意识、大局意识，以等不起的紧迫感、慢不得的危机感、坐不住的责任感，自觉想事、干事，齐心协力，不断提高工作质量和工作水平，着力形成思想统一、目标明确、务实高效的工作新格局。为此，要建立符合团体自身的评估办法，重点做好以下三个方面工作：一是由政府民宗部门牵头，建立定期评估机制。根据评估办法和指标体系，以专业评估机构第三方评估为主，结合"道教团体、道教宫观、信教群众"的内部评估，加权平均后确定综合分数以确定相应等级，在此基础上建立道教团体专题数据库和绩效检测系统。二是建立团体评估内容要求，形成书面评估等级。根据道教团体特点，主要从"思想意识、责任意识、工作能力、工作成效"等方面来进行评估：思想意识方面，重点考评"思想统一、目标明确、进取精神、工作定位"等内容，要增强使命感和责任感，强化大局意识、忧患意识、争先意识，做到思想上与时俱进、工作上加压奋进，努力在新起点上实现新突破；责任意识方面，重点考评"负责任、有作为、有担当"等内容，责任是分内应做的事情，也就是承担应当承担的责任，完成应当完成的使命，做好应当做好的工作；工作能力方面，主要考评"执行能力、执行标准、执行速度、执行力度"等内容，要树立积极正确的工作态度，提高主动、积极、高效的工作能力；工作成效方面，重点考评"任务完成情况、完成质量、完成时间"等内容。同时，还要确立清晰的测评内容、测评要素和标准、测评程序等，确保考核评估机制公正合理。三是要将评估结果向社会公开，接受社会和信徒的监督。政府宗教部门可以在每年的年底发布道教团体自身建设工作情况报告，对于团体所做的工作进行客观分析评估，在肯定成绩的基础上，指出工作中存在的不足之处，以接受社会监督的方式来促进道教团体的转型发展。

（二）实现创新发展，形成道教团体制度体系的长效机制。

所谓"长效机制"，是指能长期保证制度正常运行并发挥预期功能的制度体系。长效机制不是一劳永逸、一成不变的，它必须随着时间、条件的变化而不断丰富、发展和完善。同样，只有建立道教团体组织的长效机制，才能保证道教团体长期的、健康的有序发展。由于历史等诸多原因，道教团体建设与社会发展严重脱节，自身建设和管理工作严重滞后，其管理理念和管理水平，已经不能适应时代与道教自身发展的需要，与社会团体和其他宗教团体相比，更是差距甚多。道教团体组织结构不合理、管理机制混乱等问题还没有得到根本解决。更令人担忧的，道教团体组织成员还没有意识到问题的严重性，仍然是自我感觉良好，小富即安、得过且过，既无长远规划，又无现实策略。因此，建立道教团体制度建设长效机制已成当务之急，必须要大力加强团体组织新型人才队伍建设，建立道教团体组织发展的共同愿景。

1. 加强道教团体组织新型人才队伍建设。加强团体组织新型人才队伍建设及其梯队建设，是形成道教组织团体制度建设长效机制的重要基础。根据道教团体创新发展的组织定位，比对当前道教团体组织的人才断档困境，必须以制度化、规范化、专业化为目标，着力加强道教团体新型人才队伍及其梯队建设，才能更好地发挥道教团体组织的功能作用。根据道教团体组织特点，具体建议如下：一是要建立科学的培育体系，全面优化新型人才队伍结构。道教团体要注重培养四支队伍：一支有战略眼光、运筹帷幄、驾驭全局的决策队伍；一支贯彻团体组织重大决策，精通管理的骨干队伍；一支有敬业精神、一专多能的专业人员队伍；一支兢兢业业、务实能干的工作人员队伍。同时，还要针对各类人才的不同特点和成长规律，进行分类指导和培养。在团体组织中形成尊重知识、尊重人才的环境氛围，要吸引高素质、高层次人才进入团体队伍。还要按照管理型人才、教务型人才、研究型人才培养机制和晋升渠道，确保人才队伍的相对稳定。二是建立合理的用人体系，创造有利于人才成长的良好环境。一方面，要创造人才有所值的新环境。大力改善人才的生活、工作条件，重视解决人才待遇问题。鼓励大胆创新，实施对突出人才的特殊奖励办法。另一方面，是创造事业留人的新环境。团体负责人要从道教事业发展大局出发，甘做引路人，勇当铺路石，做人才成就事业的导师。同时，还要创造感情留人的新环境。团体负责人要把稳定人才队伍作为工作的重点来抓,要与人才队伍加强沟通,架起感情桥梁,凝结起感情纽带,创造留人拴心的良好环境。三是建立绩效考评体系,强化对人才的激励措施。要注重人才使用的激励机制和约束机制,增强人才"有作为才有地位"的观念。要根据道教团体实际、制定完善绩效考核制度,建立有效的晋升制度与灵活的激励机制,体现公平公正原则,使奖励、晋升发挥应有的激励作用。因此,加强团体组织新型人才队伍建设,归根结底就是为了道教事业的发展,为了提升道教团体组织的管理能力和水平,形成道教团体建设的长效机制。

2. 建立道教团体组织发展的共同愿景。建立道教团体班子成员的共同愿景,是形成道教团体组织建设长效机制重要手段。共同愿景是美国学者彼得·圣吉提出来的,就是指组织中所有成员共同愿望、理想或目标,并且这种愿望、理想或目标表现为具体生动的景象。[①] 来源于成员个人的愿景而又高于个人愿景。建立在共同价值观基础上,是对组织发展的共同愿望,并且这个愿望不是被命令的,而是全体成员发自内心想要争取、追求的,它使不同个性的人聚在一起,朝着共同的目标前进。道教的团体组织也需要这样的共同愿景,需要团体班子成员真心地、自愿地、积极地朝着一个共同的目标前进,具体可以从以下几方面推进:一是要确立道教现代发展的共同愿景,努力使中国道教成为具有国际影响力的道教。道教组织的这个愿景,具有一定的气魄和诱人的特性,它给人以希望,给人以激励。但是,共同愿景不是商品,不可能是我付出,你获得。而是组织成员"心中觉得必须为愿景的实现负完全责任"的一种奉

---

① 张声雄主编:《第五项修炼》导读,上海三联书店2001年版,第115—116页。

献。① 也正是如此，具有国际影响力的道教才能够成为全体成员发自内心的共同愿望。二是确立道教国际影响力的价值观，明确团体成员努力奋斗的方向。价值观对人的动机有导向作用，人们行为的动机受价值观的支配和制约。能够实现道教愿景的价值观，自然可以助推团体班子成员去努力实现。价值观与愿景有很大相关性。从某种意义上说价值观不同，追求的愿景就会不同或至少具体实现这种愿景的方式途径会不同。团体负责人为感召大家投入到愿景中去，必须要动员班子成员为实现价值目标而全身心地奉献。三是确立道教国际化是当代道教徒的使命，明确团体成员的责任与担当。只有具有使命感的团体成员才可能创造出巨大效率和效益，才可能有持续的内在动力。为完成这一神圣使命，作为道教团体负责人需要身体力行，以自己的言行实践为大家树立榜样，以此激励团体组织来共同完成。四是推动实现道教国际化的最终目标，明确制定相关实施方案。目标是人们期望在一定期限内所达到的里程碑，这一目标就是为了实现道教国际化的共同愿景。要实现这一愿景，就必须大力加强道教自身建设，全力推进道教的现代转型与创新发展，为实现道教团体共同愿景打好坚实基础。在团体班子成员中，要把众多具有共同愿景的人结合起来，才能发挥出巨大的创造力，并为努力实现团体组织的共同愿景而努力。我们要把理想变成愿景，把愿景变成现实，通过不懈努力来实现这一共同目标。可见，道教的愿景是道教徒希望共同创建的未来景象，道教的目的或使命是道教组织存在的根源。只有建立起道教团体组织的共同愿景，使之与道教事业的发展融为一体，才能有效地解决道教团体制度建设的长效机制，激励道教团体组织和广大道教徒为之努力奋斗。

---

① 张声雄主编《第五项修炼》导读，上海三联书店 2001 年版，第 115 页。

综上所述，当代道教要以"制度建设"为抓手，以"创新发展"为目标，稳步推进道教团体制度体系建设与创新发展。一方面，要进一步规范道教团体制度体系，实现自我教育、自我管理，建立自我约束、自我监督机制。另一方面，要尽快建立道教团体制度体系的评估机制，形成道教团体制度体系的长效机制，建立道教团体发展的共同愿景，加快推进道教团体制度体系的创新发展。只有这样，才能更好地促进道教团体组织的规范管理与健康发展，才能更好地发挥出新时代道教团体组织应有的时代价值。

道教团体要积极践行道教中国化

张　欣[*]

摘　要：道教中国化是时间而非空间概念，其本质是道教的现代化。道教团体在推进和践行道教中国化的过程中发挥着不可替代的重要作用。以社会主义核心价值观为引领，发挥道教团体的核心和主体作用，传承爱国主义优良传统，不断加强道教团体自身建设，努力创新道教教义思想是践行道教中国化的重要内容。

关键词：道教团体　道教中国化　传承爱国主义　加强团体自身建设　创新道教教义思想

2015 年，习近平总书记在中央统战工作会议上指出："积极引导宗教与社会主义社会相适应，必须坚持我国宗教中国化方向。"2016 年，在全国宗教工作会议上，习近平总书记再次指出："积极引导宗教与社会主义社会相适应，一个重要的任务就是支持我国宗教坚持中国化方向。"因此，道教团体要坚持宗教中国化方向，积极践行道教中国化。

---

[*] 张欣，厦门大学哲学博士，上海市道教协会文化研究室副主任，《上海道教》执行编辑。

根据《宗教团体管理办法》的规定，宗教团体是"信教公民自愿组成，为团结信教公民爱国爱教、促进宗教健康发展，按照其章程开展活动的非营利性社会组织"，"是中国共产党和人民政府团结、联系宗教界人士和广大信教公民的桥梁和纽带"。因此，道教团体是由道教徒自愿组成的，按照道教团体章程开展活动的爱国爱教的非营利性社会组织，是党和政府团结、联系道教徒及广大道教信众的桥梁和纽带。在推进和践行道教中国化的过程中，道教团体发挥着不可替代的积极作用。以社会主义核心价值观为引领，发挥道教团体的核心和主体作用，传承爱国主义优良传统，不断加强道教团体自身建设，努力创新道教教义思想是推进道教中国化的重要内容。

一、道教中国化的内涵及任务

坚持宗教中国化方向是当代道教生存和发展的基础，推动道教中国化是当前道教工作的重要课题。习近平总书记在十九大报告中指出，"中国特色社会主义进入新时代，这是我国发展新的历史方位"。只有坚持宗教中国化方向，积极践行道教中国化，才能契合我国社会发展新的历史定位，才能适应当代社会发展需要，开启新时代道教事业新华章。

宗教中国化包括时间和空间两个维度的考量，是一个动态的过程。坚持宗教中国化，从时间维度上来说，就是要实现宗教的"现代化"；从空间维度上来说，就是要实现宗教的"本土化"。1963年陕西宝鸡县贾村镇出土了西周早期的青铜器"何尊"，其铭文中出现了目前所见最早的"中国"一词。在我国古代，"中国"一词包括有多种涵义，如《史记·五帝本纪》述曰："夫而后之中国，践天子位焉。"《韩非子·孤愤》记曰："夫越虽国富兵强，中国之主皆知无益于己也。"《史记·天官书》载曰:"其后秦遂以兵灭六国,并中国。"其中的"中国"分别以京师、中原地区、当时中国的全部疆域为意。因此,在古代,"中国"主要是一个地理概念,而非国号称谓。

道教作为我国土生土长的传统宗教,创立于中国之境内,发展于中国之境内,其空间维度的"中国化",自创立以来便无任何疑义,因此道教"中国化"的内涵主要是时间概念,而非空间概念。

从时间维度看,中国是一个拥有悠久历史的国度,不同的历史时期有着不同的称谓,如唐朝的正式国号为"唐"、宋朝的正式国号为"宋",清朝的正式国号为"清",清朝结束至中华人民共和国成立前的国家正式称谓为中华民国,当代中国的国家正式称谓为中华人民共和国。尽管中华民国和中华人民共和国都简称"中国",但体现"宗教中国化"时代特征的"中国"必然指的是当下的中国,而非中华民国,更非唐宋元明清等历史上的"中国",否则其时代特征何以彰显?因此,梳理历史,可以发现,道教中国化的内涵主要是指道教的现代化,本质是通过对教理教义的革新,对其进行符合时代需要的新诠释,推动道教与时俱进,不断适应历史发展状况。

道教正是通过积极适应各历史阶段的社会状况,才得以绵延数千年而不匮绝。道教数千年的发展史就是与时俱进、积极适应各时期社会状况的演进史。道教中国化构成了道教绵延不绝、持续演进的内生动力。道教中国化是当代道教发展的必然结果。当代道教只有坚持中国化方向,积极适应中国特色社会主义发展要求,才能把握正确的发展方向。

坚持中国化方向涉及道教的各个方面,中国道教协会会长李光富曾指出,道教坚持中国化方向重点要做好七个方面的工作:建构现代道教教义思想体系、建构现代道教清规戒律体系、建构社会服务新模式、坚决治理商业化问题、建构现代道教组织管理模式、培养高水平的道教人才队伍、积极开展对外交往交流。当代道教坚持中国化方向，推动各方面工作的开拓创新，首先需要认识和把握当代中国的基本情况，在当代中国发展进步中找准自己的定位。习近平总书记指出："要牢牢把握社会主义初级阶段这个最大国情，牢牢立足社会主义初级阶段这个最大实际。中国特色社会主义是改革开放以来党的全部理论和实践的主题。中国特色社会主义进入了新时代，这是我国发展新的历史方位。实现中华民族伟大复兴是近代以来中华民族最伟大的梦想。"这是当代中国的基本国情和时代特征。道教坚持中国化方向，适应当代中国的发展进步，离不开对当代中国基本情况的认识和把握。只有正确把握当代中国的国情，道教发展才能"返本开新"，不断开拓前进。

二、践行道教中国化，道教团体必须积极传承爱国主义优良传统

爱国爱教是道教的优良传统。道教经典中所倡导的"佐国扶命""忠孝神仙"等思想，是爱国主义与修真成仙相联系的理想追求，是道教徒不断提升信仰境界的重要指引。在数千年的发展历程中，道教始终坚持爱国爱教的优良传统，为各历史时期的国家发展和繁荣稳定作出了积极贡献。东汉末期，天下大乱，张道陵祖天师创立正一盟威道，济世利人，努力救民于水深火热；金元时期，各方混战，丘处机祖师万里西行、一言止杀，使万民幸免于屠戮；在革命战争年代，武当山、茅山、华山等地的道教徒，积极参加革命斗争，为中华民族的独立与解放奉献力量乃至生命。

践行道教中国化，道教团体首先必须传承、弘扬爱国主义优良

传统。中国特色社会主义新时代，道教爱国爱教的优良传统被赋予了新的内容和要求。习近平总书记强调："实现中华民族伟大复兴的中国梦，是当代中国爱国主义的鲜明主题。要大力弘扬爱国主义精神，大力弘扬以改革创新为核心的时代精神，为实现中华民族伟大复兴的中国梦提供共同精神支柱和强大精神动力。"

传承、弘扬爱国主义，一方面要认真学习贯彻习近平新时代中国特色社会主义思想，以社会主义核心价值观为引领，把爱国主义精神贯穿于新时代的道教教义思想体系、戒律体系、人才建设、道风建设、宫观管理等各个方面。道教团体应深入学习并积极贯彻落实中国道教协会《坚持道教中国化方向五年工作规划纲要（2019—2023年）》，积极适应新时代的发展要求，不断激发道教界人士的爱国情怀，自觉抵御境外的宗教渗透，自觉维护社会和谐、宗教和睦、民族团结和祖国统一，推动道教更好地与我国社会主义社会相适应。另一方面，要充分发挥桥梁纽带作用。我国宪法明确规定："中国共产党领导是中国特色社会主义最本质的特征。"坚持道教中国化方向，就必须自觉接受和坚决服从党的领导，拥护社会主义制度，尊重宪法和法律权威，将自身修行与社会主义建设事业和中华民族伟大复兴相结合，在弘扬道法和优秀传统文化的过程中维护宗教和谐、民族团结、促进祖国统一，自觉增强"四个意识"，坚定"四个自信"，做到"两个维护"，始终在思想上、政治上、行动上同党中央保持高度一致，积极贯彻落实党和政府对宗教工作的新要求，探索道教适应新时代、服务新时代的有效路径和方法，引导和教育信教群众增强对中国共产党的认同、对中国特色社会主义的认同，积极投身于中国特色社会主义伟大事业，为我国强国建设和中华民族伟大复兴贡献力量。

三、践行道教中国化，道教团体必须不断加强自身建设

践行道教中国化，需要将时代精神融入道教团体自身建设，"内强素质"，推进道教团体治理理念、治理方式和团体制度建设、组织建设的现代化，提高教职人员的信仰水平和综合素质；"外树形象"，加强道风建设，明确团体自身职能定位，积极发挥桥梁纽带作用。

1. 培育适应中国特色社会主义发展要求的教职人员队伍。践行道教中国化，离不开坚定的文化自信。道教是中华优秀传统文化的典型代表之一，道教团体要继续承担起这一历史重任，就必须坚持道教中国化方向，坚持道教的创新发展。道教教职人员是道教文化的继承者、守护者、传扬者，道教的创新发展，需要各道教团体将人才培养置于各项工作的首要位置，以传承和弘扬优秀道教文化为目标，努力培养适应当代社会发展状况的高素质教职人员队伍。

传统的道教人才培养以师徒相承、口传心授为主，模式单一，难以满足人才培养的需要，道教团体要积极探索人才培养的新途径、新方式。努力培养适应当代社会发展状况的高素质道教人才队伍，首先要构建以道教院校为主阵地的多渠道人才培养体制。《宗教院校管理办法》指出："宗教院校是培养爱国宗教后备人才、正确阐释宗教教义、培训在职宗教教职人员的重要基地。宗教院校应当以坚持我国宗教中国化为办学方向，以社会主义核心价值观为引领，走中国特色宗教院校办学道路，按照政治上靠得住、宗教上有造诣、品德上能服众、关键时起作用的标准，培养宗教教职人员和宗教方面其他专门人才。"目前，各地道教院校建设虽然如火如荼，但总体上仍相对滞后，无法满足道教人才培养的需要。"各地道教学院在教材选取、教学重点、学习形式、办学模式上，皆各自为政，还没有形成系统化、制度化、规范化的办学模式，特别是教师队伍、统编教

材、生源队伍以及办学条件、办学质量、办学规模办学理念等问题，还没有得到根本解决"。① 这在一定程度上制约了道教院校办学水平的提高和人才培养工作的有效开展。因此，各地的道教团体需要从实际出发，扬长避短，发挥优势，在师资队伍建设、课程设置、教材编撰、校舍建设等方面进一步下大工夫，努力提高道教院校的办学水平。其次，要探索、建立适应当代社会实际的学习制度。世界正经历百年未有之大变局，我国也正处于实现中华民族伟大复兴的关键时期，道教团体要建立适应当代社会实际的终身学习制度，努力打造人人皆学、随时能学的学习型道教团体和宫观，促使教职人员充分利用各种资源和各种机会开展学习，使道教人才队伍建设始终能跟上时代发展的步伐。

2. 推进道教团体治理体系和制度体系的现代化。道教团体是道教治理的承担者和实践者，道教治理能力的现代化涉及治理理念和治理模式的现代化。把握道教历史发展规律，坚持系统治理和依法治理的原则，提高道教团体工作的法治化水平是践行道教中国化和推进道教治理能力现代化的关键。习近平总书记强调："要提高宗教工作法治化水平，用法律规范政府管理宗教事务的行为，用法律调节涉及宗教的各种社会关系。要保护广大信教群众合法权益，深入开展法治宣传教育，教育引导广大信教群众正确认识和处理国法和教规的关系，提高法治观念。"

推进道教团体治理能力的现代化，首先需要推进道教治理体系和制度体系的现代化。这需要从内部和外部两个方面来努力。道教历经数千年发展所形成的发展惯性，对道教治理体系和制度体系的现代化变革形成了强大的制约。道教的中国化发展面临组织僵化、

---

① 丁常云：《道教与当代社会》，中华书局2018年版，第285页。

人才队伍建设缓慢、道教教义思想现代阐释难以有效推进、道教宫观管理水平低等多种问题的挑战。从内部来看，推进道教治理体系和制度体系的现代化，必须以社会主义核心价值观为引领，努力破除道教历经数千年发展所形成的路径依赖，积极探索道教文化与当代社会主义先进文化相融合的有效路径，将道教文化与当代中国先进文化相结合，使道教文化的车厢与当代中国先进文化的车头相连接，在传承教义、教规的过程中努力创新，使其与社会主义社会相适应，与当代法治社会相适应，最终成为先进文化的一部分。对道教活动场所管理、道教人才培养等问题加强研究，依据宪法法律和团体章程，制定严明的法度和完善的管理制度，推进民主决策，规范自我管理，做到依法治教、依法弘道。打破道教发展的惯性依赖，推进道教团体治理体系和制度体系的创新发展，还必须寻求外部支持。外部社会监督，特别是政府的支持，有利于清除或减少道教团体治理体系和制度体系创新的外部障碍，在一定程度上降低道教创新发展的成本，推动道教由传统封闭性管理向现代民主管理和法人治理转型，并不断完善。这必然会有力地推动道教团体治理体系和制度体系的现代化变迁过程。

道教未来发展之路以历史为依托，以继承为基础，但是要避免只在个别领域小修小补或刻舟求剑式的继承发展。因此，推进道教团体治理体系和制度体系的现代化，必须做好顶层设计，只有体系化的制度性变革才能避免结构性束缚，才能打破道教数千年发展所形成的惯性依赖，将道教引向现代化之路。

3. 积极发挥道教团体的桥梁纽带作用。道教团体是党和政府联系道教教职人员、道教信教群众的桥梁和纽带。要有效发挥道教团体的桥梁和纽带作用，就必须积极践行道教中国化。国家宗教局局长王作安指出："坚持我国宗教中国化方向，是充分发挥宗教积极作用的关键所在。"① 道教团体应与党和政府紧密沟通,依靠自身的力量以及党和政府的帮助,解决团体建设过程中面临的各种问题,应以宗教法律法规和团体章程为依据,明晰各级道教团体的权利义务和责任分工,优化道教团体的机构设置和管理方法,加强领导班子建设,加强教风建设,弘扬道教济世情怀和慈善理念,努力推动道教团体自身建设,完善工作体制和机制,为桥梁纽带作用的发挥创造条件。

道教认为,世界万物皆由道而生,道是万物的本体,是万物统一和谐的共同基础。因此,道教主张,维护和尊重万物的多样性以及万物运动的自有规律。"有容乃大",中国特色社会主义事业的发展和进步需要凝聚每一个社会成员的力量,有赖于每一个社会成员的不懈奋斗。积极发挥道教团体的桥梁纽带作用,才能将每一个道教徒和道教信教群众引导到共同的中国特色社会主义强国事业上来。

四、践行道教中国化,道教团体必须努力创新道教教义思想

道教文化是我国优秀传统文化的重要组成部分。坚持道教中国化方向,推动道教文化的现代化发展,不仅是道教自身发展的需要,也是弘扬中华优秀传统文化,推动文化强国建设的重要举措。践行道教中国化,推动道教文化现代化发展的重要工作之一就是适应社会主义社会发展要求,努力创新道教教义思想。习近平总书记在《全面提高新形势下宗教工作水平》中指出:"要用社会主义核心价值观来引领和教育宗教界人士和信教群众,弘扬中华民族优良传统,

---

① 王作安:《在坚持我国宗教中国化方向研讨会上的讲话》,《宗教与世界》2016 年第 5 期,第 2 页。

用团结进步、和平宽容等观念引导广大信教群众，支持各宗教在保持基本信仰、核心教义、礼仪制度的同时，深入挖掘教义教规中有利于社会和谐、时代进步、健康文明的内容，对教义教规作出符合当代中国发展进步要求、符合中华优秀传统文化的阐释。"

　　道教教义是对道教信仰的理论阐释，道教的基本信仰是亘古不变的，道教以"道"立教，将"道"奉为最高信仰。在道教看来，"道"乃是天地神明之根，万物造化之本，无处不在，无时不有，是世人美好现实生活和精神家园的根基，"道"贯穿于我们的生命和生活中，也贯穿于万物之中。道教经典《西升经·在道章》指出："人在道中，道在人中；鱼在水中，水在鱼中；道去人死，水干鱼终。"今天，"道"仍然是道教的根本和核心信仰。

　　与道教的基本信仰相比，道教的教义思想体系却是随时代的变迁而不断发展和完善的。践行道教中国化就是要以中国特色社会主义核心价值观为引领，建立适应中国特色社会主义新时代特点的道教教义思想体系。

　　1. 践行道教中国化，创新道教教义思想，必须以中国特色社会主义核心价值观为引领。社会主义核心价值观以富强、民主、文明、和谐、自由、平等、公正、法治、爱国、敬业、诚信、友善为基本内容，是当代社会对中华优秀传统文化继承和发展的最新时代成果，是人类文明优秀成果的现实总结。道教教理教义蕴含着与社会主义核心价值观相融通的文化意涵。从道教爱国爱教的传统思想到护国佑民的实践行动，从道法自然的社会和谐观到天人合一的习近平生态文明思想，从天道至诚的社会诚信观、学道为人的社会平等观到我命在我不在天的敬业精神等，无不彰显着道教教理教义与社会主义核心价值观的共同价值理想。创新道教教理教义必须以中国特色社会主义核心价值观为引领，与中国特色社会主义发展要求相契合，必须积极吸收中华优秀传统文化的最新文明成果。只有以中国特色社会主义核心价值观为引领，才能正确把握道教教义思想的现代化之路。道教中国化的最终目的是实现道教的现代化，道教教理教义作为道教文化的重要组成部分。其现代化既是道教中国化的应有之义，又是坚持道教中国化方向的必然结果。

道教是极具包容性的宗教，在不断对中华优秀传统文化进行整合吸收的过程中，逐渐形成了今天包罗万象的道教文化。但是这也决定了道教文化的庞杂。以中国特色社会主义核心价值观为引领，才能有效推进道教教义思想体系的现代建构，从而增强道教文化适应当代社会发展的内生动力，推动道教发展不断创造新的辉煌。

2. 践行道教中国化，创新道教教义思想，必须适应中国特色社会主义的时代特点。把握道教中国化的思想内涵是创新与变革道教教义思想体系、坚持道教中国化的前提和基础。"化"字，从早期的甲骨文来看，像两个人背对背的形状，一正一反，以示变化；所以，"化"的本意，主要为变化、造化、生成等。《周易》说"男女构精，万物化生"，这里的"化"就是变化生成的意思。在《庄子·遥游》里有一段非常著名的话，"北冥有鱼，其名曰鲲，鲲之大，不知其几千里也；化而为鸟，其名为鹏，鹏之背，不知其几千里也，怒而飞，其翼若垂天之云……"这里的"化"同样讲的是变化之意。"变"是"化"最重要的基础意义。推进道教的中国"化"，也就意味着推进道教的创新之"变"。《易经·艮·象传》曰："时止则止，时行则行，动静不失其时，其道光明"，因此，与社会主义社会相适应是道教中国化的本然之义。道教与社会主义社会相适应，其本质要求在于"与时俱进"。创新与变革是道教中国化的必由之路，创新道教教义思想必须适应中国特色社会主义的时代特点。坚持和推动道教中国化是一项系统性的工作，不仅涉及道教教义思想体系的革新，还涉及道教人才培养、宫观管理、团体管理、社会服务等实践体系的创新。因此，坚持道教中国化还必须积极探索新时期道教中国化的路径与实践问题以及道教参与中国社会现代化建设的功能。

适应中国特色社会主义的时代特点，需要不断挖掘道教文化的优秀资源，如道教劝善思想，道教养生学思想，道教在炼丹方面的古代科技文化、道教生态伦理思想等。《太平经》曰："人尽习教为虚伪行，以相欺殆，我独教人为善。"[①] 又曰："子欲重知其大信效，天道神灵及人民相得意，相舍于心。"挖掘道教文化的时代价值，使世人在追求个人价值的过程中，不忘社会大义，不弃个人善念。另一方面，适应中国特色社会主义的时代特点，需要道教积极加强和当今科技的交汇融合，促进道教文化与现代科技文化之间的交流对话。

"和"是中华文化的重要特质，也是道教文化的重要内涵之一，道教认为，世界万物都有包含着阴阳两个方面的属性，并在阴阳和合的过程中维持着动态和谐。《礼记·中庸》"中也者，天下之大本也；和也者，天下之达道也。致中和，天地位焉，万物育焉。"《太平经》曰："阴阳者，要在中和，中和气得，万物滋生，人民和调，王治太平。"世界充满"中和之气"，万物才能顺利发展，世界才有和谐太平。适应中国特色社会主义的时代，还需要道教不断推进全球化进程，将道教中国化和道教全球化协调起来，认真研究和协调道教中国化与人类命运共同体的关系，推动道教中国化与道教的海外传播、道教文化的自信与对外来优秀文化的融合，把道教的现代化发展融入人类社会现代化发展的进程中。

道教中国化是道教自身建设与发展的必然要求，是道教发展

---

① 《太平经》卷六，《道藏》第24册，第343页。

"与时俱进"和"顺势而为"的必然要求，我们对道教中国化的认识是一个不断肯定和否定的螺旋上升的过程，这个过程在进行中，并将持续进行下去。要认识道教中国化过程中的各种积极因素和消极阻碍，正确面对和恰当解决道教发展的现实挑战。只有因势利导，不断开拓创新，才能推动道教中国化的顺利实施。道教团体应当在继承悠久道教文化的基础上，降低道教对于传统发展路径的依赖，通过持续创新，推动道教现代变革的深入演进。

道教团体在道教"走出去"中的作用

张　阳*

摘　要：道教是中国本土宗教，也正逐步成长为世界宗教，当代中国是一个开放的社会，道教团体也要以自古以来在海外的基础，规划路径，打开局面，积极响应国家"一带一路"倡议，发挥道教文化在对外交往中的积极作用，在国际和平、宗教对话、文化交流等活动中弘扬好道教文化，同时积极学习借鉴世界其他文明成果和先进经验，促进道教自身的改革提高和适应当今社会的能力，为构建人类命运共同体贡献道教的智慧和力量。

关键词：道教团体　一带一路　对外交流　国际

当代中国是一个开放的社会，随着通信技术、网络技术的迅速发展，道教也需要以开放的姿态来应对全球化趋势。要积极响应国家"一带一路"倡议，发挥道教文化在对外交往中的积极作用，讲好"中国道教故事"，开展同共建国家和地区的宗教交流，体现中国宗教文化理念，丰富"一带一路"建设中的文化内涵。

---

* 张阳，中国社会科学院世界宗教研究所助理研究员，中国社会科学院宗教研究智库研究员。

历史上，中亚地区曾有着"老君西行"与"邱祖西行"两次文化传播的盛举，尤其是邱祖以慈爱和平精神所创行的西行之路，为后世留下了宝贵的精神财富，邱祖"万里赴诏，一言止杀，悲天悯人"等功德，使得道教文化广泛传播。至今，新疆地区仍有古代道教遗址；一直到民国时期，新疆还有道士近300人。以"一带一路"为契机，加强与中亚地区的文化交流，可以进一步弘扬道文化，同时多文化、多宗教的传播与发展，也有利于边疆民族地区的稳定。

同时，海上丝绸之路是维系数百万东南亚华人华侨的文化纽带，民族文化对他们有着天然的亲和力。当年，中国先辈们为了生存、发展，沿海上丝绸之路，借求道教诸神庇佑下，在异国他乡安身立命，传统信仰也在异乡扎根，许多地区的道教庙宇也称为华人聚居区的象征。因此，应以道教优秀文化为载体，加强与东南亚地区、欧美华人的文化交流，通过"请进来""走出去"等各种办法，增进交流与合作。

一、道教对外交流的路径

道教对外交流以类型分，主要分为道教文化的对外交流和道教团体的对外交流。前者开始的时间较为久远，也奠定了海外道教文化的基础，后者基本从20世纪70年代才开始有组织、有规模地对外交往。道教文化交流自古以来是由近及远，由东亚扩展到全世界。按地域划分，基由几个区域，一是与中国港澳台地区的交流合作，二是道教在亚洲地区的交往，三是向欧美地区的传播。正是有了道教文化在海外的基础，才使得改革开放后，道教团体对外交流可以很快地打开局面。

(一) 文化传播：道教在中国港澳台地区及海外的传播

1. 道教在中国港澳台地区的传播

古代香港和九龙曾归辖于广东的新安等县，离广东罗浮山相去不远，两地自古应有交流。宋元以后，由于海上贸易增多，港九地区也出现了供奉妈祖的北堂天后宫（今新界的佛堂门天后宫，建于南宋咸淳年间，至今有 700 余年的历史）。清嘉庆二十四年（1819 年）王崇熙总纂之《重修新安县志》称，城东显宁街建有"北帝庙"，该庙于"乾隆二十二年（1757 年）重修，嘉庆十三年（1808 年）建拱篷"。看见在 250 年以前，九龙半岛已有奉祀道教北帝的宫庙。近世香港道教，据学者研究，其发展来源主要有三个：一是先天道由盛转衰，归入香港道教；二是吕祖道堂的兴起和全真道派传入相结合；三是正一派喃呒先生的传入，为民众提供殡葬服务。①

香港道观在上世纪七八十年代开始与内地道教界交往，长期以来积极赞助内地的文化教育事业，帮助内地道教界修缮宫观、校舍，开展道教各种教务活动，资助内地大学举办道教学术研讨会。同时，他们也将道教文化传播到欧美等地，如 1981 年，香港青松观在侯宝垣带领下，在美国旧金山建立了美洲青松观；1989 年在温哥华市成立了加拿大青松观；1987 年，成立新加坡青松观；1988 年和 1991 年又在澳大利亚布里斯班和悉尼成立两所青松观。

道教大约在北宋时期传入澳门，明嘉靖年间的《香山县志》记载有陈仁娇的事迹，陈仁娇为建安（196—219 年）时人陈临后人，可知陈仁娇的传说形成于六朝之后，又据《广州人物志》"宋乡进士黄公洞传"，所谓五仙侣降于黄洞家事，发生于宋元祐元年（1086

---

① 卿希泰、詹石窗：《中国道教史》第 5 册，人民出版社，第 261 页。

年），可知陈仁娇的仙话在北宋中叶已有流传。

近代以来，澳门道教主要分为：道教主体庙宇系、全真派坛堂系、正一派伙居道院系。全真派坛堂系包括：信善二分坛、信善祖坛及云泉仙馆，正一派伙居道院系有吴庆云道院、陈同福道院等八间正一派散居道院。澳门在回归前并无独立的道教组织，澳门回归后，于2001年3月成立了澳门道教协会。

台湾地区根据不同区域，供奉神祇多有不同，体现出了移民性的宗教信仰特色。因此，大陆地区尤其是东南沿海一带的局面迁徙台湾地区，也将原来的信仰带到台湾。道教在台湾地区最初以乡里的宗祠和村庙的形式出现，台湾道士派系也按照全真派、正一派，或者武当派、青城派、崆峒派、茅山派，道士多系在家道士，也有少数出家住观道士。

2. 道教在亚洲、欧美地区的传播

道教在亚洲的传播，多因古代中国文化向周边国家的辐射传播，道教在朝鲜半岛的传播约起始于公元3世纪，据《三国史记》记载，老子《道德经》等书已经在百济、新罗社会中传播。汉献帝建安二年，中国因战乱也有大批汉人来朝鲜半岛避难，这时恰逢黄巾军起义，有太平道教徒流离东北至朝鲜半岛避难，完全有可能。唐代以后，道教成为高句丽的宗教，一直从事着各种斋醮事宜直至明清。这期间，道教与朝鲜本土文化相结合，出现了东学道，也就是后来的天道教。

日本道观多因近世旅日华侨出资修建，较为典型的为横滨、神户等地的关帝庙，二战后，有日本宗教人士以新宗教的形式将道教引入日本，兴建了一些不属于华人系统的道观。此外，道教在新加坡、马来西亚、越南等地也多有传播。

欧美地区道教的传入，多由华人移居等因素，其目的为当地华人为在其社群中发挥保持传统文化和加强凝聚力因素。①

（二）走出去：中国道教团体在国际舞台的展示

中国道教团体对外交流的历史最早起步于20世纪70年代末，在此之前，道教团体和道教界对外交流的记载并不多，早期有国外学者研究中国的道教文化，或与一些宫观有交往的经历，但以团体的形式对外交流的史料基本不见。相较而言，改革开放之前，道教团体一直呈现"向内求"的姿态，相比之下，其他几个宗教团体在对外交流活动开展得比道教更早。

从1979年以后中国道教团体对外交流步入正轨。特别是20世纪90年代开始，对外交往的形式呈现多样性，教务活动、学术交流、道教文化艺术等载体的交流活动更加频繁。中国道教协会等团体也开始参加"世宗和"、联合国等组织的世界性宗教会议。进入21世纪以来，随着我国对外开放程度的不断深入，对外交流、访问更为频繁，中国道教界也开始了各种定期的联谊机制及系统的实施道教文化走出去活动。自2003年至今，中国道教协会每年派代表参加在哈萨克斯坦举办的世界和传统宗教领袖大会的相关活动。自2012年开始，中道协开始实施"道行天下"计划，出访重心从东南亚转移到欧美国家，先后赴意大利、德国、美国、韩国、泰国、比利时、英国、法国、日本等国开展道教交流活动。通过举办道教讲座、道教文化展览、道教音乐武术演出和赠送道教书籍等方式宣传道教，展示道教形象。同时利用国际道教论坛，广泛邀请世界各地的道教组织参与。

1. 积极配合"一带一路"建设，推动道教走向世界。中国道协在马来西亚举办中马建交45周年中国道教文化展演活动，被外交部

---

① 详参卿希泰、詹石窗：《中国道教史》第5册，人民出版社。

列为2019年重点项目。指导江苏省道协和世界宗教与环境保护基金会举办首届茅山生态道观论坛等活动。道教界先后出席法国巴黎"气候良知峰会"、意大利道教协会2016年道教文化节、中奥（奥地利）《道德经》研讨会、亚洲宗教领袖大会、世界宗教领袖联盟"宗教与文明"大会、"宗教反对恐怖主义"国际会议、世界和传统宗教领袖大会、亚洲宗教和平会议执委会议、中国非物质文化遗产英国巡回展和多元文化国际交流论坛、赴英道教文化交流、新加坡韮菜芭城隍庙百年庆典、宗教与可持续发展投入大会、意大利道教协会成立25周年庆典系列活动、阿塞拜疆第二届巴库世界领袖峰会等活动。李光富会长在"世宗和"第十届大会当选联合主席。接待五大洲20多个国家的宗教界及其他友好人士的来访。对外宣传我国宗教信仰自由状况和道教优秀文化，道教的国际影响力进一步提高。

2. 继续加强与中国港澳台地区道教界的交流。形成固定联谊机制，举办一年一度的内地与港澳道教界、大陆与台湾道教界新春联谊会，进一步加深道教一家亲的深厚情谊。接待港澳台地区多个道教团体来访，在编纂《中华续道藏》、举办国际道教论坛、玄门讲经、公益慈善、文化研究等方面积极开展与港澳台道教界合作。指导北京白云观举行道教宫观联谊会、海南首届两岸南宗道教奉祭三清道祖大典和2019海峡两岸信仰共同体论坛、江苏海峡两岸道教文化与台商精神家园研讨会、湖北武当山玄天上帝神像巡境台湾、四川青城山祖天师首次赴台巡游等交流活动，会领导先后参加香港罗天大醮、香港道教日、澳门道教文化节、海峡两岸道教发展座谈会、第八届和谐海峡论坛、台北松山慈惠堂母娘文化季等交流活动。

3. 积极筹备成立世界道教联合会。2017年5月在武当山举行第一次筹备会议，形成《世界道教联合会筹备会议共识》，与会20多个国家和地区的道教组织一致推选我会牵头筹备。草拟《世界道教联合会章程》和《世界道教联合会筹委会工作实施方案》并上报国家有关部门审批。目前已有50多个国内外道教组织申请加入,各项筹备工作正在有序进行中。

二、道教"走出去"的意义

道教是中国的本土宗教,也正逐步成长为世界宗教。当代道教,要以更加积极主动的姿态走向世界,助力国家"一带一路"建设,在国际和平对话、宗教对话、文化交流等活动中,讲好中国道教故事,传播好中国道教声音,弘扬好中国道教文化的独特魅力,为构建人类命运共同体贡献道教的智慧和力量。要在交流交往中,积极学习借鉴世界其他文明成果和先进经验,促进道教自身的改革提高,适应当今社会的能力。

1. 助力国家战略全局

政治、经济、文化是社会发展的三大要素,也是一个国家综合国力的集中体现。道教文化是中华优秀文化的组成部分,可以更好地助力国家文化建设,为社会秩序稳定提供必要的精神和智力支持。在国家走出去的战略环境中,提供文化自信。上文已经述及,道教文化由近及远,"道教文化圈"已经扩展到全球范围,开始显现出一种国际性宗教文化的雏形,虽然这种影响力还很弱,但这种文化发展方向和尝试,已经使得道教从"向内求"的价值理念,开始借助国家走出去的发展战略,去积极适应社会、主动寻求"走出去"的宗教意义。

虽然与其他几个宗教团体比较,道教在走出去的文化理念和行动确实落后于其他宗教,道教因为其自身文化因素,在这方面没有能够很好地适应,做出及时的改变。但这并不意味着道教文化就没有走出去的文化因子，改革开放以后，随着多方交流交往，道教文化向外的内生动力也得到凸显，在继续开放的新时代，道教文化助力国家走出去战略仍有积极作用。

2. 提高道教文化自信

道教和其他宗教长期以来，一直存在外来和本土宗教的区分。不可否认，道教作为中国的本土宗教，自古以来没有发生过向外弘道而发生过对外战争，或给其他民族宗教带来灾难。应当说是世界上为数不多的"温和型"宗教，这与道教文化的内涵有关。即使在创教之初，所谓的黄巾军等教团组织，仍然是一种宗教生存的自治形式，而不是一种煽动性或革命性的因素，因为，道教文化的根本并不存在建立政权的内涵。因此，道教文化中的温和潜质，应当在对外交流中，找到更多"和而不同"的共性，这对国家对外交流交往所发挥的作用，更具有积极作用。

三、关于道教"走出去"的几点建议

要继续服务国家"一带一路"建设，以双方国家建交重要纪念活动、国际和平组织交流对话等为契机，积极开展与其他国家道教组织、文化组织和友好组织的交流合作，展示真实、立体、全面的新时代道教形象，讲好中国道教故事，为构建人类命运共同体做出积极贡献。要用好国际道教论坛品牌的效应，办好三年一届的国际道教论坛。要继续筹备世界道教联合会，争取早日成立并发挥积极作用。要积极配合党和国家，对境外某些政治势力抹黑中国宗教信仰自由等行为，予以坚决驳斥与回击，自觉维护国家利益和民族利益。

1. 要继续巩固内地和港澳、大陆和台湾新春联谊机制，发扬道教同宗同源传统，加强交流合作，为促进国家统一、凝聚共识、维护和谐作出积极贡献。深化与台港澳道教界的合作与友谊，以宗教共识助力祖国的统一大业。在过去的60年中，道教界的交往经历了从无到有的阶段，直至目前，在教务指导、文化研究、公益慈善、人才培养和定期联谊等方面的广泛合作，取得了令人可喜的成果。今后要在巩固成果的同时，继续在各个方面进行深化与提升，以整合两岸道教文化来助力祖国统一大业的早日实现。

2. 积极对外交流，努力做当代中国宗教和中国文化的典型代表。加强与港澳台地区道教界的交流。中国道协按期举办内地—港澳道教界迎春联谊会、大陆—台湾道教界迎春联谊会，形成固定联谊机制，提升交流层次和水平。鼓励各地道协宫观充分发挥地缘、道缘优势，与港澳台地区道教界开展广泛交流合作，为促进祖国和平统一、凝聚中华民族共识做出积极贡献。

3. 积极配合"一带一路"建设。继续开展与国外道教界和其他友好团体的交往，举办国际道教论坛等品牌项目，积极参与世界宗教与文明对话，发挥道教在东南亚等华人聚居区的重要影响，加强同海外华人的联系，开展好道教音乐演出、赠送道教典籍、道教文化展览、养生讲座、体道班等形式，推动道教文化走向世界，为构建人类命运共同体做出应有贡献。积极配合中国道协实现"让道教走向世界"的愿景，参与国家"一带一路"建设。自古及今，道教不断地以不同方式传播到世界各地，道教文化作为中国传统文化的一部分，是中华民族智慧的结晶，是东方古老文明的活化石，在加强自身建设、加大发展的同时，与世界各地的人们分享道教的理念而使生活更加充实美好是当代道教界义不容辞的责任之一。为此，中国道协发出了"让道教走向世界"的号召，这不仅是向全世界传播道教文化的有力措施，也是响应国家"一带一路"倡议的重要之举。为此，配合道教团体开展对外文化交流将是今后道教外事工作中的重要部分，尤其是要加强与"一带一路"共建国家道教组织的联系，了解当地道教发展状况，以便制定整体规划。

4. 积极筹备成立世界道教联合会，加强对其他会员单位的沟通交流，提升中国道教的国际话语权和国家文化软实力。大力推进世界道教联合会成立的准备工作，团结和凝聚全世界道教徒。目前，全世界已有 30 多个国家和地区建立了道教协会及其他相关组织，其中有 23 个国家（地区）的道教协会与中国道教协会建立了友好关系并长期保持联系。然而，各国道教组织的发展相对独立，缺乏相互间的沟通，发展程度不一致。并且，由于国外注册宗教组织程序相对简单的原因，往往出现一个国家同时存在多个道教协会或类似组织的情况。因此，成立世界道教联合会、整合全世界的道教团体的工作就迫在眉睫。目前，世界道教联合会正在筹备成立过程中，认真准备相关资料、为上级主管部门及中国道协提供境外道教协会准确信息、积极与境外道教协会联系并向其通报工作进度等，都是今后外事工作的一项重要内容。

5. 尝试建立与国外教育机构的联系，为培养国际型弘道人才提供服务。随着道教文化走向世界，以及面对世界上越来越多的人对道教文化产生浓郁兴趣这一现实情况，道教界亟须培养一批具有国际视野与较高外语水平的国际型弘道人才。因此，为培养国际型弘道人才提供服务，也将是今后外事工作的重中之重。首先，要积极协助办理国内道教界人士应国外组织和团体邀请赴境外讲学的相关手续；其次，要做好热情接待与安排境外道教徒和团体来华学习等工作；最后，要主动联系境外道教团体、学术机构，同时为国内的道教组织提供境外道教发展的信息，为海内外的道教文化交流、互派留学生等提供有效信息、创造便利条件。

图书在版编目（CIP）数据

道教宫观管理与团体建设/丁常云主编. —上海：上海三联书店，2024.6
（当代道教研究）
ISBN 978-7-5426-8462-2

Ⅰ.①道… Ⅱ.①丁… Ⅲ.①道教－寺庙－管理－研究 ②戒律－道教－研究 Ⅳ.①B957②B953

中国国家版本馆 CIP 数据核字（2024）第 076862 号

道教宫观管理与团体建设

主　　编／丁常云

责任编辑／吴　慧
装帧设计／徐　徐
监　　制／姚　军
责任校对／王凌霄

出版发行／上海三联书店
　　　　（200041）中国上海市静安区威海路 755 号 30 楼
印　　刷／上海展强印刷有限公司
版　　次／2024 年 6 月第 1 版
印　　次／2024 年 6 月第 1 次印刷
开　　本／890 mm×1240 mm　1/32
字　　数／360 千字
印　　张／14.75
书　　号／ISBN 978-7-5426-8462-2/B·892
定　　价／92.00 元

敬启读者，如发现本书有印装质量问题，请与印刷厂联系 021-66366565